【中国通史】第五册

蔡美彪 朱瑞熙 李 瑚 卞孝萱 王会安 著

人民出版社

河南开封宋开宝寺铁色琉璃塔

宋 鎏 银 铁 斧

宋张择端绘清明上河图（局部）

宋画院蚕织图（局部）

河南禹县宋墓壁画乐舞图

浙江宁波出土宋银制地宫

宋官窑贯耳瓶

宋钧窑菱式花盆

第五册编写说明

（一）本书是范文澜著《中国通史》（原名《中国通史简编》）前三编(共四册)的续编。本编(第四编)叙述宋、辽、金、元统治时期的历史，分为第五、六、七等三册。第五册两章是宋代历史发展过程的简述。

（二）中国的封建经济发展到宋代，进入一个新时期。地主阶级购置土地出租、剥削佃农的租佃制关系，成为普遍的、主要的剥削形态。工商业呈现空前的繁荣。我国劳动人民的许多创造发明，如活字印刷的创造、火药用于作战、指南针应用于航海，以及棉纺织、水稻的推广等，都出现在这个时期。由于经济发展，新出现一批大地主、大商人。阶级斗争和地主阶级内部的斗争，也由此形成许多新特点。本册两章基本上依照历史发展的顺序，对经济和政治的发展状况，作综合的叙述，以便说明事件的内在联系和相互影响。学术文化和科学技术的状况，列为专章，编入本书第七册。

（三）农民阶级反抗地主阶级的阶级斗争，是封建社会历史发展的动力。在地主剥削佃农的经济形态下，宋代农民反抗地主的武装斗争，连绵不断，达到数百次之多，为前代所未有。本册较多地叙述了宋代的农民起义。编写方法不再沿用把农民起义列为专章的体例，而是依据年代先后，次第加以叙述，借以表明阶级斗争是怎样一步又一步地推动了历史的前进。

（四）中国是统一的、多民族的国家。中国的历史，是中华民族的各族人民共同创造的历史。在宋朝统治时期，契丹、党项、女真等族的统治者，先后在我国北方建立了辽、夏和金朝。他们和宋王朝之间，有过频繁的斗争。各族人民之间，则不断加强了联系，并在元朝统一后，逐渐与汉族相融合。本编对辽、夏、金各列专章，分别叙述这些民族的历史发展。由于篇幅较多，编入本书第六册。其他民族的历史，将在第七册内叙述。

（五）本书由蔡美彪主编，担任全书的总写。本编第一章由王会安、卞孝萱分别编写了北宋政治制度和经济状况的部分初稿，第二章由李瑚、朱瑞熙分别编写了南宋政治状况和经济发展、农民起义等部分的初稿。朱瑞熙还担负了校阅全书引文、编制图表索引等工作。中国通史组全组同志先后参加了讨论修改、编辑加工。丁伟志、严敦杰等同志还付出过较多的力量。

本册插图、地图的选制，得到各地博物馆和人民出版社的同志们的大力协助，在此一并志谢。

编者殷切期望读者的批评指正，以便进一步修改。

中国社会科学院近代史研究所中国通史组

一九七八年二月

2

再版题记

本册此次再版，作了若干史实的订正和文字的调整，内容间有删略和增补，第三节增添了子目。全书的基本内容没有改变。修订工作是由我和朱瑞熙同志担任的。

本册出版以来，承蒙各地读者和专家提出宝贵意见，此次修订，从中获得很多的助益，谨在此一并致谢。

蔡美彪

一九九三年四月

目　录

第四编　宋辽金元时期

第 四 编

宋辽金元时期

第 一 章

宋朝中央集权制封建统治的
加强和政权的南迁(上)

第一节 宋朝中央集权制统治的建立
和川蜀地区的农民起义

九六〇年,宋太祖赵匡胤(音印 yìn)推翻后周,建立宋朝,结束了五代十国时期的封建割据。汉族政权,重又归于统一了。

自从秦始皇统一以来,汉族的封建政权,在长时期里基本上保持着统一状态。但由于地主阶级中的门阀士族和军阀势力的发展,先后出现了三国至南北朝时期和五代十国时期的割据局面,暂时地中断了国家的统一。规模巨大的唐末农民战争沉重打击了门阀地主的残余,宋太祖又消灭了五代以来的军阀割据,在此基础上,建立起统一的中央集权的封建国家。

秦始皇实行地方郡县制和中央集权的官制和兵制,创立起完整的专制主义中央集权的封建国家制度。此后,历代统一王朝订立的制度,基本上都是沿袭秦

3

制，只是在秦制的基础上有所增损。宋朝建立后，太祖、太宗(赵匡义)把镇压农民的反抗和防止割据势力的复辟，作为他们建国的方针，基本上依据秦、汉、隋、唐以来的国家制度，建立起专制主义中央集权的统治。宋朝广泛吸收地主阶级文人参预军事政治的统治。宋王朝因而在地主阶级中具有比唐朝更为广阔的社会基础，中央集权的程度也更为加强了。

中央集权的军事、政治制度，是建立在相应的社会经济制度的基础上。宋朝建立后，社会经济关系，主要是地主对农民的剥削关系表现出不同于前代的一些新现象：(一)贵族官僚按等级世袭占田制度，从唐朝中期起，开始瓦解。唐末农民战争，最后消灭了这一制度。宋代的地主阶级，主要是以购买土地的方式，来扩大土地占有。(二)地主对农民的剥削方式主要是出租土地榨取实物地租。前代的劳役地租成为从属的、次要的剥削方式。(三)隋、唐以来，门阀地主奴役着带有农奴身分的部曲、徒附，他们的户籍注在主人的名下。宋朝把客户(佃客)编入户籍，成为封建国家的编户，不再是地主的"私属"。历史上出现的这些事实表明：在封建社会的经济发展史上，宋朝完成了唐中期以来土地占有方式和剥削方式的变革，开始进入了一个新阶段。宋朝以后的封建社会，基本上是延续了这样的经济关系。

广大佃农，虽然在形式上摆脱了奴婢、部曲那种对

4

地主的严格的人身隶属，但依然遭受着地主阶级的残酷的经济剥削和政治压迫。宋朝建国后不久，太宗时就爆发了大规模的农民起义。此后近三百年间，不能忍受黑暗统治的农民群众，不断地举行武装起义，以反抗宋朝的统治。

下面叙述宋太祖、太宗时期，统一各国，建立中央集权制、社会经济制度和川蜀地区的农民起义。

（一）统一的封建国家的建立

宋太祖赵匡胤，在后周时，随周世宗作战有功，任殿前都点检，统领精锐的禁军。九五九年，周世宗死，七岁的幼子宗训（恭帝）即位，赵匡胤又兼任宋州归德军节度使，防守京师（开封）。建隆元年（九六〇年）元旦，镇、定二州谎报辽朝和北汉兵南下，后周宰相范质、王溥（音普 pǔ）等派遣赵匡胤领禁军出城抵御。京师城里在传播着"点检作天子"的舆论。赵匡胤兵到京师城北二十里的陈桥驿，弟赵匡义、归德军掌书记赵普和军中诸将把皇帝的黄袍加在赵匡胤的身上，拥立他作皇帝。赵匡胤率领禁军开回守卫空虚的京师，殿前都指挥使石守信等在宫中做内应，轻而易举地夺取了皇权。由于赵匡胤原任宋州归德军节度使，新建的王朝，建号宋朝。宋朝仍然建都开封（东京、汴梁），习惯上又称北宋。以后迁都杭州，称南宋。

宋太祖兵权在握，后周朝臣全无抵抗的可能。宋兵进开封，后周宰相范质、王溥等跪拜在阶前，拥宋太祖升殿即位。周恭帝降封郑王。后周将领慕容延钊（音昭 zhāo）领重兵屯真定，受命拥宋，升任殿前都点检。领兵守北边的韩令坤任侍卫马步军都指挥使。石守信以拥立有功，为侍卫马步军副都指挥使，同领禁军。

但是，后周领兵在外的节度使并没有全部降服。九六〇年四月间①，昭义节度使李筠（音匀 yún）和太原的北汉相联络，在潞州起兵反宋。慕容延钊、石守信等领兵分道出击，在长平大败李筠。六月，宋太祖亲自领兵攻下泽州，李筠在泽州自杀。李筠败后，淮南节度使李重进又据扬州起兵。李重进是周太祖的外甥，世宗时与赵匡胤分掌内外兵权，势位相当，恭帝时出镇扬州。九月，李重进反，石守信率领禁军往讨。十月，宋太祖又领兵乘船东下，十一月在泗州登岸。石守信围攻扬州城将破，宋太祖到城下，一举攻下扬州。李重进投火自杀，宋兵得胜回师。宋太祖先后削平二李，宋朝在后周境内的统治巩固了。

宋朝政局稳定后，宋太祖对赵普议论说："自唐末以来，帝王换了八个姓，战斗不止，不知原因何在？我要使国家长久，有什么办法么？"赵普回答说："这不

---

① 本书采用公元纪年，但月、日仍沿用旧史记载的夏历，不再换算为公历。夏历正月和十二月的纪事，用宋代年号纪年，括注公元。

是别的原因,只是由于方镇权太重,君弱臣强而已。现在要治国,也没有别的奇巧,只有夺他们的权,控制他们的钱谷,收他们的精兵……"不等赵普说完,宋太祖连忙说:"你不用再说下去,我已经懂了。"九六一年,宋太祖首先下令罢免了慕容延钊、韩令坤等人统领禁军的兵权,慕容延钊出为山南东道节度使,韩令坤出为成德军节度使。此后,不再设统领禁军的殿前都点检一职。禁军将领石守信等有拥立功,不好下令罢免。一天,宋太祖请石守信等拥立他的将领们饮酒,乘醉说:"不是靠你们的力量,我不会有今天。但做天子也太艰难,不如做节度使快乐。我整夜都睡不安稳!"石守信等说:"陛下怎么说这个话。现在天命已定,谁还敢有异心!"太祖说:"你们虽没有异心,一旦部下把黄袍加在你们身上,想不干,能行么?"石守信等吓得涕泣叩头,第二天便称病辞职。宋太祖解除他们统领禁军的兵权,派出做节度使。宋太祖一举集中了精兵禁军的全权,从此便可从容地派兵遣将去完成统一国家的事业了。

宋朝建立时,北方有强大的辽朝①,太原有北汉,南方分布着南唐、吴越、后蜀、南汉、南平(荆南)等国和周行逢在湖南、留从效在泉州漳州的割据。宋太祖没有乘胜北征辽朝,而是首先集中兵力去统一经济富庶

———————
　① 辽朝历史,见第六册。

的江南。依据这个所谓"先南后北"的方针，宋太祖在九六二年，分派众将驻守北边和西北各州，以防御辽朝和北汉。西北既无后顾之忧，专力向南方进取，逐个地消灭了各割据国。

平荆湖——九六二年，湖南周行逢死，子周保权继位，大将张文表起兵反保权，割据潭州。周保权遣使向宋求援，正好给宋朝以出兵的借口。同年，割据荆南的高保勖（音旭 xù）死，侄继冲继位。荆南处在各割据国的包围之中，国势衰弱，有兵不过三万。宋太祖审度形势，制定了假道荆南，攻取湖南，一举削平荆湖的战略方针。九六三年初，调派慕容延钊为湖南道行营都部署，率十州兵，向荆南进发。宋兵到江陵，高继冲在城北十五里出迎。宋兵留他候见慕容延钊。继冲与延钊进江陵，城中宋兵已满列街巷。继冲大惊，奉州县图籍降宋。荆南平。

宋兵继续向湖南进发，湖南周保权军杀张文表。宋兵占据潭州，在澧江（澧音里 lǐ）大败湖南守军，进取朗州。周保权藏到江南寺中。宋兵渡江擒保权。湖南平。

宋朝出兵得胜，占有荆、湖。从此西逼后蜀，东胁南唐，南方可直取南汉，战略上处于极为有利的地位。

灭后蜀——宋太祖平荆、湖后，就在策划西取后蜀。派张晖做凤州团练使，专意探听蜀国内虚实、山川形势。宋太祖依据事先绘制的后蜀详细地图，制定进军路线和作战方略，出兵前，作了周密的准备。九六四年，宋朝获得后蜀给北汉的蜡书（密信），约联合对宋。宋太祖大笑说："我西讨有理了。"十一月，以忠武军节度使王全斌为西川行营凤州路都部署，王仁赡为都监，宁江军节度使刘光义为归州路副都部署，曹彬为都监，统兵六万伐蜀。王全斌自凤州出兵，刘光义自归州出兵，两路进取。后蜀国王孟昶听说宋兵来攻，以王昭远为西南行营都统，仓促领兵拒战。王昭远好读兵书，但从来没有过战功，出兵前挥臂吹嘘说："我此行何只克敌，夺取中原也犹如反掌！"他手执铁如意指挥军事，自比诸葛亮。宋兵强大而谨慎有备，蜀兵虚弱而骄躁轻敌，两军胜负的前途，不问可知了。

十二月，王全斌军攻取兴州，败蜀兵七千人，获军粮四十余万石。先锋军过三泉到嘉川，蜀兵烧毁栈道，退到葭萌。宋兵修复栈道，进兵罗川，蜀兵依江而战。宋兵夺桥渡江，分三道击蜀。蜀军集合精锐拒战，又大败。王昭远自引兵来战，三战三败。宋兵追到利州，王昭远烧毁渡口浮桥，退保剑门，依天险拒守。宋兵另一路由刘光义、曹彬率领，入峡路，连败蜀兵，在锁江斩获蜀水军六千余众，夺得战舰二百余艘。渡江攻夔州（夔音魁 kuí），蜀守将高彦俦战败自杀。宋兵占领夔州。

乾德三年（九六五年）正月，王全斌军自利州攻剑门，兵到益光，被天险阻隔，得蜀降卒指路，派偏师经小径渡江作浮桥，蜀兵弃寨逃走，宋大兵沿青强店大道进军。王昭远退驻汉源，留偏将守剑门。宋兵破剑门，追到汉源。蜀副将赵崇韬出战被擒。王昭远脱去甲胄逃跑。宋兵进据剑州。王昭远逃到东川，藏入民间仓房，哭得两眼红肿。宋兵追至，束手被擒。

刘光义、曹彬军自夔州进兵，连降万、施、开、忠、遂等州，峡中郡县，全被占领。王全斌军到魏城，蜀国主孟昶降宋。宋兵入成都，刘光义等引兵来会。后蜀平。

灭南汉——南汉主刘𬬮（音厂 chǎng）建都广州，占有湖南南部。宋灭湖南，与南汉接境。九六四年九月，宋南面兵马都监引进使丁德裕、潭州防御使潘美等攻下南汉的郴州（郴音嗔 chēn）。从俘掳的南汉内侍得知，南汉国内宦官当权，极度黑暗混乱。宋太祖因集中兵力灭蜀，没有立即发兵。九七〇年九月，宋以潘美为贺州道行营都部署，领兵灭南汉。南汉久无战事，"兵不识旗鼓，人主不知存亡"。潘美一举攻下贺州，进克昭州，乘胜占领桂、连二州。南汉主刘𬬮得报，对左右说："这些州本来是湖南地。宋兵得此即足，不会再南来。"和刘𬬮的估计相反，十一月，潘美进取韶州，继续南下，九七一年二月攻占英、雄二州，直逼广州城。刘𬬮将妃嫔和金宝载入十余大船，准备入海逃跑，被宦官将大船盗去。南汉残兵据水抵御，又大败。刘𬬮在广州焚烧府库宫殿，出城降宋。宋兵入广州，刘𬬮被押解到东京。南汉平。

灭南唐——南唐是江南的大国，但又是弱国。和

10

后蜀的骄躁轻敌不同，南唐向宋朝屈服求自保。宋朝建立后，唐元宗李景即派遣使臣，以锦绮金帛来贺宋太祖即位。九六一年唐元宗死，子李煜（音玉 yù）继位。李煜仍然每年向宋朝贡献大批金银锦绮珍玩。宋朝每次出兵，也还要遣使贡献犒师。九七一年，宋灭南汉后，南唐陷入包围之中。李煜大为恐惧，向宋朝上表，自动削去南唐国号，称江南国主。李煜企图以对宋朝的恭顺来维持他在江南的统治，宋朝当然不会容忍这个割据国的长久存在。九七四年九月，宋太祖以曹彬为昇州西南面行营都部署，潘美为都监，发兵十万伐江南。在此以前，宋朝已在荆湖造大舰黄黑龙船数千艘，作南伐的准备。曹彬自荆南发战舰东下，连败江南兵。九七五年二月，曹彬大军到秦淮，江南水陆兵十万列阵城下。宋军涉水强渡，江南兵大败。李煜整天在后宫与僧徒道士谈经，不问政事。一天，自出巡城，见宋兵旌旗满野，大为惊慌。李煜派文人徐铉（音漩 xuàn）两次到东京见宋太祖，说他以小事大，如子事父，没有犯什么罪。请求宋朝缓兵。宋太祖大怒，对徐铉说："不须多讲江南有什么罪。只是天下一家，卧榻之侧，岂容他人鼾睡（鼾音酣 hān）！"徐铉惶恐逃回。李煜急调驻守上江的朱令赟（音羣 yūn）入援。朱令赟自湖口发兵援金陵，号称十五万。兵到皖口，宋兵夹攻，朱令赟纵火拒战，值北风起，火反烧朱军。宋兵因势急攻，朱令赟投火死。江南最后一支大军覆没，金陵且夕可取。宋太祖下令给曹彬，宋兵入城，不得杀掠，以保存江南财富。十一月末，宋兵整队入金陵，李煜奉表降宋，被俘到东京。南唐平。

吴越入朝——吴越和南唐一样，竭力向宋朝表示恭顺。宋太祖即位，吴越国王钱俶（音处 chù）即遣使来贺，此后连年朝贡。九七四年冬，宋伐江南，令吴越出兵助攻。李煜写信给钱俶说："今天没有我，明天岂能还有你。早晚你也是汴梁一布衣（平民）罢了。"钱俶连忙把李煜信交给宋朝。九七五年四月，钱俶亲自领兵五万，自杭州攻下南唐的常州。南唐亡后，九七六年，宋太祖要钱俶到东京朝见，讲明入朝后仍回杭州。二月，钱俶带领妻子到东京入朝，宋朝大加款待，两月后放他回国。临行前，宋太祖送一个黄包袱给钱俶，里面全是宋朝群臣请求扣留钱俶的奏疏。钱俶对宋太祖大为感激，也大为恐惧。回国后又派遣使臣贡献大批宝物。吴越对宋朝唯命是从，叫出兵就出兵，叫入朝就入朝。吴越国实际上已完全屈服在宋朝的统治之下，只是还保留着一个国王的称号，等待宋朝削去。

泉州归附——留从效割据泉、漳等州，接受南唐清源军节度使名号。九六二年，留从效死。次年，牙将陈洪进夺取兵权，自为节度使，遣使向宋朝贡。九六四年，宋改清源军为平海军，命陈洪进为节度使。九七六年，宋灭南唐，吴越入朝，泉、漳等州成为孤立的割据点，陈洪进也请求到东京朝见。陈洪进行至中途得知宋太祖

12

死,归镇。次年,入朝宋太宗。九七八年四月,献上泉、漳二州十四县地。江南最后一个割据点也消灭了。

宋太祖自九六三年出兵荆湖至九七六年病死,前后用了十三年的时间,消灭了南方各地的长期割据。这并非只是由于他个人的军事才能,而是决定于人心的向背,决定于历史发展的客观要求。后蜀灭亡前,宰相李昊(音浩 hào)对蜀主孟昶说:"我看宋朝立国,不象后汉、后周。天厌乱久矣,一统海内,就在此朝吧!"南汉灭亡前,内常侍邵廷琄(音旋 xuán)对南汉主刘铱说:"天下乱久矣!乱久必治。现在宋朝已出,看形势非统一天下不可!"后蜀与南汉相隔数千里,但人们都已敏感地觉察到,结束战乱,统一全国,已是人心所向,大势所趋。所谓"厌乱久矣"的"天",实际就是当时的社会潮流,主要是广大群众的意志。唐末五代以来,各地封建军阀之间无休止地展开争夺权利的战争。广大群众早已厌弃这种封建割据的内战,厌弃这种战争带来的破坏和灾害。南方和中原地区经济联系的发展,也要求消除成为障碍的割据政权。结束封建割据的战乱,已是广大群众的共同要求,历史发展的客观趋势。宋朝的统一事业,因而较为顺利地取得了成功。

宋太宗赵匡义在后周时为供奉官,陈桥兵变,拥立太祖有功,建国后为殿前都虞候。宋太祖亲征二李,太宗留守京城,任开封府尹兼中书令。后又加封晋王,位在宰相之上,成为宋太祖以下权位最高的人物。九七六年十月宋太祖死,太宗即位。九七八年三月,吴越王钱俶来朝见,太宗留钱俶在东京。陈洪进纳土降宋,吴越更加孤立。钱俶不得不把吴越十三州一军八十六县地献给宋朝,削去吴越国号。宋朝完全统一了南方各地,就把主要的兵力转向了北方的北汉和辽朝。

灭北汉——九六九年,宋太祖亲自率兵攻北汉,败辽援兵,引汾水灌太原城,北汉坚守,宋兵久攻太原不下,辽又派兵来援,宋兵回师。九七六年八月,宋太祖再命党进、潘美等分道攻太原,辽耶律沙领兵助北汉。宋太祖死,太宗下诏班师。泉州和吴越的割据消灭后,九七九年初,宋太宗集中兵力,领兵亲征,派潘美等四将分四路攻太原。三月,辽援兵来救,宋兵在白马岭大败辽兵,辽将耶律敌烈败死。四月,宋太宗自镇州进兵,破隆州,至太原城下。宋兵各路围攻太原。五月,北汉主刘继元出城降。北汉平。

北伐辽朝——宋太宗灭北汉后,五月就从太原仓促出兵,乘胜北伐辽朝,企图收复五代时被辽朝占领的燕云州县。宋兵到易州、涿州,辽朝的汉人守将开城投降。宋太宗率兵围攻辽南京(今北京市),不能下。将士因伐太原疲惫,攻南京又不下,已经懈怠。辽耶律休哥引大兵来,大败宋兵。太宗率兵南逃。耶律休哥追到涿州,太宗乘驴车仓惶逃走。宋兵仗、辎重都被辽夺去。次年(九八〇年),辽发兵十万来攻雁门。北汉旧将代州刺史杨业出轻兵袭击,辽兵败走。十月,辽景宗、耶律休哥又自瓦桥关进攻，大败宋兵，追到莫州回师。

宋兵对辽作战失败后，是继续作战收复燕云，还是从此休兵，宋朝内部出现了不同的主张。宋太宗回东京，朝臣多主张再出兵攻辽。左拾遗（谏官）张齐贤上疏反对，说"圣人举事，动在万全"，"先本而后末，安内以养外"，主张先加强内部的统治。河南路转运副使田锡主张放弃收复燕云，与辽谈和，说"沙漠穷荒，得之无用"，"劳而无功"。在主和意见的影响下，太宗在九八一年诏令沿边州县守边境，不得出关。宋辽暂时休战。

宋太宗经过几年的军事准备后，仍然志在收复燕云。对宰相宋琪说："我看史书，见晋高祖（石敬瑭）求援于契丹，对契丹行事父礼，还要割地奉送，屈辱之甚。"宋琪回答说："恢复旧境，亦应有时。"

九八六年，宋太宗再度发大兵分三路北征。曹彬、米信出雄州，田重进出飞狐，潘美、杨业出雁门。曹彬率宋主力军急速攻下新城、固安，直抵涿州，田重进攻下飞狐，进克灵丘、蔚州，潘美军攻下寰、朔、应、云等州。辽以南京留守耶律休哥抵挡曹彬，耶律斜轸领兵抵挡潘美。辽承天太后、圣宗亲领大兵相机出援。曹彬一路号称十万，乘胜猛进。辽耶律休哥驻南京兵少，不出兵正面作战，夜出轻骑劫掠，昼出精锐断宋兵粮道。曹彬入涿州十余日，粮尽，退守雄州。将士看到潘、田两军挺进，纷纷要求再攻涿州。这时，辽承天太后、圣宗的大军已到涿州东五十里。耶律休哥出轻兵沿路迫击宋军,宋军且战且行,到涿州已师老兵疲。辽兵乘势大举出击,宋兵自涿州败退,辽兵追到岐沟关,大败宋兵。曹彬收残部渡拒马河,辽兵追袭,宋军人马相踏,死者无数。涿州之战,辽兵先让一步,以少胜多,宋军主力全部败溃了。

宋太宗见主力军溃,急令曹彬等回东京,田重进军驻定州,潘美军回代州。辽耶律斜轸出重兵袭击,败宋兵于五台,宋兵死者数万。辽兵夺回蔚州,潘美领兵往救,又大败于飞狐。潘美、杨业军回兵到朔州狼牙村,辽兵陷寰州。杨业以为敌锋甚盛,不可与战。潘美等不听,迫令杨业出兵。杨业自知必败,请派伏兵在陈家谷口救援,杨业与辽兵战,大败,退到陈家谷口,不见宋援兵,率部下百余人,并力死战,堕马被俘。杨业拒不降辽,绝食三日,死。潘、杨军败,宋兵全线崩溃了。

宋太宗再次北伐失败,宋兵损失惨重。朝中一些大臣纷纷主张"屈己"求和。赵普上疏,说辽朝"何足介意",必定是有"邪谄"(坏人)蒙蔽皇帝,"致兴不急之兵,颇涉无名之议",劝太宗"忍一朝之忿"。宰相李昉等上疏,说北伐失败"悔既往而难追","姑务息民,何嫌于屈己","屈于一人(辽帝)之下,伸于万人之上"。殿中侍御史赵孚建议宋太宗学习唐高祖"降礼于突厥",对辽屈己求和。"议定华戎之疆,永息征战之事",盟誓和好。太宗没有赞同他们的议论,回答赵普说:"恢复旧疆,此朕之志,伐辽失败只是由于将帅军事指挥上的失

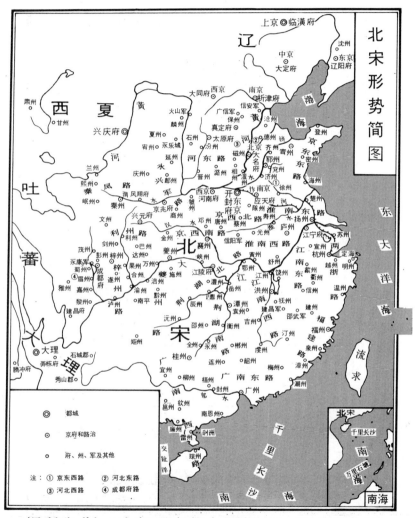

北宋形势简图

辽

上京 ◎临潢府

沈州
中京 东京
大定府 ◎辽阳府

西夏

肃州
甘州 兴庆府
黄 河
夏州 永乐城
宥州
兰州 庆州 延 州
熙州 环州 永 兴庆 军
凤 渭州 凤翔府

吐蕃

岷州 秦州 兴元府 京 兆府 商州

大理

大同府 西京
南京 析津府
广信军 信安军
保州 真定府
石州 太原府 河
汾州 东 磁州 ③
晋州 路 相州
泽州 潞州

大同府
广信军 信安军
保州
真定府
太原府
汾州 河 北 大名府
东 磁州 ③
晋州 路 相州
泽州 潞州
西京 开
河南府 封
东
京 东
路 ① 徐州

沧州
登州
京 齐州 ② 青州
东 郓州 密州
西
路 海州

淮 南 东
陈州 应天府 亳州 宿州 路 扬州
京 邓州 颍州 寿州 光州 庐州
西 蔡州 信阳军 淮南西路 江宁府 苏州
南 金州 峡州 黄州 舒州 两
路 江 蕲州 杭州 浙
利州 陕州 大 江陵府 鄂州 饶州 歙州 越州 明州
利州 巴州 达州 江 江 衢州 温州
路 万州 南 南 信州 路
剑州 施州 洞庭 荆 岳州 东 抚州 福
梓州 泸州 涪州 湖 鼎州 湖 潭州 建昌军 建州 路

成都府 永康军
彭州 梓州
蜀州 遂州
眉州 嘉州
雅州 黎州
建昌军

茂州
永康军 彭州
蜀州 成都府
眉州 遂州

泸州 南平军
黔州

江 荆
南 湖 衡州 吉州 汀州 泉州 路
邵州 湖 南 邵武军 漳州
矩州 全州 永州 郴州 道州 潮州
广 桂州 连州 韶州 梅州

南 宜州 梧州 封州 广 南 东
柳州 南 广州 路
邕 钦州 路
南恩州

东 大 洋 海

流求

东京 析津府

大理

大理
石城郡
弄栋郡
秀山郡

腾冲府

交趾洋 廉州
雷州 琼州 化州 廉州

千里长沙

万里石塘

南 沙 海

北宋 南 海

千里长沙

万里石塘

南 海

◎ 都城

○ 京府和路治

· 府、州、军及其他

注：① 京东西路 ② 河北东路
③ 河北西路 ④ 成都府路

误所致。"九八九年，户部郎中张洎（音计 jì）、右正言王
禹偁（音称 chēng）相继上书，建议加强边地武将的兵

权,集合兵力,再次北上伐辽。宋朝内部,出现主战与主和两种不同政见。

宋太宗仍以集中兵权防止割据复辟为国策,对外作战和对内抑制武将的政策发生了矛盾,因此没有采纳王禹偁等人再次伐辽的建议。以后的宋朝,即对辽转取守势,专力加强国内的统治。

(二) 中央集权制统治的加强

唐末五代以来,军阀长期割据。宋太祖建国后,继续统帅后周的禁军,后周官员也都继续任职。灭江南各国后,也仍然任用原有的大批官吏,并收编了各国的军队。为了防止割据势力的复辟,宋王朝把军事、政治大权,最大限度地集中到朝廷,以巩固它的统治。

宋朝专制主义中央集权的国家制度,主要是兵制和官制,在太祖、太宗两朝已经基本上建立起来。

一、 兵 制

宋朝军队的主力,是朝廷直接统领的禁军。唐初,设十二卫,唐玄宗改设彍骑(彍音扩 kuò),宿卫京师。天宝以后,彍骑虚弱,边镇兵强大,形成长时期的藩镇割据。后周时,仍沿用禁军制度,但军士累朝相承,多已老弱,又骄横不听指挥,实际上已不可用。周世宗制定"兵务精不务多"的方针,命宋太祖统领禁军,精锐者提升，老弱者除去。又召募各地壮士，选择尤强者编入禁军，加以训练。禁军由此成为一支强劲的军队。周世宗对外作战，屡获胜利，禁军的整顿是有作用的。宋太祖在后周统领禁军六年，依靠这支兵力推翻后周，建立宋朝。他深知掌握军队的重要，即位后从各方面加强禁军的实力，集中掌握兵权，沉重地打击了割据势力。

选练——宋太祖即位的次年，九六一年，即着手加强禁军，进一步拣汰老弱，补充精壮。这年五月，下令各州拣选勇壮兵士，升为禁军。又除去禁军中的老弱，设"剩员"处理。退兵下到诸郡，仍给兵俸。诸郡多用来看守仓库。九六五年，又选强壮兵定为"兵样"，分送各地。各地军队按兵样选拔，送到京师充禁军。此后多次派遣使臣到各地选择精兵收补。禁军聚集在京师，太祖亲自教阅，加强训练，并给以优于外州的俸给。宋朝统一南方各国的过程中，也从各地的降卒中选择精锐补入禁军。军中并制定"阶级法"，使上下有制，不可侵犯。由于禁军的不断选练，宋朝极大地加强了中央直辖的兵力，削弱了地方的兵力。

地方的镇兵，五代时驻守城厢，又称"厢兵"。九六六年，宋太祖下令禁止将帅选取军中精锐作牙兵（衙兵）。厢兵中的精锐，经多次选拔，全被收入中央的禁军。留在地方的，不再训练，只服杂役。厢兵实际上已成为不能作战的役卒。后来司马光曾评论说：选练禁军后，"各地方镇都自知兵力远不是京师的敌手，谁也

19

不敢再有异心"。这就是说，镇兵力量远比禁军薄弱，没有割据反抗的可能。唐末以来的军阀割据势力不能复辟了。

建置——太祖开宝(九六八——九七六年)时，有禁军马步兵十九万三千(全国兵额三十七万八千)；太宗至道(九九五——九九七年)时，禁军马步兵三十五万八千(全国兵额六十六万六千)。起初，禁军都驻在京师，后来也部分地出守各地。太祖时以十万驻京师，十万派守外郡。戍守边地重镇或内郡要地者称屯驻，隶属于总管司者称驻泊。此外，因粮价低廉暂留某地者称就粮，人数不多。屯驻军由兵马钤辖(钤音潜qián)、都监等统领，当地州官不得干预。派出的禁军定期轮换，因而有所谓"出戍法"(或称"更戍法")。出戍京东、京西、河北、河东、陕西、江南、淮南、两浙、荆湖、川、峡、广东等地的，三年一轮换。广西等地，二年一轮换。陕西兵，半年一换。禁军家属妻子都在京师。据说更替出戍，可以使士兵"习勤苦，均劳逸"，免得留恋家室。短期在外地，也不会想反抗朝廷。禁军军官提升时，都调离原来的队伍。统领驻泊、屯驻的禁军的将官由朝廷任命，也不固定。从而造成"兵不识将，将不识兵"，"不使上下人情习熟"。宋太祖、太宗时期，在禁军制度上，从各个方面消除唐末五代以来方镇割据的积弊，形成"兵无常帅，帅无常师"，"将不得专其兵"的局面。禁军将领也不能拥兵割据了。

20

河南巩县宋太祖永昌陵

西沙群岛出土宋初铜钱

陵前武臣石像

军权——聚集在京师的禁军分别由殿前都指挥使、侍卫马军都指挥使和步军都指挥使统辖，称为三衙或三司。三司只在平时负责对禁军管理、训练，无权调遣。禁军的调动权，归枢密院掌管。枢密院又直接由皇帝指挥，只有皇帝才能派遣禁军，调动兵马。禁军中又选出勇壮，作护卫皇帝的亲军，称"诸班直"，地位在一般禁军之上。

禁军外出作战，由皇帝派遣将帅，并由皇帝亲自制定作战方略，指示将领，甚至授以阵图。诸将领兵作战，须按照皇帝的部署行动，不得擅改。宋太宗伐北汉、辽朝，都是领兵亲征，临阵指挥。太宗对宰相们说："五代承袭唐季丧乱之后，权在方镇，征伐不由朝廷，所以享国不久。太祖竭力挽救这个弊病，我做皇帝，也总在考虑这事"。宋太祖、太宗一直在尽力摧毁方镇擅权割据的旧制，经过两朝的逐步改革，全国军队的精锐都集中在禁军，而禁军的选练、建置、驻守、出征、行军、作战等一切权力都集中于皇帝了。

宋太祖即位的次年，就相继解除后周将领慕容延钊、韩令坤等人统领禁军的兵权，出为地方节度使。经过兵制的改革，地方兵权归各州，节度使成为无权的虚衔。九六三年，宋太祖开始用文臣管州事。当时，后周拥州兵割据的异姓王和带相印的大藩仍有数十人。宋太祖或借故把他们调迁，或遥领他职，或在他们死亡时不再使子孙袭职，逐步任命新的文臣来代替旧的武将。

宋太祖对赵普说："我现在用儒臣百余人分治各藩，纵使都去贪污，（为害）也不及一个武将。"宋太祖从消灭藩镇割据的角度，认为文臣比武将为害百不及一，从此军中多用文臣。统一各国后，太宗继续实行这个方针，逐渐成为定制，并利用内臣即宦官领兵或充监军，以挟制将帅。九八七年又正式下诏："文臣中有武略 知 兵者，许换秩"。文臣换充武将，武将调离军职，从而进一步堵塞了军阀割据的道路。

在中国封建时代的历史上，秦朝和隋朝统一后，都曾用收缴、销毁武器作为巩固统治的一个办法。宋太祖没有专从武器方面着眼，而是亲自掌握禁军，对军事制度逐步加以改革。相沿百余年之久的军阀割据，一变而为高度的中央集权。这一重大改革的完成，对于巩固国家的统一，作用是显著的。但宋王朝也由此掌握了一支庞大的军队，加强了对农民的镇压。

二、地 方 官 制

宋代官制，承袭唐、五代制度，但从制止割据、集权中央的目的着眼，也作了重要的改革。唐代地方分州（府）、县两级，另设"道"为监察区域。宋朝改为路、州（府、军、监）、县制，但对州一级严密控制，权力集中在中央。

监司——宋初在各地用兵，设诸州水陆计度转运使，主管军需粮饷等事。统一后，转运使成为总管各路财赋的官员，又命京官为转运判官。唐玄宗时，全国分十五道，各道设采访使。宋太宗至道三年（九九七年），改道为路。全国分为十五路（京东路、京西路、河北路、河东路、陕西路、淮南路、江南路、荆湖南路、荆湖北路、两浙路、福建路、西川路、峡路、广南东路、广南西路），转运使、副使、转运判官成为朝廷特命的路一级的常设官员，主要管领所属州郡的水陆转运和财政税收，其后权力扩大，有时也兼管刑法和民事。宋太宗并规定各地转运使要轮流到京师，把当地情况报告给朝廷。又设安抚使，由本路最重要的一州的知州兼任，主管一路的军政，兼管民政和司法、财政。真宗时，为分割转运使的职权，又设提点刑狱公事、判官，主管一路的司法，兼荐举官员。转运使、安抚使、提点刑狱各设官衙，转运使司俗称漕司，安抚使司俗称帅司，提点刑狱司俗称宪司，总称"监司"。监司剥夺了节度使的财权和兵权、司法权，号称"外台"，作为皇帝的"耳目之寄"，权任颇重。

州县官——唐末五代时，各地节度使割据一方，兼领数州，称为"支郡"。宋朝统一过程中，逐步取消支郡，各州直属京师。九六三年，宋太祖平湖南，下令潭州、朗州等州直属朝廷，州官可直接向朝廷奏事。宋太宗时，右拾遗李瀚建议，节度领支郡，多叫亲信掌管关市，不便于商贾流通货物；不使有所统辖，以分方面之权，是尊崇王室，强干弱枝的办法。太宗采李瀚建议，九七七年诏令后周旧地邠(音宾 bīn)、宁、泾、原等三十九州,全部直属京师。从此不再有支郡,全国各州都直辖于朝廷。

宋朝仍保留节度使名号,但和唐、五代的节度使,全然不同。马端临《文献通考》说:宋初,节度使名号用来礼遇宗室外戚,功臣故老和宰相罢政,出守外地,加节度使的职衔,叫做"使相"。节度使成为"无职掌"的虚衔,地方军、政实权都归于本州。宋朝直接派出朝官管理州郡事,称"知(管)军州事",简称知州(府称知府)。知州多用文人,并可经常调换。宋太祖问赵普:"唐室祸源,在诸侯难制,如何改革?"赵普回答说:"列郡用京官权知,三年一换,就没有什么可虑。"知州不用武将,又不使常任,难制的祸源,算是可以堵塞了。

宋太祖又在各州设通判官,来进一步堵塞祸源。通判由朝廷直接派遣,既不是知州的副职,又不是属官,但有权与知州共同处理州事,并监督知州的行动,随时向朝廷奏报,因此通判又称监州。宋太祖平荆湖,灭后蜀,各国旧官继续做知州,派通判同领州事。九六六年,诏令荆湖、西蜀州郡官,事无大小,都要与通判共同裁处。此后,通判制逐渐成为普遍全国的定制,各州行文,必须知州和通判联署。通判有朝廷特命,与知州往往不和。知州与通判互相牵制,都无法专权。

五代时,权在藩镇,地方县令多"龌龊无能",只知道"诛求刻剥","秽迹万状"。宋太祖任命朝官知县事,朝廷直接控制县政权，从基层来削弱州镇。后周旧将天雄军节度使符彦卿自周世宗时久镇大名府，宋初专横一方。九六三年，宋太祖任命朝官大理正(司法机构大理寺官)奚屿知馆陶县，监察御史王祐知魏县，杨应蒙知永济县，于继徽知临清县。其后，又命右赞善大夫周渭知永济。符彦卿郊迎，周渭只在马上拱揖，不向彦卿屈服。县中有盗伤人，周渭捕获斩首，不再送府，符彦卿无可如何(九六九年，符彦卿移镇凤翔，又被罢免)。宋朝中央的权力一直控制到县一级，州镇不能专横了。

财政官——早自唐朝天宝以来，方镇拥兵割据，占有地方财赋，名曰"留使"、"留州"，以上供名义上交朝廷者甚少。方镇又直接控制各地场院，厚敛取利。财政分在各镇，是方镇强大、朝廷衰弱的又一个原因。九六四年，宋太祖下令各州，从今年起，每年所收的民租和管榷(专卖。榷音却 què)收入，除地方支用外，钱帛之类都要全部运送京师。次年三月，重申各州除度支经费外，全送京师，不得占留。四月，又派朝官十八人分往各地，收受民间租税。宋太宗时派朝官驻各州监督收税，称"监当使臣"，成为固定的制度。九八六年，正式规定监当使臣三年一换，仍委知州、通判提举(管领)。

司法官——五代时，各州拥兵的方镇任用军校作马步都虞候，兼管刑法断狱，称马步院。九七三年，

26

宋太祖改马步院为司寇院,从新及第的进士中,选派人员到各州作司寇参军,掌管各州的刑法。宋太宗时改称司理院、司理参军。地方的司法权也作出限制。太祖时下令,凡大辟(杀头)罪执行后都要录送朝廷刑部复审。朝廷也派出使臣到各地审理案件。

九五八年,周世宗制定《大周刑统》二十一卷颁行。宋朝建国后,有人上书,指出刑统条目不便处。宋太祖命判大理寺事窦仪等参酌轻重,修订为《重定刑统》三十卷,又重新编集有关敕书为《建隆编敕》四卷。九六三年七月,一并刊板印刷,颁行全国,作为统一的律令,这是我国历史上第一部印行的法律汇编。九七八年,又将宋朝建国以来发布的有关诏敕,编纂为《太平兴国编敕》十五卷,颁行全国。

宋太祖、太宗经过一系列的改革,不仅直接控制了地方官员的任免,而且把各州郡的行政权、财权、司法权全面地集中到中央。所谓"兵也收了,财也收了,赏罚刑政,一切收了"(朱熹语)。宋王朝从而全面地控制了地方政权,空前地加强了专制主义中央集权的统治。

三、中央官制

宋朝的政治机构,适应中央集权的需要,分列为政事、军务和财政三大系统,相互平行,各由皇帝直接统属。另设御史台司监察。地方权力集中到朝廷后,又进一步集中于皇帝。

中书门下——宋沿唐制,在宫廷内朝堂(官员朝见皇帝的便殿)西设议事机构,称"中书门下",简称"中书",又称"政事堂"。实际执政的宰相仍沿唐制,用"同中书门下平章事"名号,不定员。如有二人以上,即轮流值日掌印。

宋初仍用后周宰相范质、王溥、魏仁浦三人为相。九六四年,范质等三相请退,独用赵普作宰相。为了分割宰相事权,又以薛居正、吕余庆作副相,称参知政事,此后成为定制。

枢密院——唐代宗时,开始设内枢密使,用宦官掌管朝廷机密。唐末,枢密使专权,造成祸乱。五代时,仍存枢密院掌管朝政。枢密使等于宰相之外的又一个宰相。宋朝建立后,枢密使改为专掌军事政令,出纳密命,与宰相分掌文武大权。中书省与枢密院号称"二府"(政府、枢府)。枢密院的大事都要奏报皇帝批旨。宰相与枢密使分别朝奏,彼此不相知。皇帝由此分别控制了政权和军权。

三司——三司总管四方贡赋和国家财政,号称"计省"。设三司使,地位仅次于宰相,称"计相"。三司使通领三部:盐铁掌管工商收入及兵器制造等事;度支掌管财政收支和粮食漕运等事;户部掌管户口、赋税和榷酒等事。地方州郡不留财赋,全国财政支出,都出自三司,权任甚重。全国统一后,宋太宗甚至亲自裁处。

审官院、流内铨——宋初临时选派大臣考核京官和升朝官的功过。宋太宗时，正式设立磨勘京朝官院和磨勘幕职州县官院，分管官员的考核事宜。次年，改磨勘京朝官院为审官院，磨勘幕职州县官院为考课院。又将京朝官差遣院并入审官院。审官院设知院事二人，主管考校京朝官的劳绩，予以升迁官阶，拟定内外差遣，然后奏申皇帝接见批准。宋初吏部尚书兼管京官七品以下官员的考核和拟定差遣，后委任权判流内铨事二人，专管幕职州县官（选人）的试判和拟定差遣等事。

三班院——宋初武官中的供奉官、殿直、殿前承旨等三班使臣隶属宣徽院，临时选派官员负责"点检三班公事"。宋太宗时设三班院，委派知院事官或勾当院官，不定员数，主管大、小使臣的名籍、拟定差遣以及考核劳绩等事。

礼仪院——宋初沿袭唐制，设太常寺礼院，主管朝廷典礼。真宗东封，设立详定仪注所，事后即以此为礼仪院，设判院事一人，由参知政事兼任；知院事一人，由各司三品以上官员担任。负责裁定朝廷典礼的仪式、仪仗、祀祭制度等。

审刑院——宋太祖时，刑部复核各地大辟罪案。宋太宗时，又在禁中设置审刑院。各地上奏案件，先由大理寺断复，再交审刑院详议裁决，然后奏呈皇帝定夺。审刑院不归宰相统领，直属于皇帝。

学士院——学士院设翰林学士若干人，职责是为皇帝起草各种诏书，包括宰相的任命、对外的国书等等。翰林学士还侍从皇帝"备顾问"，可以直接向皇帝提出对国事的建策。

御史台、谏院——宋仍唐制，朝廷设御史台纠察官员，台分三院：台院、殿院、察院，初无专官，由官员兼职。御史中丞是御史台的最高官员。宋太宗时，又任

宋 初 中 央 官 制 表

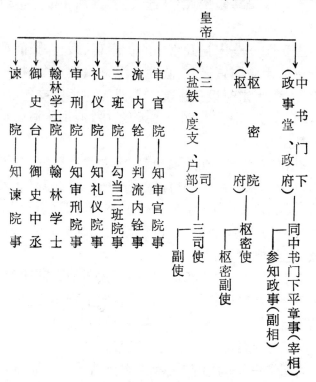

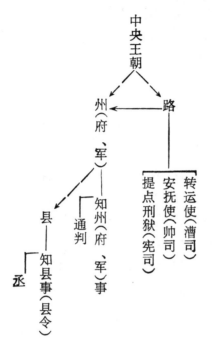

宋 初 地 方 官 制 表

命专职的监察御史(察院)，考课朝廷官员得失。官员
遭到御史官弹劾，就要贬调。谏院设知院官，对朝政得
失，大臣以至百官的过错，都可提出谏言。御史台和谏
院控制言路，往往被大臣利用来作为排斥异己的工具。
在统治集团内部的政治斗争中，御史台和谏院有着重
要的作用。

　　宋太祖、太宗两朝建立起中央集权的新官制，但并
没有全部消除旧官制。宋朝不仅大批任用了各国的旧

官员,并且长期保留了唐、五代以来的许多官称。在此基础上,又增设了大批的新官职。集中权力的结果,大量官员,无所事事。三省,六曹(六部),二十四司,都有正式的官员,但除非特有圣旨,不管本司的事务。所谓"事之所寄,十无二三"。仆射、尚书、侍郎、郎中、员外等等官员,作官而不管事的,十有七八。这些所谓官,不过是用来表示他们的政治地位和领取俸禄。

宋代官制由此分为官、职(殿阁职称,如某某殿学士)、差遣三种。只有"差遣"才是掌握实权,实际管事的职务。地方官中,也仍有大量旧官职,如节度使、防御使、团练使、州刺史等等,只领俸禄。朝廷派遣的知州、通判等官,才实际执政。在宋朝的国家机器中,旧官和新官,有权的官和无权的官,朝廷派遣的官和地方的官,层次重叠,叠床架屋。宋王朝在集中权力的同时,官僚机构却变得空前的庞大。

宋代大批官员的主要来源是科举。唐代已经实行科举,但被门阀贵族操纵,取士很少。北宋初,门阀制度不再存在,科举向文人广泛开放,只要文章合格,不分门第、乡里,都可录取。宋太祖时取士较严,如九六一年,录取进士十一人,九六三、九六四年都只八人。宋太宗时,逐渐增多。一科进士可多到三、四百人,诸科多到七、八百人。九八三年进士和诸科又各分为"及第"、"同出身"两等(后改为"及第"、"出身"、"同出身"三等)。考试得中即按不同等第派作大小不同的官。九六二年朝廷下令：考试及第不准对考官称师门或自称门生，以防止形成宗派。九七三年，进士考试下第者控诉考官取士有人情，宋太祖召见下第和及第者若干人，重新考试诗赋，亲自阅卷。从此定为制度，进士及第都要经过皇帝亲自"殿试"考选。宋太宗时，殿试后并在殿前"唱名"，由皇帝"赐及第"。取士权也集中于皇帝了。

宋朝通过科举，吸收大批文人来维护它的统治。文人们考试得中，就可以取得政权、财权以至兵权。因此都埋头作诗赋（进士科以诗赋取士），争取得个官，老死不止。宋太祖时，连续考十五场不中的，有一百多人。太祖下诏，说这些人"困顿风尘，潦倒场屋，学固不讲，业亦难专"，作为"特恩"，特赐本科出身。此后考试多次不中的，也可特赐，叫作"特奏名"。文人们更加争先恐后地应试争官，无所不用其极。宋太宗时，孟州文士张雨光因考试不合格，急得在街上纵酒大骂，指斥朝廷。太宗大怒，把他斩首。九八八年，翰林学士礼部侍郎宋白知贡举，取士较严，只放进士二十八人，诸科一百人。出榜后，下第者群起吵闹，要求另考。太宗复试，又取进士及诸科共达七百余人。宋太祖、太宗实行科举制度的结果，使朝廷掌握了用人的大权，也使官僚机构越来越庞大了。

宋王朝建立起中央集权的政治制度，成功地防止了地方割据势力的复辟，但同时也形成庞大的国家机器,加强了对农民群众的统治和赋税剥夺。

（三）社会阶级关系和赋税制度

　　唐朝中期以来，土地占有方式和地主对农民的剥削方式都在不断变动。宋朝建国后,订立户籍,分为主户和客户两类。乡村中所谓主户和客户，已不再是依据土著和客籍，而是以土地资产的有无来划分。主客户户籍的制定正是反映着剥削形态的变化。

　　上三等主户——主户，是占有土地和资产而负担税役的人户。依据占有多少的不同，又分为五等。宋朝规定每三年修造一次丁产簿(又称五等簿),记载各等主户的资产和丁男数目，作为征收赋税和科派力役的依据。一等户是占有土地几十顷上百顷，至少也有地几顷的大地主。二、三等户是占田较少的中、小地主。上三等户习惯上都叫做"上户"，是宋代乡村的地主阶级。

　　下户——主户中的四、五等户，习惯上又叫下户或贫下户。四等户有资产四、五十贯，一般是仅有少量田地的自耕农。五等户只有更少的田地甚至全无田地。他们很多是半自耕农。一些没有产业的贫民也被列入五等户纳税，称无产税户。

　　客户——客户中，除少数侨寓外地的小工商，主要是乡村的佃农。他们全无田地，主要依靠租种地主的

34

田地为生。宋朝编入户籍,成为国家的编户,交纳身丁税和负担徭役。

宋代的主客户状况,各地区存在着一些差异。唐末裘甫、黄巢领导的农民起义,在一些地区消灭了大批的大地主。贵族、地主的部曲、奴婢得到解放,因而出现了大量的耕种无主田地或开垦荒田的自耕农和由原来的部曲转化的佃农。唐末五代时期,地主豪强的残酷压榨,又有不少自耕农破产,沦为佃户。在五代军阀混战和辽兵南侵期间,北方的农民也有不少逃往南方,成为佃客。由于这些历史的因素,宋朝初年,各个地区呈现出很不平衡的状态。具有显著特点的地区,如河北路,唐天宝时的河北道近一百五十万户,宋太宗时下降为六十万户,其中客户占三分之一。户口的大幅度下降,显然是辽兵南侵和军阀混战的结果。东南五路和广南东、西路地区,大致相当唐代江南、岭南二道,户数超过唐天宝时的两倍,成为人口最为集中的地区。两浙路、江南东路生产最为发展,客户只占五分之一左右,自耕农的比例很大。梓州、夔州、利州各路五代时是蜀国统治区,战乱较少,北方农民相继逃来作佃客,客户的比例占到总户数的十分之五到十分之七,同时也就成为五代宋初地主对客户压榨最为酷烈的地带。荆湖南北路、福建路也都是客户较多的地区,占总户数约一半左右。

一、土地占有和农民状况

官田——唐朝前期,在一些地区实行均田法,计口授田。所授田地,名义上是朝廷所有的官田,依租庸调法收取租税。唐朝中期以后,门阀世族势力削弱,地主加紧兼并庄田,官田多被地主豪族占去或者废弃荒芜。北宋的官田有官庄、屯田、营田三种。屯田和营田是兵士驻地的屯垦。官庄大多是荒废的无主田地,农民垦种后,朝廷收取租赋。在宋朝土地占有形式中,官田不再占有重要的地位。

官员占田——唐代贵族官僚,按照品级,领受永业田,世代占有。自一品至九品,占有一万亩到二百亩不等的田地。唐中期以后,这种制度逐渐废弃。唐朝官员又有职分田(一千二百亩至二百亩不等),五代时罢废。宋初,无职田制。宋代官员大量占有田地,主要是以剥削所得自行购置田产,不再有以官级占田的特权,也不再有占田数量的限制。宋太祖曾劝说石守信解除兵权,购置田地享乐,就是当时土地占有制度的一个事例。

地主庄田——唐代中期以来,地主占有大片田地,形成庄田。宋代地主的庄田,更加普遍地发展。大地主在庄上建房居住,形成庄院。所谓"浮客"的佃户也寄住在地主的庄上。一个庄形成一个作为自然经济单位的村落。宋代文献中记录有某家庄,庄名也就是村名和地名。如汜县（汜音似 sì）李诚庄方圆十里，中贯河道，地极肥沃，有佃户百家。庄主李诚，是宋太祖时汜县的酒务官。雍州地主王纬，也占有良田数百顷，庄内建造宏丽的宅第。地主的庄田遍布各地。宋朝有统计数字的租赋田，除自耕农所仅有的小块土地，主要就是地主的庄田。

宋朝官员可以随意购置田产成为大小地主，地主通过科举也可以成为大小官员。官员、地主合为一体，占据有全国大部分的土地。自耕农的田地，一户多不过几十亩，少只有三五亩。宋太宗时，就有人指出：富人有着看不到边的田，穷人没有锥子尖的一点地。（"富者有弥望之田，贫者无卓锥之地"）太宗对近臣说："杜绝兼并，抑制游惰，前世难以做到的事情，朕（皇帝自称。音振 zhèn）应该努力去实行。"这说明太宗已经觉察到了地主兼并土地的严重性。这种状况一天天地在发展，皇室、贵族、官僚、地主兼并越来越多的田地。

地主占有土地，以租佃方式剥削佃农，是宋代地主对农民的主要的剥削形态。农民阶级主要是租种地主土地的佃农和拥有小块土地的自耕农、半自耕农。他们都遭受着地主阶级的残酷的经济剥削和政治压迫，但具体状况又各有一些不同。

佃农 佃农即农村中的"客户"，又叫"佃客"、"浮客"，自己完全没有土地，租种地主的土地耕种，是农民中最贫苦的部分。一家大地主可有佃客几百户。两川一带的大地主甚至可有数千户。佃农遭受着地主的地租和高利贷剥削，被紧紧地束缚在地主的土地上。

地租剥削——唐代中期，陆贽（音志 zhì）的奏议中曾经提到过地主私家收租的情况，上等田每亩收一石，中等田收五斗。地租是地主占有土地剥削佃农的主要手段。宋初通行的剥削方法是分成收租。地租率一般都占收获的五成以上。少数佃户自有耕牛，称"牛客"。相当多的佃客是"小客"，即没有自己的耕牛或农具，向地主租用，又要加租。另有一种定额租制，由地主规定定额的租米。采用这种剥削方法的地主，不需直接指挥和监督佃客生产，佃客对生产有较多的支配权，但地主可以随时增加租额。分成租和定额租，形式有所不同。地主对佃农的地租剥削，总是残酷的。

高利贷剥削——伴随着租佃制关系的发展，地主放高利贷成为重要的剥削手段。佃农交租后，所余无几，就只有向地主借债过活。地主借出粮或钱，要剥削两倍到三倍的利息，甚至还要农民的子女去做"佣质"当抵押，实际是做无偿的佣仆。农民冬春借粮，指夏麦偿还。夏麦还了债，春秋再借粮，指冬禾偿还。收成还债甚至还不足，无法交租，再把欠租作为借债加利。这样，农民年年要借债，永远还不清。高利贷象是一副枷锁，把农民紧紧地束缚在土地上，世世代代无法挣脱。在宋代社会经济中，高利贷剥削日益成为极为突出，极为严重的问题。

地主用地租和高利贷剥削、束缚着佃农,而且还可以用"换佃"的办法相威胁,加重盘剥。佃农却不能随意离开地主的土地。

在宋代农民中,佃农受压榨最深,反抗性也最强。在农民阶级反抗地主阶级的斗争中,佃农始终是基本力量。

自耕农、半自耕农 农民中还有大量的拥有小块土地的自耕农。现存北宋户籍的统计数字,乡村主户中的四、五等户即贫下户,与客户的数目约略相当。但事实上他们当中有相当多的是兼作佃农的半自耕农,甚至完全是佃农。这是因为:(一)北宋王朝为了榨取农民的赋税,租佃地主田地的半自耕农,虽然只有很少的土地,仍编入主户。第五等户中,大量的是半自耕农。(二)自耕农把土地卖给地主,沦为佃农后,却不能立即注销田产,改变户籍。"产去而税存"。这种状况,虽然不占太大的比例,但随着地主兼并土地和自耕农破产,也在逐渐增多。

拥有小块土地的自耕农,不向地主交租,却要对官府负担繁重的赋税和徭役,处境也很艰苦。自耕农、半自耕农靠耕种自己的小块土地,不能供给衣食,又不得不向地主借贷,遭受高利贷的严酷盘剥,最后只有陷于破产,仅有的土地也被地主吞并了去,沦为佃客。

佃农和自耕农、半自耕农受到残酷剥削,无法生活下去,只有在耕种之余,"营求"副业作生计。山区靠漆楮（音楚 chǔ）竹木，河湖地带靠蒲苇荷芡（音欠 qiàn）或捉捕鱼虾。但这条生路，往往又要遭到官府的剥夺，迫使他们无以为生，只有起来反抗。自耕农、半自耕农在农民阶级的反抗斗争中，也是重要的力量。

奴婢 唐代贵族奴役着大批的奴婢、仆隶，甚至自己设置手工业作坊，由奴婢们生产贵族需用的产品。宋代仍有一定数量的奴婢，但主要是用于地主官僚的家内服役，不再从事生产。

二、赋税和徭役

广大农民不但遭受着地主的地租、高利贷剥削，而且还要负担宋王朝的各种赋税，并被迫从事无偿的劳役。宋王朝规定了苛刻的赋税、徭役制度，向广大自耕农和佃农实行直接的剥夺，以养活大批的官吏和军队。

苛刻的赋税剥削

宋朝的赋税，沿用唐朝中期以来的两税的名称，有夏、秋二税。但宋二税已不同于合租、庸、调为一的唐两税，而是专指田税。二税以外，另有身丁税、各种杂税和徭役。宋朝制度规定的赋税，有如下几项：

身丁税——男子二十岁为丁，六十岁为老。二十至六十的男子，都要交纳身丁钱（或米、绢）。佃客编入户籍作客户，也要和主户一例交纳身丁钱。不过，这种身丁税只是在南方地区实行。税额也各地不同。宋

40

初,漳州每丁纳八斗八升,泉州纳七斗五升。

田税(二税)——北宋田税,法令规定是向土地所有者按亩收税。每年夏、秋各收税一次,又叫"夏税秋苗"。秋苗或秋税,是在每年秋收后按亩征收粮食。北方各地,大致是中等田每亩收获一石,输官税一斗。宋太宗灭吴越后,命王方赟到两浙整顿税制。旧制每亩田税三斗,王方赟依北方制度即所谓"天下之通法",改为一斗。但江南、福建等地仍沿旧制,亩税三斗。大抵宋代秋税并不依实际产量抽成,而按亩定额征收。各地历史情况和生产情况不同,因而税额也有很大的差异。

夏税收钱,或折纳绸、绢、绵、布、麦等。在夏季田、蚕成熟时征收。税额依上、中、下田,分等第按亩规定。各地区也有很大的差别。宋初整顿吴越税制,苏州分中、下两等田定夏税。中田一亩夏税钱四文四分。下田一亩三文三分。这当是宋朝平吴越后制定的较轻的税额。

秋夏二税的税额,只是收税的规定。在实际征收时,宋朝还以所谓"支移"、"折变"的办法加重剥削。"支移"原是借口边境粮草需要,命令河北、河东、陕西各路的秋税,由纳税户运送到边地交纳。丰收地区的秋税,到歉收区交纳,"以有余补不足","移此输彼,移近输远",也叫做"支移"。如果不能负担远路奔走的苦楚,就要再多交一笔支移脚钱。"折变"是官府对夏税规定的现钱和绸、绵、布、麦等各种定额，根据物价状况，借口"一时所需"，任意折换，加重敲剥。如以绢折钱，再以钱折麦。折变时官府随意抬高和压低价格。官府和地主、商人串通一气，借折变贪污谋利。交税的农民遭到沉重的压榨。

官庄租赋——官庄田地招佃客耕种，由官府收地租，称"公田之赋"。官田无人交二税，往往又把二税加到官庄佃客头上，即所谓"重复取赋"。佃客遭到双重的残酷剥削。

杂变——五代十国时期，各割据国巧立名目，敲剥财物，设置多种苛捐杂税。宋朝统一后，全部承袭下来，统称之为"杂变"，又叫"沿纳"。杂变比五代时的杂税，甚至还要苛刻。如南唐时，许人私下造酒，交麹钱，又以官盐折价换取百姓的绸绢、粮米，宋朝禁止私造酒，不再支散官盐，但原纳麹钱、绸、绢和粮米的人还要照旧额交纳。杂变包括蚕盐钱、牛皮钱、蒿钱、农器钱、鞋钱等多种名目。杂变以外，宋朝还以"进奉"、"土贡"（贡土特产）等等名义，随时勒索多种财物，强迫农民贡纳。

和籴、和买——和籴（买粮。音敌 dí）是官府强制收购民间粮米。和买是官府强制收购民间布帛。名为籴买，甚至并不给钱，等于强征。和籴、和买实际上是夏秋二税外的又一笔变相的二税。按法令规定，和买限于四等以上户，和籴限于上等户。但实际上，下户也

42

往往不免。

在种类繁多的税目中,杂变随二税征交,和籴也以二税额为依据。宋太宗时一年的岁赋收入,总计有七千八十九万三千(宋制:岁赋谷以石计,钱以贯计,帛以匹计,金银丝绵以两计,其他以数计。统计数是各种单位合计的数字,见《宋史·食货志》)。

职役和夫役

唐初,实行府兵制,农民对国家服兵役。唐中期以后,改为召募士兵。宋代沿袭募兵法,组成禁军和厢军,不再有农民服兵役的制度。北宋的役法有职役和夫役,这是性质完全不同的两种制度。职役是地主和自耕农被国家征调担任州县和乡村基层的职任,夫役是农民被国家调发服劳役。

职役——现任文武职官和州县胥吏、势要豪族称"形势户",官员家属和他们的后代,都叫"官户"。形势户和官户享有免役特权。职役由主户中的一、二、三等民户,即大小地主轮流差充。这一制度实际上是官府给予所谓"民户"的地主以压榨、统治农民的职权,依靠地主绅士作为宋朝全部封建统治的基础。职役分为州县役(吏役)和乡役两大类,主要有:(一)衙前。衙前属于州县役。职责是代官府保管剥削来的"官物",押送纲运。法定由所谓"高资"即资产在二百贯以上的一等户大地主充当。担当衙前职役,可免科配、折变,并授予官衔，三年一升，最高可到都知兵马使。（二）里正、户长、乡书手。属于乡役，职责是代官府"课督赋税"。户长是里正的副手，乡书手助里正办理文书。里正向农民索税，可以捕人送县鞭打，是官府的凶恶爪牙。里正又号称"脂膏"，因为可以利用职权，从中贪污勒索，吸吮农民的膏血。宋朝法定里正由一等户轮流充当。户长由二等户，乡书手由三等户充当。（三）耆长、弓手、壮丁。耆长、壮丁属于乡役，弓手属于州县役，职责是"逐捕盗贼"，即帮助官府镇压农民的反抗。耆长由二等户轮充。弓手、壮丁由三等户轮充，属耆长指挥，但有时也要从四等户中抽取"壮丁"。

地主对待轮差职役，存在不同的情况。一种是争当衙前、里正，借以攫取压榨农民的特权。"外道豪民，求此名目（衙前），凌驾州乡，兼并纵肆"。有"差充衙前年满，愿永充衙前者"。另一种是因衙前押运官物，要包赔损失。里正、户长催税不齐，要代为补垫。因而视为负担，不愿充役。有人充耆长因镇压农民有功而升官，也有的地主逃避充役。弓手需自备衣装弓弩。壮丁全供驱使。三等户的小地主多设法避役。

夫役——又叫杂徭。北宋的夫役，表面上是按人丁户口科差。但官户、形势户享有免役特权。正在担任职役的上三等户，作为形势户之一，也暂时免除夫役。被科派夫役的地主，也往往出钱雇人代为应役或强迫佃户代役。实际负担夫役的，是贫下户的自耕农、半自耕农。佃农编为客户，作为国家的编民，也要按丁口应夫役。北宋的夫役是自耕农、佃农等广大农民负担的无偿的劳役。

夫役并无固定的时日规定。在春耕以前调发者称"春夫"，因工事急迫调发的称"急夫"。北宋王朝以至地方官府都可调发农民应役。应役者通称役夫、丁夫、民夫、人夫。征调农民的较大规模的徭役，主要有：(一)修浚河道。最大的夫役是治理黄河水害。北宋几乎年年要调发役夫堵塞决口或修筑堤坝。大规模的工程调发役夫多至几万至十几万人。征调的地区远到河东、京西、淮南等路。役夫来自数百里以至千里之外，应役一到两月。不仅农事荒废，而且往往败家破产，以至死于役所。修治运河，也几次调发役夫数万人。(二)土木营建。包括修筑城池，修建官舍、寺观，以至修路造桥等事，都征调役夫从事无偿的劳役。北方沿边州郡还经常要征调夫役，大规模修筑城防。(三)运输官物。官府运送粮草、盐、茶等官物，都征调农民负担，是一种繁重的夫役。宋太宗时灵州运送粮草的役夫，在路上死亡的多至十余万人。运输盐、茶也极困苦。农民群众遭受的压榨是沉重的。

宋王朝不仅在政治、军事制度上，还从赋役制度上，加强了专制主义中央集权的统治，同时也加紧了对农民群众的经济剥削和政治压迫。从宋朝建立时起，农民阶级就展开了英勇的斗争。

（四）川蜀地区的农民起义

宋太祖、太宗两朝，首先在川蜀地区爆发了农民和士兵的武装起义。

蜀地自两汉至唐代，一直是经济比较发展的地区，又是封建统治极为严酷、阶级矛盾极为尖锐的地区。在唐末农民起义的过程中，唐僖宗曾经率领大批门阀贵族狼狈逃窜到蜀中。五代时，唐代的"衣冠之族多避乱在蜀"。战乱期间，大批农民也陆续逃到这里。川蜀地区的豪民往往占有三五百家"旁户"，有的甚至达到数千家。"旁户"实际上是一种投靠户，世代相承，被豪民"役使之如奴隶"。旁户除向豪民纳租外，还要承担赋税剥削。后蜀灭亡前，旁户和豪民的阶级矛盾已经发展到极为尖锐的地步。

宋朝消灭后蜀，以旁户为主的农民群众没有得到、也不可能得到什么实际利益，相反，随即遭受到残酷的多方掠夺。首先是入蜀的宋兵大肆劫掠蜀地的居民。宋将王全斌灭蜀后，和将领们日夜宴饮，放纵部下抢掠民间子女，夺取财货。军校到市集上，拿着刀，劫夺货物。一个军官，抢掠民妻，割去乳房后杀死。像这样的事例只是因被揭露而偶然留下记载。想见宋朝灭蜀后的残暴，给蜀地人民带来了极大的祸害。

宋兵大肆劫掠后，宋朝又以各种名目，巧取豪夺。

后蜀原有的赋税剥削之外，又以"日进""上供"为名，勒索倍于"常数"（规定数额）。蜀民所交两税，以布帛折算。商人抬高市价，农民交税仍按旧定低价折合，凭空增加了负担。农民耕作不能维持生计，多经营纺织、采茶等副业。宋太宗时设立"博买务"垄断收购，不准私卖。博买务官员，比商人的敲剥更加苛刻。本已遭受着沉重敲剥的后蜀农民，遭受到更为沉重的敲剥。越来越多的贫苦农民丧失了家业田产。耕作以外的生路，也受到了严重的威胁。

宋兵入蜀，对蜀降官敲诈勒索，对蜀士兵则虐待残杀。王全斌要对蜀降将李廷珪治罪。宋将康延泽告李廷珪说："王公意在声色，满足他的欲望，就会置之不问。"李廷珪送上妓女四人，金帛值数百万，果然获得免罪。宋朝调发蜀兵去京城，发给"装钱"，王全斌从中克扣削减，又令部下侵扰。蜀兵愤起反抗。王全斌惧怕成都蜀兵起义，九六五年四月，竟将驻在成都城南的蜀兵两万七千人，诱到夹城中，全部杀死。诱杀蜀兵的暴行，使统治者的凶残面目更加暴露了。

宋朝消灭后蜀的割据，多少符合于结束战乱，统一全国的客观要求，但灭蜀后，对人民群众的残酷压迫，就只能迫使农民举行起义，来反抗宋朝的黑暗统治。

蜀兵起义 乾德三年（九六五年）正月，宋兵灭蜀后，蜀兵即不断起而反抗。二月，梓州蜀兵三千余人推军校上官进为首，攻打州城，上官进被宋朝擒获处死。

三月，宋朝调发蜀兵去东京。蜀兵至绵州起义。后蜀文州刺史全师雄路过绵州去东京，被起义士兵推为统帅，建号兴国军，号称有兵十余万。全师雄领兵攻绵州城失败，损失万余人。全师雄转攻彭州，宋彭州刺史战败逃走。起义蜀兵入据彭州城，成都十县都起兵响应反宋。全师雄称兴蜀大王，置节度使二十余人，分据灌口、导江、郫（音皮 pí）、新繁、青城等县。宋兵出击，至导江，全师雄军在竹林中出伏兵大败宋军，宋先锋都指挥使高彦晖败死。全师雄分兵守绵州、汉州，切断剑阁栈道，沿江设寨，声言攻打成都。邛（音穷 qióng）、蜀、眉、陵、简、雅、嘉、果、遂、渝、合、资、昌、普、戎、荣十六州响应全师雄反宋，声势浩大。

四月间，王全斌在成都诱杀蜀兵，各地反抗的浪潮更加汹涌。吕翰率部下在嘉州起义，军校孙进、吴瓌（音归 guī）等杀宋知州，与全师雄部刘泽军合，有众五万，赶走普州刺史，杀通判。果州军校宋德威等杀宋知州起兵。遂州牙校王可僚结集州民起义。史书记载说，当时反抗者所在蜂起，这只是有姓名可纪的几支。宋朝结集大军镇压，围吕翰于嘉州。吕翰先弃城走，宋军入城，吕军夜间反攻，不胜，领兵至雅州据守。宋军攻普州，刘泽部申雕领兵五千来敌。申雕兵败。宋军入普州，刘泽降宋。九六六年六月，宋军破全师雄部于灌口寨，全师雄领兵至金堂。七月，吕翰在雅州据守年余后，被宋攻破，退至黎州败死。王可僚结集数州兵反攻普州，不能下，至合州拒守。十二月，全师雄在金堂病死。部众推谢行本为领袖，罗七君为佐国令公。罗七君与宋德威等据铜山之险抗宋。宋军攻下铜山，罗七君等被擒。蜀兵斗争失败。

自九六五年春，蜀兵开始抗宋，至罗七君等被擒，前后近两年，反抗势力达于二十余州，给予宋朝的打击，是沉重的。蜀兵的起义，是由于不甘忍受宋朝的压迫而自发地起来作斗争，并非后蜀孟氏操纵的复国行为。蜀兵和农民的反抗行动，无疑是正义的行动。王可僚部，主要是州民的起义队伍，斗争极为坚决。吕翰部有兄弟民族的起义者张忠乐部参加，据守雅州。后蜀将官、土豪曹光实原来曾残杀张忠乐的起义部众，后蜀亡，曹光实遭到起义者的打击。吕翰与张忠乐部守雅州，曹光实向宋军献地形图和用兵攻城之计，为宋军作向导，定要捕获张忠乐才甘心。在蜀兵民的反抗斗争中，起义农民和土豪地主，支持谁，反对谁，态度极为鲜明，反抗的正义性也就更加明显了。宋兵攻下雅州后，王全斌等捕送孙进、吴瓖等二十七名首领到东京，全部被宋朝处死。孙进临刑前仍然坚强不屈，宋太祖因而把他的全族杀光。起义者的英勇和统治者的残暴形成鲜明的对比。

阆州起义　九六五至九六六年间，阆州（阆音浪 làng）农民起义，围攻州城。宋阆州知州赵逢残酷地镇压了起义者。起义失败后，赵逢又屠杀人民近千家，想见起义得到群众的支持，具有颇大的规模。

渝州起义 九六六年初，渝州农民群众以杜承褒为首，围攻州城。宋知州、通判投降。杜承褒军人城，占据州署，取得胜利。但起义军中的原州校官（军官）陈章却被宋判官卞震招诱叛变，乘杜承褒没有戒备，伏兵袭击。起义军由于出了叛徒而遭到失败。

李仙等起义 开宝六年（九七三年）正月，渠州等地农民上万人以李仙为领袖，举行起义。领袖称"仙"，宋朝史书诬蔑起义者为"妖"，可能是利用宗教作工具，相互联络。起义者攻入蓬州界，遭到宋军的镇压而失败。九八一年，绵州又有王禧等十人以所谓"妖法"（某种宗教）组织群众起义，被宋朝发觉而遭到镇压。

王小波、李顺等领导的农民起义 连年不断地爆发的人民起义斗争，终于酿成为王小波、李顺领导的大规模的农民起义。

王小波原是永康军青城县的农民。这一带，地主阶级对农民的压榨很残酷。青城的味江是著名的产茶区，茶农不种五谷，只是种茶为生，与耕田的农民一样交税。宋太宗时，实行"榷茶"法，由博买务强行收购。大批"采茶货卖，以充衣食"的茶农因而失业。宋朝的官员由此大肆贪污勒索，地主商人从中投机取利。富者更富，贫者更贫。淳化四年（九九三年）二月，遭受残酷压迫的旁户，破产的农民，失业的茶农等约一百人，以王小波为首在青城发动起义。王小波对起义农民

50

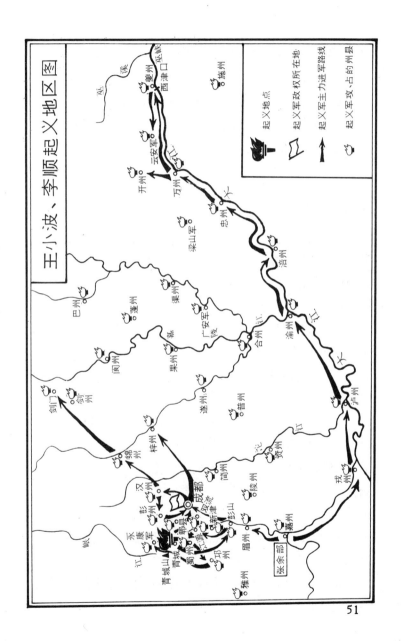

王小波、李顺起义地区图

起义地点

起义军政权所在地

起义军主力进军路线

起义军攻占的州县

施州

夔州 西津口 巫峡

云安军

开州

万州

梁山军

忠州

巴州

阆州 蓬州 渠州

广安军

达州

果州

涪州

合州

渝州

沪州

剑口 剑州

绵州

梓州

遂州 昌州

简州

资州 泸州

汉州 成都 彭州 蜀州 双流

戎州

嘉州

永康军 崇城 郫县 江原 新津

青城山 眉州

邛州

雅州

张余部

51

说："吾疾贫富不均，今为汝均之！"王小波提出的这一目标，立即获得广泛的响应。前来参加起义的群众越来越多。起义军攻占青城，转战邛州、蜀州各县，进而攻打眉州的彭山。彭山县令齐元振，曾被宋朝赐玺书（玺音喜 xǐ）奖谕为"清白"。其实这个所谓"清官"是把大量贪污剥削来的财物寄存在别处，与民为仇，早为群众所痛恨。王小波打到彭山后，搜出齐元振的大批金帛，散发给贫民，并立即把齐元振处死。张咏《悼蜀》诗说："害物黩货辈（黩音独 dú），皆为白刃烁（音朔 shuò）。"想见那些"害物黩货"的地主豪绅，同齐元振一样受到应得的惩处。起义军的行动，使人心大快，由此在广大农民群众中建立起更为崇高的威信，参加起义的人更多了。本来此时农民战争爆发的时机已经成熟，这一地区又有着反抗斗争的传统，在王小波均贫富的号召下，起义军不断胜利发展。攻下彭山，已是一支万余人的队伍。

十二月，起义军进攻江原县。宋西川都巡检使张玘（音启 qǐ）出战。王小波在作战中不幸额上中箭，仍带箭奋战，力斩张玘。起义军在江原大胜。但此战之后，王小波负伤过重，壮烈地牺牲了。王小波点燃了起义的烈火，开辟了战斗的道路。起义群众在王小波妻弟李顺领导下，继续顽强战斗。农民起义的浪潮，更加汹涌澎湃地向前发展。

起义军在江原获胜后，更加强盛。在李顺领导下，

52

起义军乘胜攻下蜀州，杀宋监军。攻下邛州，杀知州、通判。在新津江口，大败宋兵，杀宋巡检使。起义军发展到数万人，进取永康军，夺得双流、新津、温江、郫县等地。兵锋所向，直指成都。

随着起义的胜利发展，起义军逐步建立起严格的军事纪律。沈括《梦溪笔谈》记述李顺军"号令严明"，又说起义军"所至一无所犯"，即毫不侵犯民间利益，和宋军在蜀地的四处劫掠，形成鲜明的对比。李顺继续贯彻并进一步发展了王小波平均贫富的主张，有领导地没收地主土豪的财富，分散给贫民。沈括记载说，李顺军召集"乡里富人大姓"，叫他们出具家中所有的财产粮食，除生活需用之外，"一切调发（没收）"，分给当地贫苦的农民。当时蜀地饥荒严重，起义军的正义行动获得广大农民群众的热烈拥护，"号令严明"也提高了作战能力。淳化五年（九九四年）正月，李顺军进攻成都，不利，转攻汉州、彭州。两天之内接连攻下两州，形成对成都的包围。十天之后，起义军攻下成都，宋知府郭载率残部逃到梓州。农民军入成都城，建号大蜀。李顺称大蜀王，立年号"应运"。大蜀设中书令、枢密使等职，各路起义军分别设立统帅，号"大蜀雄军"。李顺随即派遣各路军四出攻打宋军，剑关以南，巫峡以西，都为农民军占领。农民军发展到数十万人，震动了整个宋朝。

宋朝兵权集中在朝廷，地方兵力薄弱。这就为农民起义的发展带来了两个方面的影响。一方面是农民军因地方官兵力弱，比较容易顺利取胜，攻占州城；另一方面，宋朝因集中兵权，也得以随时派出重兵，镇压起义。农民军在起义获胜后，又不得不面对着强大的敌军。九九四年初，

大蜀应运元宝钱

宋太宗派亲信宦官王继恩为西川招安使，率领京师禁军入川，镇压起义。王继恩军发，太宗得知失成都，又加派重兵分别向峡路和剑门进军。峡路军在广安军和渠州、果州一带，遭到农民军阻击，不得前进。剑门栈路是宋军入川的要道，原来只有疲兵上百人驻守。李顺分遣农民军数千北攻剑门，企图截断宋朝进军的通路。农民军至剑门作战，正值成都撤出的宋军到剑门，农民军寡不敌众，败回成都。宋军占有栈路，得以长驱入川，农民军在军事上失利了。

宋军重兵压境，农民军没有专力设防，而在集中兵力攻打梓州。梓州宋军已有防守的准备，据城顽抗。农民军二十万以云梯、冲车攻城，不下。乘风纵火急攻，又不能下。围城硬攻至八十余日，不能取胜。农民

的兵力被牵制在梓州。宋军却自剑门一路急速挺进。剑门一路，农民军兵势单弱。四月，王继恩军由小剑门路入研口寨，农民军五百人牺牲，宋军过青强店，剑州被攻陷。五月，王继恩军攻绵州，绵州失陷，另派一支宋军攻阆州。农民军在老溪，依天险拒守，三千人牺牲。阆州失陷。宋军别部攻巴州，农民军五千战败，巴州失陷。王继恩又分兵救梓州，农民军败退，损失极重。大蜀的成都处在敌军的威胁之中。

成都从来是蜀中的要地，又是后蜀的都城。农民军得成都，建大蜀，政治上处于极为有利的形势。但从此不得不以十万兵据守成都，军事上由攻势转入了守势。宋军却由守势变成了攻势。王继恩军得梓、绵两州，集合兵力围攻成都。李顺率农民军据城固守。宋太宗在三月间即下诏给王继恩，说农民起义军如再反抗，"即尽加杀戮，不得存留"。五月，王继恩军攻进成都，残酷地镇压了起义者。农民军三万人英勇战死。李顺也壮烈牺牲了。大蜀的枢密使计词、吴文赏和农民军领袖卫进、李俊、徐师中、吴利涉、彭荣等人被捕，英勇就义。大蜀农民军遭到了失败。

但是，民间还长久流传说：李顺并没有死。有的说他已到湖北，有的说他在岭南。民间的这些传说使宋朝廷极为惊恐。二十三年后（一〇一七年），广州知州听说有个贫民饮酒说王小波事，便把他捕送京城，说是抓到了"真李顺"。枢密院也向朝廷祝贺。御史审问，原来这是广州民李延志，曾在成都当过宋兵。只好把他黥面配军了事。四十年后（景祐中），又有人告发李顺在广州。巡检使臣捕来一个七十多岁的老翁，又说是"真李顺"，把他处死，向朝廷报功。此后若干年内，宋朝的大臣们上疏言事，还往往以"恐李顺之事再起"来向皇帝提出警告。这些事例从不同的方面说明；李顺农民军的起义活动，长久地给宋王朝带来了恐惧，也长久地受到人民的怀念。起义领袖虽死犹生，因为他代表了广大农民不屈不挠的战斗意志。

李顺牺牲，成都失陷，大蜀农民军仍在继续战斗。成都郭门十里之外，就还有农民军的据点。成都以西、以东和以南，还有农民军几十万人，形成三面包围。农民军在张余等领导下，再一次掀起了战斗的高潮。

宋军集全力攻下成都，王继恩以重兵留驻，又由攻势转成了守势。大蜀农民军领袖张余见宋朝孤军无援，坐守成都，乘势聚集农民军各部，得数万人。张余没有去硬攻成都，而是向宋朝守卫空虚的南部和东川各州进取。张余军一举攻下嘉州，进兵东南，攻下戎州、泸州，沿江而上，连续攻下渝州、涪州（涪音浮 fú）、忠州、万州，北向攻下开州。东川要地都为农民军所占有，声势大振。农民军列阵西津口，进攻夔州。这时，宋太宗正加派白继赟等领兵自峡路经夔州入川镇压起义。五月，白军与夔州宋军两面夹攻。张余军出乎意料，损失严重。农民军二万人在作战中牺牲，战船千余艘也被宋军夺去。《续通鉴长编》记载，农民军的尸骸在江上漂流，长江流水都被鲜血染红。张余军西走，攻破云安军。别部数千人攻打施州，不下。宋军反攻云安，农民军向西部退走。

夔州以西，成都以东，包括梁山、广安军、渠州、果州、遂州、合州、普州、资州等大片地区的农民军，在成都陷后，仍然继续坚持战斗。白继赟军与原来自峡路进军到此的宋军，集中在这里镇压起义。宋军攻广安军，农民军万人力战，五千人战死。梁山、广安的起义据点被消灭。六月，农民军二万余人由张罕率领，在嘉陵江口抗击宋军，遭到失败。宋军攻陷合州。果、渠、普、资等州也相继失陷。农民军五万人转攻陵州，不下。张余率万余人到遂州。宋指挥使张璘（音林 lín）杀统帅王文寿，率领所部响应起义。宋兵至，张璘部下杀死张璘，叛变降宋，宋军用为向导，进攻张余军。张余败走，退守嘉州。

嘉州以北，成都以南和以东，农民军一直在据守各要地，形成对成都的包围。王继恩入成都后，整天在城中宴饮，抢掠民间财物，白天也关闭城门，不敢出战。宋太宗又派宦官卫绍钦持诏书去成都指挥军事，督令王继恩出兵。卫绍钦军与农民军战于学射山南，攻陷双流等寨。农民军损失数万人。宋军攻安国镇，农民军领袖马太保战死。自夔州进军的宋杨琼部，攻陷农民军占据的蜀州和邛州。永康军、永昌、导江、双流、温江、郫县等地的农民军相继遭到镇压。大蜀中书令吴蕴在七月间领兵攻眉州不下，仍在眉州一带继续战斗。十一月，宋军来攻，吴蕴战败牺牲。张余军在嘉州，成为无援的孤军了。十二月，宋军自眉州引兵攻嘉州，大蜀嘉州知州王文操背叛农民军降宋。九九五年二月，张余被捕，壮烈牺牲。自成都失陷李顺牺牲后，大蜀农民军在张余、吴蕴等领导下，转战东西两川，坚持斗争十个月之久。只是在宋朝一再派出重兵后，才遭到镇压而失败。农民军号称大蜀雄军，作战中表现的顽强精神，确是极为雄壮而英勇！

张余牺牲后，农民军仍有一支队伍隐蔽在山谷间，坚持抵抗。九九六年五月，在领袖王鸬鹚(音卢慈 lú cí)领导下再次起义，攻打蜀、邛二州，被宋军镇压。王鸬鹚部虽然没有再能取得重大的进展，但代表了农民群众不屈不挠、前仆后继的坚强意志，是值得赞颂的。

自从九九三年初，王小波以"均贫富"号召起义，到张余在嘉州兵败，前后两年之间，西起蜀州，东至夔州，燃遍了起义的烈火。在宋朝建国后不久就爆发的这次规模宏大的农民战争，沉重地打击了地主阶级的黑暗统治，也为后来农民阶级的斗争开辟了先路。赵宋一朝，全国各地规模大小不等的农民起义，连绵不断地兴起，推动着历史的前进。

第二节　农业的发展和工商业的繁荣

九九七年，宋太宗病死。太子恒（真宗）即皇帝位。从这时到一○六八年神宗即位前，宋朝经历了真宗(九九七——一○二二年在位)、仁宗(真宗子赵祯。一○二三——一○六三年在位)、英宗(濮王允让子赵曙。一○六四——一○六七年在位)三个皇帝的统治。宋朝建国以来的这一百年间，农业、手工业和商业都有显著的发展。

唐代中期是一个经济繁荣的时期。垄断着政治、经济权利的门阀士族制和农奴性质的部曲制，日益成为社会生产力发展的严重障碍。中期以后，门阀士族制和贵族世袭占田的旧制逐步瓦解。拥兵割据的军阀分享了门阀士族的部分权利。黄巢领导的农民战争扫荡了门阀士族势力和部曲制的残余。宋朝统一了各个军阀割据国后，在经济领域中，地主购置田地剥削佃客的租佃制关系得到普遍的发展；在政治上军事上，加强了中央集权制的统治。经济关系和政治制度上出现的这些新变动，是历史发展的必然结果，而这一变动的完成，又不能不反转来为社会生产力的发展开辟道路。

宋朝建国以来的一百年间，广大农民群众开垦了大量的农田，农业生产发展到一个新的水平。随着租佃制关系的确立和农业的发展，工商业呈现出空前的繁荣。手工业者作出了许多新创造。指南针应用于航海，活字印刷术的发明，火药火器的应用等等，都出现在北宋。适应着商业发达的需要，这时还发明了世界上最早的纸币。工商业的繁荣，成为宋代社会经济发展中一个明显的新特点。

伴随着经济的发展，地主、商人中逐渐出现一批大地主、大商人。他们日益扩大土地占有，垄断商业利益，成为社会生产力继续发展的严重障碍。

（一）农 业 的 发 展

农民群众经过辛勤的劳动，开辟了大量的田地，在生产工具、耕作技术、农作物品种等方面也有所创造、有所前进。北宋时，南方经济的发展继续超越北方，经济最发达的地区仍在东南。

一、户口的增加和农田的开垦

宋太宗时，全国户口，据各道、州户籍的不完全统计，共六百八十六万多户，无人口数。真宗以后的七十年间，所谓"承平既久，户口岁增"，户口记录不断在增长。一〇〇六年（真宗景德三年），全国实管七百四十一万多户，一千六百二十八万多口。一〇三四年（仁宗景祐元年），增加到一千零二十九万多户，二千六百二十万多口。一〇六六年(英宗治平三年)，增加为一千二百九十一万多户，二千九百九万多口(一作丁)。记录中户多人少，显然是由于人民逃避赋役，分户别居，并且隐瞒了人丁的缘故。这些记录都不可能符合户口的实际，但反映出户口增长的趋势，是可信的。

宋初田地荒芜的现象仍很严重，太宗时，边远地区不用说，就是京畿附近的二十三州，约数千里的地方，田地的开垦也不过是百分之二三十。宋朝一再命令地方官设法招诱流民归业。经过广大农民群众的辛勤开发，垦田数在不断增长。《文献通考》等书记有宋太祖、太宗、真宗三朝垦田数字，九七六年(太祖开宝九年)，垦田数量是二百九十五万三千三百多顷。九九六年(太宗至道二年)统一北汉后的数字，是三百一十二万五千二百多顷。一〇二一年(真宗天禧五年)，增加到五百二十四万七千五百多顷。英宗时，《会计录》编者以为，这些数字只是按租赋得出的田亩数，并不是垦田的实际状况。一〇二一年是北宋垦田数的最高额，此后再也没有达到这个数字。一〇四九年(仁宗皇祐元年)，垦田统计数只有二百一十五万多顷，减少约十分之六。说明这时土地兼并严重，大量土地被隐瞒。《会计录》编者说"不出租赋的田亩有十分之七"，可能即据此而来。此后，田亩统计数又在上升，或许是数字来源不同。

垦田的增加，是广大农民的劳动功绩，也是和地主兼并土地作斗争的产物。北宋农民克服了自然条件的限制,因地制宜地在山地、江畔、海边开垦农田,作出了许多新创造。

圩田(圩音围 wéi)——又叫围田。在低洼田地周围筑围,围外蓄水。五代时,江南已有圩田,一个大圩,方数十里,如同大城,中有渠道,外有闸门。旱时开闸引江水灌田,涝时闭闸制水。北宋时,圩田在南方进一步发展。太平州芜湖县万春圩,有田十二万七千亩,圩中有大道长二十二里。圩田能防旱抗涝,可以常保丰收。这是劳动人民的一项创造。

山田——南方农民在山地和丘陵的不同坡度上,筑成阶梯形的农田,称为山田或梯田。福建一带,开拓山垄为田,种植水稻。王安石在江西抚州,见到农民"山耕而水莳(音是 shì)"。韩琦诗:"晓入吴儿谷,危途信不虚","山鸟过云语,田夫半岭锄",描写出农民在山田耕作的景象。沈括曾记载官吏查核山田漏税,说明那时山田已有相当的数量。无地或少地的下户农民开拓山田,扩大了耕种面积。

淤田——河水冲刷的淤泥,用决水法引入田内,使土质肥沃,称淤田。仁宗嘉祐(一〇五六——一〇六三年)时,绛州正平县南董村农民,利用村旁马壁谷水,淤浚田五百余顷。原来亩收谷五、七斗,淤田后增收到两、三石。神宗时,此法推广,取得一定的成效。

沙田——江淮间,江边海畔出没不常的沙淤地,农民利用来耕作,称沙田。江水激于东,沙田涨于西;江水激于西,沙田又涨于东。沙田涨出,及时耕种,地常润泽,可保丰熟。仁宗时,曾一度免除明、温、台三州沙田的民税。神宗时,温、台两州九县被查出的沙田就有一千一百余顷。

葑田(葑音封 fēng)——江南大湖中有菱、蒲等,年久,根从土中冲出,浮于水面,厚数尺,可延长几十丈。在上面施种,即可生长,称为"葑田"。后来,农民进一步作木排,在上面铺泥,种植庄稼,称为"架田"。

二、农作物的交流

北宋的建立,消除了南方和北方交通的障碍。各地农民群众得以彼此交流培育农作物的生产经验,有利于农业生产的发展。

水稻——水稻是宋朝主要的粮食作物。宋太宗时,江北诸州学习南方,种植水稻。河北沿边屯田使何承矩调集各州军士一万八千多人,在雄、莫、霸等州兴筑水田,引种江东早稻,获得成功。此后,河北、河东、京西等路都逐步推广种稻。

越南劳动人民培育的占城稻,北宋时传入中国,先在福建一带种植。一〇一一年,福建取占城稻种三万斛,分到江、淮、两浙路推广。占城稻成熟早、抗旱力强,并且"不择地而生",适于普遍栽种。杨亿《谈苑》记载:汝州鲁山,也种植建安来的早稻种,说是"此稻耐旱,繁实,可久蓄,宜高原",当地人多种此稻,年年有好收成。杨亿所说建安来的早稻种，可能也是占城稻。据此，占城稻不仅在长江流域推广，而且也传播到北方。中国农民从越南劳动人民学习种占城稻，又在南方和北方交流，推动了农业生产的发展。中越两国人民在历史上长期的阶级斗争和生产斗争中，凝结成深厚的友谊。占城稻的传播，是一个显著的事例。

南方农民多年来培育出很多优良的稻种。宋太宗时，福建南剑州水稻有金黍、赤鲜、白稌(音途 tú)、先黄、金牛、青龙、虎皮、女儿等十一种。洛阳有和尚稻。苏州有师婆粳、箭子稻等。箭子稻品种最佳，每年运送到东京。

这些水稻优良品种的培育和交流，提高了农田的单位面积产量。北宋时，两浙路产量最高。苏州一般年成，每亩产米二到三石。

麦——麦是北方人民的重要粮食作物。北宋时，逐渐在南方推广种植。宋太宗时，江南、两浙、荆湖、岭南、福建诸州种稻地区的农民，从淮北诸州得到麦种，推广种麦，并种植粟、黍、豆等作物。

茶——北宋建国后，南方茶叶大量运销北方。南方各地普遍种植茶树。淮南、江南、荆湖、福建和川蜀地区，种茶的农户(园户)极多。茶叶的制作，分为片茶、末茶两种。制作的技术，也更为提高。

甘蔗——福州、明州、广州、汉州和遂州都有许多"糖霜户"，种植甘蔗作糖霜。糖霜远销到海外。

三、农具的改进

千百年来,广大农民群众在生产劳动中,不断创造和改进着各种生产工具。北宋农民在继续改进各种农具的同时,还使用了一些新农具。

踏犁——九九四年,宋州、亳州(亳音博 bó)等地耕牛疫病流行,半数以上不能耕作,有人献"踏犁",以人力代牛耕。一〇〇五年,河北因辽朝侵扰,耕牛多死,耕具颇缺, 取淮、楚民间踏犁式样仿造。据说踏犁用四、五人耕稼,相当牛耕的功效一半,但比用钁(音决 jué)耕,效率提高一倍。

秧马——苏轼在武昌看到农民种稻插秧用"秧马",说是比弯着腰插秧,劳动强度大为减轻。秧马后来得到推广。

水车——最早大约出现于东汉时期,是一种用人力转动的翻车。宋朝推广种水稻,农民群众用多种水车引水灌溉。较为普遍使用的人力翻车,称龙骨车或踏车。据说是水具机械中比较"巧捷"的一种。江南、湖南路又有一种"筒车"(水轮),不用人力,借水力运转灌溉。梅尧臣有诗说:"既如车轮转,又若川虹饮,能移霖雨功,自致禾苗稔。"筒车要比两浙的踏车既省人力,功效又高,是当时最为先进的一种灌溉工具。由于水车的广泛使用,劳动农民部分地征服了干旱。王安石的好友王令作《答问诗》咏水车说:"旱则我为用,尔龙

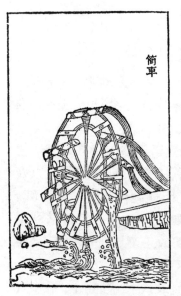

王祯《农书》中的筒车图和秧马图

江苏扬州出土宋代四齿耙

河南禹县出土宋代镢头

尚何谓！"水车用于抗旱，胜于‘龙王’，意义是很大的。

四、水利的兴修

农民群众兴修水利、灌溉农田，是促成农业发展的一个重要因素。北宋神宗以前没有出现大规模的水利兴修，但在局部地区，仍有一些水利工程，便利了农业生产。宋太祖时，琼州度灵塘开修渠堰（音燕 yàn），灌溉田三百余顷。宋太宗时，戍兵一万八千人自霸州界引滹沱河水灌溉稻田。真宗时，开深州新河、霸州滹沱河、静戎军鲍河、镇州镇南河，又自嘉山东引唐河水至定州，引保州赵彬堰徐河水入鸡距泉，从此河北平原中部田地都得到灌溉之利。仁宗时，唐州修复陂渠，引水灌溉，据说数万顷薄地变为肥田。福州三县农民八万九千(人次)，修通渠浦一百七十六条，共计长二万一千九百多丈，可溉田三千六百余顷。河东路九州二十六县农民，修浚水利田一万八千余顷。蜀江置堰溉田，兴元府褒斜谷有六堰浇灌民田，当地农民订立"堰法"，每年春天轮流修堰，保证了长年的灌溉。英宗时，泰州农民创筑涵管，引水灌田，克服了沿海缺少淡水的困难。

沿海劳动人民修塘捍海，是一项巨大的工程。真宗时，民工数百万，修固浙江捍海塘，一年多修成，控御了海水。仁宗时，民夫四万多人修建通州楚州捍海堰，修成后使海水泻卤之地，化为良田，并阻挡住风潮的袭击，保障了农业生产。

（二）手工业的兴盛

随着造船业的发达和对外贸易的发展，北宋时指南针已经普遍地使用于航海。造纸业和刻版印刷业也迅速发展，仁宗时工匠毕昇发明了活字印刷。火药也被大量用于制造武器，火器的制造取得了成就。此外，诸如纺织、染色、制瓷、矿冶等各部门无论从原料的采集、生产过程和产品种类、数量方面，都有显著的进展。各业的作坊，规模之大，也超越了前代。

一、造船业的发达和指南针的普遍使用

北宋建都东京,依靠东南漕运,漕船是必不可缺的运输工具。宋太宗时,各州岁造运船三千多艘。官营作坊制造统治阶级所需要的战船、漕船、使船、龙船,民营作坊制造民用的商船、游船。

北宋在东京设造船务,各地重要州军设官营造船作坊。长江两岸交通要冲还设有专门修船的场所。

内河航行的船舶,最大的叫做"万石船"。远涉重洋的民用海船,称为"客舟",可载二千斛粟。据说"上平如衡,下侧如刃","又于舟腹两旁,缚大竹为橐(音驼 tuó) 以拒浪"。船上的设备包括抛泊、驾驶、起碇、转帆和测深等方面,比较齐全。这样的海船,在当时世界上是较先进的。朝廷用的海船,称为"神舟",其长阔高大,什物器用人数,都相当"客舟"的三倍。

造船业的发达,促使远洋航行技术不断进步。北宋海船已使用指南针测定航行方向。沈括《梦溪笔谈》记载了罗盘仪构造的基本原理。朱彧(音玉 yù)《萍洲可谈》和徐兢《宣和奉使高丽图经》记载,舟师在航行中,夜观星,昼观日;遇阴晦天,白天黑夜都看指南针。当时用的是指南浮针(即水罗盘)。指南针广泛应用于航海,对发展海上交通,推动世界各国人民的往来,起了巨大的作用。

二、印刷业的发展和活字印刷术的发明

唐、五代开始应用的印刷术,到北宋时才有了普遍的发展,广泛用来刻印书籍。国子监刻印的书,后世称为监本。各地官府也刻印书籍。书院、家塾也印书。民营的书坊、书肆、书籍铺,分布更广,刻书、卖书,成为世业。民营书坊刻印的书,后世称为坊本。北宋初,成都刻《大藏经》十三万板,国子监刻经史十多万板,从这两个数字,可以看出当时印刷业规模之大。

东京、杭州、蜀中、福建是北宋印刷业的几个中心。北宋"监本"书大半在杭州刻印。当时人评价:木板书以杭州为第一,蜀本次之,福建最下。蜀与福建,多以柔木刻版,取其易成而速售,但不能持久。东京印板,不比杭州差,但纸不佳。上海博物馆藏有北宋"济南刘家功夫针铺"印刷广告所用的铜板,证明当时民间也已掌握了雕制铜板的技术。

沈括《梦溪笔谈》记有仁宗庆历中,布衣(平民)毕昇发明活字板的事迹。办法是:用胶泥刻字,每字一印,用火烧硬。先设一块铁板,板上敷匀药品(松脂、蜡、纸灰等合制而成)。印刷时,把铁制的框子放在铁板上,在框子中排列胶泥活字,制成一板。再用火烤板,使药品熔化,用另一平板从上面压平,使板上的字面平整。冷却后,就可用墨印书。毕昇也用木头刻过字,但木材纤维有伸缩性,沾上水后会膨胀起来,排板

70

时就高低不平,而且和药粘连一起,不容易弄掉,不如泥字方便。毕昇发明胶泥活字印刷术,是对世界文明的伟大贡献。

三、兵器制造业的进步和火药的应用

北宋初年,由于作战的需要,对兵器制造极为重视。东京南、北作坊每年制造涂金脊铁甲等三万二千副,弓弩院每年制造角弝弓(弝音霸 bà)等一千六百五十多万张,各州作坊制造黄桦黑漆弓弩等六百二十多万张,数量极大。又设广备攻城作,领有火药、猛火油等十一个作坊,制作之法,严禁外传。

火药、火器的制造技术,北宋发展到新的阶段。恩格斯说:"火药和火器的采用决不是一种暴力行为,而是一种工业的,也就是经济的进步。"[1]北宋已经利用火药制造燃烧性的火器,随后逐步制造爆炸性的火器。曾公亮《武经总要》还记载了制造火药的三个详细配方。宋初,兵部令史冯继升等进火箭法。灭南唐时,用过火炮、火箭。一○○○年,神卫水军队长唐福献火箭、火球、火蒺藜。一○○二年,冀州团练使石普说能制火球、火箭,曾由真宗面试。据《武经总要》记载,火箭是"施火药于箭首"。火球(引火球、蒺藜火球、霹雳火球)、火鹞(铁嘴火鹞、竹火鹞)、烟球(烟球、毒药烟球)是点

_____

① 《反杜林论》人民出版社一九七〇年版,第一六四页。

燃后用炮放。火炮用于攻城,蒺藜火球使敌骑受伤,毒药烟球使敌人中毒,口鼻出血。

四、矿冶、纺织、制瓷等业

矿冶业——北宋初,各地共有矿冶二百零一处,英宗时增加到二百七十一处。统治阶级,首先是皇室贵族,要搜括大量金、银。仁宗皇祐时,每年得金一万五千多两,银二十一万九千多两。英宗时,金减九千,银增九万。铸钱所用的铜,由官府严格控制。宋太宗时,凡出铜的地区,一律禁止民采,全归官铸。仁宗皇祐时,铜年收五百十万多斤。韶州岑水场,仁宗时开发铸钱,有工匠十多万人,规模很大。铸钱需用铅、锡混合铸造。仁宗时,铅年产九万多斤,锡三十三万斤。英宗时增开矿冶,铅增产二百万斤,铁、锡共增百余万斤。

铁主要用于铸造兵器、农具。徐州利国监、兖州莱芜监是北宋著名的冶铁地。仁宗皇祐时,全国每年得铁七百二十四万多斤。汉朝已应用石炭,北宋多数冶铁炉使用石炭作燃料,以增高炉温,加快冶炼的进程。据苏轼说,徐州利国监用石炭"冶铁作兵,犀利胜常"。冶铁炉的鼓风设备有所革新,鼓风器由皮囊改为木风箱,风箱体积可以造得很大,不像过去用皮囊受到皮革大小的限制,同时装置牢固,可承受较大的压力。这种风箱的装置,见于《武经总要》。

北宋时,在军事和医药上都已利用石油。开采情

72

《政和证类本草》中的《海盐》(上)《解盐》(下)图

况不详。《梦溪笔谈》最早记录了石油这一名称。

纺织业——纺织业从来是技术比较发达，生产比较广泛的手工业部门。不仅有官营和私营的大批作坊从事纺织，广大农村的劳动妇女也无不纺**织布帛。征收布帛**，是宋朝赋税的一个重要项目。

北宋丝织业以两浙、川蜀地区最为发达。开封设绫锦院，为皇室贵族织造高级织品。河北路产绢，有"衣被天下"的称号。麻织业集中在成都府路和广南西路。广南西路广泛种植苎麻(苎音柱 zhù)，农民妇女都善于织布。麻布产量比唐代大有增加。

东京有官营的染院，也有民营的染坊(如"余家染店")，还有推车染色的手工业者。各州也有民营染坊和染工。唐朝的印染技术，到北宋有所提高。刻工雕造花板，供给染工印染"斑缬(音协 xié)"(印花绸)。

制瓷业——北宋制瓷业普遍发展，有突出的成就。不仅供贵族使用的高级瓷器，在工艺技术上达到新水平，而且生产出大量的一般日用瓷器，为民众广泛使用。开封官窑、汝州汝窑、禹州钧窑、定州定窑生产的瓷器最为著名。

造纸业——随着印刷术的发达，民间的造纸业发展很快。造纸用的原料，种类很多。川蜀用麻，北方用桑皮，沿海用苔，浙江用麦秆、稻秆、嫩竹、油藤。造纸的技术也更加进步。徽州黟(音一 yī)、歙(音舍 shè)两县生产的纸张，五十尺为一幅，匀薄如一。各地还有多种加工制作的笺纸。纸张经过加粉、加蜡、染色、矸花（矸音亚 yà），制造成精致的色笺，用来写字、作画。

制盐业——北宋制盐，主要有晒盐、煮盐两种。晒盐的主要产地是解州安邑、解县境内的两个盐池，因此也叫池盐。煮盐法各地不同。京东、河北、两浙、淮南、福建、广西六路的沿海地带，煮海水为盐，俗称煮海。河东、陕西、河北路的一些地区刮取咸土煎煮为盐，称煮咸卤，盐叫土盐，主要产地在并州永利监。成都和梓、利、夔州，凿井取卤，煎煮，称煮井，盐叫井盐。此外，阶、凤等州土崖之间也产盐，称崖盐或石盐。

五、手工业作坊和家庭手工业

北宋规模较大的手工业生产，大多集中在官营和私营的手工业作坊。城乡有不少个体小手工业者，从事简单的劳动。和农业相结合的家庭手工业，仍然像汪洋大海，分布在农村。

官营手工业作坊——北宋朝廷和皇室消费的大批器物，以及军需武器，都由朝廷专设的手工业作坊制造，设有专门机构如少府监、将作监、军器监等管理。军器监的东、西作坊共分五十一作，有工匠七千九百多人，专门制造各种军事物资。少府监专管皇室用品的生产。将作监管理土木建筑。各地官府也都设有官营的作坊。

官营作坊役使的工匠中，有从军队调来的有手艺的人，称为"军匠"，仍隶名军籍；有从民间招募来的工匠，由官府支给雇值（工钱）和食钱；还有从民间征调来轮流服役的工匠。作坊的监官和作头，经常"减刻"工匠的雇值、食钱，工匠的生活极为艰苦。制作的器物，要勒记工匠的姓名，由官员检查优劣以定赏罚，工匠因此又要遭到各种压迫。工匠负担沉重的劳动，又遭受残酷的压榨，往往被迫逃亡，或奋起杀作头监官，进行反抗。

私营手工业作坊——规模较大的是采盐和冶铁。盐业除官营外，又有官督私营，或私营而由官府专卖。地主豪商则私开盐井，生产私盐。文同《丹渊集》记载，陵州开私盐井的豪民，一家有七、八井至一、二十井，雇佣工匠二、三十人至四、五十人。每井工匠约四、五人。工匠都是他州别县"浮浪无根著之徒，抵罪逋逃，变易名姓，尽来就此佣身赁力"，"与主人营作"。工匠不堪主人的压迫，往往群起反抗，"算索工值"，或投别处为业。这个记载说明，私盐井的工匠对主人，不存在严格的人身依附关系，但遭受着残酷的压榨。工匠多是逃亡的农民或"罪犯"，用改变姓名的办法逃避户籍和刑法。这些私井，也随时都有遭到封建王朝依法处置的危险。

私营的冶铁业，由朝廷专设的"监"、"冶"管理、控制。著名的徐州利国监，有三十六冶（冶铁炉），每冶各百余人。据说当地农民多会锻铁，但利国监的工匠仍多是"饥寒亡命"，即逃亡的农民。占有铁炉的冶户是拥有巨万财富的富豪大家。登州铁冶户姜鲁等十八家，都拥有大批田产。冶户对工匠的剥削相当残酷，工匠对冶户存在着严格的人身依附关系。

随着制瓷业的发达，各地出现大批烧造瓷器的小型民窑。如徐州萧县白土镇有民窑三十多窑，陶匠数百人。大抵只是十多名工匠生产的小窑。窑户多邹姓，有"总首"即总头目管理，可能是与"行头"相似。徽州有的造纸作坊，也雇佣了数十名工匠，有荡料、抄纸、焙纸等分工。

城乡个体手工业——城市和集镇的个体手工业工匠，大部分来自农村，一部分是从各个阶层中分离出来的贫民。东京有所谓"百姓绣户"。朝廷裁造院绣造不及的物色，交给绣户绣造，支给工钱。一〇一二年，真宗下诏：裁造院对百姓绣户"不得抑勒差配"和减刻工钱。说明官府常用强制的办法压榨绣户。吴曾《能改斋漫录》记载：临川人伍十八，自制纱帽，在东京街上售卖。东京街巷又有木竹匠人，叫作"杂货工匠"，和各种杂作人夫，候人呼唤"修整屋宇，泥补墙壁"。这些工匠主要还是临时性的服役，或者从事修理加工，并不生产手工业产品。

北宋农村中还有一些有专门手艺的个体手工业者，在当地制造产品，或短暂地外出到他乡，为人纺纱、打银、修甑（蒸锅。音赠 zèng），工毕后仍回本村。他们是牢固地粘附在土地上的个体手工业者，自有生产工具和一小块耕种的土地。

家庭手工业——在封建的自然经济中，广大农村普遍存在着和农业相结合的家庭手工业，主要是纺织业。北宋王朝强迫农民交纳布帛作赋税。农妇纺织的布帛，绝大部分作为赋税被剥夺。向地主借高利贷，也用布帛抵债。至于丝织的绸绢，全部被贵族地主们剥削。张俞《蚕妇》诗："昨日到城郭，归来泪满巾，遍身罗绮者，非是养蚕人。"养蚕人是穿不到罗绮的。作为农民副业的家庭手工业产品，主要是用来偿付租税和高利贷，少量剩余供自己需用，基本上还不是作为商品而生产。只有少数有余力的自耕农，偶尔以少量的粗布，或扎一些箕帚，造一些小农具等，拿到附近的集市上去交换。

北宋时，一些地区出现了以从事纺织为主的民户，叫做机户。仁宗时，梓州已经有几千家机户。一〇三三年，宋朝规定：机户每年纺织的绫，只能自卖三分中的一分，其余二分要由官府收买。由于官府压价买绫，机户消折本钱，不能生活，因此请求官府减少买绫数的一半。封建官府的种种压迫和剥削，使机户难以获得发展。

（三）商业的繁荣

宋朝的统一，消除了封建割据的阻隔，为商业交通的进一步发达，提供了条件。以首都东京为中心，北方和南方都形成了一些商业发达的城市。农业中土地占有方式和剥削方式的变化，增加了商品交换的需要。中小城镇和农村集市贸易也渐繁盛。在封建的自然经济仍然占主要地位的宋代社会，商品经济有了新的发展。

一、城市和集镇

城市——东京是全国最大的城市。太宗时，开封府十六县，主、客户近十八万户。这个数字显然低于实际状况。住在东京城内的，还有皇室、贵族，往来的官僚、商人，到京都货卖的个体手工业者，沿街叫卖的小贩，以至贵族的奴仆等大量不在户籍的人口，驻守京师的禁兵也不在户籍。太宗说，东京（开封）养甲兵几十万，居民有百万。又有人说，东京比汉唐的京都，民户增加十倍。这些都是估计的大概数字，但也说明东京人口十分稠密。真宗时，都门之外，居民甚多，又在新城外八厢置厢吏统辖，实际上是扩大了城区。

唐朝长安，居民住在规划齐整的坊内，商业活动只限于东西两市。五代至宋，东京逐渐繁盛，不再有坊市之间的严格区分。九六五年，宋太祖诏令开封府三鼓以前的夜市不禁。商业贸易活动也放宽了时间的限制。相同行业的店铺多集中在邻近。如潘楼街南，多是真珠匹帛香药铺席。界身巷是金银彩帛交易之所，屋宇雄壮，门面广阔。据说"每一交易，动即千万"。潘楼酒店下，买卖衣物书画珍玩。东去十字街有竹竿市。马行街北，多医官药铺。东西两巷，是大小货行，手工业作坊。十字大街，每五更点灯，天明即散，叫做"鬼市"。马行街北至新封丘门大街，两边民户、铺席、诸班直军营相对。晚间有夜市至三更，到五更又再开张。"要闹去处，通晓不绝"。

遍布内外城的商店铺席外，还有定期的集市贸易。大相国寺有瓦市，每月开放五次（一说八次）。四方到东京来的商人在这里售卖或贩运货物。民间手工业作坊和个体手工业者生产的日用品，也拿到这里来直接卖给买主。据说寺院僧房外的庭院和两廊，可容万人交易。街上还有一些季节性的集市，如五月初有鼓扇百索市，七月初有乞巧市。

东京倚汴水建城，便于漕运。汴水南与淮河、长江相联接，所谓"漕引江湖，利尽南海"，东南和西南的财赋百货都可经汴水运到东京。河北和西北则有陆路往来。东京是政治中心，又是商业和交通中心。依据宋人的零星记述，东京市场上有：来自江、淮的粮米（每年数百万斛），沿海各地的水产，辽、夏（西夏）的牛、羊，洛阳、成都的酒，自河东至江南、福建的各种果品，江、淮、蜀、闽的名茶，南方各地的丝织品，西北的石炭，河中府和成都的纸，福建、成都、杭州的印本书籍，两浙的漆器，耀州等地的陶、瓷器，磁州的铁器，来自全国各地

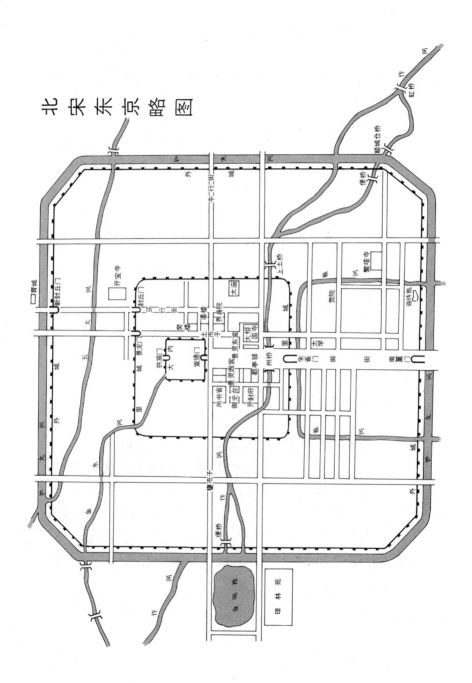

北宋东京略图

的药材和珠玉金银器皿等奢侈品。日本的扇子，高丽的墨料，大食的香料、珍珠等也在市场上销售。东京市场的繁荣，集中反映了北宋商业发展的状况。

东京是皇室贵族官僚的住处，也是"天下富商大贾所聚"之处。他们以侈靡相尚，大事挥霍。东京到处有酒楼、食店、茶坊、妓馆。著名的杨楼、樊楼、八仙楼，饮客常至千余人。还有瓦舍(娱乐场)勾栏(剧场)，演出百戏伎艺。贵族、官僚、豪商整天在此享乐。东京城内居住着大量的贫民，包括沿街叫卖的小贩，民间工匠，"候人请唤"的杂作人夫，他们是城市中受压迫的底层。

东京以外，北方的秦州、太原、真定、京兆、大名(北京)、洛阳(西京)、密州、晋州，东南的苏州、杭州、江宁、扬州、真州、楚州、庐州、襄州，川蜀地区的成都、梓州、绵州、兴元、遂州、汉州、利州，闽广地区的福州、广州等，都是商业贸易的重要城市。

镇市、草市——唐、五代时，军队驻地称镇。宋朝集中兵权，作为军阀割据的兵镇不再存在。但一些交通方便、商业发达的镇，却作为商业交换地点而发展起来。《太平寰宇记》、《元丰九域志》等地理书都记录了大量的镇名，放在次于县治的地位。宋朝在各镇设有场务，收取商税。较大的镇，商税收入甚至可以超过县城。有些地方，镇又叫市或镇市。镇的发达，标志着城乡之间的商业贸易，有了新的发展。

唐朝设在县城之外的草市，北宋又有发展。东京

82

城外,即有草市。苏轼说,各地城小人多, 散在城外叫作草市者甚多。王铚(音质 zhì)《默记》记载常州有草市,官吏到草市饮酒。农村中几天开一次的小市,北方叫做"集", 南方叫做"虚"或"墟"。农民以自己收获的蔬菜、鱼虾或自制的手工业品, 拿到虚、集上交换。较大的虚、集有酒店、客店。交通要道、商业发达的虚、集,可以发展成镇市。

二、商税和专卖

商税——宋朝建国之初,就制定商税则例,在全国各地设置场、务等机构,征收商税。

商税的正税,分为过税、住税两种。过税是对商人贩运货物所课的税,即流通税。按照货物价格,每千钱算(征收)二十,即税率百分之二。商人每经过一个场、务,就要交纳一次过税。场、务发给他收据,称为"引"。如不在各个场务一一纳税,而在某处合并交纳,发给凭据称"长引"。"引"上载明商人的姓名,货物的品种、等级,起、住地点,纳税时限等。住税是对城镇店铺(坐贾)买卖货物所课的税, 即交易税。生产者把货物卖给商人,客商到都市出卖货物,也都要按物价交纳住税钱。税率是百分之三。正税之外, 还有杂税:计算商船所载货物的多少,向船主课税, 称力胜钱。场、务监官私招一批巡丁,沿路拘拦商人到场、务纳税。起初每税钱百文提出十文给拘拦人, 称为事例钱,后来又改称市利钱。征收税钱之外，还有征收实物的办法。《宋史·食货志》说："有官须者，十取其一，谓之抽税。"宋太宗时一年的商税收入约四百万贯。仁宗庆历时，增加到近两千万贯。商税成为宋朝的重要财政收入。

专卖——北宋王朝对人民生活中的若干必需品盐、茶、矾、酒等，实行官卖，又称专卖。

盐是人民生活所必需，全由官府控制生产，也全由官府专卖，禁止私贩。茶叶的生产，除福建路有一些官茶园外，各路茶园，多是民营，称园户。官府向园户买茶，各路有定额（"祖额"）。官府将买茶的钱预先借给园户，称为"本钱"，加百分之二十的利息。宋初，行禁榷法。园户收获的茶叶要全部卖给官府的山场。商人买茶要到东京榷货务缴纳茶价，榷货务给以"要券"（茶引），商人持券到指定的场、务取茶。矾是铸铜所必需，也是印染的必要物料。制矾民户，称为镬户。镬户生产的矾，除纳税以外，其余由官府收买，不得私卖。酒由官卖，称榷酤。官府在各地城镇设置酒务（酿酒、卖酒）、酒场、酒坊（卖酒）。曲也实行官卖，禁止私造。东京设都曲院，外地置曲务，收取卖曲钱。

太宗至道时，一年专卖总收入一千一百二十三万三千余贯，在北宋财政收入中也占有重要的地位。

三、商 业 组 织

商行——唐代城市中，同业的店铺有"行"的组织。

宋朝自京都至州县城镇，同业的商铺，都组织成"商行"。入行的商户，称"行户"，参加商行叫"投行"。随着商业的发展，商行的组织很多。东京市上，至少有一百六十多行，行户有六千四百多户。据说，诸行百户，衣装各有本色，街上行走，一看便认得是哪行人。

同业的商人通过商行来保护和垄断本行的商业利益。外来的商人，不经投行，便不得在市上经商。商行的首领叫"行头"或"行老"，由本行物力高强的上户轮流担任。行头有权规定本行商货的物价，分派官府摊买的货物。"牙人"招揽买卖，从中媒介。

商行的组织同时又是官府敲剥商人的工具。唐朝后期，皇室通过行商征购宫廷需用的货物，称为"宫市"。宋太宗时，设置"杂买务"，为宫廷购买货物。宫中不准直接向行铺征购，以矫正唐朝宫市的弊害。真宗以后，宫中又往往向行商征购货物。知开封府蔡襄曾说：内东门购买行人物品，有欠了好几年不给钱的。地方官府也通过行头向行商勒索百货。东京供应百货的商行，官府上下勒索，比别处多十倍以上，各行赔累甚多。官府还向商行抑配科差，或借口军需，向商人借钱。

赊卖——伴随着商业的繁荣和商行组织的发达，北宋市场开始出现信用交易，叫做"赊"或"赊卖"。行商出卖行货，不用现钱。凭信用赊贷，一定时期后再付还价钱，彼此通济。一〇二二年，在京商税院告示客商，赊卖行货，须有富户三五人以上作保，写立期限文字。如无人保,只由赊买人写立欠钱文字,发生纠纷,官府不受理。这个告示,表明赊卖中发生"诳赚"事故,但也说明赊买赊卖已很通行。

便钱务——东京设便钱务,是官营的汇兑机构,商人将现钱交便钱务,领券(汇票)到外州兑钱,当日给付。这是商业发展后又一新起的制度。太宗末年,东京便钱务收到商人便钱一百七十余万贯。真宗时,增加到二百八十余万贯。官府由此掌握了大量资金。

邸店——唐朝商人在柜坊寄存财货。北宋邸店逐渐发达。邸店原来是供往来客商居住的旅店,商业发展后,大批商人在邸店存放财物,商洽交易。开设邸店,成为很大的营利事业。

质库——质库在唐朝附设于柜坊,北宋独立经营,更为发展。质库又称解库,是典当业的一种。以物品作抵押(质),向质库借钱,到一定期限,加利息赎回。一〇七〇年八月,韩琦在奏疏中说:"现在兼并之家,照例都开质库。"大寺院经营工商业,也开质库谋利,称为"长生库"。寺院和兼并之家一样,拥有巨大的财富。

四、货　币

铜、铁钱——商业的发展,需要大量的货币流通。宋初,铸造铜钱有四监,铁钱有三监,此后逐步增加。铜、铁钱名称很多。太宗太平兴国年间,铸"太平通宝"钱。以后,几乎每有一个年号,就铸造这个年号的新钱。太宗时，一年铸造的铜钱，最多时有一百八十多万贯，铁钱有五十万贯。仁宗时，铜钱增到三百多万贯，铁钱减到一二十万贯。

北宋每年铸造大量的铜、铁钱，但随着工商业的发展，仍不能满足社会需要。特别是铜钱，市场上更显得缺乏。这是因为：（一）铜是国家的禁榷物，民间缺铜，就销熔铜钱，制造器皿，可以获利五至十倍。（二）北宋虽严禁"铜钱阑出塞外及南蕃诸国"，但铜钱私下外流越来越多。（三）铁钱越来越轻，铜铁钱的比值不断增长。民间多储藏铜钱，不愿在市上流通。尤其是贵族、地主，大量窖藏铜钱。整个北宋，"钱荒"现象一直无法克服。

交子——宋朝发明交子，是世界上最早的纸币。商业中的"赊"即信用关系，孕育出交子。起初是川峡一带，因铁钱分量重而价值贱，"小钱每十贯，重六十五斤，折大钱一贯，重十二斤，街市买卖，至三五贯文，即难以携持"，商人（尤其是大商人）极感不便，客观上需要一种容易携带的、轻便的货币。真宗时，成都十六户富商私造钱券，称为"交子"。后来，主持交子铺的豪商，挪用、吞没现钱，交子不能兑现，引起争讼，官府遂令收闭。但当地使用交子，已成习惯，骤然废除，商业活动大为不便。仁宗时，设交子务于益州，由官府发行交子。每界（期）发行额为一百二十五万六千三百四十贯，准备金为三十六万贯。交子以三年为一界，当界满时,制造新交子,调换旧交子。商民向官府持旧换新,每贯输纳纸墨费三十文。如果界满而未及时调换新交子,旧交子就成为一文不值的废纸。《神宗宝训》说:"始祥符之辛亥(一○一一),至熙宁之丙辰(一○七六),六十五年,二十二界。"起初,交子只在川峡流通。仁宗天圣时,推行到秦州。

五、海外贸易

宋朝建国后,即从海路展开对外贸易。九八七年,太宗派遣宦官八人,分四路出发,到南海诸国招徕商人贸易。此后,北宋出现以下几条海上交通线:(一)从广州通往今越南、印尼等地,再由此和大食(阿拉伯)交通。这是唐朝以来的一条旧路,北宋更加繁盛。(二)从明州或杭州起航,通往日本和高丽。因辽朝屹立在东北,这条海路成为高丽和宋交通的重要道路。(三)高丽与宋交通的另一条路,是入渤海到登州。但因登州接近辽境,北宋禁止自海道入登、莱州经商。后来,哲宗以密州板桥镇为贸易港。密州北通高丽,南沿海岸通明州、泉州、广州。京东、河北、河东等路都可经密州板桥镇输入外国商品。南方向朝廷上供物品,也可由广州海运至板桥镇,再陆运到东京,形成内河漕运路线之外的一条海运路线。(四)哲宗时增开泉州到南海的一路,可抵达阿拉伯各国。

北宋与海外诸国的贸易往来一般有两种方式。一是以"朝贡"、"回赐"为名，由北宋和外国贡使进行官方交易。所谓"贡"、"赐"的货物，即可免交商税。另一种方式，是大量的民间贸易来往，北宋在主要港口设市舶司管辖。

市舶司的职务，主要是：（一）管理舶商。海舶出发前必须到市舶司登记，领取公据或公凭、引目，回航时，必须在原发航港口"住舶"，给予"回引"，才准通行。（二）征收舶税。名为"抽解"，也叫"抽分"。抽解的多少，常有变化。通常是十分抽解一分，也有十分抽二、三、四的。（三）收买舶货。名为"博买"，也叫"抽买"、"和买"、"官市"。太宗时，曾规定博买一半。真宗时，规定博买十分之三，也常有变化。官府抽买以后，剩余的货物，才准许卖给商民。（四）对抽解、博买所得的舶货，进行处理。珠宝及轻便商货，搬运入京，其余粗重难以起发之物，在当地出卖。

宋朝对某些进口货物，如香药、珠贝、犀角、象牙等，还有禁榷的规定，即全由官卖。北宋通过抽解、博买、官卖，取得巨大利润。仁宗皇祐时，市舶收入五十三万贯，英宗治平时增到六十三万贯，成为北宋财政收入的一个重要来源。

九七一年，太宗灭南汉，即在广州设置市舶司。以后又在杭州、明州置市舶司，与广州合称"三司"，是北宋主要的对外贸易港。一〇八七年、一〇八八年先后在泉州、密州置司。后来，秀州、温州、江阴军等地也相继置司。广州，在北宋是最大的港口，南海各地来广州的商人很多。北宋设置"蕃坊"，专供外国商人居住。置蕃长一人，负责蕃坊公事。并设有"蕃市""蕃学"。外国商人往往有当年不回去的，称为"住唐"。明州是接待日本和高丽商人来宋贸易的港口。

北宋商人到南海各地去贸易的也很多。《萍洲可谈》说："海舶大者数百人，小者百余人，以巨商为纲首。……舶船深阔各数十丈，商人分占贮货，人得数尺许，下以贮物，夜卧其上。货多陶器，大小相套，无少隙地。"这种满载陶瓷器的海船，就是北宋商人来往东南亚各地的货船。福建、两浙、广南路都有不少商人经营海上贸易。

经南海和北宋贸易的国家，有大食、古逻、阇婆（阇音遮 zhē）、占城、勃泥、麻逸、三佛齐等国。北宋的输出品主要是瓷器、杂色帛以及各种矿产品；输入的多半是供贵族享用的奢侈品，如各种香料、药材、犀角、象牙、珊瑚、玳瑁、苏木等。

北宋开往日本的商船，由两浙路出发，几乎年年都有。日本商人来往，也常乘明州、台州商船。北宋运往日本的商品，主要是药材、香料、瓷器、文具、书画、丝织品。自日本输入的商品，主要是硫黄、木材、水银、沙金和工艺品。日本制造的宝刀和扇子，在宋朝最为著名。北宋运往高丽的商品，有丝线、腊茶、瓷器等。输入品有人参、矿产、绫布以及扇子、文具。

90

海外贸易的发达，说明北宋的工商业发展到了一个新水平。

（四）大地主大商人势力的发展

宋朝的统一和经济关系中的某些变革，曾经多少便利了社会生产力的发展，农业和工商业都达到超越前代的新水平，一时出现了繁荣的景象。但在生产发展的同时，官僚、地主无限止地扩大土地占有，利用各种手段加紧对农民的压榨。他们中间的相当一部分也还经营商业，谋取暴利。官员、地主、商人中逐渐滋生出一批大地主、大商人。他们不再是前代的门阀贵族，而是宋朝建国后，在经济发展的新条件下逐渐形成的新的豪族。新出现的大地主、大商人日益形成为强大的社会势力，垄断着若干经济部门，障碍着社会生产力的继续发展。

一、大 地 主

土地占有的扩大 一〇一三年，真宗下诏，禁止朝内外臣僚购买官田，但购买民田，不在禁例。一〇二二年，有人向真宗奏报说："宋朝建国六十年来，豪强大量兼并土地，如不加制止，全国的田地将要有一半被他们占据。"又有人说："开封府附近千里，都已是大臣们的田产"。仁宗时，官员占田继续扩大。宰相晏殊，不管国事，只管营置田产，见蔡河两岸土地有利可图，即托借名目占为己有。一个"比部员外郎"的朝官，在真定占田，多达七百多顷。官员们相互规劝，说在居官时买些好庄田，供退官后享用，最是"良图"(好主意)。仁宗曾下诏限田，公卿以下官员占田不得过三十顷。但实际上无法实行，不久又废。这里透露出官员占田三十顷以上，已是普遍的现象，也透露出占田的趋势无法抑止。陈舜俞在《厚生策》中说："今公卿大臣之占田，或千顷而不知止"。《宋史·食货志》也说："承 平 寖 久，势官富姓占田无限，兼并冒伪习以成俗，重禁莫能止焉"。这些记载反映出，官员地主无限占田，已成为当时的严重问题。

伴随着地主占田的扩大，各地方都出现了一些占有大量田地的大地主，即所谓大姓豪族。真宗时，长安的大地主，有十多家，构成一大势力。他们的首领是号称"隐士"的种放(种音崇 chóng)。种放在终南山周围霸占樵采地二百多里。门人、亲族也都仗势无赖，侵渔百姓。青州临淄有豪族麻氏，广置田庄，压榨农民，成为巨富，甚至私蓄兵器，建立地主武装。仁宗时，衡州大姓尹氏，占田多至千顷，成为一方之霸。

大地主无限占田的另一面，必然是广大自耕农、半自耕农的破产。地主吞并自耕农、半自耕农的土地，大致有如下的一些手段：

平产——地主放高利贷，农民到期不能偿还，即被平人田产。真宗时，知永兴军寇准说他所见到的情形是："所部豪民(大地主)，多贷钱贫民，重取其息。岁偿不逮，即平入田产"。

典田——自耕农、半自耕农把田产典给地主。年久不能赎还，即归地主所有。地主借口文契"难辨真伪"，官府认为"理不可定"，也可归地主占有，不准收赎。

买田——自耕农、半自耕农被迫把土地卖给地主，这是较常见的形式。吕大钧《民议》说：听说主户田少者，往往把田地都卖给有力之家(大地主)。地主由此得到田地之利，又可役使农民的劳力。这样下去，主户越来越少，客户越来越多。吕大钧的这个议论，多少反映了自耕农、半自耕农卖掉土地、沦为佃客的实际状况。

强占——有权势的大地主，还往往使用强制的手段，强买民田，甚至强占民田，据为己有。如仁宗时上元县地主王某，强占民田经营庄院，还要抢掠农民的子女，号称"王豹子"。占田千顷的衡州大姓尹氏，甚至使用伪造卖地契的手段，强夺庄田。像这样强占民田的事例，并不是个别的。自耕农、半自耕农的小块田地，随时都处在被霸占的威胁之中。

在真宗、仁宗统治时期，还出现了以下两种情况。

职田的恢复——五代宋初，官员的职田制早已罢废。真宗采纳宰相张齐贤的建议，又在九九九年恢复职田制度。朝廷把官庄和远年逃亡无主田配给各地官府作职田，免收赋税。官府招佃客租种课租，收归官员。两京大藩府职田多到四十顷，州刺史职田也有十五到二十顷。宋朝官员不断增加，往往无田可配。仁宗时，又削减为大藩最多二十顷，州军长官十顷。据《宋会要稿·食货》记载，全国十八路，共有职田二百三十四万多亩。职田制的恢复，显然是一个倒退。

寺院田产——真宗时提倡佛、道，全国佛寺有二万五千多所，仁宗时，多到三万九千多所。一〇〇九年，真宗令各地兴建道观，各道观由朝廷赐田十顷、五顷不等。各地佛寺、道观还竞相买田置产。真宗时，凤翔府扶风县重真寺购置田庄，刻有碑记。仁宗时皇太后赐杭州武林山灵隐寺钱买田，一次即买水田二千顷，林田五顷。寺院占田，减免粮税。大僧侣出租田地剥削佃客，"坐华屋，享美食"，是一伙披着袈裟的大地主。随着佛、道两教的流行，寺院和道观占有大量的田地。

对佃农的压榨　苏洵《嘉祐集》论"田制"说，大地主召募浮客耕种，"田之所入已得其半，耕者得其半"。苏轼也说地主和佃户"中分其利"，即剥削收获的五成作地租。这大概是反映了一般的剥削率。大地主在扩大土地占有的同时，也在不断加重对佃农的地租剥削。据张方平所说，天下的佃客"输大半之率"，即地租在五成以上。有人估计，千夫之乡有九百人耕地主的田，租地主的"犁牛稼器"，把佃农的收获分成五份计算：交田租二份（四成），牛、农具各一份（各二成），佃农只剩下了一份即二成作粮食。剥削率竟达到百分之八十。

佃农遭到种种剥削,交租之后,所余无几了。

一〇二二年,宋朝统计全国的客户,共有三百七十五万多户,五百九十四万多口,约占全国户口总数的三分之一。由于一些佃农和半自耕农被编入主户的下户,实际人数当然要超过统计数。佃农成为国家的"编户",算是取得了平民的地位。但佃客仍然被束缚在土地上,甚至一经租种地主的田地,就不能自行离开。一〇二五年(天圣三年)仁宗的诏书说:江淮、两浙、荆湖、福建、广南州军旧例:"私下分(分成租)田客,非时不得起移,如主人发遣,给与凭由,方许别住。"但地主多"不放起移"。诏书规定:"自今后客户起移,更不取主人凭由,须每田(年?)收田毕日,商量去住,各取稳便。即不得非时衷私起移。"这个诏书取消了由地主给佃客发凭证的办法,但佃客起移必须在收割完毕之日,即向地主交了租,还了债,还要和地主"商量",经地主同意,才能"各取稳便"。事实上,地主和农民都"稳便"的事是没有的。最后还是不准私自"起移"。在此以前,关于佃客的起移,只有通行的所谓"旧例"。这个诏书颁发后,对佃客起移的限制,便以法令的形式固定了下来。

一〇五二年(皇祐四年),宋朝又对川峡一些地区佃客的迁徙作了进一步的规定。敕书说:施、黔州诸县的旁下客户,逃移入外界,"委县司画时差人,计会所属州县追回"。佃客逃到外县,要被官府捉回,迁移的自由完全没有了。苏洵曾说:地主对浮客"鞭笞(音吃 chī)

驱役,视以奴仆"。苏轼说是"役属佃户,有同仆隶"。这种佃户实际上还是处在农奴般的境地。

农民"依人庄宅为浮客",遭受着地主的地租和高利贷的沉重盘剥,即使逃亡,也是无处可逃,无家可归。王禹偁《感流亡》诗,描绘一户三代逃亡农民的境况:"老翁与病妪,头鬓皆皤然(皤音婆pó),呱呱(音姑gū)三儿泣,茕茕(音穷qióng)一夫鳏(音关guān)。⋯⋯妇死埋异乡,客贫思故园。⋯⋯褴负且乞丐,冻馁复险艰。唯愁大雨雪,僵死山谷间。"苏舜钦《城南感怀呈永叔(欧阳修)》诗,记述逃亡的农民在路上挖凫茨(野荸荠。凫茨音伏慈fú cí)充饥。凫茨挖光,只好吃有毒的卷耳(药草)。结果是"十有八九死,当路横其尸。犬彘(音至zhì)咋其骨,鸟鸢(音渊yuān)啄其皮"。诗人问道:"胡为残良民,令此鸟兽肥?"终年辛勤劳动,发展了农业生产的农民群众,被逼到路边饿死,死了的尸体还被鸟兽吃掉。这是为什么?根源就是地主阶级的残酷剥削和吃人的剥削制度。

赋税的转嫁和隐漏　宋朝用尽前代的一切"刻剥之法",榨取赋税。大地主在扩大土地占有的同时,又用各种手段把田税转嫁到自耕农、佃农身上。

自耕农、半自耕农占有小块土地,大地主的田税转嫁到他们身上,有以下一些情形:(一)地主与官员勾结,逃避应纳的赋税。各县税收有定额,便强加给自耕农、半自耕农。所谓"黠姓大家"(黠音侠xiá)占有上百亩良田，交税的不过一、二亩，或者是二十分之一、三十分之一。贫下户农民只有几亩薄田，却要交几倍的赋税。形成田多者税少，田少者税多的畸形状况。而且，地主凭借权势，可以拒不交租。贫下户农民则被威逼勒索，逃避不得。"租赋不均"成为各地的普遍现象。（二）夏税按田亩等第税钱，官员、地主上下其手。地主的"善田"税轻，贫下户农民的"恶田"反而税重。（三）自耕农、半自耕农的田地被地主兼并了去，仍然要按原来的地产簿交纳二税。据一个官员说：农民失去土地后，向官府申诉，请求退割（税籍），官吏受地主贿赂，不给办理。农民交不出二税，官吏催捕，私自抓进监狱。无数的农民被这样逼死。

佃农租种地主占有的土地，以收获的大半以至七成、八成交地租。一般说来，地主向封建国家交纳田税，本来就是取自剥削农民的地租。但在北宋，地主还有各种办法把田税直接地转嫁给佃农。一种办法是先从佃农的收获中，把田税扣除，然后再分成收地租。地主向佃农收税后再向官府交税。另一种办法，是川峡一带的大地主，把佃客看作奴隶，"凡租调庸敛，悉佃客承之"。由佃农负担赋税劳役，成为当地合法的通例，以至官府直接向佃农收税。无论是前一种办法，或是后一种办法，地主都把田税全部转嫁给了佃农。

在赋税制度上，地主阶级内部也还存在着一些矛盾。地主用隐瞒田产、改动簿书、虚报田荒、以至"诡名挟佃"(把田产诡名寄在官户名下,伪称承佃)等办法逃避赋役。北宋王朝则不断地用各种办法来检括。这实质上是封建国家和地主之间,主要是和大地主之间,关于剥削农民的权利分配的斗争,是地主阶级内部分取赃物的争夺。这种争夺,仁宗时也发展到颇为激烈的地步。《续资治通鉴长编》纪录一〇四九年(仁宗皇祐元年)宋朝的租赋田数,只有二百一十五万多顷,比一〇二一年(真宗天禧五年)减少了约十分之六。仁宗时,农业在继续发展,垦田还在增加,租赋田反而比真宗时大量减少,显然是大地主用各种手段逃避赋税的缘故。大地主大量占据田地,又大量逃避田税,成为宋王朝面临的一个严重问题。

二、大 商 人

在大地主势力形成的同时,宋朝社会中也出现了一批经商致富的大商人,成为又一股强大的社会势力。首都东京是"富商大贾所聚"。真宗时,宰相王旦说:"京城资产百万者至多,十万而上,比比皆是"。仁宗时,潭州湘潭县富商李迁,经商谋利,每年收入几千万。越州萧山富商郑旻(音民 mín),经营丝绸贸易,规模巨大。有一次,官吏查阅他的账目,漏税的纱就有几万匹。自宰相到地方官也都经营商业谋大利。管理财政税收的官员,更可利用职权经商。如真宗时,江浙发运使李溥用官船贩运木材营利。仁宗时,殿中侍御史王沿也用官船贩卖私盐。虔州知州滕宗谅用兵士一百八十余人、驴车四十余辆贩茶，不交税。经商的官员和大商人相勾结。大商人也依靠朝廷官员保护他们的利益。湘潭巨商李迁就公然自称，他之所以发财致富，是因为有执政的官员在庇护（"为政者以庇我"）。大商人有官员的庇护，得以垄断商行，左右赋税，并且日益冲击着宋王朝的专卖事业。

垄断商行　城市的民户按资产定户等为十等。六等以下是中下户。资产雄厚的大商人是一、二等户。同业的店铺通过行的组织，维护本行的利益。但商行往往被少数大商人，即所谓"兼并之家"所垄断、操纵。如开封茶行，自来有十余户兼并之家。客商运茶到京，都要先向他们送礼、请客，请求他们规定价格。客商卖茶给这十余户，不敢取利，只求定得高价，用加倍的利润卖茶给"下户"商人。茶行如此，别的行户大致也是如此。

有权势的豪商开设邸店，供客商停住和存放货物，并通过邸店操纵市场。大商人还向客商"赊卖"商行货物，定期加利息付钱。中下户商人难于摆脱大商人的控制和压迫。

左右赋税　宋朝征收实物税，又以"折变"为名，任意改变品种。大商人和官员串通一气，从中渔利。仁宗时，蔡州五县本来种粟麦，官府折变为交糯米、粳稻，"舍其所有，责其所无"。农民卖掉粟麦，再向商人买回糯米、粳稻交税，增加了一倍的负担。折变严重的地区，农民交税，一合粟变成一锅，一缕布变成了一尺。大商人和官府勾结，借折变谋利贪污，纳税的农民遭受沉重的压榨，宋朝的税收也日益受到影响。

冲击专卖 富商大贾势力的发展，不断冲击着宋朝对盐、茶、矾等的专卖利益。真宗以后，代表大商人和大地主利益的官员陆续上疏，建议宋朝放宽对盐、茶等的专卖，听任商人自行贸易。

一〇一七年（真宗天禧元年），宋朝放宽盐的专卖，召募商人运铜钱、粮食、布帛到开封，然后到淮南、江浙等地取盐贩卖。一〇三〇年（仁宗天圣八年），有人说，解池盐太宗时法令严峻，民间不敢私自煮盐，所以官盐大量销售。真宗时，只知放宽刑罚，减少聚敛，私盐日益增加，官盐日益亏损。从一〇三〇年起，解盐实行通商，当年朝廷收入比去年增加十五万贯，但第二年就减少九万贯，以后每年损耗二百三十多万贯。这些官府损耗的部分完全落入大商人的手里。

一〇〇五年（景德二年），真宗命盐铁副使林特等人召集茶商，研究卖茶新法，决定改变茶的专卖政策。林特的"新法"规定，商人在京师或沿边入纳金银粟帛，即可到江淮领茶出卖。大商人预先探知某处茶最精好，就派僮仆(僮音童 tóng)日夜奔走，带券到官府领茶；小商贩总落在后边。东南茶利三百六十多万贯，全部归于富商大贾。一〇二三年（仁宗天圣元年），参知政事吕夷简、枢密副使张士逊等讨论茶法。吕夷简等主张让商贾直接向园户买茶，在官场纳税。此法实行三年，茶利全归大商，官场只能得到黄晚粗恶的茶。一〇五九年（嘉祐四年），宋朝完全废止禁榷，改行通商法。官府收入更为减少。

仁宗天圣时，召募商人主管出卖晋、慈二州矾，不久又允许商人于无为军矾场购矾销售，但仍禁止私矾。一〇二八年，仁宗下诏放松两蜀榷矾之禁，又允许商人入纳金帛、刍粟，购买河东路矾。刍粟估价高，矾估价低，商人见有利可图，纷纷入纳，官府只有"榷矾"之名，其实无利。一〇六一年，又改为纳现钱，不再纳刍粟。

宋朝通过专卖，获得大量剥削收入，但限制了商业的发展，对商人不利。商人贩卖盐茶获利，宋朝的专卖收入却因而减少。太宗时，酒曲专卖，每年收利约三百二十几万贯，仁宗庆历时增加到一千七百多万贯。但盐利由于改行通商法，只增加到七百一十五万贯（太宗时，约二百三十几万贯）。茶停止专卖后，茶利都被大商人夺去。太宗时一年茶利可有二百八十几万贯，英宗时减少到不到五十万贯。大商人势力不断发展，宋朝专卖利益不断地受到冲击。

新产生的大地主、大商人逐渐形成社会经济中的强大势力，从各方面影响着宋朝的统治。随着社会经济的发展，大地主大商人势力对宋王朝统治的影响越来越加深，他们之间的矛盾也越来越显露了。

第三节　宋朝统治的腐败和
农民、士兵的反抗

　　真宗、仁宗、英宗统治下的六十几年间，是宋朝中央集权的统治巩固后，社会经济向前发展的时期，也是统治集团日益衰弱腐朽的时期。在这个时期里，宋朝的统治陷入了越来越深的危机。农民与士兵相结合，举行了武装起义。

　　本节分别叙述这一时期里的皇位继承、对辽夏的和战、统治的腐败与农民士兵的起义。

（一）皇位继承与宫廷风波

一、真宗嗣位

　　宋太祖有子四人，均为即位前所生。长子德秀及第三子德林早亡。次子德昭，幼子德芳。太祖在位时，未立太子。德昭授兴元尹，山南西道节度使。德芳授贵州防御使。九七六年十月，太祖在一天夜间死去，死前曾召弟晋王匡义（改光义、太宗）秉烛对饮，留宿宫中。次日，太宗宣诏即位。后世史家或怀疑太宗谋害太祖篡位，即所谓"烛影斧声，千古之谜"。宫廷事秘，难得实证，但太宗立后，太祖两子先后致死，则是事实。

太宗以德昭为永兴军节度使，兼侍中，封武功郡王。德芳为山南西道节度使，同平章事，兴元尹。九七九年八月，德昭随从太宗征伐北汉，败归。德昭请赏太原作战的军士。太宗怒斥他说："等你自己作皇帝，再赏不迟！"德昭惧罪自杀。九八一年三月，德芳也突然病死，年仅二十三岁。死因不明。

太宗即位，宣称母后杜太后曾有遗诏传弟，藏之金匮(一说，系伪作)。故即位后又以弟廷美(光美)为开封尹，封齐王。德昭、德芳相继死去，廷美也不自安。宰相赵普对太宗说："太祖已误，陛下岂容再误？"有人诬告廷美有意谋位。太宗免去廷美开封尹，降为西京留守。赵普与宰相卢多逊(中书侍郎同中书门下平章事，加兵部尚书)不和，又指告廷美与卢多逊交结。太宗将卢多逊免官流放，处死有关官员多人。廷美罢职归第，又贬房州安置。九八三年冬，廷美至房州，忧悸而死。

太宗有九子。皇后李氏生子不育。真定人李妃生子元佐、元侃。元佐为长子，封楚王。太宗斥逐廷美，元佐极力申救。廷美死，元佐得狂疾，九八五年被废为庶人。元侃为太宗第三子，**原名德昌**，改名元休，九八八年封襄王，又改名元侃。九九四年，太宗与左谏议大夫寇准谋议，授元侃开封尹，进封寿王，表明有意传位。次年八月，太宗恢复立太子制，立元侃为皇太子，改名恒，时年二十九岁。太子庙见回宫，沿途居民观望,说"少年天子也。"太宗不悦,对寇准说"人心骤然归属太子,要置我于何地!"。寇准拜贺,说这是社稷之福。

九九七年三月,太宗病死,年五十九。参知政事李昌、知制诰胡且与宦官王继恩谋立元佐。李后命继恩召宰相吕端(门下侍郎兼兵部尚书、平章事)议事。吕端将王继恩锁在书阁,然后入朝。李后说,"皇帝已晏驾,立嗣以长较顺。现在当如何?"吕端说:"先帝立太子,正是为了今天,岂容另有异议"。李后乃命立太子恒(真宗)即帝位。真宗即位尊李后为皇太后。生母李妃已死,进为贤妃,追谥元德太后。

幽州人吕端,太宗朝曾知成都府。廷美为开封府尹,召为判官。其后,太宗第二子元禧为开封尹,吕端又为判官。元禧死,擢拜参知政事,进为宰相。有人对太宗说:"吕端为人糊涂"。太宗说:"端小事糊涂,大事不糊涂"。太宗死后,吕端临事镇定,顺利地辅立真宗即位,避免了一场皇位之争。李昌、王继恩都被贬降,胡且免官流放。

太宗曾自称奉太后遗诏,兄弟传承皇位。廷美(光美)被迫害至死,才得传位于真宗。此后父子传袭,北宋皇位转入了太宗子孙一系。

二、仁宗继统与宫廷风波

真宗即位前娶潘美之女,病死。又娶郭氏,即位后立为皇后。一○○七年病死，无子。一○一二年，立刘德妃为皇后。真宗曾命刘妃侍女李氏侍寝，一○一○年生子，名受益。刘妃无子，取为己子，与杨淑妃抚养。李氏不敢明言。一○一八年八月，立皇子受益为皇太子。一○二○年夏，真宗得风疾。朝政都由刘后决定。宰相、同平章事寇准密陈传位太子，又言参知政事丁谓奸佞，不可以辅少主。真宗在病中默许，事后即遗忘。寇准饮酒，泄露此事。丁谓得知，奏请罢免寇准。寇准被罢相，以参知政事李迪同平章事。丁谓又奏称入内都知宦官周怀政，阴谋奉真宗为太上皇，传位太子，罢皇后预政，并曾密告寇准。周怀政被处死。寇准被斥出朝，知相州。丁谓擅权用事，李迪奏丁谓罔上弄权，愿与丁谓一起罢任，由御史台劾正，真宗命李迪出知郓州，丁谓出知河南府。丁谓自陈，仍然留朝中视事，权势日盛。十一月，真宗下诏："自今军国大事仍旧亲决，余皆委皇太子与宰相、枢密使等参议行之"。(《宋史·真宗纪》)这时皇太子不满十一岁，实由皇后裁决。乾兴元年(一○二二年)二月，真宗病死，年五十五。遗诏太子受益即位，改名祯(仁宗)。刘后"权(代)处分军国事"。仁宗即位，尊刘后为皇太后，杨淑妃为皇后妃。明年改年号为天圣。

刘后执政十一年，一○三三年病死，年六十五。史称她"虽政出宫闱，而号令严明，恩威加天下，左右近习(宦官)亦少所假借，宫掖间未尝改作，内外赐与有节"

（《宋史·章献明肃刘皇后传》）。刘后谨慎处事，宋王朝在仁宗年幼时期，仍能以保持政局的稳定，并未出现皇位之争。

刘后死前一年，仁宗生母李氏在宫中病死。李氏始终以宫人自处，不敢言太子事。死前才进封为宸妃。刘后欲以宫人礼殡葬。宰相吕夷简进奏说："倘若还想到刘氏，丧礼就宜从厚"。刘后采吕夷简议，以皇后服入殓，用水银实棺，以一品大礼，殡棺于洪福院。刘后死后，有人对仁宗说："陛下乃李宸妃所生，妃死因不明"。仁宗大恸，追尊李妃为庄懿皇太后，到洪福院祭告，亲自开棺，见冠服如皇后礼，大为感动。说：岂能听信人言！对刘后家族更加厚待，又遵刘后遗诏为杨淑妃奉上皇太后尊号。仁宗自幼，得刘、杨二后抚养，爱护备至。仁宗亲政后，群臣或追论前事，诋毁刘后。右司谏范仲淹上疏说："太后受先帝遗命，调护陛下十余年，应掩小故，全大德"。仁宗说："这也正是我不忍听的"。下诏朝内外不准再谈论皇太后事。仁宗处置得宜，一场宫廷风波得以息止。

仁宗娶平卢军节度使郭崇之女为妻，立为皇后。仁宗亲政，吕夷简上疏陈奏正朝纲等八事，议罢太后任用的枢密使张耆、副使夏竦、范雍、赵稹、参知政事晏殊等多人。仁宗回宫，告知郭后。郭后说：吕夷简就不附和太后么！只是机巧善变而已。一〇三三年四月，仁宗诏下，同时罢免吕夷简相位。八月间，吕夷简复相，自内宦阎文应处得知罢相出于郭后，遂谋报复。十二月，郭后在宫中与尚美人（妃爵）、杨美人忿争。吕夷简请废郭后。仁宗废郭后为净妃，诏称入道。台臣交谏，不听。次年，郭妃出居瑶华宫，尚氏入道，杨氏安置别宅。郭后出宫之后，仁宗仍不时遣人存问。内侍宦官阎文应曾参予废后谋议，深恐郭后再立。一〇三五年十一月，派医者为郭后诊病，郭后突然死去。知开封府范仲淹劾奏阎文应之罪。阎文应被窜逐岭南，死于途中。次年追复郭氏为皇后，以后礼葬。

郭后出宫后，一〇三四年九月，仁宗娶名臣曹彬之孙女，立为皇后。一〇四八年又以张氏为贵妃。一〇五〇年，张妃伯父尧佐骤升为宣徽使、节度使、景灵宫使、群牧使等四使，为前此所未有。殿中侍御史唐介、知谏院包拯等力谏，罢去宣徽、景灵二使。次年冬，又除张尧佐宣徽使，知河阳。唐介又抗谏，仁宗说，除拟是出中书。唐介于是劾奏中书首相文彦博因交通嫔妃宦官，得致相位。仁宗大怒，贬唐介出知英州。文彦博罢相知许州。唐介因而被称为"真御史"，直声满天下。

一〇五四年初，张贵妃病死，无子。仁宗曾先后有三子，长子昉，次子昕，三子曦，均早亡。张妃死时，仁宗年已四十五岁，仍无子嗣。皇位继承，于是又成为朝野瞩目的议题。

三、英宗嗣立与尊濮之议

一〇五六年五月，知谏院范镇上疏，奏请建储，建言选拔宗室中的贤者，试以政事。待有子嗣，可仍遣回邸。仁宗不纳。范镇又向仁宗面陈，至于泣下。仁宗说，朕知卿忠。当再等二、三年。范镇连上十九疏待命。仁宗罢免范镇知谏院，改任纠察在京刑狱。朝野诸臣建言立储的奏章渐多。宰相文彦博、富弼、王尧臣等也劝仁宗早日定计。一〇五八年六月，御史中丞包拯上疏说"东宫虚位日久"，请立太子。仁宗说，卿欲立谁？包拯回答说，臣请立太子，是为宗庙万世计。陛下问臣等立谁，是对臣有怀疑。臣年七十，且无子，并不想为自己。仁宗说："徐当议之"。这年，文彦博罢相，以韩琦同平章事。一〇六〇年，韩琦向仁宗建言，皇嗣是天下安危所系，请择宗室之贤者。仁宗说，后宫将有人分娩，姑且稍待。七月间，后宫贵人（妃号）董氏分娩，又生一女，为仁宗第十三女。韩琦以《汉书·孔光传》进见，说汉成帝无嗣，立弟之子。又进上知谏院司马光、知江州吕诲等人请立太子的奏疏，仁宗对韩琦说：朕有此意多时矣，但未得其人。问"宗室中谁可以"。韩琦说：此非臣下敢议。仁宗说宫中尝养子二人，大者可也。韩琦请示名字，仁宗说是宗实。

宗实是太宗第四子元份（原名元俊）之孙。父允让曾由真宗收养宫中，仁宗出生后，送还府第。后封汝南

108

郡王,有子十三人。宗实是第十三子,四岁时,曾被仁宗收养宫中,由苗德妃抚育五年,送还王府。一〇五九年,十一月允让病死,年六十五,追封濮王。仁宗有意传位宗实,韩琦极力促成,一〇六一年十月,宗实在父丧中被起用为知宗正寺。次年八月,又立为皇子,改名曙。皇子立后半年,一〇六三年二月,仁宗病死,年五十四岁。遣诏皇子曙(英宗)即位。

英宗于四月间即位,即得病不朝。尊仁宗后曹后为皇太后,诏请权处分军国事,垂帘听政。太后与英宗之间,渐生间隙,两宫不和。一〇六四年五月,英宗病愈,宰相韩琦请曹太后还政。曹后说:每日在此,甚非得已。随即撤帘回宫。

英宗亲政,韩琦有拥戴功,加尚书右仆射。韩琦与枢密使富弼不和。富弼以使相出判扬州。文彦博继为枢密使。

英宗生父允让,已封濮王。英宗继位称帝,濮王当如何追尊,在朝臣中引起了争议。一〇六五年四月,诏命礼官及待制以上官员集议崇奉濮王典礼。韩琦原请尊礼濮王及王之夫人王氏、韩氏、县君任氏(英宗生母)。天章阁待制司马光奏称:"为人后者为之子,不敢复顾私亲","若恭爱之心分施于彼,则不得专一于此"。请依先朝封赠亲属事,王、韩、任三氏改封大国太夫人。起草制诰的翰林学士王珪即以司马光之议为据,又奏称濮王于仁宗为兄,宜称皇伯而不名。中书奏,出继之子于所继、所生父母皆称父母。议称皇伯,于礼无据。参知政事欧阳修上疏反驳司马光、王珪,说改称皇伯,前世皆无典据,进封大国,礼无加爵之道。请下尚书,集三省、御史台详议。朝臣意见不合,议论汹汹。太后切责韩琦,英宗诏令暂且罢议。侍御史知杂事吕诲上疏说:"岂可事有未定,遽罢集议",重申王珪等皇伯之议。司马光也又上言,赞同王珪。次年正月,吕诲见屡次上奏,不报,乃与侍御史范纯仁、监察御史吕大防共同上疏,激切抨击韩琦、欧阳修。奏称:"豺狼当路,击逐宜先,奸邪在朝,弹劾敢后?""参知政事欧阳修首开邪议,妄引经据,以枉道悦人主""宰臣韩琦初不深虑,国欲饰非,傅会其辞,诖误上听",请将欧阳修、韩琦治罪。数日之后,皇太后手诏:"濮王及太夫人王氏、韩氏、县君任氏可令皇帝称亲(父、母)。仍尊濮安懿王为濮安懿皇。两夫人及县君并称后"。英宗下诏说,面奉皇太后慈旨,"称亲之礼谨遵慈训。追崇之典,岂易克当,"即只称父母,不称帝后。又诏以濮王坟茔为园,即园立庙。濮王子宗朴封濮国公,奉祀。时论以为太后手诏尊濮,英宗谦让称亲,均出于中书的谋划安排。一场争议,遂告平息。吕诲等因不见用,请辞御史台职。吕诲迁知蕲州,范纯仁通判安州,吕大防知休宁县。

英宗在位不满四年。治平四年(一〇六七)正月病死,年仅三十六岁。英宗皇后高氏生四子,长子仲铖,一〇四八年生。英宗即位，改名顼，封颖王。治平三年十二月，英宗在病中立顼为皇太子。英宗死，太子顼（神宗）奉遗诏即位。

（二）对辽、夏的妥协

真宗以来，逐渐放弃了太宗收复燕云的企图，以妥协退让求得边境的安宁。真宗面对辽兵的进攻，订立澶渊之盟，划定疆界，岁输银绢。仁宗又以增加岁币，换得苟安。党项族的夏国建立后，宋朝边地连遭侵掠，一再败退，最后也是以岁"赐"银绢求得妥协。

一、宋辽澶渊之盟

宋太宗对辽急图进取，两次大败后，即转而采取守势。宋朝疏浚、开拓边地河道，西起沉远泊，东至泥沽海口，屈曲九百里。滹沱河（滹音乎 hū）、永济河都汇注其中，深十余尺，称"界河"或塘水。塘外筑堤，沿塘设置二十八寨，一百二十五铺（哨所）戍守。戍卒三千余人，乘船百艘往来巡逻。真宗继续采取设险防守的政策，增修水泊。塘淀不及处，依靠林木设防。真宗曾拿出《北面榆柳图》给大臣们看，榆柳数过三百万，说这可以代鹿角（拦拒骑兵的木桩）为防止边地将官拥兵擅权，真宗发给制定的阵图，如辽军南下，即退守边城。

宋对辽纯取守势，辽对宋则展开攻势。宋真宗时，辽朝在圣宗统治下,确立了封建制的统治,正处在国力强盛的时期。九九九年九月,辽承天太后、圣宗领兵大举南下。枢密院请真宗亲征。真宗先以禁军马步都虞候、忠武军节度使傅潜为镇、定、高阳关行营都部署,领兵抵御。辽兵至遂城,守将杨延昭(杨业子)坚守,辽兵解去。十二月,真宗和枢密使王显自开封发兵经澶州到大名府。

傅潜驻兵定州,边城告急,傅潜领兵八万,闭门自守,不敢出兵。辽兵破狼山寨,进至祁州、赵州,游骑到邢州、洺州,镇、定之间道路不通,百姓惊扰。定州行营都部署范廷召促请出兵,指傅潜说:"公胆怯还不如一个老太婆!"傅潜被迫令范廷召率骑兵八千、步兵二千去高阳关迎击。咸平三年(一〇〇〇年)正月,辽兵至瀛州,范廷召分兵出战,求援于高阳关都部署康保裔。康保裔出兵作战,被擒降辽。辽兵自德州、棣州过河,在淄州、齐州掳掠后得胜回师。范廷召出兵追击,在莫州大败辽兵。真宗自大名班师还朝。

次年十月,辽兵再次南侵,被宋兵张斌部阻击,至满城而还。一〇〇三年四月,辽耶律奴瓜、萧挞凛部攻高阳关,宋将王继忠兵败降辽。一〇〇四年闰九月,辽承天后、圣宗再度领大兵南下,号二十万,经保、定二州,直趋澶州,威胁东京。

宋朝廷慌乱无措,以宰相和副相为代表,主战与主和的两种主张,展开了争论。参知政事王钦若(江南人）主张放弃东京逃跑，迁都金陵。参知政事陈尧叟（蜀人）主张迁都成都。新任宰相寇准对真宗说："主张迁都的人应当斩首。"力请真宗亲自领兵去澶州抗辽。十一月，真宗到韦城。大臣又有人请迁都金陵。真宗犹豫不决，对寇准说："南巡何如？"寇准说："群臣怯懦无知，今敌骑迫近，四方危心。陛下只可进尺，不可退寸。"殿前都指挥使高琼也说："愿陛下亟去澶州，臣等效死，契丹不难破。"真宗不得已勉强领兵前进。

辽兵在十月间自定州到达瀛州城下，四面猛攻。知州李延渥率州兵坚守，死伤数万人。辽兵攻瀛州不克，转道进攻天雄军，败天雄宋兵，陷德清军，进攻澶州北城。十一月，辽统军萧挞凛率先锋军攻城，宋威虎军张瓌发弩射敌，萧挞凛中矢死。

真宗走到卫南，得到澶州得胜的消息，继续进兵，十一月末，到达澶州北城，宋军士气大振。真宗派曹利用去辽营谈和。十二月，辽派使臣韩杞来，扬言要索还周世宗时收复的关南地。真宗不敢再战，派曹利用再去辽营，密告可给银绢许和。宋辽立誓书，商订和议，宋向辽每年输银十万两，绢二十万匹；沿边州军，各守疆界，两地人户不得交侵；两朝城池依旧修缮，不得增筑城堡，改移河道。

曹利用再度出使前，问真宗许给银绢数。真宗说："必不得已，虽百万亦可！"寇准召曹利用到营帐说："虽有旨许百万，若过三十万，我就杀你！"和议成后，内侍误传三百万，真宗大惊，接着说："姑了事，亦可耳！"曹利用入奏，许银绢三十万。真宗大喜，特予厚赏。辽兵岁得银绢，胜利回师。宋朝以屈辱妥协暂退敌兵。真宗自作《回銮诗》与群臣唱和，来庆祝所谓"了事"的"胜利"。

历史上称作"澶渊之盟"的宋辽和议后，原来主张逃跑的王钦若转而向真宗攻击寇准。说寇准把真宗当作"孤注"一掷，订立"城下之盟"，是大耻辱。真宗因而罢免寇准的相位，出知陕州，改任王旦作相。此后，宋朝即大事裁减边防。罢河北诸路行营，合镇、定两路为一。省减军官二百九十余员，河北戍兵减十分之五，沿边减三分之一，不再作抗辽的准备。

仁宗继续实行屈辱求和的政策，不修边防，河北州军城池甚至已经倾塌。塘泊多年不修，可以徒步走过。戍军多是"老弱病患、短小怯懦"，"铁刃不钢(刀钝)，筋

114

胶不固(弓坏)",甚至羽箭射不过三十步就箭杆飞掉或箭头卷折不入甲。宋朝边备空虚,一〇四二年,辽兴宗又扬言发兵南下,派刘六符等使宋,以索取关南地为名,诈取岁币。仁宗不敢抵抗,派富弼使辽议和,许每年增绢十万匹、银十万两。辽得增币,刻石纪功。宋朝再以屈辱换取苟安。此后长时间内宋辽之间不再有大的战事。

二、宋 夏 和 战

宋太宗时,占据夏州一带的党项族首领李继迁,受辽封号,称夏国王①。九八八年,宋赐李继迁名赵保吉,授银州观察使。继迁袭击宋边军,宋朝下令禁止夏州青白盐入境,断绝贸易。九九六年,李继迁领兵万余围攻灵州。宋太宗派兵出战,授以阵图,行军列阵均要请示朝廷,行动迟缓。民夫经沙碛向灵州送运粮饷,沿途饥渴困苦,死十余万人。一〇〇二年(真宗咸平五年),李继迁攻下灵州。一〇〇四年,攻占西凉府。李继迁在作战中,中流矢死,子德明继立,德明子元昊攻占甘、凉二州。

一〇〇六年,宋朝授德明定难军节度使、西平王。每年"赐"银万两、绢万匹、钱二万贯。宋朝以对辽相似的办法,换取对夏的妥协,并在保安军重开榷场,两方

---

① 西夏历史,见第六册。

进行货物贸易。

　　一〇三八年，元昊建都兴州，建立国家制度，国号大夏（西夏），又开始攻宋。边报传来，宋朝君臣大惊。群臣"聚首相顾，莫肯先开言而定议"。文武大臣，有的唯唯诺诺，有的害怕回避，以求自安。宋朝西边驻守的军队，有三四十万，但分驻在五路二十四州军，几百个寨堡。驻军都直接听命于朝廷，互不联络，不能合力作战。元昊统领的夏兵"每有事于西，则自东点集而西；于东则点集而东，中路则东西皆集。"夏兵集聚而来，宋守兵节节败退。

　　延州之战——一〇四〇年初，元昊率领西夏兵侵延州，攻下保安军，自土门路进攻金明寨。宋化州刺史金明县都监李士彬战死。西夏兵直抵延州城下。西夏进兵时，宋延州知州兼鄜延、环庆路沿边经略安抚使范雍听说西夏要进攻延州，大为恐惧，急调驻兵庆州的鄜延环庆副都部署刘平，与鄜延副都部署石元孙合兵救援土门。刘、石兵到，大寨已陷。刘平对部下说："义士赴人之急，蹈汤火如平地，何况对国事呢？"刘平昼夜领兵前进，赶到延州城下。刘、石部与各路援兵共万余人，与夏兵对阵。宋兵小胜。夏兵以轻骑迫战。鄜延都监黄德和在阵后领兵逃跑。宋军溃乱。刘平、石元孙兵败被擒。夏兵掳掠而去。

　　延州败后，鄜延路钤辖张亢上疏说："旧制：诸路部署、钤辖、都监各不过两三人。现在每路多至十四五

116

人，少也不下十人。权均势敌，不相统制。有议论又互不赞同。延州之败就是由于诸将自守，互不援助。刘平救延州，前锋军马已陷敌寨，刘平还不知道。"又说："国家承平日久，兵士失于训练。现在每指挥武艺精者不过百余人，其余都是疲弱不可用。"失败是必然的。

好水川之战——延州败后，范雍被降官，知安州。夏竦（音耸 sǒng）任陕西都部署兼经略安抚使，韩琦、范仲淹并为陕西经略安抚副使，同管兵事。八月，又命范仲淹兼知延州。仁宗曾下诏分边兵，部署领万人，钤辖领五千人，都监三千人。遇见敌人，官小者先出兵作战。范仲淹到延州，说："不管敌人的多少，按照官位的先后出兵，是致败之道。"范仲淹把州兵分属六将，每将三千人，分部教练。看敌兵的多少，出兵抵御。

九月，西夏兵侵三川寨。宋镇戎军西路都巡检杨保吉战死。泾州驻泊都监王珪领三千骑来援。王珪奋勇杀敌，中箭而回。夏兵掳掠三日退去。宋军在这次作战中又有五千余人战死。几天后，任福领兵反击，攻下夏白豹城，获得胜利。任福因而被擢升为鄜延路副都部署。

康定二年（一〇四一年）正月，宋朝得知元昊领夏兵向渭州进攻。韩琦到镇戎军，召募勇士一万八千人，命任福率领出击，以泾原驻泊都监桑怿（音忆 yì）为先锋。钤辖朱观、泾原都监武英、行营都监王珪随同出兵作战。任福在张家堡南斩敌兵数百，与桑怿合兵于好水川。朱观、武英屯兵龙落川，相去五里。西夏兵设计北遁，诱敌深入，任福领兵猛追，人马三日不食，到六盘山下，遇西夏伏兵四出，列阵围攻。桑怿战死。任福自知中计，说："我作大将，军败，当以死报国。"挺身决斗而死。宋兵大败。

韩琦命渭州都监赵津统领骑兵二千二百，与朱观、武英部会合。王珪也以屯兵四千五百来援。西夏兵聚集来攻，宋兵败退。赵津、武英、王珪都英勇战死。朱观以余众千余人守民垣，射退敌兵。

好水川一战，宋军惨败，数名大将牺牲。韩琦上章自劾，被贬官，知秦州。范仲淹也被贬官，知耀州。

定川之战——一〇四一年八月，元昊统领西夏兵攻陷丰州。知州王余庆战死。夏兵进屯琉璃堡，侵扰麟州、府州。仁宗以鄜延都钤辖张亢为并代都钤辖管勾麟府军马公事。张亢见宋禁军兵无斗志，召募役兵乘夜袭击琉璃堡，斩夏兵二百余，夏兵弃堡遁去。

庆历二年(一〇四二年)闰九月，西夏再度入侵。泾原副都部署葛怀敏与知镇戎军曹英等，会合泾原各路兵出击。宋兵屯驻定川寨，与西夏兵交战，败退。夜间，夏兵自四面围城放火。葛怀敏等率部奔镇戎军，路经长城壕，被夏兵包围。葛怀敏、曹英等十六名将官都被害牺牲。宋兵九千四百余人，马六百多匹，全被夏兵掳去。夏兵乘胜长驱直下，直抵渭州，在周回六百里内，焚烧房舍，杀掠居民而回。宋军损失惨重。

刘平败于延州，任福败于镇戎，葛怀敏败于渭州定川。宋军连续损兵折将，处在西夏的严重威胁之中。

渭州败后，十月间，御史中丞贾昌朝上疏，指出对夏作战中任将的弊病说："以经常调换的将官，统率没有训练的兵士，所以战必致败，这是削兵权过甚的流弊。用亲旧恩幸之人任军职，兵谋战法素不知晓，是使庸人致士兵于死地。这是用亲旧恩幸的流弊。"他建议："守方镇者不要再屡次更换。边将要赶快选人代替。"十一月，仁宗复置陕西四路都部置经略安抚兼沿边招讨使，命韩琦、范仲淹、庞籍分领。次年正月又下诏，凡军期不及奏报者，许韩、范等便宜从事。但仁宗并不真想整军决战，密令知延州庞籍与西夏谈和。

宋夏经两年往来交涉，一○四四年十月定议，宋册封元昊为夏国主，夏对宋仍保持名义上称臣。宋每年"赐"夏绢十三万匹，银五万两，茶二万斤。另在各节日和仁宗、元昊生日共"赐"银两万两，银器二千两，绢、帛、衣著等两万三千匹，茶一万斤。宋夏仍许往来贸易。宋朝在对辽增加银绢的同时又用增加银绢的办法换得了对夏的妥协。

（三）统治的腐败与改革的建策

一、儒佛道的提倡

后周时，周世宗柴荣北伐辽朝，立志统一，下令限

119

制佛教,废除各地非敕额的寺院,又贬斥儒学,废除孔子后代的免税权。周世宗执政,亲自掌握赏罚大权,整顿政务,为实现统一准备了条件。宋太祖建立宋朝,致力于统一全国,加强中央集权制的统治,在一些方面继承和发展了周世宗的政策。太宗任用文臣执政,儒学随之逐渐兴起,佛教也渐流行。但太宗主要还是以执赏罚来加强中央集权的统治。太宗起用大臣,多来自下层官吏,说儒生是"迂儒因循之人",只给俸禄,而不予"差遣"。真宗自称"礼乐并举,儒术化成",大力提倡儒术,同时又提倡佛教,信奉道教,建立起儒佛道的思想统治。

科举崇儒——宋朝建国后不久,孔子的四十四代孙孔宜考进士不中,上书给宋太祖,说他是孔子的后代,乞求给个官做。太祖只赏他做个曲阜县主簿。太宗时,封他做文宣公,并恢复了被周世宗废除的免税权。真宗即位,孔宜子孔延世袭封文宣公(仁宗时,延世子宗愿改封衍圣公),做曲阜县令,成为一县之霸。一〇〇八年,真宗到泰山祭祀后,又亲自到曲阜孔庙行礼。对孔氏家族大加赏赐,以表示他对孔子的尊崇。真宗又命国子监祭酒(学长)邢昺(音丙 bǐng)等校定《周礼》《仪礼》等书的"正义"(注解),完成九经"疏义",大量印行。一〇〇五年,真宗到国子监看书,问书有多少。 邢昺回答说:"国初不到四千,现在已有十余万部"。邢昺还说:"我年少时学儒,常见学生们不能具备经疏,因为传写不齐。现在大量印板,普通人家都有，真是儒者逢时之幸"。真宗自撰《文宣王赞》，歌颂孔子是"人伦之表"，儒学是"帝道之纲"。又撰写《崇儒术论》，在国子监刻石，说"儒术污隆，其应实大，国家崇替，何莫由斯。"一再表明对儒学的崇奉。

宋太祖、太宗实行科举取士，但下层官吏实行吏治有成绩，仍可不经科举而被起用。太宗时，科举选官并且考试刑律。真宗即位后，河阳节度判官张知白奏报说：现在自朝中到朝外，由刑法进用的人甚多。"循良之吏""改节"去务刑名。进士科考试诗赋策论，也不去探讨"五常"和"六经"的主旨。因此，他建议"正儒术"，明令规定考试依儒家经典，诸子书不合儒学者都不准采用。对于张知白的建议，真宗大为嘉许。科举是官员的来源，考试依据儒学，便利了儒学控制政治。

提倡佛教——周世宗坚决反佛，但佛教在吴越、南唐、后蜀等南方割据国仍很流行。宋太祖统一后，对佛教采取保护政策，以争取南方地主阶级的支持。河南府进士李蔼作《灭邪集》反佛，太祖说他是"非毁佛教，诳惑百姓"，把他流配沙门岛。太宗进而认为佛教"有裨(有益。裨音必 bì) 政治"，在五台山、峨嵋山、天台山等处修建寺庙，在开封设译经院翻译佛经。太祖开宝年间，开始在益州雕印大藏经，太宗时雕版完成。这是第一部印行的佛经总集。宋朝建国时，各地僧徒不过六万八千多人，太宗时增加到二十四万。真宗更加大力提倡佛教，撰写《崇儒术论》的同时，又作《崇释论》，说佛教与孔孟"迹异而道同"。真宗继续建寺译经，并亲自作佛经注释。全国僧徒增加到近四十万，尼姑六万多。真宗统治时期，成为赵宋一朝僧徒最多，佛学最盛的时期。

信奉道教——宋太祖时，道士们进见，劝他"无为无欲""恬淡寡欲"。太祖不予理睬。太宗召见华山道士陈抟(音团tuán)，赐给封号，命南唐降臣徐铉校正道书，又在东京、苏州等地修建道观。道教逐渐得到朝廷的提倡。真宗是道教的狂热的信奉者，对人说："释道二门，有补世教"，又说："三教(儒、道、释)之设，其旨一也"。唐朝皇帝信奉道教，自称是道教祖师李耳的后裔。真宗也和道士们编造神话，说玉皇在他梦中传告，赵氏始祖，是轩辕皇帝。真宗尊玉皇为玉皇大天帝，赵氏始祖为圣祖天尊大帝，布告天下。参知政事丁谓等制定礼仪，大事祭祀。东京修建玉清昭应宫，用银五千两铸造玉皇像，金五千两铸造圣祖像，又用金五千两造真宗像，在旁侍立，表明他是道教的忠实信徒。真宗又命宰相王钦若主持续修道藏，搜编道书四千三百多卷。全国各地大修道观。道教得以广泛流行。

二、统治的腐败

南宋哲学家叶适曾经评论真宗、仁宗时的状况说："当时元老大臣以和亲避狄为上策，学士大夫以因循苟简为正论"。真宗、仁宗、英宗时期，在因循苟简的思想统治下,国家军队和官员、皇室都一天天在腐败。

庞大腐败的军队 宋太祖时选练禁军,成为作战的精锐,全国有禁军十九万三千。太宗时,增加到三十五万。真宗时增到四十三万二千。仁宗时,对西夏用兵,各路郡县招募兵士补充禁军。禁军激增到八十二万六千人,全国军队总计一百二十五万九千,变得空前的庞大。宋朝用来养兵的费用,竟达到全部赋税收入的十分之七八。

太祖、太宗时选练的禁兵多已死去,老弱的又不能裁减。后来的兵士没有听过战鼓,不识战阵。平时缺少训练,"生于无事,而饱于衣食",不得不骄惰。太祖时,禁军领月粮,营在城西者在城东给,营在城东者在城西给,都由自己背负。仁宗时,禁军领粮,甚至要雇人挑。首都东京的禁兵整天在街上嬉游,买卖"伎巧绣画",衣服举措都不像军兵。陕西路沿边的骑兵,甚至不能披甲上马。从南方调来的禁军,自称不知道作战,见到敌人就怕死。宋对西夏作战屡战屡败。据说,西夏听说宋兵多禁军,就举手相贺,以为必胜。禁军由精锐变为腐败虚弱,在对夏作战中完全暴露了。

宋初建立的中央集权制,成功地制止了军阀割据,但将帅无权,军队缺乏训练,矛盾逐渐显露。太祖、太宗或亲自领兵作战,或自定阵图,指挥各地战事。他们出身将帅,显得从容而自如。真宗以下的几个皇帝,生长深宫,不懂军事,由皇帝制定阵图,只是束缚将帅,难以临阵指挥。将帅作战多请示朝廷，群臣往往争论不决。主帅要与钤辖、都监等聚议，也是"人人各出意见，议论不一"，往往坐失战机。帅臣的权力受到多方面的限制，西北边地的将帅一年之间换三、五人。"兵不识将，将不识兵"的结果，是士兵平时缺乏训练，作战时"上下不相附，指令不如意"。宋败于西夏，有人上疏说："诸军将校都不识面，势不得不陷覆。"宋朝军事制度的弱点也在对夏作战中完全暴露了。

各地的厢军，到仁宗时也增加到四十三万多人。其中经过训练（教阅）的，多已陆续补充禁军。大量的厢军只是运输官物(纲运)和服杂役。 州郡官经常迁调，每当新官到任，都要用厢兵修建馆舍，甚至有的州官用厢军织毛缎等货物出售谋利。仁宗时，宋祁上疏说："现在天下的厢军不择瘦弱，全都收配，只图供役，本不知兵，而且朝廷月费粮饷，岁费衣服。士兵数口之家不能自养，于是相继逃亡，成为'盗贼'。"宋祁的话，暴露了厢军的腐败，也透露了农民士兵因遭受压迫在不断地反抗。

宋朝大量的禁兵、厢兵的主要来源是招募。宋朝对西夏作战，广泛募兵。各州官能募兵到一千人者，特升一官，因此兵额大增。遇有灾荒，宋朝为防止农民起义，大批招募"饥民"当兵。如仁宗时，河北路水灾，农民流入京东至三十余万，安抚使富弼选募强壮者充禁军，次者充厢军。关中、川峡各地也都在流民中大批募兵。

募兵以外，还有在农民中强迫抽丁的乡兵。宋初，在沿边各地农民中征雇，粮饷器械都由本乡自备，不隶国家兵籍。应征者在手背刺上义勇、弓箭、弩手、土丁等名号。真宗以后，河北、河东、陕西三路，因对外作战，乡兵不断增加。仁宗、英宗时三路共达四十二万人。来源是在民间强迫抽丁，一般是三丁抽一。乡兵原来只在本土，对夏作战时，陕西路每家出一丁编为禁军，号保毅军和保捷军，到边地作战。梅尧臣《田家语》诗说："三丁籍一壮，……老吏持鞭扑，搜索稚与艾，唯存跛无目，田闾敢怨嗟，父子各悲哭。""盲跛不能耕，死亡在迟速。"据诗序说："主司欲以多媚上，……互搜民口，虽老幼不得免。"所记当近事实。韩琦在陕西大量招兵，自称他的功绩是"一人充军，数口之家，得以全活"。事实恰好相反。大量募兵和大量抽丁的结果，民间丁壮越来越少，农民的生产与生活都发生严重困难，挣扎在死亡线上。

庞大腐败的官僚机构　宋朝统一后，旧官加新官，已经形成为一个庞大的官僚机构。真宗以后，官员不断增加，机构更加庞大。科举取士越来越多。一〇〇〇年（咸平三年），真宗下诏说："去岁天下举人数逾万人，考核之际，谬滥居多。"但这年，真宗亲试举人，仍取进士、诸科（包括屡试不中者）共一千八百多人。仁宗一朝，十三次科举，取进士四千多人，诸科五千多人。中举者都陆续加入各级官员的行列。科举以外，还有所谓"恩荫"法。皇族宗室和官僚的子孙、亲属、姻亲甚至门客都可由恩荫授官，数量极大。皇族宗室原来七岁时即授官。仁宗时，甚至出生不久，还在襁褓之中，便有官做。有的大臣提出建议，改为五岁授官食禄，但遇节日郊祀，还可有例外。一〇四七年一年，单是属籍皇族授官的就有一千多人。皇后、皇太后、太皇太后家族也都授官。文武官员中地位高者，家族亲属都恩荫授官，小至郎中、员外郎也可荫子孙一人得官。此外，还有多种授官法。遇有灾荒，地主如肯开仓出粮，按出粮多少授官。韩琦在陕西修城，要地主雇人伕，按出工多少授官。朝廷甚至公然卖官，如出钱六千贯给予簿尉官，万贯给殿直官，如此等等。官员越来越多，越来越滥。

仁宗时，户部副使包拯上疏说："真宗时，文武官总九千七百八十五员，现在内外官属总一万七千三百余员，未受差遣的京官、使臣及守选人，还不在数内。较之先朝，才四十余年，已超过了一倍多。"正官之外，等候官缺的人员，多到"不知其数"，"大约三员守一缺，略计万余人"。宗室吏员受禄者一万五千多人。各级官府还有大批不受禄的吏员，公然允许贪污受贿，数量更多。三班院（供奉官，左、右殿直，合为三班）的武官，最初不到三百人，真宗时四千二百余人，仁宗时一万一千余人。真宗时十数倍于初，仁宗时又两倍于真宗。外地州县官吏更是多到数不清。仁宗时，宋祁上疏说"今天

126

下有定官，无限员"，官员可以额外增多，因此"州县不广于前，而官五倍于旧"。真宗时，一次裁减各路的冗吏，就有十九万五千八百多人。没有裁减的，当然要几倍于此。而且，真宗以后，又在不断增加。当时就有人指出："自古滥官，未有如此之多！"

真宗宣扬遵循"祖宗旧法"，一切因循守旧，以老成持重相标榜。官员们遇事唯恐承担责任。田锡上疏说："枢密院和中书省""政出吏胥之手，吏胥行遣，只检旧例，无旧例则不行"。结果是，"臣下得优逸，而君上担焦劳"。宋制，三年一次"磨勘"（考核），官员们只要在任内不发生过错，就加升迁。官员们不求有功，但求无过，一心只怕招人非议，影响官位。李沆做宰相，接待宾客，很少讲话，弟李维对他说："外边人议论，大哥是个没嘴葫芦。"章得像以默默无所作为著称，升到宰相。宋朝的御史，许据风闻（无证据）弹劾官员。御史以找寻官员的过失为能事，更加助长了官员的因循。仁宗时，张方平上疏指出："自将相而下，至于卿大夫，惴惴（音坠 zhuì）危恐，一举一动，就说恐招人议。苟且因循，求免谤咎，那里还有功夫用心思为国呢？"各级官员层层苟且因循，只是坐待升迁。腐朽的官气和暮气笼罩着整个宋朝政府。

太祖统一后，据说曾立誓约，不杀大臣。太宗也对臣下极宽，曾对宰相说："弊病如同鼠穴，如何能堵塞，只要除去其甚者就可以了。"宰相吕蒙正对答说："小人的情伪，君子岂是不知，以大度宽容，事情就都好办了。"太祖、太宗依据这个"大度宽容"的方针，争取到后周和南方各国的大批官员，成功地巩固了国家的统一和中央集权制的统治。真宗以下的皇帝，**继续标榜这**个"祖宗旧法"，但逐渐流于对官员的放纵。除叛逆谋反罪外，京朝官犯罪，只是贬黜任地方官，俸禄照旧，罪大者也只是降级到"远恶军州"安置，"过岭"（大庾岭）"过海"（到海南岛）算是最重的处置，但仍然作官食禄。官员们相互庇护，有恃无恐，自宋初即公 然 贪 污 行贿。真宗以后，更加放手敲剥人民，生活极其奢靡腐败。宰相吕蒙正每天必吃鸡舌汤，杀鸡的鸡毛堆成了山。丁谓作相，勾结宦官雷允恭，贪污挥霍，密令皇宫后苑工匠制作金酒器，"四方赂遗，不可胜纪"。仁宗时，宋祁点华灯拥歌妓醉饮，宋庠（音祥 xiáng）在政府，叫人对宋祁说："听说昨夜烧灯夜宴，穷极奢侈，不知还记得某年同在州学内吃虀（咸菜。音激 jī）饭时么？"宋祁大笑说："寄语相公（宋庠），不知某年吃虀饭，是为了什么？"意思是说，当年在州学读书受苦，就是为了做官享福。梁适做相，留大商人郭秉在家作买卖。张掞（音砚 yàn）向梁适行贿，得作三司副使，有人在殿上揭露说："空手冷面，如何得好差遣。"王钦若知贡举，举子任懿托僧人惠秦贿银三百五十两，把银数写在纸上交给王钦若妻李氏。李氏命奴仆把任懿名字写在手臂上，把贿银数密告王钦若。任懿果然得中。历朝的大臣，几乎无不贪污受贿，无不穷极奢侈。

宰相以下，朝廷和地方的官员，贪污、腐化成风。州郡文帐送上三司，随帐都有贿赂，各有常数。足数即不发封检核，不足便百端刁难，成为通例。仁宗时，杭、越、苏、秀等州"旱涝连年"，"饿尸横路"，淮南转运使魏兼奉命去处理。魏兼到苏州三天，"穷彻昼夜，歌乐娱游"，把饥民都赶到庙里关起来，三天中饿死甚多。魏兼所到的各州，都遣送妓乐迎候。民间流传歌谣说："绕梁歌妓唱，动地饥民哭。"蒲宗孟（曾任尚书左丞、知州）每天宴饮要杀猪、羊各十只，燃烛三百。有人请他减少些，蒲宗孟发怒说："你们要让我在黑房子里挨饿么！"宋朝在各地军政机构设有"公使库"，准许谋利作为官员用度，又有抚养、备边等库，开抵当，卖熟药，无所不为。各州军又有"回易务"，经营商贩，并将货物，抑配人户，强行售卖，甚至贩卖盐酒违禁之物，图规厚利，交结权幸。全国各地大批的吏员，没有规定的俸禄，贪污受贿，成为合法的收入。官员们"以受贿为生，往往致富"。宋朝自上至下的大批官吏，遇事因循苟且，而又贿赂公行，侈靡腐化。庞大的官僚机构日益腐烂了。

马克思曾把剥削制度社会的国家政权，比做"寄生赘瘤"。列宁写道："官吏和常备军是资产阶级社会躯体上的'寄生虫'，是腐蚀着这个社会的内部矛盾所滋生的寄生虫，而且正是'堵塞'生命的毛孔的寄生

129

虫。"①马克思、列宁这一深刻的揭露，对于宋代的封建国家也是完全适用的。宋王朝豢养着的大批的官吏和大批的军队，日益显示出他们是封建社会躯体上的大寄生虫，吸吮着劳动人民的膏血。不断有大臣上疏说，养兵的费用，已占国家岁人的十之六七。官吏的俸禄虽然好象比养兵之费少，但通过多种途径贪污剥夺的财富，却比兵费还要大。用人民血汗养肥了的官吏和军队，又反过来对广大人民实行残酷的政治压迫，以巩固地主阶级的统治。事实说明，只有人民群众起来扫除这些寄生虫，历史才能前进。

侈靡腐朽的皇室 宋朝皇室是最大的寄生虫，也是最大的耗费者。澶渊之盟后，真宗与王钦若定计，伪造"天书"，举行"封禅"（祭泰山和泰山南的梁父山），妄想以此来"镇服四海，夸示外国"，挽回他的"天威"。大中祥符元年（一〇〇八年）正月，真宗对群臣说："去冬我梦见神人，说当降天书。"这时，皇城司果然奏报在左承天门南发现黄帛二丈如书卷，有文字。宰相王旦等都跪拜祝贺，说是"天书"降临，拜读后藏于金匮。龙图阁待制孙奭（音式 shì）对真宗说："以臣愚所闻，天不会说话，那里还有书？"真宗只好默然。六月间，王钦若又上言，泰山也发现"天书"。真宗说："我五月间又梦见神人，说来月当赐书于泰山。"十月，真宗由庞大的仪

---

① 《国家与革命》，《列宁选集》人民出版社一九七五年版，第三卷，第一九五页。

卫扈从，亲自去泰山行封禅礼。王旦等随行。十一月，回京都，群臣争颂功德，说是帝王盛事。真宗自编自演的这次所谓"东封"，竟耗费八百余万贯。一〇一一年，真宗又奉"天书"出潼关，祭祀汾阴，费钱一百二十万贯。一〇一三年，又去亳州太清宫祭老子。真宗在京都修建玉清昭应宫（道观），铸造神像，并安放"天书"，命三司使丁谓为修昭应宫使。丁谓制定的计划规模宏大，需修建十五年，勒令工匠夜以继昼，七年修成。宫中房屋凡二千六百一十间，金碧宏丽。修建中，到南方砍伐木材，期限急迫，工徒辛劳至死，还要诬指为逃亡，收捕妻子。全国各地也都因"天书"降临，修建天庆观。当时就有御史上言，"今费造竞起，远近不胜其扰"。伪造"天书"、大修道观成为一大祸害，不知耗费了多少民财，带来了多少灾难！

仁宗以大庆殿为明堂，又举行大享明堂礼（祭天地祖宗），用法驾卤簿（仪仗）达一万多人，一次祭享的用度竟耗费一千二百万贯。祭祀如此，生活的侈靡可知。仁宗晚年服丹药，沉溺深宫，不问政事。大臣奏事，只是点头敷衍。谏官王陶上疏说："现在政事无论大小，都由中书、枢密决定，陛下一无可否，岂是为人主之道。"渑池县（渑音敏 mǐn）主簿苏辙在仁宗策问时答卷说："听说近年以来，宫中贵姬有几千人。陛下上朝不听议论，便殿不问政事。不要说好色于内不害外事啊！现在海内穷困，生民怨苦，可是宫中赏赐没有限制，要什么给什么。大臣不敢谏，管财政的官也不敢争。国家内有养官养兵的费用，外有给契丹、西夏的奉赠，陛下又自做一个大坑来耗费其余。恐怕陛下要因此受诽谤而不得人心。"仁宗整天在宫中宴饮享乐。后宫数千人，赏赐动以万计。国库的红罗，都被消费一空。

日益加深的财政危机 皇室的侈靡和大量的冗官冗兵，使宋王朝的消费逐年增加。宋太祖曾对左右说："军旅(战事)和饥荒要预作准备，不可等临事再向民间征敛。"在国库左藏库之外，另设一内库称封桩库，每年用度的赢余，放到这里封储。但到真宗、仁宗时，消费巨大，不但没有盈余，而且"年年亏短"，不断"支诸宿藏"，以致"百年之积，惟存空簿"。据《宋史·食货志》记载，一〇六五年(英宗治平二年)，朝廷的剥削收入，达到一亿一千六百十三万，但这年朝廷的支出有一亿二千三十四万，非常支出又有一千一百五十二万多，仍然亏短一千五百多万。这些数字说明了宋朝对广大人民的压榨到了多么残酷的地步，也说明了宋朝的财政日益陷入了危机。

宋朝的财政入不敷出，便不断增加对人民的剥夺，但这又和大地主大商人发生了利益冲突。大地主用各种方法逃避赋税。真宗、仁宗时不断有人主张清查田亩，但最多只能在个别地区试行，便遭到大地主和官僚们的反对而停止。大商人垄断商行，左右赋税，冲击专卖，也不断地从各方面向宋朝争夺着剥削人民的权利。

宋王朝的财政危机更为加深了。

三、改革的建策

从真宗统治时期以来，朝廷中就在议论着各种各样的改革的建策，仁宗朝这种议论更加发展。下面是一些有代表性的、有影响的主张和实施方案。

王禹偁的"五事"——真宗初即位，知扬州王禹偁即应诏上疏，建言五事：一是"谨边防，通盟好"（对辽夏）；二是"减冗兵、并冗吏"，从而减少"山泽之利"的税收；三是严格选举，使入官不滥；四是淘汰僧尼；五是"亲大臣远小人（宦官）"，朝廷信用宰相不疑，宰相择用诸司长官。王禹偁的建议，主旨是在减少官兵冗员，他认为这是"国用不足"的主要原因。

宋祁的"三冗三费"——一○三九年（仁宗宝元二年），天章阁待制、同判礼院宋祁上疏，以为国用不足在于"三冗三费"。"三冗"是：（一）天下有定官无限员，各级官员增加到以前的五倍；（二）厢军几十万人不作战而耗衣食；（三）僧道越来越多，没有定数。没有受戒的，已有五十多万。"三费"：一是道场斋醮（音轿 jiào），百司供费不资；二是京师多建寺观，又多设徒卒，添置官府衣粮；三是大臣罢黜（音触 chù），仍带节度使衔，靡费国用。宋祁最后又建议仁宗和后宫应节俭，不得妄费。宋祁的建策，主旨仍在裁减官兵，节省靡费，是沿袭王禹偁而略有发展。

范仲淹的"新政"——一〇四三年(庆历三年),仁宗任用范仲淹参知政事,富弼、韩琦为枢密副使,要他们条列当世急务。九月,范仲淹奉诏条上十事,说:"历代之政,久皆有弊,弊而不救,祸乱必生,夷狄(指辽夏)骄横,寇盗(指农民起义)横炽,不可不更张以救之。"所上十事是:(一)"明黜陟(音治 zhì)"。即改变文官三年一迁、武官五年一迁的磨勘法。官员中有大功"高才异行"者,可特加任用。老病愚昧者另作处理。有罪者按情节轻重处分。(二)"抑侥幸"。改变贵族官员子弟"恩荫"作官的旧法,严加限制,以减省冗官。(三)"精贡举",改变专以诗赋墨义取士的旧制,着重策论和经学。(四)"择官长"。严格选择转运使、提点刑狱及各州县长官。(五)"均公田"。各地官员按等级给以多少不等的"职田",用来"责其廉节",防止贪污。(六)"厚农桑"。每年二月,提倡各地开河渠,修筑堤堰陂塘,以利农业生产。(七)"修武备"。京师招募卫兵五万人,以捍卫朝廷。(八)"减徭役"。裁并州县建置,使徭役相对地减少。(九)"覃恩信"(覃音潭 tán)。朝廷有赦令,各地必须执行。(十)"重命令"。各地法令应由朝廷统一。

范仲淹提出的十项建策,除兴修水利属于农业生产的措施,其他各项都在于整顿政权机构,以加强宋朝的统治。范仲淹疏上,仁宗颁行全国,号称"新政"。只是修武备一项未能付诸实行。次年,范仲淹出任陕西

134

河东宣抚使，抵御西夏，朝中官员对新政多有指责。一〇四五年初，仁宗即下诏罢废关于磨勘和恩荫的新法。范仲淹被罢免。富弼因附和改磨勘法，被指为范仲淹朋党，也被罢免。韩琦上书谏罢富、范，不准。韩琦被迫出朝，知扬州。范仲淹提出的所谓新政，前后只一年左右，便因贵族、官员们的反对而失败。一〇五二年，范仲淹病死。

文彦博的"省兵"——皇祐元年(一〇四九年)十二月，宰相文彦博、枢密使庞籍，以国用不足，建议省兵，裁减禁军归农。沿边诸将反对，说是兵士都会弓刀，裁减后必"相聚为盗贼"(起义反抗)。文、庞同奏：公私困竭，只是由于养兵太多；万一"聚为盗贼"，两人愿拚死去镇压。仁宗采文彦博等的建议，下诏陕西保捷兵(禁军)年五十以上和短弱者放归农。共放归三万五千人，存五万人。据说陕西沿边养一兵一年需钱七十贯，省兵后，每年可节省二百四十五万贯。但此后，王德用为枢密使(一〇五四——一〇五五年)，又选厢军补禁军，兵额又增。

王安石上万言书——江西临川人王安石在一〇四二年(仁宗庆历二年)，中进士，年二十二岁。当年签书淮南判官，一〇四七年调任鄞县(鄞音银 yín) 知县。文彦博建议省兵，王安石持异议，在鄞作《省兵》诗说："有客语省兵，省兵非所先。"他指责宋朝兵制是"将既非其才，议又不得专"。提出"百官勤俭慈，劳者已息肩，游民慕草野，岁熟不在天。择将付以职，省兵果有年。"一〇五三年，王安石通判舒州。在地方州县做官的王安石，不像朝廷士大夫那样只看到了官僚机构庞大的一面，而且看到了社会上的贫富悬殊，大地主、大商人的残酷敲剥，将激起农民的反抗。在舒州作《发廪》诗，指出"贫穷主兼并"，说："三年佐荒州，市有弃饿婴。……崎岖山谷间，百室无一盈。"《感事》诗说："丰年不饱食，水旱尚何有？虽无剽盗（指农民起义）起，万一且不久。特愁吏之为，十室灾八九。……取资官一毫，奸桀已云富。"又作《兼并》诗，直指"人主擅操柄，如天持斗魁。赋予皆自我，兼并乃奸回。奸回法有诛，势亦无自来。……俗吏不知方，掊克（敲剥。掊音 pǒu)乃为才"。真宗以"不抑兼并"作为国策，王安石这时已逐步酿成了诛抑兼并的变革思想。一〇五七年，王安石调知常州。次年，移任提点江东刑狱，被召入朝，向仁宗上长达万言的奏疏，要求培植人才，改革法度。

王安石指出：国家财力日以困穷，风俗日以衰坏，在于法度不合"先王之政"。如要改易更革天下之事，又患人才不足，所以人才是当务之急。他建策从教养取任四个方面培植人才，使在位者得其才，然后再审视时势人情，变更天下之弊法。万言书提出了"流俗所不讲"的一些新意，如说官员诚然冗多，但官俸微不足道。前人理财是"因天下之利以生天下之财，取天下之财以

136

供天下之费"。理财能得其道，即使官俸增加，也不致有损国家经费。又说当今"法令滋而不行"，"小人有幸而免者，君子有不幸而及者"，是所谓"不能裁之以刑"，治之非其道。万言书奠立了王安石变法的思想基础，但并没有被仁宗采纳。

司马光上三札——陕州夏县人司马光，一〇三九年中进士。枢密副使庞籍荐为馆阁校勘。庞籍出知并州，司马光为并州通判，建议筑麟州堡以制西夏，结果宋军大败，庞籍因此得罪，司马光改任开封府推官。一〇六一年，司马光任同知谏院，向仁宗上三札子。一是论"君德"，说人君大德有三：仁、明、武。要仁宗"以天性之至仁"，"善无不录，恶无不诛"。二是论"御臣"，任官信赏必罚，不要只是"累日月以进秩"。三是论"拣军"，"养兵之术，务精不务多"。司马光的三札，重复提出了范仲淹的"明黜陟"和文彦博的"省兵"，强调"君德""天性至仁"，是宣扬儒学，以别善恶。

南宋思想家陈亮曾经指出："方庆历、嘉祐，世之名士常患法之不变也。"但对改革的方针和途径，官员士大夫中显然有着不同的主张。司马光、文彦博等所主张的，只是局限于财用的节省和官兵的裁减升降，也就是基本上仍然维持现状，不作更大的改革。较为激进的范仲淹，也还是着重于官僚机构的整顿。王安石所提出的，是另一种主张，即从他所说的"大法"上着眼来变革法度。不是单纯地用官员升降的办法，而是以

加强法治来整顿吏治；不是单纯地主张节省，而是以
"理财"来增加国用；改革的方向也不是仅限于官兵，而
且指向了社会上的大地主、大商人那些兼并之家。以
王安石为首的变法派和司马光、文彦博等保守派，两种
主张的对立在逐渐形成。

（四）农民、士兵的起义

宋朝统一后的几十年间，广大农民和工匠以辛勤
的劳动，发展了农业和手工业生产，但生产的果实却被
地主阶级所剥夺。宋王朝"尽用衰世裒刻（裒音掊póu）
之术，取于民以啖之而犹不足"。地主、富商也争相榨
取农民和工匠的膏血，劳动群众陷于残酷的地租剥削
和赋役压榨之中，被断绝了生路。青年诗人王令作《梦
蝗》诗，假借蝗虫的控诉，犀利地揭露了地主和农民的
对立："尝闻尔人中，贵贱等第殊。雍雍材能官，雅雅
仁义儒。脱剥虎豹皮，假借尧舜趋，齿牙隐针锥，腹肠
包虫蛆。……割剥赤子身，饮血肥皮肤。……贫者无
室庐，父子一席居。贱者饿无食，妻子相对吁。……此
固人食人，尔责反舍且（音居 jū，语助词）？……吾害尚
可逃，尔害死不除！"地主阶级的"材能官"、"仁义儒"们
打着仁义之道的旗帜喝农民的血，被"割剥"的农民群
众只有针锋相对地起来作斗争，才能驱除这些吃人的
虎豹。

真宗至英宗统治时期，宋王朝在一天天溃烂，农民、士兵的反抗斗争也在一天天兴起。士兵的反抗和农民起义相结合，"一年多如一年，一火（伙）强如一火"。下面是几次规模较大的起义。

益州起义　李顺、张余等领导的起义失败后，仅隔四年多，真宗咸平三年（一〇〇〇年）的新正元旦，益州（李顺起义后，宋朝降成都府为益州）戍卒在赵延顺等八人领导下，又一次发动了武装起义。当官员们庆贺元旦时，士兵们奋起杀死兵马钤辖符昭寿。知州牛冕在慌乱中缒城逃跑。赵延顺等推举农夫出身的军官都虞侯王均为领袖，建号大蜀国，建元化顺，署置官称，以小校（低级军官）张锴（音凯 kǎi）为宰相。王均攻占益州后，又攻下汉州，进取绵州、剑门，不下，还成都。彭州农民准备杀兵马都监响应，事泄，首领被杀。各地农民纷纷加入起义军，起义军逐渐发展到数万人。宋将杨怀忠自蜀州领兵进攻成都。起义军在崔照、鲁麻胡等领导下大败宋兵。二月，杨怀忠集合嘉州、眉州等七州宋军再攻成都。王均派赵延顺进攻宋邛州、蜀州。起义军断绝宋军邛、蜀援路。宋军小胜，进到成都南十五里，不敢攻城，以待宋朝的大军。王均闭城坚守。

宋王朝派出雷有终为川峡招安使，率领禁军，结集川峡各州兵，大举镇压起义。二月十九日，雷军至成都城外，王均开城假作逃遁。雷军进城掳掠民财，部伍混乱。起义军伏兵四起，宋军不能出，大部被歼灭。雷有

139

终坠城逃跑,败回汉州。三月,雷有终又自汉州进兵,至成都附近。四月,王均自升仙桥分路迎敌,损失千余人,退守成都。宋军不敢进。五月,宋真宗下诏,对"益州乱军"招降。起义士兵继续坚持拒守。直到九月间,宋军久攻不下,乘起义军不备,夜间挖隧道入城。王均率起义军二万人突围而走。雷有终入城,积薪点火,捕得魁壮男子,指为受起义军官职,即投火烧死。前后烧死数百人。十月,王均起义军至富顺,夺城据守。雷有终派杨怀忠军追袭。宋军入城,王均坚持不屈,自缢牺牲。起义军六千余人被俘。

王长寿起义　一〇〇五年,逃亡兵士王长寿,聚众百余人起义,至陈留,攻打州县。宋朝派遣专使增兵镇压。起义军在澶州、濮州间,与官军搏斗,发展到五千余人。起义军攻入胙城。宋磁州知州许均领兵至胙城,王长寿被俘。起义失败。

陈进起义　一〇〇七年,广西宜州士兵在军校陈进领导下起义。宋宜州知州刘永规统治严酷,强迫兵士率领他们的家属上山伐木,修建州署,风雨不停。士兵常遭殴打。六月间,愤怒的士兵,在陈进领导下,杀刘永规,拥立判官卢成均为帅,号南平王,据宜州城起义,宋王朝大为震动。真宗分派曹利用、张煦为广南东、西路安抚使领兵镇压,并调发荆湖南、北等路禁军集结。自京师至宜州增置马递铺传达军情,又诏谕广州设备,防御起义军东下。起义军自宜州攻宋怀远军,围攻数日，不下，进取柳州。宋柳州知州王昱（音玉 yù）逃跑。起义军占据柳州城。又分兵攻打象州。围攻四十日，不下。象州农民向起义军赠送食物，热烈支援。九月，曹利用以大军救象州，与起义军遇于武仙县李练铺。陈进领兵拒敌，败退至城下。卢成均叛变降宋。陈进及起义军领袖六十余人被捕牺牲。

王伦起义 一○四三年（仁宗庆历三年）五月，京东路驻军一百多人在士兵王伦领导下奋起杀死沂州巡检使朱进，占据沂州起义。起义士兵南下攻打泗州，渡过淮水，转战楚州、真州、扬州、泰州、滁州，直抵和州。义军所到之处，宋官军望风而降。谏官欧阳修上疏说："王伦所过楚、泰等州，连骑扬旗，如入无人之境。"各地巡检、县尉相继投降，衣甲器械均归义军。起义不断胜利发展，王伦着黄衣，立年号，置官职，声势大振。七月间，宋朝集合各路兵镇压起义，起义军在扬州山光寺南战败。王伦在和州历阳兵败，至采石矶，被杀牺牲。

张海等农民起义 王伦起义失败后，欧阳修上疏说："殊不知前贼（起义者）虽灭，后贼更多。今建昌军一火四百余人，桂阳监一火七十人，……其余池州、解州、邓州、南京等处各有强'贼'不少，皆建旗鸣鼓，白日入城。"一○四三年九月间，金州起义军入州城，夺取府库兵仗，分散钱帛给贫民，日暮出城而去。各地义军打入州城者，约三、四十州。农民和士兵的起义，到处兴起，遍满天下。规模较大的是陕西商山张海等领导的起义。

一〇四三年夏，陕西大旱，饥民达二三百万人。八月间，商州农民千余人发动了起义。起义领袖有张海、郭邈山、党君子、范三、李宗等人。起义军环绕虢州（虢音国 guó）、卢氏以东，洛阳、长水以西结集。京西路各地农民起而响应，威胁京都开封。宋朝派出左班殿直曹元喆（同哲）等统领禁兵镇压。起义军长驱南下，直抵襄、邓、均、郢（音影 yǐng）各州。自陕南经豫西到鄂北的千余里地带，到处燃起了起义的烈火。宋枢密副使富弼向朝廷奏报说："秦末、隋末、唐末诸寇（起义军）……观其初起，莫不甚微，尚不得如张海、郭邈山辈如此强盛。"起义军进至光化军界。宋兵士五百余人，以邵兴为首起兵，与起义农民相结合，发展到千余人。至商於，杀宋"提举捉贼"将官上官珙。官军败溃，藏匿山谷间，邵兴揭榜号召宋铸钱监士兵响应。邵兴军至兴元府，大败宋军。宋军校赵明率众向邵兴投降。宋朝以重兵残酷镇压起义者，十一月，邵兴在兴、洋界墉水战败被杀。十二月，张海等在战场上牺牲。

保州士兵起义 一〇四四年八月，驻守保州边界地带的禁兵数千人，因受官员虐待，愤而起义。保州通判石待举、走马承受宦官刘宗言上城顽抗，被起义士兵杀死，知州刘继宗逃跑溺死。保州地接契丹，宋王朝大为震恐，命宣抚使富弼统帅各路兵镇压。宋军持诏书招降，部分兵士被骗诱开城门投降。宋军人城，将发动

142

起义者四百二十九人，全部坑杀。起义遭到失败。

王则起义　三年之后，贝州又爆发了士兵和农民的起义。起义领导者王则，本是涿州的农民，逃荒到贝州，给地主放羊，后来应募到宋军中当兵，起义前是宣毅军的小校。贝、冀等州本来有弥勒教在民间秘密流传。传说"释迦佛衰谢，弥勒佛当持世"。王则利用弥勒教的传说，传布着变革世道的舆论，并利用弥勒教和德州、齐州的士兵、农民取得了联系。起义事先作了部署。吸取益州士兵起义的经验，准备在庆历八年（一〇四八年）新正元旦，乘官吏们庆贺新年时，各地同时起兵，攻取河北。由于这个计划事前被泄露，王则不得不在庆历七年（一〇四七年）十一月冬至节，提前发动起义。当州官们去天庆观拜谒时，王则率领起义士兵打开兵库，夺得武器；打开监狱，释放囚犯，随即逮捕了宋朝的知州张得一。王则占领贝州后，建国号安阳，称东平郡王。以州吏张峦为宰相，卜吉为枢密使。城内起义的居民，在面部刺上"义军破赵得胜"六字，表示推翻宋王朝统治的坚决意志。

起义极大地震动了宋王朝。仁宗慨叹说："大臣无一人为国了事者，日日上殿何益？"参知政事文彦博请往镇压。庆历八年正月，仁宗派文彦博为河北宣抚使，以明镐（音号hào）为副，领大军围攻贝州。宋军攻城，久不能下。最后在北城急攻，乘义军不备，在南城挖通地道，潜入城内。起义军突围而出，王则、张峦、卜吉等被俘。起义士兵仍依村舍作战，直到最后被焚牺牲。宋朝统治者把王则、张峦、卜吉等押解到开封，残暴地处死。起义领袖们英勇地牺牲了。

王则起义，从发动到失败，不过六十五天，但给予宋王朝的打击，是沉重的。起义利用宗教传播舆论，事前已有计划部署，发动后建置官属，有步骤地行动。比起前此的士兵起义来，显然又前进了一步。

第四节　变法派和保守派的论争

农民阶级同地主阶级的矛盾，是宋代封建社会中的主要矛盾。而在这个主要矛盾中，一小撮占据大片田地，残酷剥削农民的大地主，又是地主阶级中最主要的势力，是社会生产力发展的最主要的障碍。地主阶级的残酷的经济剥削和政治压迫，迫使农民群众不断地举行起义，预示着一个更大的风暴就要到来。"山雨欲来风满楼"。腐败的宋王朝处在了皇皇不可终日的局面之中。

作为地主阶级封建国家的宋王朝，和大地主、大商人相互依存，而又存在着争夺剥削农民的权利的利益冲突。大地主、大商人通过各种途径，夺取宋王朝的赋税、专卖等部分收入。庞大的国家机器和皇室的侈靡挥霍，又使宋王朝的消费急剧增加。消费巨大的宋王朝日益陷入了难于摆脱的财政危机。官僚们和大地主、大商人相勾结，军事、政治日益腐败，更使宋王朝"兵虚财匮"，难以继续维持它的腐朽统治。

面对着这样的形势，是继续因循苟简，还是作出某些改革，在宋王朝内部形成了保守与改革两个派别长期而尖锐的论争。围绕着宋神宗、王安石的变法，斗争达到了高潮。

神宗、王安石改变了真宗以来因循苟且的政策，向着大地主、大商人势力展开了斗争。变法虽然还是从维护宋王朝的统治利益出发，但对大地主、大商人的打击，却是多少符合于人民群众的愿望和社会经济向前发展的客观要求，因而变法曾经取得了不少成就，并且发生了广泛的影响。但是，神宗、王安石作为地主阶级的国家的代表，仍然把防止和镇压农民的反抗作为他们变法的目的之一，而同广大人民群众处在相敌对的地位，这就又决定了变法失败的命运。

（一）王 安 石 变 法

一〇六七年，宋英宗病死，子赵顼（音须 xū）继位（神宗），任王安石知江宁府。一〇六八年四月，王安石到开封，受命为翰林学士。八月，宰相曾公亮等上言"河朔灾伤，国用不足，乞今岁亲郊（皇帝郊祀），两府（政府、枢府）不赐金帛"，送学士院取旨。翰林学士司马光认为,救灾节用,应自贵近(贵官近臣)始,可听两府辞赐。王安石提出反对,说:"国用不足,非当今之急务"。司马光说:"国用不足真急务,安石的话不对。"王安石说:"所以不足,是由于没有善理财的人。"司马光说:"善理财的人,不过是聚敛以尽民财,民穷为'盗'(起义),不是好事!"王安石说:"不然。善理财者,民不加赋而国用足。"司马光反驳说:"天地所生财货万物,只有此数,不在民,便在官。不加赋而国用足,不过设法以阴夺民利,其害甚于加赋!"这场激烈的争论,揭开了以王安石为代表的变法派和以司马光为代表的保守派论争的序幕,也开了王安石变法的端绪。变法派的基本主张,即所谓"民不加赋而国用足",一方面不去再加重国家赋税剥削,预防农民起义的兴起,一方面以所谓"善理财"来增加宋王朝的"国用",办法是发展农业生产,并把大地主、大商人、官僚的部分剥削收入收归朝廷。这当然不能不引起大地主、大商人和官僚们的激烈反抗。伴随着斗争的发展,王安石的变法活动大致经历了三个阶段。

一、均输、青苗法的推行与论争

宋神宗做太子时,喜读《韩非子》,曾亲自抄录,命僚属校勘。即位后,对枢密使文彦博说:"天下弊事至多,不可不革。"又说:"当今理财最为急务。"神宗二十岁做皇帝,很想有所作为,变法理财的意图是和王安石的意向相接近的。一〇六九年(熙宁二年)二月，神宗起用王安石为参知政事，开始了变法。

久已有志于改革的王安石，受命执政，生气勃勃，但朝廷上却是暮气沉沉。宰相曾公亮年过七十，遇事依违两可，是所谓"老成持重"的官僚典型。宰相富弼(一〇六九年二月复相)，因循保守，见行新法，便称病求退。另外两个参知政事唐介、赵抃(音卞 biàn)都是变法的反对者。唐介在四月间死去。赵抃难以阻挠变法，便自叫苦。当时人讽刺说：五个执政者王、曾、富、唐、赵是生、老、病、死、苦。神宗、王安石要依靠这些旧官员实行新法，显然是不可能的。王安石执政后，随即建立起一个主持变法的新机构"制置三司条例司"，即皇帝特命设置的制定三司(户部、度支、盐铁)条例的专门机构。神宗任命知枢密院事陈升之与王安石同领其事，实际上都是由王安石主持。在这个机构中，任用了一批新人。原真州推官吕惠卿成为王安石的主要助手。大名推官苏辙上疏指责朝廷害财之事在于冗官、冗兵、冗费。吕惠卿、苏辙都被任命为制置三司条例司的"检详文字"官，参与草拟新法。

条例司在二月下旬建立，三月间神宗即催问条例，急于实行。四月，王安石派人到各路察看农田水利和赋役利弊。在这一年间，先后制定了均输、青苗两项新法。

均输法——一〇六九年(熙宁二年)七月十七日，

147

在淮、浙、江、湖六路，颁行均输法。条例司上疏，指出当时税收制度的流弊，大意说："今天下财用窘急，官员拘于弊法，内外不相知，盈虚不相补。各路上供，岁有定额，丰年不敢多取，歉年不敢不足。三司、发运使按簿书征收，无所增损。遇到军国郊祀的大费，又遣使去划刷（搜括。划音产 chǎn），几乎没有余藏。各路藏匿财富不实说，又以'支移''折变'的名目加倍收税。朝廷需用的物品，多不按照产地和时令，富商大贾得以乘公私之急，从中擅轻重敛散的权"，财政官员上下内外不相知，只是照帐本办事，因循守旧，不顾年岁的丰歉，产地的远近，结果是民间纳税加多，朝廷还是财用窘急，富商大贾却得以从中取利。条例司提出的均输法，要点是：设发运使官，总管东南六路赋入，有权周知六路财赋情况。凡籴买、税敛、上供物品，都可"徙贵就贱，用近易远"。发运使并有权了解京都库藏支存定数，需要供办的物品，可以"从便变易蓄买"，存储备用。说这样就会"稍收轻重敛散之权"，做到"国用可足，民财不匮"。神宗随即批准均输法，以薛向为发运使主管其事，朝廷给内藏钱五百万贯、米三百万石充用。

均输法显然是从增加宋王朝的"国用"出发，改革也是很有限的。但它多少改变了因循的旧制，适当扩大了财政官员的权力，并且明显地侵犯了"富商大贾"轻重敛散的利益。均输法出，一些朝官，从大商贾利益

148

出发，纷起反对。御史刘琦、钱颛（音蚁　yǐ）等上疏说：
"薛向小人，假以货钱，任其变易，纵有所入，不免夺商
贾之利。"知谏院范纯仁（范仲淹子）奏请罢均输法，说
均输"将笼诸路杂货，渔夺商人毫末之利"。条例司内
部也出现了反对派。　检详文字苏辙说："均输法起源
于汉代桑弘羊。虽说民不加赋而国用饶足，然而法术不
正。现在此论复兴，众口纷然。朝廷破坏规矩，唯利是
嗜，害处说不完。"不久之后，苏辙即辞官而去。反对派
提出的均输的"害处"，主要都是对商贾不利，代表大商
人说话的立场很鲜明，反对的理由却很薄弱。神宗当
然不为所动，继续用薛向推行新法。

青苗法——九月初，条例司继续发布了青苗法。仁
宗时，权知庆州李参，要当地农民自己估计麦粟产量的
赢余，先向官府借钱，谷熟后还官，称"青苗钱"。王安
石、吕惠卿等据此经验，制定青苗法。大略是：各地常
平、广惠仓以现有约一千五百万以上贯、石的储存，遇
粮价贵，即较市价减低出粜（卖粮。音跳　tiào）存粮；遇
贱，较市价增贵收籴。以所积现钱作本，依陕西青苗钱
法，在夏秋未熟以前，借钱给居民，主要是农民。贷钱以
酌中粮价折合，收成后加息十分之二还粮或还钱，每年
夏秋两次随两税还纳。

条例司奏呈青苗法时说，农民在新陈不接之际困
乏，"兼并之家乘其急以邀倍息，而贷者常苦于不得"。
据说，青苗法可"使农人有以赴时趋事，而兼并不得乘

其急",是"散惠兴利"之急。"兼并之家"即各地的大地主们放高利贷,以百分之百的加倍利息,残酷地敲剥农民,相对地说,青苗法收利较少,但仍是对农民的严重盘剥。为防止借户逃亡,青苗法实施时,又由五户或十户以上结成一保,由第三等以上户(地主或富裕农民),充作"甲头"。客户借钱,更须主人作保。借钱有限额,也按户等定多少。一等户十五贯文,二等户十贯,三等六贯,四等三贯,五等只一贯五百文。按此规定,实际是越贫困的农户,借额越少,而地主富户反而较多。因而又有所谓"散俵"(散发)"抑配"的办法,即规定强迫借贷交息。显然,青苗法的主要用意,还是在于为朝廷兴利,一是迫使富户出息,一是从地主富户手里部分地夺取高利贷剥削的利益。总的目标,仍是"民不加赋而国用足"。青苗法制定后,神宗立即批准,先在河北、京东、淮南三路实施,随即推行于诸路。

农田利害条约——与司马光的"天地所生,只有此数"的论点相反,王安石早在万言书中就已提出"因天下之力,以生天下之财",主张依靠人力,发展生产,增加封建王朝的财富。一〇六九年十一月,条例司颁布《农田利害条约》与青苗法同时并行。"条约"鼓励各地开垦废田,兴修水利,建立堤防,修贴圩埠(音旱hàn),以利农业生产。如工程浩大,民力不足,可依青苗法,由官府借钱,许延期作两限或三限送纳(一限半年)。官府借钱不足,并许州县富人出钱借贷,依例出息,由官府置簿催还。青苗法与农田利害条约,相互为用,朝廷由此又可剥削取利,但为农田兴利,对推动生产的发展还是有益的。

青苗法其实不过是朝廷按当时一般的利率来放高利贷,但由于它部分地夺取了"富人之利"即大地主放高利贷的利益,因而比"夺商贾之利"的均输法遭到保守派官僚更为强烈的反对。九月间,青苗法刚一颁布,宰相富弼即称病辞职,出判亳州。陈升之为相。接着,司马光公开出来反对青苗法。司马光和吕惠卿在神宗面前辩论。司马光说:朝廷散青苗钱,此事不便。今闾里富民借钱给贫民收利息,还能蚕食下户,至于饥寒流离,何况县官靠法令威逼?吕惠卿反驳说:此事富室为之害民,县官为之可利民。青苗钱民愿取者给与,不愿者并不强借。司马光说:非独县官不强借,富民也不是强借。神宗说:陕西行之久矣,民不以为病。司马光回答说:臣是陕西人,只见其病,不见其利。权开封府推官苏轼上七千余言的长篇奏疏,激烈反对变法。指责"无故又创一司,号曰制置三司条例,使六、七少年,日夜讲求于内,使者四十余辈分行营干于外,造端宏大,民实惊疑;创法新奇,吏皆惶恐"。又说均输法"徙贵就贱,用近易远",使豪商大贾都怀疑而不敢活动,以为不会不与商贾争利;青苗法"亏官害民",所谓不许抑配,也是空文;访寻水利是"徒劳","烦扰"。"朝廷本无一事,何苦而行此?"翰林学士范镇指青苗是"唐衰乱之世所为",并借口近日"天鸣地裂",建议神宗"观天地之变,罢青苗之举"。右正言(谏官)李常、孙觉也上言"乞明诏有司勿以强民(借青苗钱)"。青苗法陷于官员们的围攻之中。

青苗法颁布时本为自愿请领,但实行中,出现"抑配""散俵"的办法,即按户等规定,强迫领借。地主富户因此要比贫户领较多的青苗钱出息。保守派反对青苗法,这是一个主要的口实。熙宁三年(一〇七〇年)正月,神宗采王安石意,下诏禁止青苗钱抑配,同时也禁止"阻遏愿请者"(阻挠自愿借钱),这实际上是放弃了强迫富户出息,青苗法只是夺取富户放债剥削的部分利益。

但是,变法派的退让并没有换得保守派官员的支持,反而遭到猛烈进攻。旧相韩琦出判大名府,二月间上疏,罗列青苗法实施办法,全面驳斥。韩琦的指责主要是:(一)青苗法自一等户以下都规定借钱数目。乡村上三等人户和坊郭有物业人户,乃从来兼并之家,现在让他们多借钱出息,是官放息钱。(二)贫下户见官中散钱,无不愿请借。请借甚易,纳还甚难,将来必有行刑督索及强迫户长同保人等均赔之患。(三)乡村每保须要有物力人(地主)为甲头。虽说不得抑勒,上等之户难免差充甲头,以备代赔。(四)青苗钱夏秋随税送纳。若连两科灾伤,必然官无本钱接续支给,官本渐有失陷。韩琦的奏疏,明显地是为上等户即地主富户的利益着想，但论到官本失陷却使神宗疑虑动摇。神宗对执政大臣们说："琦真忠臣，虽在外不忘王室。朕始谓（青苗）可以利民，不意乃害民如此！"曾公亮、陈升之等也都附和指责青苗。王安石勃然进前驳辩，最后说："臣论此事已十数万言，陛下尚不能无疑，天下还有何事可为？"次日，即称病不出，奏请罢职。

王安石请退，司马光上疏，说："青苗法行之才数月，中外鼎沸，皆以为不便。如不肯变更，十年之后，富室既尽，常平已坏，帑藏（帑音傥 tǎng）又空。请罢制置三司条例司，追还诸路提举勾当常平使者"。在王安石和司马光双方各坚持己见的争论中，神宗一度动摇后，仍不能不倚用王安石，以贯彻他变法的主张。几天后，神宗召见王安石说："青苗法，朕诚为众论所惑。寒食假中，静思此事，一无所害。极不过少失陷钱物，亦何足恤？"王安石说："但力行之，不叫小人故意坏法，必无失钱物之理。"神宗转变过来，王安石继续执政，更加坚决地推行新法。在变法派和保守派第一个回合的论争中，王安石胜利了。

熙宁二年至三年春，变法派和保守派的争论，不仅在于新法触及地主商人的经济利益方面，而且还在于政治、思想方面。从某种意义上说，后一方面的争论，更为尖锐，也更为曲折。

程颢曾说，当代学人中，只有司马光和邵（雍）、张（载）三人，学术"不杂"。苏辙说王安石"法术不正"。南宋朱熹也说王安石"学术不是"。从儒学观点来看，所谓的"不杂"和"不正"、"不是"，正是反映了司马光和王安石，保守派和变法派思想上的分歧。王安石出身官僚儒者家庭，叔祖王贯之，父王益都是进士。王安石也从科举的途径中进士作官，所学仍以儒家的经学为主。但在《答曾子固书》中，自称"某自百家诸子之书，至于《难经》、《素问》、《本草》诸小说无所不读，农夫女工，无所不问"。显然，王安石的学术截然不同于所谓"不杂"的纯儒或俗儒。王安石《兼并》诗说："俗儒不知变，兼并可无摧?"又曾指责司马光实际主张"今日当一切不事事，守前所为而已"。王安石要实行变法，就不能不在事实上背离保守的儒学，汲取管仲商鞅的变法思想。均输法出，侍御史刘述及刘琦、钱颛等上疏，指斥"安石操管(仲)商(鞅)权诈之术，规以取媚"。范纯仁上疏，弹劾王安石"欲求近功，忘其旧学，舍尧舜知人安民之道，讲五霸富国强兵之术，尚法令则称商鞅，言财利则背孟轲"。反对派的这一攻击，反映了王安石这时的思想趋向。

对于保守派从思想、学术上的围攻，王安石从以下的两方面作了回答。

一个方面是对儒家经典作出新解，说明变法有据主要是依托《周礼》。王安石请置条例司，即引据《周礼》有泉府之官"榷制兼并"，说"今欲理财，则当修泉府之法"。均输可溯源于《周礼》。青苗收息，说也是"周

154

公遗法"。后来陆续颁行的市易、免役等新法,也称"出于周官"。保守派以"孔子罕言利,孟轲亦曰何必曰利"的孔孟之道,来反对变法理财。王安石回答说:"理财乃所谓义也。一部《周礼》,理财居其半,周公岂为利哉。"对待孔、孟,王安石与司马光都曾有所论述,但立论各自不同。王安石在中进士的一年,曾著文称"时乎杨墨,已不然者孟轲氏而已。时乎释老,已不然者韩愈氏而已。如孟韩者可谓术素修而志素定也"。这里称孟韩,并不在于推重儒学的道统,而在于所谓"变时而之道",即变易时论(杨墨,佛老),不"屈己以从时"的趋向。文章的主旨和王安石有志于变法、不恤人言的精神,是相通的。司马光以纯儒自命,著有《疑孟》一篇,表面看似乎是在反孟,其实文中全依孔子立言,疑孟旨在尊孔。王安石也依孔子立言,如《原性》篇,在人性说上反驳孟、荀、扬(雄)、韩(愈)四家,说"吾所安者孔子之言而已"。其实却是独立提出了"性不可以善恶言"、"以习而言性"的重要论点。又释"夫子贤于尧舜",提出"因变制法"的论点,说:"至孔子之时天下之变备矣,故圣人之法亦自是而后备也"。"岂特孔子一人之力哉,盖所谓圣人者莫不预有力也"。这是告诉人们:古代"圣人"很多,不只孔子一人。孔子和儒家所祖述的"圣人",就是制礼作乐的周公。《周礼》一书大约是战国学者依周制汇编增补成书,但宋人一般仍相信是周公所作。王安石以《周礼》作为变法的论据,抬出比孔孟地位更高的周公来，俗儒难以驳辩了。

对于保守派的围攻，王安石作出的又一回答，是公然申明承袭商鞅。早在仁宗时，王安石上万言书，就已主张"饶之以财，约之以礼，裁之以刑"，指责法令"滋而不行"，"治之非其道"。不"加小罪以大刑"，"不足以一天下之俗而成吾治"。 苏轼依据儒家任德不任刑的观点，上疏攻击商鞅"见刑而不见德"，借以攻击变法。王安石作《三不欺》篇，提出任德、任察、任刑，三者兼用。商鞅《悦民篇》说："刑生力，力生强。"《弱民篇》说："民弱国强，国强民弱。""强则物来，弱则物去。故国致物者强，去物者弱。"王安石变法的基本出发点，在于抑兼并来"富国"，和商鞅的思想是相近的。宰相曾公亮、赵抃指责"安石平居之间，笔舌丘、且，有为之际，身心管、商"。即口头上讲孔丘、周公，思想行为是管仲、商鞅。王安石作《商鞅》诗说："自古驱民在信诚，一言为重百金轻；今人未可非商鞅，商鞅能令政必行。"（《商君书·画策篇》："圣者不贵义而贵法，法必明，令必行"。）以后行保甲法，在给神宗《上五事书》中更直接提出，保甲之法起源于管仲、子产、商鞅。保守派把"操管、商之术""崇尚商鞅"，作为王安石变法的一大罪状，王安石理直气壮地公开举起管商的旗帜，保守派无可奈何了。

保守派从学术思想上围攻的同时，又从政治上向变法派进攻，最主要的一条是不守"祖宗法度"。宋朝建国初期，太祖、太宗所制定的法令制度，经过真宗以来的七十年间，早已向着消极方面演变。所谓"遵守祖宗法度"，不过是因循保守的一个借口。王安石开始执政，就对神宗说："变风俗，立法度，今之所急"。御史吕诲劾奏王安石"惟务改作，立异于人"，"大奸似忠，大诈似信"，甚至说是"罪不容诛"。刘述等劾奏王安石："先朝所立制度，自宜世守勿失，乃欲事事更张，废而不用。"范纯仁上疏说："王安石变祖宗法度，掊克财利。"司马光上疏给神宗，指责王安石"不能辅陛下修祖宗之令典，乃更变乱先王之正刑"。王安石继续执政后，司马光又直接写信给王安石本人，严厉指斥："今介甫（安石字）为政，尽变更祖宗旧法，先者后之，上者下之，右者左之，成者毁之"，"上自朝廷，下及田野，内起京师，外周四海，士吏兵农工商僧道，无一人得袭故而守常者，纷纷扰扰，莫安其居。"变更祖宗旧法，必然要冲破袭故守常、因循苟简的积习，因此，保守派提出的另一攻击是新法实行，"天下汹汹"，"人皆以为不便"，"士大夫在朝廷及四方来者，莫不非议介甫"。其实非议主要是来自士大夫中的保守派。秀州军事判官李定来京师，说秀州实行青苗法，"民便之，无不喜者"。司马光大怒，借故大骂李定"不服母丧，禽兽之不如"。事实很清楚，所谓天下汹汹，不过是保守派用来反对变法而制造的又一个口实。

王安石曾作《众人》诗一首，说："众人纷纷何足竞，是非吾喜非吾病。颂声交作莽（王莽）岂贤？四国流言且(周公)犹圣。"他早在知常州时,就已提出:"吾之所存,固无以媚斯世,而不能合乎流俗。"又说"谤与誉非君子所恤"。战国时代商鞅变法时,秦孝公说:"我要变法,怕天下人议论我。"商鞅回答说:"君赶快确定变法,不要顾虑天下人的议论。"甘龙说:"不然,现在要变法,不循秦国之旧,天下人要议论君主,还得考虑。"商鞅反驳说:"你所说的是世俗之言。 三代不同道而王,五霸不同法而霸,不必再怀疑!"王安石在变法时与司马光的争论,很像商鞅与甘龙的争论。要变法就要遭到保守派的议论和反对,王安石早已从历史经验中,有所体认。司马光写信给王安石,攻击王安石变法是"侵官、生事、征利、拒谏",致使"天下怨谤"。王安石写了《答司马谏议书》,逐条批驳司马光加给的四大罪状,并进一步明确指出:"至于怨诽之多,早在事前我就知道会如此。人们习于苟且不是一天了,士大夫多以不恤国事,同于流俗,自媚于众算好。皇帝要想改变这些,我就不管敌手的多少,要出力来抵抗,世俗之众哪能不气势汹汹地毁谤呢?"变革祖宗旧法,置士大夫的反对于不顾,实际上已是王安石长期形成的基本思想。

一〇七〇年三月,神宗对王安石说:"你听到三不足之说么?"安石说:"没有。"神宗说:"外边人说,现在朝廷以为天变不足惧,人言不足恤,祖宗之法不足守,这是什么道理?"王安石回答说:"陛下自己管理政

158

事，没有流连享乐，这就是惧天变。陛下征询、采纳人们的意见，岂是不恤人言？然而人言固有不足恤者，如果合于义理，人言又何足恤？以人言为不足恤，并不是错误。至于祖宗之法不足守，本来就应当如此。仁宗在位四十年，数次修敕（宋朝新定的法令）。如果法一定，子孙就当世世遵守，祖宗为什么还屡次变改？"保守派想以"三不足"说中伤王安石，和他们的主观愿望相反，"三不足"说却正好概括了王安石变法的思想和气魄。王安石因势乘便，直接申明人言不足恤，祖宗之法不足守，有力地反驳了保守派的攻击。三不足说的驳辩，为这一段保守派和变法派的论争作了个小结。王安石又胜利了。

二、变法的高潮

王安石战胜保守派的围攻，变法进入一个新阶段，达到了高潮。熙宁三年（一〇七〇年）十二月，王安石与韩绛任同中书门下平章事。原条例司已在五月罢归中书，由司农寺制定条例。此后，王安石以实任的宰相，掌握了政府的大权。被击败的保守派官僚，相继离开朝廷。司马光也在九月间出知永兴军，次年，又辞官回洛阳，声言"绝口不论事（政事）"。王安石相继荐用曾布、章惇（音敦 dūn），以及吕嘉问、沈括等新人，自一〇七〇至一〇七四年间，陆续推行了一系列的新法。

神宗开始变法，即以所谓"富国强兵"为目标。在这一阶段，王安石一面仍遵循"民不加赋而国用足"的方针，继续为宋王朝增加国用，一面强化国家军队和地主武装，同时也对教育、科举作了改革。

免役法——早在仁宗时，一些地方官员，如两浙路转运使李复圭（音规 guī）、越州通判张诜（音深 shēn）等都曾在局部地区，对职役法有所改革。由当役者出钱，雇人代充。一〇六七年，当时任三司使的韩绛上言"害农之弊，无甚差役之法"，要求改革。一〇六九年三月，神宗命条例司讲求衙前差役的利害，制定法令。同年十二月，条例司上言"使民出钱雇役"最便。原来乡户承担职役者，"计产赋钱，募民代役"。一〇七〇年将此办法发到各路议论。开封府官员赵子几奏上开封府界各县实施办法，经判司农寺邓绾（音晚 wǎn）、曾布等复议。熙宁四年（一〇七一年）正月，曾布拟就"免役法"，先在开封府界试行。同年十月，颁布全国实施。免役法的主要之点是：（一）原来衙前等各种职役，民户不再自己服役，改为向官府交钱，由官府雇人充役。上户分五等，中户分三等，下户分二等，上四等户按户等定役钱，随夏秋两税交纳，称免役钱。乡村四等以下户不纳。城市中六等以下户不纳。（二）各路、州、县依当地吏役事务繁简，自定额数，供当地费用。定额之外另加十分之二收缴，称"免役宽剩钱"，由各地存留备用。（三）原来不负担差役的官户、女户、寺观、未成丁户等，也要按定额的半数交纳役钱，称"助役钱"。

160

免役法使官府职役依旧有人充当，收缴的各种役钱却超过了实际雇募的需用，官府又由此增加了一批收入。

市易法——一〇七二年三月，颁行市易法。原来同管勾秦凤路经略司机宜文字(官名)王韶在本路陇州古渭城设置市易司，管理商货，借官钱为本，每年获利一、二十万贯。一〇七二年，有草泽人(不在官)魏继宗上书说，京师百货所居，市无常价，富人大姓得以操纵取利。他建议设置常平市易司，管理市场，物价贱则增价收购，贵则减价出售。说可以使"商旅以通"，"国用以足"。中书据以制定市易法，在京师设立市易务，以内藏库钱一百万贯和京东市钱八十七万贯作本，控制商业贸易。主要是：(一)依据市场情况，由市易务评定价格，向商人收购或出售货物。(二)商人向市易务贷款，以产业作抵押，五人以上互保，纳年息二分。商人向市易务赊购货物，也取年息二分。两项办法原来都是由大商人操纵取利。市易法把这两项大利从大商人手里收归朝廷，和青苗法收夺大地主的利益相似。市易法颁布后，由吕嘉问提举市易司，先在京师开封实行，以后又推行于各地。

方田均税条约——大地主无止境地兼并土地，隐瞒田产、人口，乡村中、下户卖掉土地，仍负担赋税。田产不实，赋税不均，一直是个严重的问题。一〇七二年八月，司农寺制定方田均税条约颁行。每年九月由县官丈量田地，以东西南北各千步为一方。依据方庄帐籍，检验土地质色肥瘠，分等第定税额纳税。"诡名挟佃，合并改正"。丈量后立方帐、庄帐、甲帖、户帖。典卖割移，都以现在丈量的方田为准。条约颁布后，以济州巨野尉王曼为指教官，先在京东路实行，以后再推行到各路。到一〇八五年，先后在开封府界、京东、陕西、河北、河东五路，丈量出大量隐漏的田产，为宋王朝增加了大批的税收。

免役、市易、方田等新法的中心，仍在于剥夺大地主、大商人的部分利益，来满足宋王朝的"国用"。王安石在实行这些"富国"法的同时，也还推行了如下的"强兵"法。

兵制的改革——真宗以来，兵员急速增长，兵费庞大，兵将脱离，作战不力。强迫招募的士兵不断地起来反抗压迫。神宗、王安石参照仁宗时的一些改革主张，又加以发展，从两个方面对宋朝的兵制作了改革。

（一）减兵并营。 办法是裁减五十岁以上的老弱兵士；确定禁军军营兵额，马军三百人，步军四百人；又合并各地马步军营，由五百四十五营省并为三百五十五营。原来聚集在京师的禁军大部分拨到各路。自一〇六九年即开始减并，至一〇七五年，禁军兵额减到五十六万八千余人。各地多用来服杂役的厢兵，也在熙宁四年（一〇七一年）十二月，按禁军办法裁减。各州并为若干指挥，每指挥定额为五百人。全国共八百四十指挥,兵额减到二十二万七千多人(开封府界及诸司因事募兵不在内)。全国禁兵、厢兵裁减后,总额不到八十万,比英宗时减少三十六万,约减三分之一。减并后使队伍精干整齐，也为宋朝节省了大批兵费。神宗大喜,对王安石说,裁并军营,"不惟胜敌,兼可省财"。这显然也是实现"民不加赋而国用足"的一个途径。

（二）置将练兵。仁宗时，范仲淹为陕西招讨使,开始变革兵将不相知的旧制,检阅延州兵一万八千人,分置六将教练。一〇七三年六月，神宗下诏：京东武卫等六十二指挥的禁军，分隶诸路，差主兵官分部训练。一〇七四年，曾任泾原路经略使的枢密副使蔡挺进而请在各路置将教练。九月,神宗下诏：除河东、秦凤、永兴等路都总管司现管军马外，开封府界、河北、京东、京西路分置三十七将和副将,选经过战阵的使臣充任,专掌训练。十二月,在陕西的环庆、鄜延、泾原、秦凤、熙河等五路各地设置四十二将,统领当地的就粮、屯泊、驻泊等军。一〇八一年,又在东南的淮东、淮西、浙东、浙西等路设置十三将。此后,"将"成为军队编制的基本单位;各地设置的将官,都可以自专军政,州县不准干预。这在兵制上，显然是对宋朝"祖宗法度"的又一个重大的变革。

保甲法——在裁并国家军队的同时,神宗、王安石又加强了地主武装,以镇压农民的反抗。王安石早在向仁宗上万言书时,就曾举出汉代张角、唐代黄巢的起义，官吏不能及时镇压，作为宋朝的鉴戒。一〇七〇年七月，神宗与王安石谈到"民兵"（地主武装）。王安石建言，罢军职所得官十之二三，"鼓舞百姓豪杰（大地主），使趋为民兵，则事甚易成"。同年，开封府官员赵子几上书说，他往来畿内诸县乡村，近年以来"寇盗"（指起义农民）充斥，当地敌不过。纵然有的捕捉到官，余党互相帮助，起来报仇，非常厉害。因此，他建议实行从前有过的保甲，归官府指挥"专于觉察奸伪，止绝寇盗"，即镇压农民的反抗斗争。十二月，司农寺据此建议，制定保甲法颁行。办法是：乡村民户以十户组成一保，五十户为一大保，十大保为一都保。由主户中"物力最高"和所谓"有材干心力者"即最大的地主富户充当保长、大保长和都副保正。主客户有两丁以上者都要抽一人作保丁，训练武艺。每一大保逐夜轮差五人巡警，遇有"盗贼"报大保长追捕。同保内有犯"强窃盗、杀人、谋杀、放火"等案，知而不告，连坐治罪。保内如有"强盗"三人以上居住三天，同保邻人虽不知情也要治罪。保甲法颁布后，一〇七一年先在开封府畿内各县实施，然后在各路逐步推行。《宋会要稿》载一〇七六年各路"义勇、保甲民兵"数字，总数多至七百一十八万，其中民兵保甲有六百九十三万余，形成一个庞大的地主武装。

赵子几上书，已经明白指出，组成保甲，就可以使地主安居，不再担心农民反抗（"如此，则富者逸居而不虞寇盗"）。保甲法旨在保护地主利益，镇压农民群众的反抗斗争，目的性是很明显的。如果说，王安石的理财诸法，虽然旨在增加宋朝的国用，但在打击大地主、大商人这一点上，符合于人民群众的愿望，那末，实行起源于商鞅的保甲法，就充分说明变法派站在地主阶级立场，和广大农民处在了相敌对的地位。

保马法——宋朝由牧监养马，侵占大量田地，每年消费甚大。原来群牧使李中师曾建言"省国费而养马于民"。一〇七二年，神宗下诏许开封府界各县保甲养马，由提点司给配马匹。一〇七三年，由曾布制定保马法颁行。保马法具体规定养马条例：京东、京西、河北、河东、陕西五路，义勇保甲愿养马者，每户可给一匹，家产多者可给两匹。府县不超过三千匹，五路不超过五千匹。马匹可用来"袭逐盗贼"，即镇压农民。养马者三等以上户十户为一保，四、五等户十户为一社。马死病，保甲马由保主独为赔偿，社马由社赔一半。此后保马法推行到其他各路。

练兵、保甲等法，暴露出变法派对农民起义的敌视，但同时也表明，王安石对待辽朝和西夏，是反对屈辱妥协，坚持抗战自卫的。北方边地的保甲，可以利用来守土抗敌；减兵并营、置将练兵等措施，对于提高宋朝军队特别是边防部队的战斗力，更收到显著的效果，一度扭转了真宗、仁宗朝的被动局面。王安石任用王韶为秦凤路沿边安抚使，采纳王韶《平戎策》断西夏右臂的战略方案,发兵抗御西夏。一〇七二年八月,王韶战败吐蕃部落,在武胜建镇洮军,又升为熙州。置熙河路。次年二月,王韶再次出兵占领河州,进据洮州、岷州、宕州、亹州(亹音门 mén),行军五十四日,共得五州,幅员二千里地,取得了北宋王朝对外作战的胜利。神宗把自己佩带的玉带赐王安石,来奖赏他的成功。王韶进为左谏议大夫、端明殿学士。这次熙河之役,是变法派的一个胜利,是对保守派的一次有力打击。正因为如此,熙河之役的胜利,更加激起了保守派官僚们的忌恨。

在实行"富国强兵"法的同时,王安石还着手对教育、科举进行改革,目的是培育和选拔变法所需要的人才,为政治上的改革服务。早在仁宗时,王安石就在万言书中强调"陶冶人才"的重要性,指出当时学中所教都是章句之学、课试之文,完全不合"天下国家之用",学生们"博诵强学","白首于庠序",一旦从政,"茫然不知其方"。王安石执政后,愈加感到如不改革教育、科举制度,政治上的变法就难以实行。经过两年的准备,破除阻力,实行了新的贡举法,整顿了京师及州县学校。

科举的改革——宋朝大批文武官员都来自科举。科举以进士科为主,考试诗赋,以声病对偶定优劣,完全着眼于文字形式方面。明经科考试贴经、墨义,死背词句。如出题引《论语》孔子的话"作者七人矣",考试

166

七人的名字答卷。出题写某经的上句，答写下句。或出经书一句,答写这句的注疏。一〇六九年，王安石执政之初，就建议改变这种科举法，废除诗赋、明经各科，专以经义、论、策取士。保守派激烈反对。苏轼说："贡举之法，行之百年"，不必改变。并说："自唐至今，以诗赋为名臣者不可胜数"；不以诗赋取士反而"无规矩准绳"，"无声病对偶"，"学之易成"，"考之难精"，弊病更大。神宗也被苏轼说得动摇。王安石坚持"贡举法不可不变"的主张,向神宗指出：旧的贡举法是使士人困于无补之学，闭门学作诗赋，世事皆所不习，"此乃科法败坏人才"。神宗又转而支持王安石。一〇七一年二月，中书省颁布对科举的改革：废除明经科，废除考试诗赋和贴经、墨义。进士科的考生在《诗》、《书》、《易》、《周礼》、《礼记》中选治一经，兼治《论语》、《孟子》。考试时，主要考这些经书的"大义"和殿试策(时论)。新的科举考试法比起雕琢文字、记诵词句的旧法，无疑是一个很大的改进。但王安石把改革科举标榜为"使学者得以专意经术"，仍然以经学作为学术的正统。

学校的整顿——颁布新科举法八个月后，王安石着手整顿学校。首先改组太学。旧太学为保守派官僚、俗儒所把持,是反对变法的舆论阵地。国子监直讲颜复，以"王莽变法"为题考学生，影射攻击王安石变法。变法派把颜复等学官尽行撤职，委任陆佃、沈季长等变法派作学官。保守派讥诮陆佃等晚上在王安石处受口义，白天到太学照样宣讲，"无一语出己"。这种指责只能证明太学是按照王安石"一道德"（统一思想）的主张行事，成为变法派造舆论、育人才的场所。太学内部规章也做了一些整顿，学生名额增至一千人，分外舍、内舍、上舍三级。上舍生成绩优异的，不经省试和殿试，直接授官。

整顿太学后，又相继在京师设武学、律学、医学。以重视实际应用的精神，建立这些分科学校，是教育方面很有意义的革新。建立专学法律的律学，更体现出崇尚法治的精神。变法派还陆续整顿了州县之学，规定学官由朝廷委派，定期考核。

科举和教育方面的这些改革，使王安石的革新思想得到比较广泛的传播。直到北宋末年；王安石的学说仍在太学中留有相当大的影响。

王安石执政期间，也还采取措施，促进了农田水利的发展。变法派广泛听取发展生产的建议。社会地位低下的胥吏、小商贩、农民、仆隶以至犯过罪的人，只要能讲求水利和理财，都可直接来东京，到司农寺或中书省献策。兴修水利有成绩，还要授官嘉奖。如金州西城县葛德修筑长乐堰，引水灌田，授予本州司士参军。潭州湘阴县李度修筑两乡塘堤，补为本州官吏。在王安石的大力提倡下，一时形成"四方争言农田水利"的热潮。自一〇七〇年以后的六年间，京畿及各路兴修

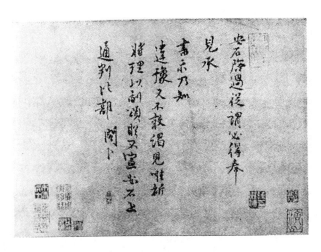

王安石书翰

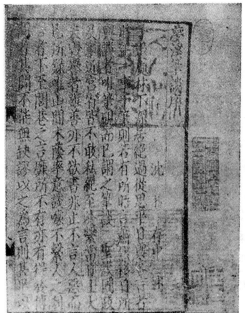

沈括《梦溪笔谈》
元刊本书影

水利一万七百九十三处，溉田三十六万一千多顷。其中两浙路修水利最多，共达一千九百八十处，溉田十万四千多顷。蜀州修筑新堰，也可溉田三万九千多亩。

熙宁年间，各地还开发了大量的淤田。汴河两岸作闸，引河水在京东西路淤田，又引黄河、滹沱河、漳河水在河北路淤田。仅滹沱河两岸就得田一万顷。据王安石估计，开封府界京畿一带的淤田，每年可增产粮食几百万石。王安石又派平民李复、王谌（音辰 chén）到川峡招募农民来京畿种稻，传播经验。京畿和京东、京西、河北、河东、陕西等路修水田一千五百多处，辟为稻田。变法派贯彻执行"因天下之力，以生天下之财"的方针，在发展农业生产方面，取得了显著的成绩。

三、保守派反攻，变法派败退

自从一〇七〇年以来，王安石战胜保守派，变法形成高潮。但保守派的进攻并没有停止。进攻集中在侵犯大地主、大商人利益的免役和市易两法。他们在朝廷上的代表，是枢密使文彦博。和司马光一样，文彦博也以"祖宗法制具在，不须更张"为理由，反对变法。一〇七二年，华州山崩。文彦博又攻击市易司不当差官自卖果实，致使华州山崩。王安石反驳说："华州山崩，不知天意为何。天意不可知。人们所为，也不必合天意。"王安石的这个驳辩，实际上是对"天变不足惧"的进一步发挥。次年正月，文彦博再次攻击市易司遣官监卖果实，"有损国体"，是"堂堂大国，皇皇求利"，"聚敛小臣，希进妄作"。 文彦博这些陈词迂论并不能动摇神宗变法。保守派的大举反攻是集中在市易务实行"免行钱"的措施上。

京师开封原来由各商行为官府供给百货。官司上下勒索，至少在例额十倍以上。倘不如意，即恃权惩治。如三司副使因买来的靴皮不良，即处治行人二十人。商行因官司需索，赔累甚多。小商贩多因此失业。一〇七三年四月，开封肉行徐中正等请求不再向各处供肉，仿照免役钱法，交纳免行役钱。神宗诏令市易务与开封府司录司详定诸行利害。八月，市易务制定"免行条贯"在开封商行中实行。各行按照收利多少交纳免行钱，免除行户对官府的供应。禁中（皇宫）卖买货物，也要下杂卖场、杂买务，由市易司估定物价高低。免行钱的收入，部分用来作为官员的俸禄。

免行钱又为朝廷增加一批收入，对商人也较为有利；打击的对象，是恣意勒索和从中渔利的上下官司，以至禁中的皇族、后族及左右的宦官。免行钱实行，这些人群起反对。一〇七四年三、四月间，更与保守派官僚相配合，掀起了对变法派的围攻。

这次围攻的主要力量是来自宦官和外戚，并且得到仁宗的曹后（太皇太后）、英宗的高后（皇太后）和神宗的向后的支持。三月间，神宗开始动摇，问王安石免行钱事："何故士大夫言不便者甚众？"王安石直接揭露宦官,说:"士大夫不满朝廷政事,与近习宦官相勾结。陛下只看朝廷大小官不避宦官的能有几人,就知道宦官的害政了。"王安石还说:"市易司若不是吕嘉问,谁敢守法不避左右宦官;不是我,谁敢为吕嘉问辩明,不怕得罪宦官?"几天之后,神宗又对王安石说:"取免行钱太重,人情咨怨。"又说:"近臣(宦官)以至后族,没有不说不便的。两宫(太皇太后、皇太后)乃至泣下。"王安石愤而揭露后族说:"如后父向经从来就'影占行人'、因推行免行新法,依条例收入。向经曾来文交涉,没有被理睬。又如曹佾(曹后弟。佾音逸 yì)赊买人家树木不给钱,反而由内臣用假姓名告状,诬告市易司。陛下试看此两事,后族怎么会不反对呢?"王安石揭露后族,直指曹后和向后,勇气是足够的。但变法派遇到宫廷内这个拥有权势的新对手,处境日益困难了。神宗在后族反对声中,命韩维、孙永检查行人利害。这年又正值天旱不雨,神宗命韩维代草诏书罪己。诏书中暗指变法派是"阿谀壅蔽以成其私",使"忠言"不能上达。神宗更加动摇了。

文彦博以外,参知政事冯京(富弼婿)成为变法派的劲敌。成都准备设立市易务,冯京举出"王小波之乱"因榷买货物而起,来反对市易,加重了神宗的动摇。冯京甚至多次制造谣言,破坏免行钱的实施。退居洛阳四年的司马光这时也上长篇奏疏,说读到诏书,高兴得掉下了眼泪。司马光列举"朝政阙失"六条:一是青苗钱,使民负债,官无所得;二是免役敛钱,养浮浪之人;三是置市易司,与民争利;四是"侵扰四夷"(指熙河之役),得少失多;五是保甲扰民;六是兴水利劳民费财。司马光的奏疏,几乎涉及到王安石所有的措置,对变法发动了全面的攻击。

连年大旱不雨,受灾地区的农民被迫流亡。保守派以此为借口,纷纷指责变法触动了天怒。王安石反驳说:"水旱是常事,尧、汤所不免。应当更修人事,以应付天灾。"但是王安石的这一"天变不足惧"的论点,却遭到神宗的驳斥,说"这不是小事,所以这样恐惧,正是为人事未修。"光州司法参军、监安上门(东京城门)郑侠在冯京支持下,绘流民图送呈神宗,并上疏说:"去年大蝗,秋冬大旱,今春不雨,都是大臣辅佐不以道所致。"他建议将"有司掊克不道之政"(指新法)一切罢去,如果再有十天不雨,他情愿斩首。知青州滕甫上书说:只要陛下下一手诏,宣布"熙宁二年以来所行新法,有不便悉罢",就会"民气和,天意解"。一时之间,自宫廷至朝野形成了对新法的围攻。

形势变化,变法派内部也开始分裂。三月间,三司使曾布见神宗对王安石有所责问,变法动摇,竟联合市易的倡议人魏继宗反对市易法,攻击推行免行法的市易务和吕嘉问。曾布甚至对神宗说,他"召问行人,往往涕咽",陛下"垂意于此,足以致雨"。神宗命曾布与吕惠卿根究(彻底检查)市易务不便事。吕惠卿坚持新

173

法，与曾布议不合，曾布又向神宗攻击吕惠卿。曾布、魏继宗从变法派内部反对变法，王安石更为被动了。

后族大力攻击新法，神宗动摇，保守派反攻，变法派分裂，王安石陷于空前困难的境地。四月初，中书改定新法。在京免行钱，在贫下行人名下，特减一万贯。免在京市例钱二十以下者。在京诸门小贩税钱不满三十者，暂免交税。开封府界及诸路受旱灾到五分者，暂停催交欠负官物。又"劝诱积蓄之家赊贷钱谷"，有利息，由官府督交。流民给钱粮兴工役。诸条中，减免小贩税钱，是一个改进，但减免行钱是"依旧支应"，鼓励地主乘灾荒放债收息，更显然是对大地主的退让。与此同时，神宗又下诏受灾诸路编排保甲、方田造簿，都暂时停止。宫廷中后族继续进攻。曹后要神宗罢青苗、助役，令王安石出朝廷。曹后与高后又流涕对神宗指斥新法不便，说"王安石变乱天下"。王安石在围攻中无法继续执政，上章求去。四月中，神宗下诏：王安石出知江宁府，"安心休息"。王安石罢相，变法遭到严重挫折！

王安石罢相前，向神宗推荐吕惠卿。神宗以韩绛代王安石，以吕惠卿为参知政事。保守派讽刺说，韩绛是"传法沙门"，吕惠卿是"护法善神"，新法仍继续推行。王安石去后，风浪暂平。章惇、曾孝宽受命继续根究市易司事，查对市易务及曾布奏文。八月间结案，曾布以"不觉察吏人教令行户添饰词理，不应奏而奏"，及"奏

174

事诈不实"罪，免职出知饶州。魏继宗追官停职。都提举市易司吕嘉问也以"不觉察杂买务多纳月息钱"罪免职，出知常州。御史张琥(音虎 hǔ)弹劾韩维、孙永查究免行钱事不当。韩维落端明殿学士职，孙永罢知开封府官。郑侠上书攻击，"惠卿朋党奸邪"，"请黜惠卿，用(冯)京为相"。神宗大怒，免郑侠官，编管汀州。吕惠卿进而追究郑侠攻击免行钱事。张琥与知制诰邓润甫受命办案，查出郑侠幕后的支持者冯京和王安国(安石弟，反对变法)等人。熙宁八年(一〇七五年)正月，御史中丞邓绾与邓润甫上疏，定郑侠等罪。郑侠编管英州。冯京罢参知政事。王安国免官，放归田里。免行钱案定结，韩绛请求神宗召王安石复相。二月间，神宗派使臣持诏书去江宁府，召王安石回京师，恢复了相位。

免行钱案，变法派终于获胜，但保守派仍据有强大势力。王安石再度入相，朝廷上依然是密布阴云。四月间，神宗因辽朝求割地，向旧臣问对策。久已罢相在外的韩琦，指责置将练兵、编保甲，是"所以致契丹之疑"，青苗、免役、市易是使"邦本困摇，众心离怨"。保守派又攻击说，河北、河东上户保下户借钱谷，下户缺食逃散，上户怕赔偿也一律逃避。对王安石最大的诬陷是赵世居狱。秀州团练使宗室赵世居被告发谋反，宋朝兴起大狱，牵连多人。与王安石相识的术士李士宁曾在十七八年前赠诗给赵世居母。查究此案的知谏院范百禄，定要置李士宁于死罪，以株连王安石。协同

175

查案的御史徐禧上疏，说士宁赠诗，不能定罪；揭露范百禄意在陷害王安石。五月间，神宗命曾孝宽、张琥查究徐、范曲直。原来李士宁所赠诗只是抄录了仁宗赐给大臣的两句挽词。李士宁得免死，以杖罪送湖南编管，范百禄也因此得罪。王安石渡过了这一险流，但仍困处在保守派的明枪暗箭之中。

在保守派的围攻中，王安石对神宗慨叹说："天下事象煮汤，下一把火，又接着泼一勺水，哪还有熟的时候啊？"在王安石复相后的一年多时间里，变法派仍然处境艰苦，难以继续前进。

修订三经新义——王安石改革科举、整顿学校后，设置经义局，与吕惠卿、吕升卿（惠卿弟）、安石子王雱（音乓 pāng）及诸门人撰述经义，作为学校的读本。王安石复相后，重又主持此事。六月间，撰成《诗义》、《书义》、《周礼义》进呈神宗，颁于学官。科举考试，以此为准。《诗义》、《书义》多出于王雱和吕氏兄弟。《周礼义》全由王安石亲自撰写。《周礼义序》说，"以所观乎今，考所学乎古"，"其法可施于后世，其文有见于载籍，莫具乎周官之书"。撰《周礼义》，显然是想系统地说明变法的依据。撰三经新义是想"使学者归一"（神宗语）。王安石在《书洪范传后》中曾慨叹学者"蔽于传注之学"，既不能提问又不会思索。新义打破"先儒传注"，依托儒家经典来宣传变法革新的思想，一时号为"新学"。新学包含着变法思想的内容，但依然根据儒

176

家经典讲述礼法名分，维护伦常。这又说明王安石并未能超越儒家思想的樊篱。①

变法派分裂——王安石复相前，韩绛与吕惠卿遇事多不合。王安石因任用提举市易司官员等事，又与韩异议。韩绛坚请辞相，八月间出知许州。吕嘉问在免行钱案查结后，又被任用。王安石荐吕嘉问重领市易司事。吕惠卿对吕嘉问多有不满。王安石不循资历进用新人，也与吕惠卿时有不合。三经新义颁行后，王安石因《诗义》经吕惠卿兄弟修改，不合己意。九月间，将新旧本一起进呈神宗。上疏说明，当时没有坚持己见，颁行后学者认为多有不妥，请将《诗序》用吕升卿的解释，《诗义》仍用旧本。吕惠卿上疏自辩，说所有修改处都曾送给王安石详定，安石何至忘记？新本已刊印千本，现在安石又请用旧本，不知何意。吕惠卿以为中间必有人故意离间，请求夺官。王、吕之间，日益破裂。御史中丞邓绾，据王雱意，弹劾吕惠卿在华亭县借富民家钱置田，由县吏收租，"交结贪浊"。吕惠卿上章自辩，并罗列与王安石议论不合诸事，然后罢政。十月，出知陈州。邓绾又奏三司使章惇与吕惠卿"协力为奸"，章惇出知湖州。王安石复相后，变法派反而陷入了更深的分裂！

对辽割地——一○七四年，辽道宗派萧禧使宋，要求割地划界。宋辽往来交涉，迁延不决。一○七五年

---

① 王安石"新学"，参见第七册。

三月，萧禧又来索取河东黄嵬山地，要求重新划界。韩琦等保守派借此攻击新法招致辽疑。王安石对神宗说：不应满足萧禧的要求，"示弱太甚，召兵之道"。吕惠卿也说："让萧禧得地受赏，以后辽人谁还不想再来侵侮。"六月，神宗派沈括出使辽朝，沈括依据旧日文书查明原议疆地书是以古长城为界，黄嵬山相去三十余里，不应允辽议。沈括出使，沿途绘图记事，回朝报命。七月间，萧禧又来索地。神宗说："看来不能和他争，虽然更不讲理，也还得应付。"王安石提出异议，神宗不理。神宗派韩缜使辽，接受以黄嵬山为界，割去河东地东西七百里。在对辽交涉中，神宗和王安石也有了分歧。

新法逆转——王安石复相之初，四月间，曾对神宗说："近来京师大姓多停开质库，市易打击兼并的效果，似已可见到。应当再修法制，驱使平理。"神宗说，"均无贫固然好，但此事很难啊！"王安石得不到神宗的支持，市易法无法再向前推进。免役法甚至出现倒退。八月间，因司农寺议，官户所输助役钱，减免一半。九月间又补充规定，官户产钱占全县十分之一者，只减役钱一分，但仍是对官僚们的妥协。司农寺又在八月间修订保甲法，诸路主客户五家相近者为一小保，五小保为一大保，对农民的统治更加严密。开封府界五路，客户被排除，只选主户有二丁者入正保。原来一保有至数十家，距离甚远，也改为按诸路办法编排。对大商人的

178

限制不能再进一步,对官僚地主妥协,对农民群众加强镇压,新法逐渐逆转了。

变法派退让,保守派加紧进攻。十月间,天空出现彗星,又成为攻击新法的一个借口。曹后和高后又出来反对,神宗也下诏说,天变不敢不惧,要群臣直言朝政缺失。王安石申辩说:"天文之变无穷,人事之变不止,上下傅会,岂能没有偶合,此其所以不足信。"王安石的这个申辩,继承荀子《天论》、柳宗元《天说》的论点,从根本上否定了天变和人事的关系,"不足信"是"不足惧"说的一个发展。神宗诏下,旧相富弼和前御史吕公著、张方平等相继上疏,说"法既未协,事须必改","如救焚溺,势不可缓"。要神宗立即改变新法,说否则将有更大的"天变"。王安石向神宗力争,主张对不附新法者治罪,说"不然,法不行"。但王安石的这个积极的主张,却遭到神宗的拒绝。神宗回答说:"听说民间也颇苦新法。"王安石说:"如天寒下雨,还有人埋怨,这岂足恤!"神宗说:"如果连这些埋怨都没有,岂不更好!"王安石的主张无法贯彻,只得称病家居,不出来管事。神宗派宦官去慰问,从早到晚去十七次,给假十余日,又迫使王安石再出来执政。但新法依然难得推进。熙宁九年(一〇七六年)正月,司农寺奏,畿内去年灾伤,民间已经欠青苗钱者许再借贷一次,神宗不准。中书又奏请常平钱岁给有余时,民间缺钱许以物产抵押借贷,神宗又不准,并下诏今后仓库常留一半，其余才给散支借。青苗法本意在夺取大地主放高利贷的利益，神宗砍去一半，对保守派是个重大的退让。青苗法也逆转了。

吕惠卿罢政前，曾对神宗说："王安石这次回来，常常称病不管事，与以前大不相同。"一度罢相后，王安石再陷于困难的处境，多少削弱了变法初期一往无前的锐气。保守派势盛，变法派削弱，神宗更加动摇，王安石已无法独力扭转政局了。一〇七六年春天，王安石即上章请求罢相归田，连上四五次，至十月间获准罢相，出判江宁府。此后，再没有回朝。王安石再次罢相，昭示了新法失败的前途。

（二）神宗"改制"

王安石罢相，神宗用枢密使吴充代王安石，吴充是王安石的姻亲（吴充子是安石婿），但并不赞助新法，实际上也是个保守派。神宗以他为"中立无与"，用为宰相，又起用冯京知枢密院事。这表明神宗已无意再推行新法了。一〇七七年，司马光写信给吴充，要求尽罢新法。此后，吴充多次说新法不便，因判司农寺蔡确（一〇七九年为参知政事）力争，只将方田法罢废，其他新法还得以维持。但此后的十年间，神宗不再去推进理财诸法，而只是着意于改革官制和强化军兵保甲。以抑兼并为中心的新法转变为加强宋王朝国家机器和地主武装的所谓"改制"了。

官制的改革——神宗元丰年间（一〇七八——一〇八五年）对官员众多、名实不符的旧官制，作了如下的一些改革：（一）三省仿《唐六典》制度，中书省取旨，门下省审复，尚书省执行。三省分班奏事，权归中书。宰相同中书门下平章事改称尚书左仆射兼门下侍郎、右仆射兼中书侍郎。副相参知政事改称门下侍郎、中书侍郎、尚书左右丞。以下官名也有改易。（二）尚书省六部和所属机构的官员都实际任事。凡是徒有虚名的官称，一概撤消，采用旧文散官的名称重新编制成二十五个官阶。官员按规定的官阶领取俸禄，又称寄禄官。（三）省并机构。如三司使并入户部，审刑院并入刑部，审官院并入吏部，礼仪院并入礼部等等。

强化军兵保甲——改革官制时，有人建议，把军事机构枢密院也并归兵部。神宗驳斥说："祖宗不愿兵权归执政官，所以专设官统领，以互相节制，怎么可以废除！"改制后，枢密院仍保持独立的军事系统，并不断加强了军队。王安石变法时禁军裁并到五十六万多，元丰时又增加到六十一万多人。各地厢军增加更多。新法中组织地主武装的保甲法也又有了进一步的强化：（一）各路保甲原归主持新法的司农寺管辖，一〇七五年九月，改隶尚书省兵部，后又在各地设提举官统领。（二）开封府界、西北三路、广南东西路等地保甲，教练武艺，由大保长充教头。以后又推行到其他各路，设置

神宗元丰时改定官制表

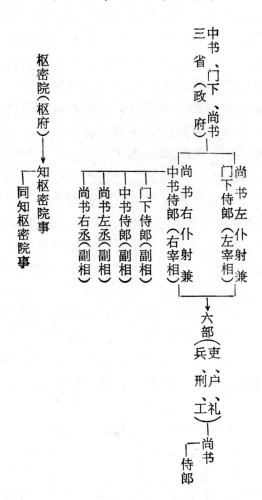

三省（政府）中书、门下、尚书

门下侍郎
尚书左仆射兼（左宰相）

尚书右仆射兼中书侍郎（右宰相）

门下侍郎（副相）

中书侍郎（副相）

尚书左丞（副相）

尚书右丞（副相）

六部（吏户礼兵刑工）尚书 侍郎

枢密院（枢府）

知枢密院事

同知枢密院事

教场,教练战法。骑丁习马枪,步丁习弓弩、步枪。(三)保甲养马。一〇八三年,河东路提举保甲官请令保甲买马,以教骑战,得马近七千匹。此后,保甲都由官府给钱买马。次年又诏京东西路保甲每一都保养马五十匹,免教阅,养户马者免保马。实际上是户马变成为保马。(四)开封府界五路地主武装"义勇"一律改为保甲。部分地区并用义勇保甲轮番代替禁兵。保甲法的推进使地主武装更为加强了。保甲法原规定以四等以上的主户出丁,实际上保长以上的各级头目都完全是地主豪强,一般保丁多由五等户以下的贫下户充役。保长、保正对贫下户保丁任意压榨虐待,婚姻丧葬要贫下户送礼,秋收夏熟要敲诈丝麻谷麦,到城市要供应酒食。稍不如意,就要鞭打。贫下户隔几天就要停止耕作,接受教练。习练不好,又要遭受县里差派的监教官和保正、保长的毒打。定州新乐县一教场,保丁五十人,有四十九人受"臀杖"(打屁股)。先打一边,留一边下次再打。贫下户保丁遭受无穷的剥削勒索,又遭受残酷的压迫,往往逃跑外乡,甚至有的贫下户自己弄瞎眼睛,切断手指,变成残废来逃避充役。这种情形发展到一〇八四年间,到处爆发了保丁的武装反抗。河北保甲,百十个人为一群,起义反抗,州县不敢奏报。澶州、魏州一带的保甲发动起义,与起义农民相结合,惊动一路。澶州、滑州之间,有单安、王乞驴、张谢留等为首的保丁起义,往来二州之间,夺取地主的财物,焚烧房舍,杀官吏，进入卫州界。获鹿县的保丁愤起砍射教练的官员提勾孙文、巡检张宗师。陕西军士王冲在商、虢州界起义，聚众数千人，乘保马到各处杀伤官吏，冲击保甲团教场。司马光奏报说："置保马本来要逐'盗'，现在反而是'盗'的工具了。"宋王朝用来镇压农民起义的保甲、保马，激起了农民群众的强烈反抗，保甲、保马的反动性也就更加明显了。

面对农民和保丁的反抗，神宗又加强了镇压。一〇八四年，神宗下诏，知情雇用、藏隐逃亡保甲之家，比逃亡保甲减三等治罪，罚出赏钱给告发人。又下诏立重法。原来开封府各县，对"盗贼"立重法，"劫盗罪情重者斩，余皆配远恶处"，并没收家财，"妻子编置千里"。神宗将重法推广到河北、京东、淮南、福建等路州县，并规定：杀官吏及累杀三人，烧房百间，或群行于州县，在江海中劫船等，虽然不是重法之地，也以重法论罪。

神宗在改革官制，加强地主武装的同时，还曾对西夏发动了两次进攻，遭到惨重的失败。

熙河之役后，宋朝形成对西夏的包围。一〇八一年，西夏皇室内乱，梁太后囚禁夏帝秉常。神宗以为有机可乘，以熙河经制使李宪领大兵出熙河，种谔出鄜延，高遵裕出环庆，刘昌祚出泾原，王中正出河东，分兵五路围攻西夏。刘昌祚军先至灵州城下。高遵裕也领兵赶到。围城十八天，不能攻下。夏军决黄河水灌宋营,断绝粮道,宋兵冻溺死者无数，大败而回。其他各路进取古兰州、葭芦(葭音佳 jiā)、吴堡、义合、米脂第地,夏军诱敌深入,坚壁清野，断绝宋军后路。宋军粮饷不继,无功而返。灵州之战,宋军先后损失至四十万人。

一〇八二年,神宗用给事中徐禧议,在银、夏、宥三州界中筑永乐城,企图困住兴州夏军。城小兵多,又无水源。西夏发三十万大兵围攻,宋兵多饥渴致死。永乐城陷,徐禧等败死。宋军前后死亡将校二百余人,士兵、民夫又损失二十余万。

宋军两次惨败,损失极重。永乐城败报传来,神宗临朝大哭,只好仍维持原来对西夏的和议,"岁赐"仍旧。这时王安石早已罢相家居,但保守派官员却说这两次惨败是因熙河之役而起，又为攻击变法派制造出一个口实。一〇八三年,富弼病死。他在死前,写好遗章,提出"天地至仁,宁与羌夷校曲直胜负"的理论,借着对西夏战争的失败,攻击新法。

一〇八五年三月,神宗病死。王安石在江宁作诗哭悼说:"聪明初四达,俊乂(音义 yì)尽旁求,一变前无古,三登岁有秋。"又说:"老臣他日泪,湖海想遗衣。"王安石的哭悼不仅是出自个人间的情感,而且因为他一生的变法事业和神宗紧密地联在一起。王安石初变法,以理财为先,打击的矛头指向大地主、大商人,但变法派站在同人民群众相敌对的地位,而把新法实行的希望主要寄托于神宗。王安石罢相,神宗病死,新法继续推行的希望渺茫了。

在王安石罢相、神宗改制的这段时间里,保守派却在积极地进行着向变法派发动反攻的准备。司马光退居洛阳十五年,表面上优游闲散,实际上从未停止活动。文彦博、富弼、吕公著以及程颢等人,也都长期定居在洛阳。退朝的司马光竟被人们叫做"真宰相",其实是组成了一个以他为首的在野集团。他们以所谓"真率会"、"耆老会"等等为名,相互联络,从政治方面和学术理论方面,策划对变法派的反攻。程颢和弟程颐,在洛阳宣讲《论语》、《孟子》和《礼记》中的《大学》、《中庸》等篇,号称"洛学",或程学。① 程学与王安石新学的对立,由此成为学术思想领域里的主要分歧。

保守派有了长时期的政治上、理论上的准备,斗争不可免了。

(三) 变法派保守派互斗

神宗死后,变法派和保守派分别在皇族和后族的支持下,形成互相敌视的两大势力,继续展开激烈的搏斗。

----

① 详见本书第七册。

186

一、保守派执政

神宗死，十岁的幼子赵煦（音旭 xù）继皇帝位（哲宗）。 英宗的高后称太皇太后（曹后已死于一〇七九年），处理军国大事，建年号元祐。一贯反对变法的高太后刚一执政，便派宦官去问司马光，当以何事为先。五月，以司马光为门下侍郎，次年又升为尚书左仆射，即左宰相。吕公著也被召入朝为尚书左丞，次年为右仆射。保守派再度掌握政权，在高太后支持下立即对变法派展开攻击。

罢新法——司马光五月间入朝执政，即上章攻击变法派多以己意变革旧章，谓之新法，请求革去。有人以为神宗刚死，不宜骤改。司马光力争说："王安石、吕惠卿所建，为天下害，非先帝本意，改之当如救火拯溺。何况太皇太后是以母改子?"高太后、司马光等首先罢废保甲教练和保马；接着，罢市易，废青苗，停止助役钱；最后，罢免役法，恢复旧的差役法。在一年左右的时间里，王安石所实行的各项新法，几乎全部被罢废了。

司马光对变法派嫉恨如仇，甚至不顾宋朝的利害，凡是王安石实行的新法，都必求罢废而后快。元祐元年（一〇八六年）正月，司马光在病中说："四患未除，我死不瞑目!"（四患指青苗、免役、置将和对夏作战）青苗法罢后，司马光的好友范纯仁因国用不足，建言再立散钱出息之法。司马光具奏说，先朝散青苗，本为利民，现在禁抑配，就没有什么害处。几天之后，又觉得不妥，带病入朝，对高太后说："是什么奸邪，劝陛下再行此事！"高太后只好下诏"青苗钱更不支表(散发)"。司马光欲废免役(雇役)，恢复差役旧法。变法派章惇争辩说："保甲、保马一日不罢，有一日之害，至于役法，如以差代雇，须详议熟讲，或者才可行。"苏轼对司马光说："差役、免役，各有利害。要骤罢免役而行差役，怕不容易。"范纯仁也劝说"差役一事，尤当熟讲而缓行"。司马光一概不听。一〇八六年三月，终于恢复了差役法。王安石在江宁，听说罢新法，默不作声，直到传来罢雇役复差役的消息，才惊愕地说："也罢到这个么！虽然如此，此法还是不可罢的。创立此法，我曾和先帝商讨两年之久，已经设想的很完善了。"四月初，王安石忧病而死。

在对夏政策上，司马光也完全改变了王安石的抵抗主张。西夏统治者在哲宗继位后，派使臣勒索兰州、米脂等五寨。司马光一口应允，并指责不赞成的大臣，是"见小忘大，守近遗远"，说是"惜无用之地"，会造成"兵连不解"的后患。司马光甚至主动提出要把熙河一带也一并奉送给西夏，由于遭到反对，未能实行。

禁新学——司马光刚一执政，就要任用程颢，但程颢恰在这时病死，于是破格起用"河南府处士"程颐为西京国子监教授，又擢任为崇政殿说书，为哲宗讲授儒学。起用的诏令说："孔子说举逸民，所以起用你，为

188

洛阳人作个样式。"吕公著执政，遇有疑难，也向程颐谘问。程颐特别强调从思想上对王安石的"新学"进行清除，说"介甫之学"是大于"浮图之术"(佛教)的大患，并且说："今天新法之害事处，但只消一日除了便没事；其学化革了人心，为害最甚。"新法罢废后，司马光又改科举考试法，立九经，依照旧注讲说，不准用王安石的经义。元祐二年(一〇八七年)正月，高太后又采吕公著议，下诏：科举考试只许用"古今诸儒之说，不准引用申(不害)韩(非)"。这些活动，从反面说明了王安石经义的革新倾向，也再一次表明，程学与王学的对立。

排挤变法派——一〇八五年三月神宗死时，王珪(左仆射。珪音规 guī)、蔡确(右仆射)为相，章惇为门下侍郎，共同扶立哲宗。神宗死后两月，王珪病死。蔡确为左相(首相)，知枢密院事韩缜(音诊 zhěn)为右相，章惇改任枢密院事，军政权都还在变法派手里。司马光入为门下侍郎，即荐用刘挚、范纯仁、范祖禹、吕大防、李常、孙觉、梁焘、王岩叟、苏轼、苏辙、朱光庭等一批官员。又说文彦博、吕公著、冯京都是国之老成，可以倚信，也叫他们各举所知。七月，吕公著为尚书左丞。司马光等人随即着手排挤变法派。蔡确当时受命为"山陵使"治理神宗丧葬事。章惇对司马光废新法用旧人多次争论。保守派借此并力弹劾蔡、章。十月间，御史刘挚上言，神宗皇帝灵驾进发前，蔡确没有入宿守灵，"慢废典礼，有不恭之心"。朱光庭弹劾蔡确"为臣不恭,莫大于此",章惇"欺罔肆辩",韩缜"挟邪冒宠"。王岩叟说,章惇争辩用人,"是不欲威权在人主",应当罢免。十二月,刘挚进而指责蔡确与章惇固结朋党,说"确与惇不罢,则善良无由立"。朱光庭直接奏呈"蔡确、章惇、韩缜宜令解机务,司马光、范纯仁宜进之宰辅"。这年无雪天旱。元祐元年(一〇八六年)正月,王岩叟又以天旱为理由,直指大害莫如青苗、免役,大奸莫如蔡确、章惇。在保守派合力围攻中,蔡确在闰二月罢相,司马光以门下侍郎进为左相,章惇也被罢免,以范纯仁知枢密院事。四月,韩缜罢相。五月,吕公著进为右相。司马光又请召老臣文彦博还朝。文彦博年已八十一,由儿子扶掖上殿,特授太师、平章军国重事。变法派的主要官员相继被排挤出朝,以司马光为首的保守派在高太后支持下,掌握了全部的军政权。

保守派得势,对变法派打击不遗余力。有人写信给司马光说:"王安石居相位,中外没有不是他的人,所以新法才能实行。现在只起用二三旧臣,六七君子,如何可为!"在朝外的变法派重要人物,首先是吕惠卿。吕惠卿被劾赃罪,出知延州,长期不能查实结案。一〇八二年又加大学士,知太原府。司马光任相后,苏辙、王岩叟、朱光庭等连续上章,说吕惠卿是王安石的"心腹",青苗、助役都出其手,兴大狱,威胁郑侠、王安国,又与王安石相攻击,连猪狗都不如。应当明正典刑,追削官职。--〇八六年六月吕惠卿降四官,落一职,分司南京(商丘)。苏辙、王岩叟等又上疏说："虽然在常人处罚已算不轻，但吕惠卿如同鲁国的少正卯，不应如常人用常法治。"高太后又责授吕惠卿建宁军节度副使，"本州安置，不得签书公事"。朝臣中尚书左丞李清臣因反对罢废新法，在一〇八七年四月罢职出朝。保守派进而指王安石、蔡确为奸党。梁焘开列蔡确亲党蔡京、蔡卞等四十七人；王安石亲党章惇、吕惠卿、曾布、沈括、张商英等三十人。列为奸党，当然就不能继续在朝。保守派在废新法的同时，又企图把变法派一网打尽！

保守派分化——一〇八六年九月，司马光病死，文彦博继任左相。保守派取得权势后，开始分化为若干小集团。程颐因司马光的推荐，进为崇政殿说书，为十一岁的哲宗皇帝讲经学。程颐进札，要皇帝左右的宫人、内臣都选四十五岁以上厚重小心之人，伺候起居。皇帝动静都要让讲经的官员知道。程颐以老师自居，对哲宗正色训诫，又主张一切用古礼。中书舍人苏轼讥讽他不近人情。程、苏日渐对立。程颐门人谏官贾易与朱光庭等结为朋党，以程颐为首，号洛党。苏轼与御史吕陶等结为蜀党。刘挚、梁焘、王岩叟、刘安世等御史台官员结为朔党（河北人）。几个小集团互相攻击。一〇八七年，洛党贾易、朱光庭劾奏苏轼考试策问出题是讥讽仁宗和神宗。吕陶反攻贾、朱等身为台谏官，不应假借事权报私仇。洛党贾易又劾奏吕陶与苏轼兄弟结党，并涉及文彦博、吕公著。高太后大怒，罢贾易谏官，出知怀州。御史胡宗愈、谏官孔文仲等劾奏程颐"汙下险巧，素无乡行，经筵陈说，僭横忘分"。八月，程颐罢崇政殿说书，出管西京国子监。

一〇八九年，因贬蔡确，又起纷争。蔡确在安州赋诗十章，被保守派指为讥讽高太后。高太后大怒，重罪贬谪新州。左相范纯仁向高太后建言，"不可以语言文字之间，暧昧不明之过，窜诛大臣"。蔡确贬后，吕大防以为蔡确党盛，不可不治。谏官刘安世、吴安诗等因奏范纯仁也是蔡确一党，罢相出知颍昌。一〇九〇年，文彦博年老告退。吕大防为左相，朔党刘挚为门下侍郎，次年进为右相。吕、刘又不和。御史杨畏依附吕大防，劾奏刘挚，刘挚被罢相，知郑州。朱光庭为刘挚辩解，也罢给事中，出知亳州。保守派官员结为朋党，相互攻击，陷入一片混斗之中。

高太后执政前后共九年，一〇九三年九月病死，哲宗亲政，变法派再次与保守派展开斗争。

二、变法派再起

一〇九三年十月，十九岁的哲宗开始亲政。在此以前，保守派的老臣遇事请奏高太后，不以哲宗为意。皇族与后族日益矛盾。高太后死，苏轼见形势有变，请求出朝，知定州。范祖禹、苏辙等上疏要哲宗"深拒奸说"（指变法派）。十二月，礼部侍郎杨畏上疏，请哲宗继述神宗法制，并称赞王安石的成就，请召回章惇、吕惠卿、安焘、邓润甫、李清臣等执政。一〇九四年二月，哲宗起用李清臣为中书侍郎，邓润甫为尚书右丞。三月，考试进士策问，李清臣出题，指责罢废新法。苏辙上疏攻击，哲宗大怒，罢苏辙门下侍郎，出知汝州。进士由杨畏覆考，考卷赞同熙宁、元丰新法者，都得前列。从此，继述神宗新法的舆论传播开了。

哲宗在三月间罢免了左相吕大防，使出知永兴军。四月，起用曾布为翰林学士承旨，张商英为右正言。张商英请恢复神宗政事，并请改年号。哲宗下诏，改元祐九年（一〇九四年）为绍圣元年，表示决心继承神宗。随即任命章惇为首相（尚书左仆射兼门下侍郎）。范祖禹因反对用章惇，被罢免翰林学士职。右相范纯仁辞官出知颍昌。章惇为相，蔡卞、蔡京、林希、黄履、来之劭等都入朝任要职。吕惠卿知大名府，又转知延安府备西夏。变法派在哲宗支持下，再度掌握政权，展开对保守派的反击，逐步恢复新法。

反击保守派——一〇九四年七月，御史中丞黄履、张商英、来之劭等上疏，论司马光变更先朝之法，叛道逆理。哲宗追夺司马光、吕公著死后所赠谥号，毁所立碑。吕大防、刘挚、苏辙、梁焘等贬官。哲宗下诏："大臣朋党司马光以下，各以轻重议罪，布告天下。"章惇籍文彦博以下三十人，揭榜朝堂。次年八月，又下诏：吕大防等永远不得引用及恩赦。范纯仁上疏，请将吕大防等原放。范纯仁因此落职,徙知随州。一○九七年,再次追贬司马光、吕公著及王岩叟等已死诸人官。吕大防、刘挚、苏辙、梁焘、范纯仁等流放到岭南。文彦博由太师贬为太子少保。被贬官者共三十余人。

元祐时史官范祖禹、黄庭坚等修神宗实录,有意篡改事实,诋毁新法。哲宗命蔡卞(王安石婿)重修。依据王安石的《日录》和有关纪录核对,查出篡改诬陷事迹。范祖禹、黄庭坚因此降官,遣外州安置。

复新法——以章惇为首的变法派再度执政,逐步恢复新法。一○九四年四月,依据神宗元丰八年条例,复免役法,改定免役宽剩钱不得过一分(元丰时限二分)。一○九五年,复青苗法。董遵等建言,青苗禁抑配,只收一分息。一○九七年,复置市易务。用现钱交易,收息不过二分,不许赊请。同时复行保甲法。一○九八年,章惇主持编定常平免役敕令成书,颁行全国。大抵在此几年间,新法只是恢复到王安石罢相后元丰时的状况。变法派再起,并没有能够朝着打击大地主、大商人的方向,再向前进。免役法恢复时,规定各地豪强地主大户出免役钱在一百贯以上者,每一百贯减三分。像这样的变动,竟是对大地主有利了。

变法派再分裂——哲宗统治时期,前后不过六年。在此期间,变法派再度出现分裂。章惇原议文彦博以下三十人,都流放到岭外,中书侍郎李清臣持异议,以为流窜累朝元老,将使舆论震动。哲宗采清臣议,重罪数人,其余不再问罪。章、李由是不和。一〇九七年,李清臣被弹劾,出知河南府。张商英与来之劭不和,开封府官说张商英曾派人谋害来之劭。张商英因此贬官外出。杨畏在元丰时是变法派,元祐时曾一度附吕大防,高太后死,最先主张复新法。右正言孙谔说杨畏是"杨三变",杨畏因此落职。孙谔论免役法,主张兼采元丰、元祐。蔡京说孙谔欲申元祐之奸,孙谔又因此罢职。曾布在王安石初次罢相时,即上疏攻击市易,与吕惠卿、章惇分裂。一〇九四年六月,曾布被任为同知枢密院事,向哲宗攻击吕惠卿,说吕不能在朝。吕惠卿因此始终任外官。曾布又攻击章惇引用小人,"专恣弄权,日甚一日",并攻击章惇任用吕升卿、周秩、林希等变法派。一〇九九年,曾布更进而指责章惇、蔡卞对元祐党人处理过分,是"报私怨"。曾布在变法派中反复无常,恶意攻讦,所起的破坏作用,是严重的。变法派再起,势力本来薄弱,内部分裂,更加削弱了。

三、向太后当权,变法派被逐

元符三年(一一〇〇年)正月哲宗死,无子,异母弟端王佶(音吉 jí)即位作皇帝(徽宗)。神宗皇后向氏以皇太后"权同处分军国事"。和高太后一样,向太后也从来就是新法的反对者。向后当权,变法派再次遭到沉重的打击。 向太后以章惇为哲宗山陵使治丧。 二月,起用韩琦子韩忠彦为门下侍郎。韩忠彦于元祐时曾被擢任知枢密院事，哲宗亲政，与曾布同领枢府。哲宗绍述神宗法制，韩忠彦反对，出知真定，又改知大名。向太后立赵佶为帝时，章惇曾认为赵佶"轻佻"，"不可以君天下"，持有异议。曾布当面呵斥说："章惇！听太后处分！"曾布因此得到向后的信用，与韩忠彦合力打击章惇为首的变法派。

三月间，韩、曾首先荐用陈瓘（反对章惇复新法。（瓘音贯 guàn）和邹浩（哲宗时因弹劾章惇被罢职出朝）为左、右正言，龚夬（音怪 guài）为殿中侍御史，控制了御史台的言路。同时，排挤中书舍人张商英出朝为河北路转运使。四月，罢黜御史中丞安惇出知潭州，韩忠彦进为右相。又恢复范纯仁官职，范以年老失明，请准归乡养老。五月，进而追复文彦博、司马光、吕公著、吕大防、刘挚等三十三人原官。

五月间，龚夬等弹劾蔡卞在哲宗朝助章惇陷害"故老元辅"。蔡卞罢尚书右丞，分司池州。有关官员也被指为"卞党"贬官。九月，章惇又以山陵使"奉使无状"的罪名被弹劾罢相。安惇、蹇序辰（蹇音剪 jiǎn）免官除名，放归田里。蔡京被指为与弟蔡卞同恶，罢翰林学士承旨，出知永兴军。林希落职，知扬州。章惇为首的变法派几乎全部被罢黜出朝。韩忠彦进为左相，曾布以知枢密院事进为右相，韩、曾由此掌握了全部政权。

王安石初变法，荐用曾布。但在以后变法派与保守派的论争中，曾布几次看风转舵。拜相后，写信给弟曾肇说："我从熙宁时立朝,以至今日,时事屡变。我不曾雷同熙、丰,所以得免元祐的贬斥。我不附会元祐,所以又得免绍圣时的中伤!坐看两党之人,反复受祸,而我独泰然自若"。曾布以追随变法派起家,但早已是一个投机家。向太后还政给徽宗,曾布又向徽宗秘密建言绍述父兄(继承神宗、哲宗)。徽宗则以消除朋党为名,来稳定宋朝的统治,一一〇一年改元"建中靖国"。这年正月,向太后病死,宋朝在徽宗统治时,进入了更加黑暗、腐朽的阶段。

(四) 徽宗、蔡京的腐朽统治

徽宗想要清除朝廷内部的争论,曾布又主张"调和元祐、绍圣之人",两者并用。但遭到反对,无法实行。权给事中任伯雨上疏说:"人才固不当分党与,但君子小人不能并用。"邓绾子邓洵武对徽宗说:"韩忠彦是韩琦的儿子,反对新法,是继承父志。陛下是神宗的儿子,为什么反而不能绍述神宗呢?"徽宗"调和"不成,又决意再度"绍述"。一一〇二年又改元"崇宁",意为崇法熙宁。在这年先后罢免韩忠彦、曾布的相位出朝,起用蔡京入相。

蔡京早年曾追随变法派,元祐初年,司马光废免役复差役。蔡京知开封府,依司马光的限令,五天之内在开封府各县全部废复完毕。司马光大喜,说:"假使人人都象你这样,还有什么不可行呢?"绍圣时,章惇复新法,蔡京又转而依附章惇。以后贬居杭州,与徽宗宠幸的大宦官童贯结识。童贯去杭州,搜访书画奇巧,蔡京以所画屏风、扇子等进献。童贯向徽宗荐蔡京可相。道士徐知常也在宫中活动,推荐蔡京。蔡京依靠宦官道士们的支持而被起用,与童贯等结成小集团,以"绍述"为名,把新法篡改为对广大群众的恣意搜括。在徽宗统治的二十多年间,蔡京曾因遭到反对,前后三次短暂罢相,但在长时期里,与童贯等掌握着全部军政大权。在徽宗、蔡京的统治下,宋王朝日益黑暗、腐朽。

打击异己——蔡京执政,定司马光、文彦博、吕公著、吕大防、韩忠彦、苏轼、苏辙、范祖禹、龚夬、任伯雨等一百二十人为元祐奸党,由徽宗书写刻石,称党人碑,立于朝廷端礼门。已死者削官,生者贬窜。又将元符末向后执政时,主张维持新法和恢复旧法的臣僚,分为正邪两类,再各分上、中、下三等。邪类五百余人,都加降责。后又将元祐、元符党人合为一籍,共三百零九人,刻石朝堂。打击的对象,也包括章惇等变法派。指章惇、黄履等十余人为"党人","为臣不忠",也和元祐党人一样对待,予以贬逐。张商英曾被徽宗起用为尚书左丞,与蔡京议论不合,蔡京指张商英写过《嘉禾颂》是"议论反覆",列入元祐党籍,落职出朝。李清臣也被列为元祐奸党。蔡卞被起用为知枢密院事,坚持主张遵循王安石,与蔡京不合,又被排挤出朝。

尊儒崇道——徽宗、蔡京举行尊儒活动，以粉饰升平。徽宗到国子监，为祭祀孔子的大殿定名"大成殿"，并且亲自题写大成殿匾额。蔡京子蔡攸要朝中官员都去"瞻仰"。官员众多，分作两日，大造声势。曲阜孔庙也重修大成殿。徽宗又规定孔子像用十二旒王冕，执镇圭，"并用王者之制"，把孔子抬高到帝王的地位。孔子后裔，仁宗时期封衍圣公。哲宗时改封奉圣公，不得任官职。徽宗又恢复封衍圣公的制度，世代袭封。孔子用王制祭祀，建大成殿，以及封衍圣公等制度，宋以后历代相沿不改。创始者是宋徽宗。宋朝以前，孟子不单独祭祀。仁宗时，孔子后裔孔道辅知兖州，在邹县东北建立孟庙，祭祀孟子。孙复还为孟庙撰写了碑文。徽宗时，由朝廷赐钱三百万重修孟庙，并设举事官一员管理孟庙孟林，全仿孔庙制度。一一二二年，又用钱二百万在邹县南门外，新建孟庙。孟庙规模仅次于孔庙。孟子的地位也被提高到仅次于孔子。

徽宗、蔡京又迷信道士，大建道观。徐知常推举温州道士林灵素入朝。林灵素对徽宗胡诌大话，说："天有九霄，最高是神霄。神霄玉清王者是上帝长子，号长生大帝君。陛下就是长生大帝君下凡。蔡京是仙官左元仙伯。"徽宗大喜。在徽宗出生地福宁殿东建玉清神霄宫，铸神霄九鼎。又在皇宫附近建上清宝箓宫（箓音陆 lù）。林灵素在宫中聚道士讲道，徽宗在旁设帐听讲。道士们上徽宗称号为教主道君皇帝。徽宗又据蔡京的建议，汇集古今道教事，编为道史。依科举制设立道学，道士考试作道官。全国各地都修建道观。道士领取俸禄。每一道观给田地上千顷，纵令道士剥削农民，坐食百姓。

搜括勒索——蔡京入相，依仿三司条例司旧例，设置"讲议司"制定法令制度，由他亲自提举。除方田法在部分地区恢复外，原来抑兼并的法令都变质为对人民群众的敲剥。免役法的恢复，起初只是依据哲宗绍圣时的法令，后来不断增加各种名目的雇役钱，任意勒索。如巩州的役钱，由元丰时每年的四百贯增加到近三万贯。各地"支移"加征"地里脚费"，一斗收脚钱五十六文，与元丰时的正税相当。脚钱又反复折算，增加数倍。据《文献通考》说，"农民至鬻牛易产，犹不能给"。王安石变法时，从大地主、大商人夺取到部分剥削利益，为宋朝增加了大批财富。据说熙宁、元丰时内外府库充衍，各路积存的钱谷，可支用二十年，小邑的积存也不下二十万。至徽宗时，各地仓库，还有余存。东南六路的粮米，自江浙到淮甸，沿途设置七个仓库，经常有六百万石的积储。用来作本，按岁时丰歉平抑粮价。蔡京用姻亲胡师文为发运使，将江淮、荆浙等路本钱几百万贯全部搜光，上贡给朝廷挥霍。胡师文入朝为户部侍郎。其他各路也相继按此法办理，各地仓储钱谷全被搜空。各路规定每年向朝廷的上供额，比原额增加到十几倍。

一一〇二年，蔡京先恢复旧时的榷茶法，禁止私贩

200

茶,设官场专卖。一一〇四年又罢官场,许商人向园户买茶贩卖,由官府"抽盘"(抽税)后批给"茶引"。朝廷一年的茶税收入,增加到四百余万贯(仁宗时为三十三万余)。每年以一百万贯供皇帝"御用"。普遍增收茶税,实际上只是加重对园户的剥削。又改钞盐法,由商人先向朝廷出钱买盐钞,凭盐钞去产地领盐贩卖。盐钞屡次变易,朝廷获利,大小商人均受亏损,最后还是转嫁给人民。当时就有人指出"下民疾苦"中"惟茶盐法为最苦"。一切刻剥之法用尽后,徽宗又用宦官李彦设立"西城括田所"在各地"括公田",即把民间田地强占归朝廷,课收"公田钱"。这样强占的田地竟达到三万多顷。

一一〇二年,杭州设置明金局,由童贯主管。每天要役使几千名工匠,为皇室造作牙角金玉竹藤织绣等各种奢侈品。所需物料,全向当地民间征敛。一一一〇年,又设苏杭应奉局,蔡京命朱勔(音免 miǎn)管领,搜罗各种花石树木运到京师,供徽宗赏玩。朱勔等凭借权势到处横行。凡民家有一石一木被看中,就带领兵士抢走,甚至拆墙拆屋搬运。如有违抗,即指为对皇帝"大不恭"来治罪。深山中的奇石,江湖中的异物,也都迫使工役去开采。朱勔等又借此大肆贪污勒索。中等人家多被弄得破产,下等户甚至要卖儿女来供他们需索。抢占的花石树木用大量船只运送,称"花石纲"。有的船只使用的役夫甚至到数千人。一块石头所需的费用,民间至用三十万贯钱。两浙、两广、福建、四川等处的官员也仿照苏、杭,运送奇花异竹各种果木等到京师,沿途甚至毁桥梁、凿城郭。江河中船只不断,陆地上用递卒快运,使花果到达京师色香不变。沿途州县都因此大量靡费,积存的钱谷,为之一空。后来曾有人指出,"蔡京用事,举天下之财而尽用","非祖宗熙丰之法"。蔡京号称'绍述',实际上是对广大人民刻剥压榨,完全不是熙宁、元丰时的新法了。

　　侈靡腐朽——徽宗、蔡京大肆搜括民财,尽情侈靡、挥霍。设置应奉司、御前生活所、营缮所等专供皇室消费享乐。神宗元丰时,朝廷的左藏库每月支费三十六万贯,徽宗时增加到一百二十万贯。徽宗、蔡京又依据《周礼》的记载,兴建"明堂"(祭祀的堂殿),说是复三代之制。以蔡京为明堂使,京子蔡攸讨论指画制度。明堂建筑规模宏大。各路搜索坚实完整的大木料纲运到京师。修建中,每天役使工匠上万人。又用铜二十二万斤铸造九鼎,饰以黄金,建造九座大殿安放,称九成宫。九鼎铸成,徽宗作《九鼎记》,演奏新制的乐曲祝贺。花石纲运来大批花石树木,蔡京又建言在皇宫北修建延福宫,由童贯、杨戬(音剪 jiǎn)等宦官五人分领工役,修建延福五位(区)。五人争以侈丽高广相夸,彼此不沿袭。中间修建殿阁亭台,凿池修泉,满布嘉花名木,怪石岩壑,文禽奇兽。修成之后,徽宗又作文章纪胜。稍后又修延福第六位。在城外修濠建桥,名景龙江,夹江植奇花珍木。在景龙江以南,仿余杭凤凰山式样,用人工筑大土山,名万岁山(后更名艮岳山)。最高一峰高九十尺,山周围十余里,用山石以万计,都由各地限期运来。山上建造亭馆楼台,穷极奢丽。徽宗擅长书画乐舞,整天在宫中玩乐。每年各种节日,都要聚集百官,大摆酒宴,表演各种乐舞、百戏、杂剧,享乐的办法层出不穷。

蔡京变乱新法,大肆搜括挥霍,和王安石形成鲜明的对照。王安石执政,对衣食都不留意。做知制诰(中书舍人)时,有人来送信,竟误认王安石是个"院子"(家仆)。左右说,这就是舍人。送信人走出,连称"好舍人,好舍人!"王安石妻买得一妾,王安石即令送回,与她丈夫完聚。晚年居金陵钟山,只有几间简朴的小房。出行乘一匹小驴,有客来访,在道旁相遇,即下驴坐杌子(小凳)交谈。保守派虽然对王安石多有指责,也承认王安石"质朴俭素",生活简约。和王安石完全相反,蔡京入相,搜括民财,贪污侵私,以千万计。大小官员,都要行贿赂。蔡京生日,全国各地官府还要"贡献"大宗礼物,称"生辰纲"。徽宗时,常对大臣赐给宅第。一所雄丽的宅第,用费至百万贯。蔡京赐第最为宏敞,园内树木如云,又在宅西毁民屋数百间建西园,居民被迫起离,悲愁泪下。人们说:"东园如云,西园如雨(泪下如雨)。"宋朝人已指出蔡京"享用侈靡"。做一碗羹要杀鹌数百只,家中大量养鹌。一次留讲议司官员吃饭,单是蟹黄馒头一项,就用钱一千三百多贯。有客在蔡京家饮酒，蔡京叫库吏取出江西官员送来的黄雀胙（音谆 zhǔn）十瓶，尚存有八十余瓶。蔡京家蓄养姬妾成群，家中厨房甚至有专管切葱丝的婢女。蔡京子攸、絛（音条 tiáo）、絛（音滔 tāo）都官至大学士。蔡絛徽宗女茂德帝姬（公主），家人侍从也都作大官。徽宗前后七次坐小车到蔡京家饮酒作乐。蔡攸和妻宋氏也经常出入皇宫。蔡攸和翰林学士王黼（音甫 fǔ）在宫中着短衫、窄裤，涂抹青红，和艺人一起戏笑取乐。蔡攸对徽宗说："所谓人主，当以四海为家，太平娱乐。岁月几何，岂能徒自劳苦！"徽宗听了，深以为然。徽宗、蔡京等统治者，醉生梦死，挥霍享乐，越来越腐朽了。

蔡京集团多是腐朽的官僚。宦官童贯，在蔡京支持下，掌握军权，和蔡京并列相位。童贯和蔡京一样的贪污侈靡，家中金币宝玉，堆积如山，据说"私家所藏，多于府库"。蔡京集团的朱勔占有甲第名园，遍布吴郡。田产跨连郡邑，每年收租十余万石。朱勔死时，有田至三十万亩。蔡京、童贯也都占有大量田地，残酷敲剥农民。蔡童集团掌握军政大权，实行黑暗的统治。民间流传歌谣说："打破筒（童），泼了菜（蔡），便是人间好世界。"歌谣反映出广大群众对统治集团的深刻仇恨。不甘忍受黑暗统治的农民群众就要起来打破这个统治，创造自己的好世界了。

宣和二年（一一二〇年），蔡京以太师鲁国公退相位，王黼为太宰（左相）。王黼设应奉局，自兼提领，搜括四方水土珍奇物品，天下财力多被用来挥霍。王黼公然定价受贿卖官。人们说："三千索，直秘阁，五百贯，擢通判。"极度黑暗的宋朝统治变得更加黑暗，农民战争爆发的时机成熟了。

第五节　方腊等领导的农民战争

宋徽宗时，在腐朽的统治集团残酷地压榨农民的同时，大地主们也在加紧地兼并土地。有的地方原来几十户的乡村，田地都被大地主们霸占去，只剩下三五户还有一点田，大地主就再去兼并旁村。人们说，大地主兼并土地，像是一把刚刚点着的火，还在继续燃烧不止。日益众多的农民破家荡产。农业生产力急剧地衰落下去，广大农村呈现出一片凄凉的图景。一一〇二至一一〇五年，开封府界、京东、河北、淮南等路连年大蝗，形成严重的灾荒。一一一七年，黄河又在河间、沧州决口，一百多万人被淹死。次年，江、淮、荆、浙等路也都发生大水灾。农民被淹死和被迫流移逃难者，不计其数。受到连年灾荒的地区，农民只能吃野菜和榆树皮。野菜和树皮吃光，最后甚至人相食。农民不能照旧生活下去，宋朝也不能照旧统治下去了。

宋朝统治集团内改革和保守的各种主张，都没有能够挽救它的统治危机。王安石变法企图依靠宋朝皇帝的力量去打击大地主、大商人，结果在大地主、大商人和保守派官僚们的进攻中遭到失败。广大农民走上另一条道路，即依靠自己的力量，拿起武器，向地主阶级展开拚死的斗争，去推翻宋朝的腐朽统治。

下面是徽宗统治时期，一些规模较大的农民起义和农民战争。

（一）方腊领导的农民起义

一一二〇年（宣和二年），睦州的青溪县爆发了方腊领导下的波澜壮阔的农民战争。

大规模的农民战争爆发在两浙一带，并不是偶然的。这是因为：（一）东南地区，自唐朝到宋朝，一直是全国范围内经济最为发达的地区，也是阶级矛盾极为尖锐的地区。宋朝大量的财赋剥削收入，主要是来自东南。正如仁宗时富弼所说，"朝廷用度，如军食、币帛、茶盐、泉货、金铜铅银以至羽毛胶漆，尽出（东南）九道"。东南地区尤以江浙一带，号为"膏腴千里"，但"二浙之俗""豪者如虎"，大地主像老虎吃人一样，凶恶地剥削农民。（二）蔡京、童贯、朱勔等在苏杭设应奉、造作局对广大农民大肆搜括奴役。花石纲又勒索民间漆楮竹木等副业产品，"豪夺渔取，毛发不偿"。东南地区的民众，比起其他地区来，遭受着更为残酷的压榨。（三）这一带有着农民起义的传统，并有农民的秘密反

方腊起义遗迹——息坑

抗组织摩尼教分布各地。五代时，农民群众曾利用摩尼教组织起义。宋朝严禁流传，但民间却更为发展。起义农民改造摩尼教的某些旧教义，加进新内容，尊奉汉代黄巾起义的领袖张角为教祖。利用摩尼教的"二宗"（明、暗）"三际"（过去、现在、未来）说，号召推翻黑暗的现世，创造光明的未来。利用摩尼教拜日月，不信神佛祖先，以反抗统治者所提倡的佛道和儒学。入教者男女平等，不吃荤酒，死后裸葬，平时分财互助。史书上说他们"吃菜事魔"，"夜聚晓散"，从事秘密活动。唐末，摩尼教即在南方各地流行。北宋时摩尼教遍布于

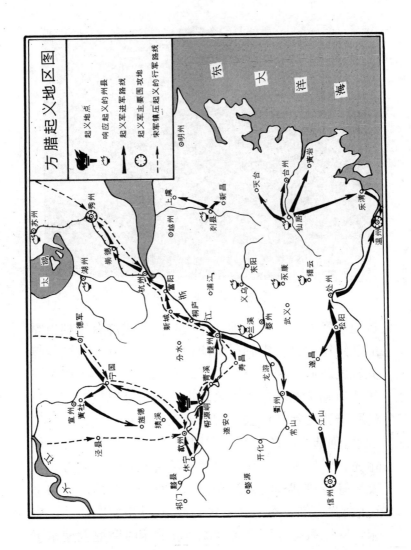

方腊起义地区图

图例

🔥 起义地点
👋 响应起义的州县
➡ 起义军进军路线
⊙ 起义军主要围攻地
╌➤ 宋军镇压起义的行军路线

大海
东洋

明州

苏州
秀州
湖州
崇德
大湖
杭州
富阳
浙江
桐江
上虞
越州
剡县
新昌
天台
台州
黄岩
乐清
温州
东阳
浦江
永康
缙云
处州
松阳
广德军
宣国
新城
分水
睦州
兰溪
婺州
武义
遂昌
龙游
义乌
宣州
黄社
建德
寿昌
衢州
常山
江山
泾县
绩溪
歙州
青溪
郁源峒
遂安
开化
婺源
信州
祁门
休宁
婺县

208

淮西、江东西、两浙、福建等地,为农民起义的爆发,作了思想准备和组织准备。 在方腊领导的农民战争中,摩尼教农民成为一支重要的骨干力量。

方腊(方十三),原籍在歙州,后来到睦州青溪万年乡,在地主方有常家里作佣工。方有常是万年乡头等的大地主,又充当里正(即保正),称霸一方。花石纲搜罗竹木奇石,使这里深山穷谷中的居民,都不得安居,遭受繁重的刻剥。 距方家半里山谷幽深处有帮源峒,广深约四十余里,方腊和这一带的贫苦农民经常在这里聚会,宋代官方文件诬指方腊为"妖贼","以左道惑众"。有的记载则明确说是"吃菜事魔"。方腊假托"得天符牒",约定某时举兵起义,组织农民互相传告。地主方有常得到消息,方有常子方庚将方腊关闭在仓库里。早上关闭,晚间方腊即在群众帮助下逃出。地主们以为方腊是得到神助,又向青溪县知县告密。十月初九日,方腊率领农民,奋起杀方有常一家,举起了义旗!

方腊以帮源峒为据点,聚集贫苦农民,号召起义。方腊在誓师时,不是单纯凭借摩尼教的明、暗二宗说,而是尖锐地揭露了现实生活中残酷的阶级压迫。方腊愤怒地控诉说:"天下国家本同一理。 如今我们老百姓整年劳苦耕织,得到一点粟帛,却被皇帝官老爷们全部拿去浪费掉。而且稍不如意,就要鞭打,甚至随便处死。这还能甘心忍受么?"大家齐声说:"不能!""哪有这个理！"

方腊进一步揭露说："如今赋税繁重，官吏侵渔，我们单靠农桑不够过日子，就只好依靠漆楮竹木，可又被他们抢走，一点不给留。皇帝和官老爷们声色、狗马、土木、祭祀、花石等等靡费之外，每年还要拿给西北两敌（辽、夏）银绢几百万。这也都是我们东南老百姓的膏血啊！朝廷屈辱纳币不止，宰相们还说这是安边的上策。可唯独我们整年勤劳，老婆孩子还是受冻挨饿，吃不到一天饱饭。我们大家该怎么办呢？"

方腊发出起义的号召说："东南之民，苦于剥削久矣！近年花石的骚扰尤其不堪。 诸君若能仗义而起，四方必然闻风响应。旬日之间，万众可集。我们一鼓攻下江南各郡，划江而守，轻徭薄税，十年之间，就能统一！"

在方腊的号召下，轰轰烈烈的农民战争爆发了。方腊对宋朝地主阶级黑暗统治的控诉，反映了广大农民群众的心声。事实正如方腊的预料，起义发动后，青溪远近的农民闻风响应，旬日之间就发展到上万人。十一月初，方腊组织起义军，建国自立，自称"圣公"，立年号永乐，建置将帅分为六等，头扎红巾等各色头巾作标志。起义者初起，缺少武器，但人数众多，斗志旺盛。《宋会要稿》记载：没有弓矢甲胄的起义者数万人，举起拳头，就困住了各执武器的宋军。宋军久不作战，听见起义军的战鼓声，就吓得投降。起义者杀死宋朝的官吏和土豪,焚烧他们的宅院,夺取他们的金帛财物。农民军所向无前,锐不可当。"苦于剥削久矣"的劳苦大众,迎来了自己的节日!

十一月二十二日,农民军在青溪县息坑,歼灭宋军五千,斩宋两浙路兵马都监蔡遵、颜坦。二十九日,一举攻下了青溪县,知县陈光逃跑。农民军乘胜前进。十二月二日,以两万人攻下睦州,占领寿昌、分水、桐庐、遂安等县。二十日,攻下歙州,斩宋将郭师中。婺源、绩溪、祁门、黟县等县官员都惊慌逃跑。农民军进而攻下富阳、新城。起义发动时,就"指斥乘舆",把斗争的矛头指向宋徽宗,又进而提出"杀朱勔"的口号,进军的目标直指杭州。农民军自桐庐、富阳攻取杭州,与宋军激战。别部自山路乘虚而下,二十九日到达杭州城下。宋知州赵霆逃跑。制置使陈建、廉访使赵约败死。方腊率领农民军进驻杭州城,迅速取得了重大胜利。

杭州是造作局所在地,也是花石纲的一个指挥中心。这里聚集着残酷刻剥农民的官吏、地主等大批吸血鬼。农民军入杭州,严厉惩处了这些剥削者,使人心大快。宋朝的官员也不得不承认:"盖贪污嗜利之人,倚法侵牟","积有不平之气结于民心,一旦乘势如此"。东南各地建有众多的佛寺,是人民的又一个大害。起义前,摩尼教农民即憎恶佛教,打破对佛教的迷信,指责佛经(《金刚经》)上所说"是法平等,无有高下",当解作"是法平等无,有高下",对现实社会的不平等和佛教维护封建统治的欺骗的本质，作了极其深刻、犀利的揭露。方腊起义时，农民即相互传告："逢庙即烧"。农民军所到之处，烧寺庙，毁佛像，打翻了佛教的神权。史书上攻击摩尼教起义者"不事祖先"，"男女杂处"，又说明起义者冲击了族权、夫权的统治。方腊发动起义时，即有不少妇女参加，方腊妻邵氏也参加了起义军的活动。 起义者对维护封建统治的儒士怀着深刻的仇恨，经过之处曾火烧"学宫"，并杀死一些作恶的"士人"。农民军借助于改造了的摩尼教义表达自己的反抗意志，对地主阶级的政权、神权、族权、夫权以及维护这些权力的儒士发起猛烈的冲击，对黑暗的旧世界作了大扫荡，大冲洗。

起义军的行动，立即获得广大农民的热烈拥戴。这一带本来分布着大小不等的农民起义队伍和摩尼教秘密起义组织，此时也都纷纷树起方腊的旗帜，响应起义。婺州（婺音悟 wù）兰溪县灵山洞的朱言、吴邦，永康县方岩山的陈十四，湖州归安县的陆行儿，处州缙云县的霍成富、陈箍桶，苏州的石生等领导的农民军，都相继拥戴方腊作领袖，参加起义。越州剡县（剡音扇 shàn）裘日新（仇道人）和台州仙居县吕师囊领导的摩尼教起义军在当地起兵响应。常州、明州、秀州、温州等地农民，也"结集徒众"准备攻打州县。各地农民望见方腊起义军的旗帜，听见鼓声，就跑来迎接。参加农民军起义的更是"项背相望"。方腊军攻下杭州后，已形成为近百万人的大军,震动了整个东南!

徽宗、童贯等急忙下令撤销苏杭造作局和停运花石纲,罢黜朱勔父子兄弟的官职。由童贯亲自出马,称"江淮荆浙宣抚使",率领京师的禁军并秦晋蕃汉兵十五万,去镇压起义。宣和三年(一一二一年)正月,童贯受命出发,先派官军驻守江宁和镇江,扼住长江。然后兵分两路,分别由王禀、刘镇等率领,向杭州和歙州开来,企图在睦州会合。

这时,农民战争仍在胜利发展。正月,方腊率领主力军转向南方进取,相继攻占婺州和衢州。二月,起义军别部攻下处州,夺取大户的财物,散发给民众。

农民军兴以来,队伍迅速壮大,先后攻下了六州五十二县的广大地区。但起义军没有深入农村去建立据点,而把作战目标集中在夺取州县城市。对于宋王朝这个腐朽而又凶恶的敌人的反扑,也缺少足够的警惕。当方腊率领主力队伍南进时,派出农民军将领方七佛率领一支七万人的队伍去夺取杭州东北的秀州。这时,正值宋军王禀部进攻杭州的一路自北而来,方七佛军迎战,不胜,退守杭州。九千人在作战中牺牲。王禀部陆续结集,进攻杭州。二月十八日,起义军退出杭州,睦州被围。形势发生了急剧的转折。

面对着强大敌军的到来,起义军没有去部署防御,各部依然分散作战,各自攻打州县。二月间,裘日新部攻下剡县,又攻下新昌、上虞。三月,吕师囊部攻下仙居、天台、黄岩诸县，又攻台州，不能胜。方七佛部反攻杭州城，战败。以"佛母"为号的起义军将领又率部去攻打越州。起义军分散作战，战线更长了。

宋军聚集兵力分两路进兵，刘镇等率领的一路三月间进至歙州。起义军守备力量薄弱，歙州失陷。宋军另派刘光世去攻打衢、婺两州。四月二日，衢州失守。农民军将领郑魔王（当是摩尼教称号）被俘。十七日，婺州也失陷于宋军。王禀一路宋军自杭州攻陷睦州，又在四月十九日攻陷青溪县。方腊率领农民军主力退回帮源峒据守。宋军王禀、刘镇等各路会合，围攻帮源。

方腊此时领导的农民军还有二十万之众，背腹受敌，坚持与官军战斗，万余人战死。方腊率部入帮源峒，据岩壁坚守，宋军不知路径，久攻不下。方腊起义时杀地主方有常一家，方庚越墙逃跑。这时方庚出来为官军引路。宋军从小径攻入峒中，方腊及妻邵氏、子亳（二太子）、起义领袖方肥（农民军的丞相）等三十余人被俘。方腊等被押解到开封，同年八月英勇就义。民间曾传说，方腊"不知所终"，"就擒者非腊"。这显然是和李顺牺牲后，传说他还没有死一样，表示了人民群众对起义领袖的长久的怀念。

宋军疯狂地屠杀起义者。据守帮源峒的农民军继续坚持反抗，七万人壮烈牺牲。童贯下令军中，斩首者受赏（杀一人赏绢七匹）。大批青溪居民甚至来往行人

214

都遭到杀害。《青溪寇轨》记载说，宋军杀起义军百余万，屠杀平民不下二百万。

童贯官军的血腥屠杀，激起更剧烈更坚决的反抗。方腊失败被俘后，分散在各地的农民军继续与宋军搏斗。童贯派出郭仲荀、刘光世、姚平仲分路镇压。五月间，仙居县起义农民由俞道安率领，攻占乐清。义乌县起义农民据天仙洞与宋姚平仲军展开战斗，天仙洞失陷。婺州兰溪县灵山洞农民军与宋刘光世军激战，起义领袖胡将、祝将等一千六百余人战死。宋军攻陷剡县、新昌。裘日新起义军与姚平仲战，裘日新在桃源战败牺牲。郭仲荀部至三界镇，新昌、剡县的起义军并力夹攻宋军。六月，吕师囊部转移至黄岩，宋军折可存、杨震部自三界镇追击。起义军依山险拒守，下巨石击宋军。宋军连日受挫，无法前进，最后以轻兵从山背小路绕道而上。起义军纵火与宋军战，起义领袖三十人牺牲。俞道安起义军发展到十余万人，七月间攻打温州，不下，转入处州。十月，俞道安在永康山谷中被宋军包围，英勇战死。此后，方腊主力军中方七佛和方五相公率领的队伍多次与宋军搏斗，仍在各地转战。被宋朝指为方腊"余党"的各地起义军与宋朝展开殊死的战斗，又延续了近一年之久。直到一一二二年(宣和四年)三月，方腊领导的农民战争才最后结束。起义军前仆后继，英勇反抗的战斗精神，又一次显示了中国农民的光荣传统。

（二）梁山泊农民起义

方腊领导两浙一带农民进行革命战争的约略同时，京东地区爆发了有名的梁山泊农民起义。

梁山泊位于郓州寿张县。县南三十五里有梁山。泊在梁山之南，周方数百里。附近州县的农民在这里经营蒲、鱼等副业。《宋史·蒲宗孟传》记载说："郓（州）介梁山泊，素多盗。"这里有山泊可守，历来是起义农民的一个据点。早在神宗统治时期，郓州知州蒲宗孟对梁山泊的起义农民就残酷镇压。即使"小偷微罪"，也加以断足筋的酷刑。杀人之多，更是不计其数。甚至宋朝的御史也弹劾蒲宗孟的"惨酷"。这不仅说明了宋朝地主阶级统治的黑暗，同时也说明：这里的广大农民从来就在不屈不挠地向着地主阶级的黑暗统治展开英勇、激烈的搏斗。

徽宗时"括公田"，梁山泊也被括归朝廷所有。农民打鱼采蒲苇，都要按船计算，向朝廷交租。一县在常赋之外，增加租钱到十几万贯。大致在宣和初年，郓州等地不甘忍受黑暗统治的农民，便以宋江等三十六人为首，点燃了起义的烈火。

现有史料，没有留下关于宋江领导的起义过程的完整记载。依据仅有的片断记事，依然可见：起义军的活动是声势浩大的。《皇宋十朝纲要》载：宣和元年

（一一一九年）十二月，宋徽宗曾下诏京东东、西两路提点刑狱带兵督捕"京东贼"宋江，不久又命"招抚"。这从反面表明，宋江领导的起义军已给予宋朝的统治以沉重的打击，震动了朝廷。次年，起义军从京东西路进至东路。知亳州侯蒙上书，说起义军横行河朔、京东，官军数万，没有人敢抵抗。他建议宋朝招降宋江去镇压方腊。徽宗任侯蒙知东平府去招降。这又说明，起义军仍在郓州的梁山一带活动。侯蒙未到任即病死。起义军继续在濮、单、齐、青等州进军。十二月，宋朝调派知歙州曾孝蕴知青州，镇压起义。大约此后不久，起义军即从青州一带南下到沂州，曾和知沂州蒋园统领的宋军激战。一一二一年初，起义军自京东驾船渡海，进至沭阳县，与县尉王师心率领的宋兵作战。史书上称宋江为"淮南盗"。二月间，起义军进攻淮阳军，进而向海州、楚州界进发。《宋史·张叔夜传》说，这时起义军已经"转掠十郡，官军莫敢撄其锋，声言将至（海州）"。起义约两年来的活动说明：他们不是集中力量去攻打州县城镇，而是在京东东、西路至淮南各州的广大农村流动作战，声威日盛。

一一二一年二月，宋徽宗命令海州知州张叔夜镇压和"招降"宋江领导的起义军。据《宋史·张叔夜传》记载：张叔夜派出间谍侦察起义军动向，得知起义军夺得大船十余只，装载货物。张叔夜预设埋伏兵，诱起义军在海边作战，乘机焚烧船只。起义军被伏兵围困，副将被擒，宋江投降了宋朝。北宋末曾任济南府教授的李若水，撰《捕盗偶成》诗说："去年宋江起山东，白昼横戈犯城郭，杀人纷纷剪草如，九重闻之惨不乐。大书黄纸飞敕来，三十六人同拜爵，狞卒肥骖意气骄，士女骈观犹骇愕。"描述了宋江从起义到接受招安的概略。《东都事略》、《十朝纲要》等书也都有宋江投降的记事。《宋会要稿》并载有宣和三年五月三日的徽宗诏书，说张叔夜等"能责所部斩捕贼徒，声绩著闻"，进官一等。依据这些记载，宋江确已接受"招安"，叛卖了起义农民。

但是，梁山泊的农民起义军，在宋江降宋后，仍然继续战斗。一一二一年，主持"括公田"的大宦官杨戬死，宦官李彦继任其事。李彦将梁山泊租税收归西城所，又对蒲、鱼、荷、茨等行业"日计月课"榨取重税，致使"泊旁之人，无所衣食"。当地农民纷纷参加起义反抗。一一二四年蔡居厚知郓州，曾诱杀梁山泊起义农民五百人，说明农民军的战斗仍在激烈的进行。渔民张荣领导的起义军，聚集梁山泊，形成一支有船数百只的水军，坚持战斗，到金朝南侵时，又向女真奴隶主发动攻击。金朝统治河北后，梁山泊仍然是起义农民的据点。

（三）汹涌澎湃的起义浪潮

方腊及梁山泊农民起义虽然被镇压下去，但起义军已在两浙、京东、河北、淮南的广大地区，播下了种子。各地农民群众纷纷举行起义，继续掀起了汹涌澎湃的浪潮。

一一二三年，河北、京东等路的农民相继起义，反抗宋朝的黑暗统治。起义军少者数百人、数千人，多者发展到数万人、数十万人。河北路洺州张迪"聚众数十万，陷州县"，曾围攻濬州五日。宋朝派刘光世率军前往濬州镇压，起义军战败，张迪牺牲。河北路高托山在望仙山起义，自称有众三十万人。起义军转战河北及京东路青州、徐州、密州、沂州一带，一一二五年，被宋朝杨惟忠、辛兴宗军战败，高托山降宋。京东路张仙（又称张先、张万仙)号"敢炽"，率领起义军十万人。一一二五年，在沂州礌鼓山(礌音雷léi)，与宋军作战，失败。张仙受"招安"降宋。 济南府孙列率领当地农民十万，占据铧子山，一一二六年，宋朝派遣内侍梁方平前往镇压，起义军战败。相州陶俊、贾进起义军早在一一二二年即攻打县镇，杀死官吏地主，与官军战屡次获胜。后遭宋军岳飞部镇压。一一二五年三月，贾进等率领的京东起义军十万人，进至海州界，贾进又被宋海州知州钱伯言招降。临沂的武胡(一作武髯)，大名的杨天王，郓州的李太（又称李太子），沂州的徐进、莒州的徐大郎、水鼓山的刘大郎等率领的农民起义军也都在万人以上。这些起义队伍所到之处，杀地主、官僚，攻打州县，或则保聚山谷之间，以崇山峻岭为据点，树起起义的旗帜。宋朝官府"巡尉不敢抗，县镇不敢守"，陷于农民起义军的围攻之中。

汹涌澎湃的农民起义浪潮，一浪又一浪地冲击着宋朝地主阶级的黑暗统治。腐朽的北宋王朝，灭亡的日子临近了。

第 二 章

宋朝中央集权制封建统治的
加强和政权的南迁(下)

第六节　宋王朝的南迁和人民抗金斗争

　　农民起义不断打击下的北宋王朝，处在风雨飘摇之中。正在这时，辽朝统治下的女真族进入了它的奴隶制时代。一一一五年，女真贵族的首领阿骨打（完颜旻）在混同江边建立起女真奴隶主的国家，国号金。金国建立后，随即南下，展开大规模的侵掠。一一二五年，辽天祚帝被金兵俘虏。辽朝贵族西迁到楚河流域，建立起西辽。一一二七年，金兵俘虏了宋徽宗和钦宗，宣告了北宋的灭亡。宋朝皇室南迁到东南，史称南宋。此后的三十多年间，金兵不断地南下侵掠，广大汉族人民展开了轰轰烈烈的抗金斗争。

　　女真族进入奴隶制社会，建立起国家机构，是历史发展的必然。比起原先的氏族部落制时代来，这是一个进步。金朝奴隶主，在当时是一个新生的、生气勃勃的阶级。但是，奴隶制的发展又必然要向外掳掠奴隶和财富，以扩大和补充奴隶的来源，增加财产的占有。

侵掠成了奴隶主们的职业和目的。封建经济文化高度
发展的汉族地区,自然成了他们的主要侵掠对象。一
方是新生的强有力的女真奴隶主的无止境的掠夺,一
方是不愿忍受民族压迫和阶级压迫的广大汉族人民的

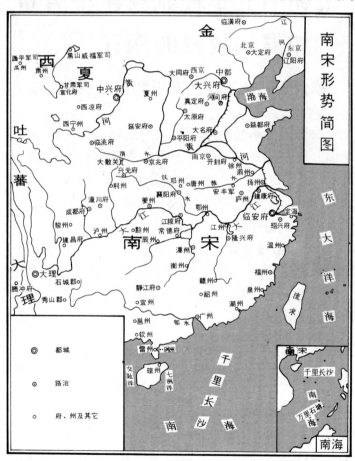

坚决反抗,斗争激烈地展开了。

在这个主要矛盾的影响下,宋朝内部农民与地主的矛盾,呈现出复杂的变化。当着宋朝地主阶级的官员抵抗金朝的侵掠时,广大人民群众就联合和拥戴他们去进行抗金斗争,农民和地主的这个基本矛盾因之暂时地降到次要和服从的地位。但当着宋朝向金投降,共同掠夺人民时,人民大众,主要是农民群众,就要举行起义以反抗宋朝的黑暗统治。历史从不同的方面,反复地证明,人民群众是反抗阶级压迫和民族压迫的主要力量。

北宋末到南宋初约四十年间,民族斗争和阶级斗争交织在一起,形成为错综复杂的发展过程。

(一) 金朝南侵和北宋的覆亡

北宋王朝在镇压了方腊等领导的农民起义后,就又恢复了故态,继续实行它的腐朽统治。一一二一年闰五月,徽宗又恢复应奉造作局,由宰相王黼和宦官梁师成统领,朱勔再次被起用,恢复花石纲的掠夺。这年杨戬病死,宦官李彦继承杨戬当政。王黼、李彦相勾结,继续括取民田,有人控诉,就严刑惩治,成千上万的人因而致死。王黼又借口军用,括境内丁夫,计丁出钱,搜括数千万贯。徽宗、王黼的这些措施,暴露了北宋王朝在农民战争中罢废造作局、花石纲和罢免朱勔等等措施的欺骗和虚伪。农民战争后,徽宗、王黼统治集团变本加厉地压榨农民,继续挥霍享乐,醉生梦死,加速着他们自己的灭亡。

一、对辽战争和金军南侵

一一一五年,女真奴隶主的首领阿骨打(金太祖)建立金国后,随即向辽朝进攻,辽兵屡败。西夏支持辽朝抗金。徽宗和蔡京、童贯密谋,联金灭辽,乘机收取燕云。一一一八年,宋朝派武义大夫马政以买马为名,从海上去金朝探听虚实。此后宋金使者往来联络。一一二〇年,宋金商定,金兵攻取辽中京大定府(辽宁昭乌达盟宁城县境),宋兵攻取燕京析津府。辽朝灭后,宋朝将原来贡献给辽朝的"岁币",全部献给金朝。宋、金的第一个所谓协议,宋朝就确认了贡纳岁币的屈辱条件。徽宗君臣一心只想依赖金朝,乘机取利,根本没有积极作战的认真打算。一一二二年,金兵攻占辽中京、西京(山西大同)。辽朝的天祚帝逃入夹山。燕京留守耶律淳被辽臣拥立称帝。徽宗、王黼任童贯作统帅,只懂得"太平娱乐"的蔡攸作副统帅,领兵伐辽。这时的辽朝,已处在灭亡的前夕,但童贯、蔡攸统领的宋军仍然不堪辽兵的一击。宋军种师道、辛兴宗部,分东西两路进兵,被辽耶律大石兵战败,退守雄州,辽兵进至雄州城下。徽宗得报大惊,赶忙下诏班师。几天后,宋朝得知耶律淳病死。王黼又命童贯、蔡攸出兵,以刘延庆为都统制，宋兵号称二十万。辽涿州守将郭药师降宋。童贯命刘延庆领兵十万取燕京，郭药师为向导。刘延庆到良乡，被辽萧干军截住。郭药师率兵五千偷渡芦沟，袭入燕京。刘光世(延庆子)率领的援军违约不到，郭药师被辽兵打得大败。刘延庆军在良乡，凌晨见辽军中火起，以为辽兵来攻，自行烧营逃跑。辽兵追击，直到涿水。宋兵一路上，死伤甚多。据说，自神宗、王安石变法以来积存的军需，经此一战，几乎全部折损。

宋兵败退到雄州。童贯为逃避兵败的罪责，密遣使者到金营，要求金军攻打燕京。十二月，金太祖亲自领兵一举攻下燕京，责备宋朝何以不出兵夹攻。金太祖提出，燕京交宋，宋朝需将燕京租税一百万贯献给金朝。徽宗、王黼全部应允照办。宋朝每年除向金贡献原来献辽的岁币五十万外，又增加一百万贯，称"燕京代租钱"。一一二三年四月，金兵退走时，在燕京城内大肆抢掠财物，又把城内男女掳去作奴隶。燕京被搜括一空，据说"城市丘墟，狐狸穴处"。童贯、蔡攸等接收的只是这样一座残破不堪的空城！

攻燕之战把宋朝的腐朽虚弱，暴露无遗，徽宗、王黼、童贯等却自称是"不世之功"，大肆庆贺。童贯上"复燕奏"，把一系列败仗说成是胜仗，吹嘘"凯旋还师"。王黼、童贯、蔡攸等都加官进爵。百官纷纷上表祝贺，又立"复燕云碑"纪功。北宋王朝亡国在即，徽宗君臣却欺人自欺地陶醉在所谓"复燕云"的"胜利"之中。

徽宗为首的腐朽的统治集团内，也还在相互倾轧。王黼以"复燕功"权势日盛，与太子桓不和，阴谋策划立郓王楷作太子。右相（少宰）李邦彦和蔡攸勾结，排斥王黼。御史中丞何㮚弹劾王黼"奸邪专横"，王黼罢相。朱勔力劝徽宗再用蔡京。蔡京年已八十，目盲不能写字，称太师，总领政事，政务都由儿子蔡絛把持。白时中、李邦彦为相（太宰、少宰），一切奉行蔡京父子的意旨。一一二五年四月，童贯、蔡攸又与白时中、李邦彦等排斥蔡絛。蔡京再度免官，童贯封郡王，蔡攸加太保。北宋王朝在互相争夺中，坐待灭亡。

金兵退后，用主力去追击逃跑的辽天祚帝。金太祖在一一二三年病死，弟吴乞买（完颜晟，金太宗。晟音胜 shèng）即位。一一二五年二月，天祚在应州被金兵俘虏。耶律大石等辽贵族西迁。金太宗在消灭辽朝后，就又把侵掠的目标转向了宋朝。一一二五年十月，金太宗两路发兵，大规模南侵。一路由完颜宗翰（粘罕）率领，进取太原。一路由完颜宗望（斡离不）率领进取燕京。两路金兵计划在宋朝的国都东京会合。宗翰向太原进军，童贯慌忙从太原逃回东京。金兵直抵太原城下。宗望军到燕京，宋守将郭药师投降。金兵以郭药师为向导，长驱南下，势如破竹，直向东京进军。

徽宗满以为收取燕京，向金朝屈辱纳币，从此又可"太平娱乐"了。金兵南下，徽宗惊慌不知所措，又赶忙罢除花石纲和内外制造局，想再以此欺骗民众。宋军参议官宇文虚中曾上书亟言朝廷失策，主帅非人，"将有纳侮自焚之祸"，多次建策防边，王黼不理。这时，徽宗问计于宇文虚中。宇文虚中说，今天只有先下诏罪己，改革弊政，来挽回人心。徽宗要宇文虚中代他起草诏书悔过，号召各地驻军"勤王"，入援京师。罪己诏说："多作无益，侈靡成风。利源酤榷已尽，而牟利者尚肆诛求。诸军衣粮不时，而冗食者坐享富贵。""追惟已愆，悔之何及。"又说："望四海勤王之师，宣三边御敌之略。""岂无四方忠义之人，来徇国家一日之急。"诏书下后，又召防御西夏的熙河经略使姚古、秦凤经略使种师中领兵入援。

金兵侵入中山府，距东京只有十日路程，情势更加紧迫。徽宗又想弃国南逃。给事中吴敏去见徽宗，竭力反对逃跑，主张任用有威望的官员，坚持固守。吴敏荐用太常少卿李纲。李纲奏上"御戎"五策。又说，"非传位太子，不足以招徕天下豪杰"，要徽宗宣布退位，"收将士心"。徽宗任吴敏为门下侍郎，辅佐太子。

金兵越来越逼近。徽宗惊慌懊恼，拉着蔡攸的手说："没想到金人会这样!"说着气塞昏迷，跌倒在床前。群臣赶忙灌药急救。徽宗苏醒后，索要纸笔，写道："皇太子可即皇帝位，予以教主道君退处龙德宫。"

十二月，太子桓(钦宗)即位，改明年年号为靖康。徽宗退位，号教主道君皇帝，称"太上皇"。**次**年正月初三日，徽宗、蔡京、童贯等人听说金兵已经渡过黄河，决定连夜向南逃窜。徽宗仅带蔡攸及内侍数人，以"烧香"为名，匆匆逃出东京，跑到亳州，又从亳州逃到镇江去避祸。童贯和殿前都指挥使高俅率领胜捷军和禁卫，在泗州境追上徽宗。蔡京也以"扈从"为名带领家人逃到拱州。

长期以来作恶多端的徽宗、蔡京、童贯集团，一旦溃逃，长久压抑在人们心中的愤怒和仇恨，一起迸发了。朝野官民纷纷揭露蔡京、童贯集团的罪恶。太学生陈东等上书，指蔡京、王黼、童贯、梁师成、李彦、朱勔为六贼，说"六贼异名同罪"，请把他们处死，"传首四方，以谢天下"。钦宗被迫罢免王黼。吴敏、李纲请斩王黼，开封府尹聂昌（聂山）派武士斩王黼首级献上。李彦、梁师成赐死。蔡京、童贯在亳州被贬官流放。蔡京在流放途中死于潭州。朝中继续揭发童贯罪恶，钦宗又只好派监察御史斩童贯。九月，朱勔和蔡攸、蔡翛（音消 xiāo）三人都被流放。此后，朝官纷纷议论，说三人罪不容诛，三人也都在流窜地处斩。蔡絛也被流放，病死。残酷地压榨人民、屠杀人民的民贼们，恶贯满盈。除灭民贼，使人心振奋，濒于灭亡的北宋，又显出了一线转机。

二、保卫东京的斗争

钦宗在军民愤激的形势下即位，不得不在靖康元

228

年(一一二六年)正月初三日立即下诏亲征，命门下侍郎吴敏为亲征行营副使，许便宜从事，以显谟阁直学士、开封府尹聂昌，兵部侍郎李纲为行营使司参谋官，团结兵马于殿前司。钦宗迫于形势，作此部署，但并不真想抗敌。宰相白时中、李邦彦等投降派也还在朝中有相当大的势力。投降派和抗战派的斗争展开了。四日，白、李等建议钦宗弃城逃跑，出奔襄、邓避敌。李纲得知，请求上殿面议，说"今日之计，莫如整厉士马，声言出战，固结民心，相与坚守，以待勤王之师。"钦宗问："谁能将兵？"李纲说："这是白时中、李邦彦的职责。"白时中厉声说："李纲莫非能领兵出战吗？"李纲说："倘使治军，愿以死报。"钦宗随即任命李纲为尚书右丞、东京留守，以同知枢密院李棁（音卓 zhuó）为副，聂昌为随军转运使，领兵守城。李纲受命后，次日早晨入朝，忽见皇帝乘舆都已陈列，禁卫、六宫准备出发。原来钦宗夜间又改变主意，仍然准备逃跑。李纲厉声对军士们说："你们是愿意死守，还是愿意扈从出巡（逃跑）？"将士齐声说："愿以死守！"李纲入见钦宗，说"六军父母妻子都在城中，岂肯舍去。万一中道散归，谁还能保卫陛下？而且敌军已经逼近，他们知道乘舆还没有走远，如以快马急追，如何抵御？"钦宗听说，不敢再走。李纲传旨说："上意已定，敢复有言去者斩！"兵士们都高呼万岁。钦宗又登上宣德门，吴敏、李纲向门楼前的百官将士们宣布，决策固守，各令勉励。将士们感激流涕，决心保卫东京。

钦宗罢免白时中，用李邦彦、张邦昌为相，同知枢密院事蔡懋为尚书左丞。命李纲为亲征行营使，主管侍卫亲军马军都指挥使曹曚为副使，急速设备防守。京城四壁，用百步法分兵备御，每壁用正兵一万二千人，编马步军前后左右中四万人，每军八千人，分置将官统领，派前军守护东水门外的粮仓，后军守护东门外樊家冈。又装备各种防守的武器、工具。四日之内，战守设施粗备。这时，金完颜宗望兵已到达东京城下。一支金兵用火船数十沿河而下，进攻宣泽门。李纲以敢死士二千人，布列城下，用长钩搭敌船，投石攻打。又在中流排置杈木，搬运蔡京家中的山石，堵塞门道。宋军在水中斩杀金兵百余人，金兵退去。

金军兵临城下，派使臣来宋，要亲王、宰相去军前议和。李纲请求前去，钦宗不许，说"卿性刚，不可以往"，另派李梲为使臣，郑望之为副。李纲退朝，钦宗密告李梲、郑望之，可许增岁币三五百万两，犒军银三五百万两议和，又命带去黄金一万两和酒果等，送给宗望。宗望见宋使，提出：索要金五百万两、银五千万两、牛马等各万匹、绢帛百万匹；宋朝割让太原、中山、河间三镇，并以亲王、宰相作人质，才许议和。李梲、郑望之等回奏。李邦彦、张邦昌等宰臣，主张全部接受。李纲力争，说："金币太多，虽竭尽天下之财还不足，何况都城？太原、河间、中山三镇是国家的屏障，割去如何立国？至于遣使，宰相当往，亲王不当往。"他建议，拖延时日，等待大兵四集，然后再议。宰臣等不许。钦宗弟康王赵构在京师，请求使金，对钦宗说："敌人必定要亲王出质，臣为宗社计，岂能辞避！"钦宗派康王构为军前计议使，宰相张邦昌为副，出使金营。

这时，各地勤王兵，陆续来援东京。河北、河东路制置使种师道，得到勤王诏，立即率领泾原、秦凤兵启程，武安军承宣使姚平仲随行。种师道兵至洛阳，有人告诉他金兵已到东京城下，劝他暂驻汜水。种师道说："都城人知道我军来，士气自振，何必忧敌！"种师道沿途揭榜，自称"种少保领西兵百万来"，直进东京。其他各处勤王兵，每天也都有几万人到达。种师道和各地到来的援兵，实际有二十余万，金兵不过六万。宗望见宋军日众，将军营北撤，不敢轻动。

钦宗召李纲、李邦彦、吴敏、种师道、姚平仲等商议军事。李纲主张，以重兵临敌营，坚壁不战，等敌军粮尽力疲北撤时，中途邀击，是必胜之计。种师道也主张："三镇不可弃，城下不可战"，迁延半月，等敌军粮尽北还，在过河时追击，可以得胜。议定在二月初六日出击。但二月初一，姚平仲建议夜间去劫金营，生擒宗望，迎回康王。姚议得到钦宗的支持。钦宗希望徼幸取胜，半夜命李纲出兵应援。但姚军未出，消息已经泄露，金营早有准备，姚平仲劫营不成，落荒而逃。天明，李纲会集行营司左、右、中军将士，出景阳门，与金兵鏖战，杀敌甚多。金兵攻中军，又被李纲亲率将士射退。

姚平仲劫营，完颜宗望责问宋朝的人质。康王构不答，张邦昌吓得涕泣。金军又派使臣到宋朝责问，并提出改换人质。宰相李邦彦回答说："这都是李纲、姚平仲的主意，不是朝廷的本意。"钦宗、李邦彦赶忙又派使臣去金营解释劫营非朝廷意，送上三镇地图求和，并即日罢免李纲和种师道，来向金军谢罪。

钦宗、李邦彦的荒谬举动，又使军民沸腾了。二月五日，太学生陈东等在宣德门前上书说："李纲奋勇不顾身，是社稷之臣。李邦彦、张邦昌等只为自己打算，不顾国家，是社稷之贼。李邦彦等惟恐李纲成功，设法破坏，不为国家打算，只是想着要割地。"请求罢免李邦彦，再用李纲，城外军事交种师道。城中军民听说太学生上书，自动赶来声援。一时之间，聚集了几万人，填塞驰道、街衢，呼声震天。这时，百官正好退朝来到宫前，民众当面指出李邦彦的罪行，痛加责骂，并用瓦片投打。李邦彦吓得溜走。吴敏传旨，要群众退去，群众不肯。群起击碎登闻鼓，又打死宦官二十多人。钦宗怕出变故，被迫宣布再用李纲为尚书右丞、京城四壁守御使，督促李纲立即登上西城。军民群众又要求见种师道，种师道乘车来见，民众才退走。

宋使到金营，金军提出，必须宋帝亲自书定三镇，才可退军。钦宗立即下诏，割三镇地给金朝，并按照金军的要求，送肃王赵枢去作人质，换回赵构和张邦昌。

李纲复职，即日下令能杀敌者厚赏，军士奋跃。二月初十，金宗望军已得三镇，又见宋备战，勤王军不断来援，便乘势退军。宋朝军民群众的一再斗争，终于挫败了投降派弃城逃跑的图谋，宋朝首都东京保全了。

三、金军第二次南侵，北宋灭亡

金宗望军刚刚北返，进攻太原的金宗翰军又进兵南侵。一一二六年二月中，宗翰分兵攻下忻州、代州，宋折可求、刘光世军大败。金军又入南北关，进攻隆德府。城中无备，宗翰劝诱知府张确投降，张确拒绝，说："确守土臣，当以死报国，头可断，腰不可屈。"张确固守，奋战而死。通判赵伯臻、司录张彦遹等都在作战中牺牲。金兵破隆德府，进至高平。

金兵迅速撕毁和约，再度南侵。这对朝中投降派是个迎头的打击。金军到高平，朝中震动。二月十四日，钦宗又被迫罢免李邦彦、张邦昌等，用吴敏和反对割三镇的中书侍郎徐处仁作宰相，李纲知枢密院事，许翰同知枢密院事，准备迎战。朝官中，门下侍郎耿南仲、中书侍郎唐恪（音却 què）、尚书右丞何㮚等是投降派的代表。战降两派仍在继续斗争。

金兵自东京退走时，种师道曾请领兵追击，钦宗不许，并罢去他的帅任。金兵南下，钦宗又再度起用种师道为河北、河东路宣抚使，驻滑州迎敌。姚古部勤王兵在金兵退后到达,任姚古为制置使,领兵往援太原。以种师中为制置副使,增援中山、河间等地。钦宗又札付三镇统帅,抵抗金兵,不再割让。

金宗望还军途中,去占领中山、河间,两镇固守抗金,金兵久攻不下。三月间,种师中领兵逼近,宗望只好北还。宗翰领兵回西京大同府,留别部围攻太原。姚古部顺利收复隆德府。五月,种师中部进抵平定军,乘胜收复寿阳、榆次等县,辎重、犒赏之物都留真定。许翰催促师中进兵。师中至寿阳石坑,遇金兵,五战三胜,回师榆次。金军以重兵围攻,师中率部下鏖战,身被四创,力战而死。金兵乘胜攻姚古部,姚古兵败,退守隆德。钦宗贬姚古官,安置广州。

李纲奉命去商丘,迎接徽宗回东京。姚、种兵败,耿南仲等又请放弃三镇地,李纲力说不可。种师道以老病请辞,耿南仲乘机荐李纲代种师道为宣抚使,借以排挤他出朝。李纲说,"臣书生,不知兵","今使为大帅,恐误国事"。上章十多次请辞,钦宗不准。有人对他说:"这次派你去,不是为边事,要借此赶你出去,人们没有话说。你不去,事情不可测。"六月,李纲受命为河北、河东路宣抚使,往援太原,朝廷只给兵一万二千人。李纲请领军需银绢钱各百万,只给二十万。李纲出兵,七月抵孟州,留十余日,招来当地士卒训练,修整器甲。朝廷下诏,解散招来的士卒,催促李纲去太原。八月初,再任种师道为宣抚使。九月初,罢免李纲兵权,改除观文殿学士、知扬州。

八月间,金太宗再度发大兵南侵。以宗翰为左副元帅,宗望为右副元帅,仍分东西两路进兵。

种、姚兵败,金军大举南侵。唐恪、耿南仲等乘机排挤抗战派。钦宗罢免吴敏、徐处仁、许翰等出朝,任用唐恪作相,又罢去种师道帅任。抗战派被排斥几尽。投降派控制朝政,一心等待金军到来后求和。

金宗翰军猛攻太原。太原被围已八个多月,城中粮绝,军民先食牛马,后食草根、树皮、弓弦,坚持抵抗。九月初城破,太原军民在副都总管王禀率领下进行巷战。王禀兵败,投水自尽。通判方笈(音级 jí)等三十六人被杀。知府张孝纯被俘降金。

金军攻破太原后,宗翰、宗望于九月下旬合兵。十月初,攻下真定府,继续南下。

钦宗惊慌失措,召集百官商议三镇事。唐恪、耿南仲等坚主割让,谏议大夫范宗尹甚至伏地流涕,请"割地以纾祸"。兵部尚书吕好问请结集勤王军保卫东京,唐恪、耿南仲不许。诸路勤王军自动集来,唐恪命令停止勿前,诸路军只好反旗而去。种师道听说太原、真定城破,急召西南两道兵赴东京。唐恪、耿南仲令两道兵不得妄动,兵士散走。种师道病死。钦宗派康王赵构作使臣,王云为副使,到宗望军求和。十一月中旬,赵构等走到磁州。磁州知州宗泽,正在修筑城防,加强战备,准备抗金。城中百姓抗敌情绪高涨,骂王云是卖国奸细,愤怒地把他杀死。百姓又告诉赵构,金军已经渡河,劝他不要再往前走,赵构留在相州。

金军渡过黄河后,宗翰派使臣到宋朝,不再提三镇,要挟划黄河为界,河东、河北地全部归金。钦宗写信给金军,说是"一一听命",立即派耿南仲到宗望军割河东地,聂昌到宗翰军割河北地。钦宗下诏书给河北河东军民,无耻地说:"民虽居大金,苟乐其生,犹吾民也,其勿怀顾望之意。应黄河现今流行以北州府,并仰开城门,归于大金。"河北、河东人民立即掀起反投降反割地的怒潮。聂昌走到绛州,下令割地,绛州人民拒绝诏书,把聂昌杀死。耿南仲伴同金使走到卫州,卫州民兵谋捕金使,金使逃走,耿南仲逃到相州,不敢再提割地事,诈称奉帝命促赵构起河北兵入卫京师,自己在募兵榜上署名,才得不死。宋朝各地军民这样痛恨割地求和,抗金热情高涨,钦宗、唐恪等却仍然一意投降。

十一月二十五日,金军先头部队到达东京。闰十一月初,金军攻城,抗战派官员吴革请求领兵出战,太学生丁特起上书请用兵,钦宗、唐恪一概不理。唐恪随钦宗巡城,军民愤怒,要殴打他,唐恪辞官。钦宗用何栗为相。金军乘大雪攻城,京师城破,宋百官、军队乱成一团。钦宗赶忙派何栗到金营求和,何栗胆战心惊,吓得连马都上不去。何栗到金营后,宗翰、宗望对他说:"我们不想灭宋,叫赵佶(徽宗)来商议割地,我们就退兵。"何栗唯唯听命,回报钦宗。钦宗决定自己到

236

金营投降。

闰十一月三十日，钦宗出京城，到金营见宗翰、宗望。宗翰、宗望索取降表，钦宗叫何㮚等起草。降表写道："既烦汗马之劳，敢缓牵羊之请。""上皇（徽宗）负罪以播迁，微臣（钦宗）捐躯而听命。"跪倒在金军的面前。宗翰并对钦宗说："两国既和，恐四方闻京城陷而生变，请遣使晓喻。"钦宗满口答应照办。十二月初二日，金军放钦宗回城。接着，金官员入城，检视府库，拘收文籍，把九十二个内藏库中一百七十年来积攒的金银锦绮宝货全部查封，又索取金一百万锭、银五百万锭、帛一千万匹犒军。钦宗完全按照金军旨意，一面下令大括民间金银，一面分遣朝臣到河北、河东，命令各州县开城降金。各州县人民坚守乡园，不肯出降。凭着钦宗的命令，金军仅仅得到石州一处。

靖康二年（一一二七年）正月，金军又要钦宗再到金营，说是等金银交足后再放回。钦宗被拘留，只好下诏增派大员二十四人，进行根括（彻底搜括），发掘宗室、国戚、内侍（宦官）、僧道、技术（医卜等人）、娼优家藏金。搜括八天，得金二十万八千两、银六百万两、帛一百万匹。金军仍然不满，命令开封府再来一次根括，又搜括十八天，得金七万两、银一百十四万两、帛四万匹。宗翰、宗望认为数量太少，杀根括官梅执礼等四人，余官各鞭背五十。东京人民不堪勒索和杀戮，自动组织起来，"以防护为名，于炉头打造兵器"，准备武装反抗。开封府官员急忙出榜禁止，又捕斩百姓十七人示众。

金军索取金银绢帛之外，又要去皇帝宝玺、仪仗、天下州府图、乐器、祭器，以及各种珍宝古器，掳走百工、技艺、妇女、内侍、僧道、医卜、娼优和后妃、亲王等贵族。徽宗也被押送金营。金朝下令废掉徽、钦二帝，随军掳走当奴隶，宣告了北宋的灭亡。

一一二七年三月，金兵退走前，册立宋朝原宰相张邦昌为楚帝，统治黄河以南地区。四月，金兵大肆掳掠后，还军。

在东京的宋朝皇室全被掳走，只有康王赵构这时领兵在济州，还有兵士八万人。金军先头部队到达东京时，钦宗曾任命赵构为河北兵马大元帅，知磁州宗泽为副帅，起兵勤王。宗泽自大名至开德，与金兵大战十三次，连续获胜，又以孤军进到卫南，连败金兵。宗泽在卫，听说金兵俘掳徽、钦二帝北去，即领兵到滑州，转至大名，计划抢渡黄河，断金兵归路，截回二帝。宗泽传檄邻近各地宋兵来会，共同行动。各地宋兵到期不来。宗泽计划不能实现，于是上书赵构，劝他作皇帝。金兵退后，张邦昌遭到唾弃，在东京无法立足。吕好问等官员也劝张邦昌拥立赵构。五月，赵构到南京（商丘）称皇帝（高宗），重建起赵宋王朝（南宋），改年号为建炎。张邦昌到南京来朝贺称臣，高宗封他为太保。

238

（二）中原人民的抗金斗争和
南宋统治的确立

宋王朝在南京重建后，面临的首要问题依然是：对待南侵的金朝，是战，是守，还是投降？

高宗即位后，不能不标榜"中兴"，因之起用抗战派中声望最高的李纲作宰相，令副元帅宗泽知开封府兼东京留守，领兵进驻东京。李、宗成为抗战派的主要代表。高宗又起用副元帅黄潜善为中书侍郎，参预政务，

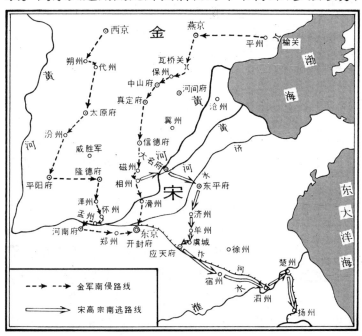

汪伯彦同知枢密院事,执掌军权(不设枢密使)。黄、汪成为投降派的代表人物。李纲任相命下,投降派官员即起而反对。御史中丞颜岐说:"李纲为金人所恶,不宜为相。"右谏议大夫范宗尹说:"李纲名过其实,有震主之威,不可以相。"六月,李纲奉召入朝,提出十条抗金建国的建议,反和主战,请严惩张邦昌等汉奸,破格任用抗战将士。投降派以"二圣北狩"为借口,主张"割地厚赂以讲和"。李纲提出反驳,说即使"割天下之山河,竭天下之财用",也绝不可能满足敌人的无穷欲望。要求高宗学习汉高祖刘邦不顾太公被俘勇猛作战的态度,下决心罢一切和议。李纲又提出改革军制、整顿纪律、重新部署防御力量、募兵买马等一系列建策。高宗并不实行。

北宋亡后,河东、河北地区人民纷纷自动组织抗金武装,英勇杀敌。李纲荐用在两河人民中素有声望的抗战派将领张所为河北招抚使、傅亮为河东经制使,招募义兵,组织人民抗金。两河人民踊跃响应,士气大振。

当时抗战派和投降派激烈争论的一个问题,是还都东京抗金,还是放弃中原继续南逃?高宗采纳黄、汪的意见,准备逃往东南。李纲极力反对,说天下精兵健马都在西北,主张暂迁襄、邓,等两河部署就绪,即回东京。宗泽到东京,整顿城市,稳定秩序,"物价市肆,渐同平时",又上书请高宗"勿听奸邪",决策回汴。投降派官员纷纷主张南逃,说"汴都蹂践之余,不可复处","东南财力富盛,足以待敌"。黄、汪等极力促请高宗南逃。李纲对人说:"天下大计,在此一举。国之存亡,于是焉分。吾当以去就力争。"面见高宗,说君子小人不可并立。高宗一面安慰李纲,一面升任黄潜善为右相,与李纲并列相位,作用黄罢李的准备。

抗战派和投降派争论的另一个问题,是如何对待中原人民的抗金武装。

黄、汪等投降派对待两河人民抗金武装,完全采取敌视的态度,称他们是"盗贼"。高宗刚一即位,黄、汪等即建议"罢诸盗及民兵之为统制者",选择精锐编入官军。实际上就是解散民兵,改编为镇压人民的官军,不准他们抗敌。李纲采取完全相反的政策,依靠民兵抗金。黄、汪等蓄谋破坏,指使知大名府张益谦上奏:招抚使设立后,河北"盗贼"更多,应速罢废。李纲争辩说:"张所尚未出发,张益谦何以知道其骚扰?"又说:"朝廷因河北民众无人统率,才设置招抚使,借民力保国家,并不是设招抚使以后才有盗贼。"傅亮才出发十几天,黄潜善、汪伯彦又指责他逗留不进。李纲再为傅亮辩解,高宗不听,罢免张所、傅亮,废除招抚、经制两司。高宗、黄、汪等又指使朱胜非起草诏书,说李纲"狂诞刚愎","兹遣防秋,实为渡河之扰","设心谓何,专制若此!"李纲罢相。太学生陈东、进士欧阳澈上书,说李纲不可罢,黄、汪不可用,并请高宗还都,亲征,迎回徽钦二帝。高宗竟将陈东、欧阳澈押赴市上斩首。李纲当了七十五天宰相，所有抗金措施，在他罢相后四、五天内，全被废除。高宗和黄、汪全部控制了军政大权，作放弃中原逃往东南的准备。

一、中原人民的抗金斗争

北宋灭亡后，中原各地人民纷纷组织武装抗金，拿起刀枪，顽强战斗，写下了雄伟的篇章。

抗金义军，主要是由农民组成，也有士兵、下级军官、小商人和僧徒参加；原来起义反对封建压迫的农民武装，这时也加入了抗金的行列；一部分被宋王朝责令解散的勤王兵，不肯散去，也在继续进行抗金活动。由这些力量汇集成的抗金义军，活跃于大河南北、太行东西，成为反抗金兵侵掠的重要力量。其中规模较大的有以下几支。

八字军——河内人王彦，曾被张所任命为河北招抚司都统制。张所被罢免后，王彦率领部分义军坚持战斗，转入太行山区。战士都在面部刺上"赤心报国，誓杀金贼"八字，以表示斗争的决心。因此，号称八字军。八字军将士一心，英勇杀敌，得到两河人民的响应。民兵首领傅选、孟德、刘泽、焦文通等，率领十九寨十几万人归附，绵亘数百里，锣鼓之声相闻。并、汾、怀、泽等地的抗金群众，也接受王彦领导。八字军与金军大小数十百战，斩获敌人无数，并夺回大量河南被掳人口，威震燕代，牵制了金军南侵的活动。

红巾军——起初在晋城、长治一带活动，后来扩大到河北、陕西等地。声势浩大，组织严密。他们的器械虽不如金兵，但了解敌情，而且"略无所惧"，所以能屡败敌人。有一次，红巾军袭击金军大寨，金左副元帅宗翰几乎被擒。金军痛恨红巾军，逐捕最急，往往妄杀平民以泄愤，但不能获得真红巾军。红巾军的队伍反而日益扩大。

五马山义军——五马山在庆源，五马山寨首领是武翼大夫赵邦杰和保州路廉访使马扩。后来他们访知一个自称信王赵榛（高宗兄弟）的人，便迎请他为主将，加强号召力。五马山寨义军，发展到十余万人，在河北、山西等地区发生了很大影响。

梁山泊水军——梁山泊起义农民，遭到宋军镇压后，继续以梁山泊为据点，坚持战斗。金军南侵，中原沦陷，以张荣为首的水军，形成为一支强劲的抗金队伍。

处于敌后的幽燕地区人民，也配合中原人民的抗金，纷纷起义。原巡检使杨浩与僧人智和禅师一起，在玉田县山中，集结抗金壮士万余人，准备扩大力量，反抗金朝的统治。易州十八岁的青年刘里忙占据山区，结集南北少壮兵士邀击金军，也发展到万余人。

以上几支外，黄河南北各地遍布着人民抗金队伍，依山靠水结寨，总计约有六、七十万人，斗志昂扬，声势浩大。知开封府宗泽，不顾高宗、黄、汪一伙对民兵的敌视，积极联络两河和陕西的人民抗金队伍，依山河筑垒防守。许多人民武装自愿拥戴宗泽，听他的号令。宗泽依靠民众的支持，驻守东京。金兵不敢来犯。

高宗在八月间罢去李纲，十月间即实现南逃的计划，南宋小朝廷全部逃到扬州。这个逃跑的行动等于向敌人表示：南宋王朝已决意放弃中原。

金朝得到高宗南逃的消息，在这年十二月再次发动南侵，向中原大举进兵。中原地区人民展开了艰苦卓绝的抗金战斗。

金兵分道南侵。由宗辅、宗弼(兀尤。 尤音烛 zhú)率领的金东路军，在建炎二年(一一二八年)正月攻陷山东青州、潍州，至千乘县被人民义军击败，放弃青、潍两州退走。活动于梁山泊一带的张荣水上义军，出动船只万艘作战，给金军以沉重打击。

由宗翰率领的中路军，在建炎元年(一一二七年)十二月攻入西京洛阳。次年正月，西京统制官翟进和兄翟兴败金军于伊川皂矾岭，又败之于驴道堰，三月再败之于福昌、龙门，把金军赶到河北，收复西京。翟进死，翟兴与接近两京的河东、河北诸路义军密切联系，配合作战，虽三面受敌而屹立不动，对金军是一个不小的威胁。

由娄室率领的金西路军，建炎二年(一一二八年)正月攻陷长安，二月又连陷华、岐、陇、秦诸州。鄜延经略使王庶召募河南北义兵抗敌，十天内，得孟迪、种潜、张勉、张渐、白保、李进、李彦仙等部，各有兵万人，远近响应。巩州人李彦仙领导的义兵多次和金军交战，一月中破敌五十余垒，三月间收复陕州，又过黄河收复绛、解等县。邵兴(后改名邵隆，人呼邵大伯)率义兵归李彦仙，李彦仙命他领兵渡河收复平陆县所属四镇。另一义兵首领刘希亮收复凤翔，张宗谔收复长安。金兵至咸阳，看到渭河南岸义兵满布平野，不敢再战，仓皇退去。

人民的抗金斗争开展得如火如荼，再一次造成抗战的有利形势。南逃的高宗小朝廷不但不予支持，反而在建炎二年正月下诏，诬指义军"遂假勤王之名，公为聚寇之患"，勒令解散。宗泽接到此诏后，立即上疏反对，要高宗收回成命，"黜代言之臣，降罪己之诏，订还阙之期"，"以大慰元元激切之意"。高宗不理。

宗泽又部署诸军，想乘势大举渡河，拟出全面反攻的计划奏报朝廷。黄、汪等说宗泽发了狂，拒不允准。七十多岁的老臣宗泽，既想依靠中原人民抗战，又要忠于决心投降的宋王朝，陷于无法解脱的矛盾中，忧愤成疾，背上发疽(音居 jū)而死。临死前，对部下诸将说："诸君能为我歼灭强敌，我死也不恨了！"诸将流涕回答："愿尽死力！"宗泽长吟"出师未捷身先死，长使英雄泪满襟"，又连呼三声"过河"，念念于未竟的壮志。

宗泽死后，高宗任命投降派杜充继任东京留守。

杜充一意打击宗泽部下抗战将士和人民义军，许多受宗泽号令的抗金义军都被迫散去。八字军领袖王彦亲自到扬州见高宗，力陈两河地带民兵的抗敌热情，请高宗派官军北伐。高宗和黄、汪等竟下令夺去王彦的兵权，要他把八字军交给投降派范琼统领。坚持抗金的人民武装力量，接连不断地遭到了南宋王朝的打击。

二、金军再度南侵，南宋小朝廷继续逃窜

高宗一意求和，中原人民抗金力量受挫。一一二八年秋，金兵再次南侵，目标直指扬州。

金兵南下，攻陷五马山寨，抗金义军战败。宗翰军出云中，陷濮州、澶渊，入山东境。建炎三年(一一二九年)正月，宗翰军先后攻下徐州、淮阳、泗州，并派遣拔离速率兵奔袭扬州。二月初三日，高宗在扬州听到拔离速部攻陷天长军的消息，惊慌失措，带领御营都统制王渊和亲信宦官康履，匆忙逃跑。渡过长江到达镇江后，百官才陆续赶到。金军进入扬州，大肆掳掠后，焚城而回。

高宗从镇江逃到杭州。朝野激愤，揭露黄、汪。高宗被迫罢免黄、汪，改任朱胜非为相，王渊签书枢密院事。三月间，统制官苗傅、刘正彦以"为民除害"的名义，发动兵变，杀死王渊和康履，逼迫高宗退位，让位给三岁的儿子赵旉(音夫 fū)。江东制置使吕颐浩遂寄书礼部侍郎张浚，约集韩世忠、张俊、刘光世等起兵镇压，

246

苗、刘出走,高宗又恢复了帝位。吕颐浩任宰相,张浚知枢密院事。

一一二九年五月,高宗由杭州北上,进驻江宁,改名建康府,派洪皓为大金通问使向宗翰求和。金朝不许,扣留宋使。八月,高宗又派杜时亮为"奉使大金军前使"求和,求和书无耻地说:"今以守则无人,以奔则无地,此所以朝夕谔谔(战战兢兢。谔音喜 xǐ)然惟冀阁下之见哀而赦已也"。"前者连奉书,愿削去旧号,是天地之间,皆大金之国而尊无二上,亦何必劳师远涉而后为快哉!"金朝不理高宗的摇尾乞怜,再次出兵,南下侵掠。

闰八月末,高宗在建康听到金宗弼军南下的消息,急忙从建康跑到镇江。九月初,听说金军攻陷山东登、莱、密等州,又从镇江逃到常州。十月,又逃到杭州。金军打到长江沿岸,宋军沿江防线很快崩溃。金兵进至黄州,荆湖沿江措置副使王燮叔领兵逃走,金兵过江。江东宣抚使刘光世在江州,守御长江,每天只是与部属宴饮,金兵从黄州过江还不知道,直到金兵离江州几十里地,他才仓皇逃走。金兵顺利地攻入江西、湖南。守御江淮、镇守建康府的杜充(自东京逃来守建康),听说金兵来到,藏在城中不敢出来,金兵过江,他便领着三千军马跑到真州去向金朝投降了。十二月,宗弼向杭州进军,如入无人之境,连续攻下杭州、越州、明州、定海。

高宗小朝廷，从杭州逃到越州，从越州逃到明州，从明州逃到定海。金兵逼近定海，高宗又采纳宰相吕颐浩的建议乘船入海，漂泊到温州避难。金军乘船追袭，遇到大风雨，被和州防御使张公裕率领的大船冲散。金军退回明州，放火烧城，掳掠大批财富。一一三〇年二月，金军又在杭州大肆掳掠后北还。

金军北撤，一路烧杀抢掠。一些抗战派将领指挥的队伍，奋起阻击了金军。

镇江之战——浙西制置使韩世忠，守镇江。一一三〇年三月，韩世忠在镇江与宗弼军会战，世忠妻梁氏亲自击鼓助战。宋军大败金兵。金兵不能渡江，便向韩世忠行贿，表示愿尽归所掠，赠以名马，被韩世忠严正拒绝。金军被堵截在黄天荡四十八天不得出，后来利用老鹳河故道凿成一条连接江口的大渠，才得以逃往建康。这次战役，宋军虽然未获全胜，但韩世忠以八千人的队伍，打得号称十万的金军狼狈而逃，扭转了南宋一味逃窜的颓势，意义是重大的。

建康之战——金宗弼军退回建康，掳掠大批居民和大批财物，集中到六合。从瓜步口到六合，无数载运的船只连绵不断。金军在城内放起大火后，退出建康城，准备从静安镇渡江北返。到静安后，却意外地遭到了宋岳飞军的沉重打击。

相州汤阴人岳飞，出身于贫苦农家。北宋联金攻辽时，岳飞曾应募从军。一一二六年，金军围攻东京。赵构在相州召募兵士，岳飞再次应募。此后，曾在张所部下作统制。张所被罢免，岳飞投入王彦军抗金，又转到宗泽部下。杜充代宗泽后，岳飞受杜充统辖。一一二九年建康失陷，杜充叛变降金。岳飞集合余部继续抵抗，转移到宜兴县境，归张俊节制。二十七岁的青年将官岳飞，在战场上转战四年，始终坚持抗敌。岳飞统领的部众，锻炼成一支斗志旺盛的坚强队伍。

金兵焚掠建康时，岳飞军正驻扎在距建康不远的前线。岳飞得知金兵到静安镇，不等张俊的命令，主动向敌军发动出其不意的猛攻。权建康通判钱需，在建康失陷后拒不降敌，在静安镇附近联合抗金乡兵，坚持抵抗。岳军来攻，乡兵从敌后杀出，主动配合。两军夹攻，金兵大败。十数里内，金兵尸横遍野。金兵大小军官一百七十多人被杀。宋军缴获金兵马甲近二百副，弓箭刀旗金鼓等三千五百多件。金兵败退，岳飞、钱需进驻建康城，胜利地收复了建康。

富平之战——金军宗弼部侵掠东南时，西路娄室部攻打陕州，李彦仙领兵固守，坚持两年，大小二百余战，使金军不能前进。川陕宣抚处置使张浚命都统制曲端去援救，曲端按兵不动，最后陕州粮尽城破，李彦仙壮烈殉难。金军长驱入关。宋军中只有曲端的副将吴玠(音介 jiè)率兵抗击，先后在青溪岭、彭原店战败了金军。

一一三〇年九月，金朝又派皇子、右副元帅宗辅到陕西,会合北上的宗弼军和在陕西的娄室军,打算深入陕川,然后从长江东下,侵掠东南。张浚召集刘锡、吴玠、刘锜、孙渥、赵哲等秦川五路人马,共约三十万,以刘锡为都统制,发檄文向金兵问罪,展开大规模的反攻。九月下旬,刘锡率五路大军与金军在富平激战,赵哲畏敌先逃,宋军溃败。富平之战是金军南侵以来宋军第一次大规模抵抗。宋军战败退兵,金军侵入关陇。

和尚原之战——富平战败,张浚退守兴州,都统制吴玠招集散卒,扼守秦岭北麓大散关附近的和尚原。一一三一年十月,金宗弼军进攻和尚原,吴玠和弟吴璘(音林 lín)选劲兵强弩分番轮射,连战三日,大破金兵,俘虏金兵以千计。宗弼身中流矢,逃回燕山。金军南侵以来,还没有打过这样大的败仗。金军自陕川进军的计划被粉碎了。

金军这次南下侵掠,直抵海边,但和攻掠东京或扬州时不同,在掳掠北返的途中,一再遭到南宋抗战将士的沉重打击。金军败走,政治形势由此发生了新变化。

这时的金朝,仍然建都在会宁府。奴隶主贵族一再发动的南下侵掠战争,主要目的在于掳掠财富和掳掠人民作奴隶,还不想直接统治中原地区。金兵南侵,掳去大批汉人,锁上铁链,在耳部刺字,标价出卖,或者赶到西夏去换马,或者卖给蒙古、室韦等邻族。女真贵族夏天北还,秋天南侵,不在中原久居。

高宗南逃,决意放弃中原。金太宗告谕宗望,应当再立一个象张邦昌那样的"藩辅"。宋济南府知府刘豫在一一二八年金军南侵时，杀掉济南守将关胜，叛变降金。刘豫向金将完颜昌(达赖)行贿，请求立他作傀儡皇帝。金军南侵途中，连续攻下大名、归德，并在杜充弃职逃跑后，在一一三〇年二月，攻占了东京。这年九月，金朝便立刘豫在大名作"大齐皇帝"，以降金的原太原知府张孝纯作宰相。两年后，刘豫又迁到东京。金朝把齐国作属邦，把中原和陕西地区交给刘豫等去统治。

高宗在一一三〇年四月从海上回到越州，绍兴二年(一一三二年)正月，又返回杭州。早在一一二九年七月，高宗已把杭州升为临安府，作建都的打算。金兵退走后，东起淮水、西至秦岭的战线，逐渐稳定下来。南宋王朝在临安建立起它的统治，控制着半壁江山。

三、南宋统治的确立

高宗建都临安，只图苟安江南，对外继续屈辱妥协，对内加强对人民群众的镇压，以维护它的统治。

妥协苟安——金兵退走，高宗回到临安，不能不标榜"恢复""中兴"，但随即大兴土木，修建明堂、太庙，明显地表示出苟安江南的企图。御史张致远说："创建太庙，深失复兴大计。"殿中侍御史张淘更明白地指出："去年建明堂，今年立太庙，是将以临安为久居之地，不复有意中原。"金朝立刘豫后，高宗更加放弃了还都东京的打算。黄潜善、汪伯彦等放弃中原、苟安东南的主张，被高宗实现了。

一一三○年十一月，前御史中丞秦桧从金朝来到临安。秦桧在金兵攻下东京时，随徽、钦二帝和大臣们被掳走。何㮚等在进入金界途中自杀。秦桧却一直跟到金朝，屈膝投降，又为金军南侵作参谋。秦桧自称从金军逃回，其实是金朝放他回来作内奸。这时，吕颐浩已出为建康府路安抚大使，范宗尹作右相。秦桧由范宗尹引荐，得见高宗。范宗尹进上秦桧代高宗拟好的一封向完颜昌议和的国书。高宗看后，说"桧朴忠过人，朕得之喜而不寐"，遂命刘光世向完颜昌通书致意。高宗任秦桧为礼部尚书，三个月后，又升任参知政事。秦桧自称，他有两策可以耸动天下。一一三一年七月，范宗尹罢相。八月，秦桧受命作右相兼知枢密院事。一一三二年五月，秦桧网罗南宋投降派官员，设置修政局，准备修改南宋的政治、军事体制，以适应降金的需要。七月，左相吕颐浩回朝，与秦桧不和。秦桧抛出他的两策："南人归南，北人归北"，即不但放弃中原，而且把抗金投宋的河北人、中原人全部交还给金朝和刘豫。八月，御史黄龟年弹劾秦桧"专主和议，沮止国家恢复远图"，"植党专权"。吕颐浩也向高宗竭力揭露秦桧。高宗说："秦桧说南人归南，北人归北。我是北人，该归到哪里？"命兵部侍郎綦崈礼（綦音奇 qí，崈同崇）起草制书，谴责秦桧，罢免相位，并告谕朝廷永不再用。

秦桧为相一年,遭到朝臣反对而罢相,但放弃中原,偏安江南,仍然是高宗既定的国策。

镇压农民——金兵南侵、高宗逃窜的过程中,宋朝的溃军乘机四处劫掠,城市乡村都遭到严重的破坏。舒蕲光黄镇抚使李成、蕲黄镇抚使孔彦舟等各领兵数万人,占据州郡,到处杀掠,变成残害人民的盗匪,最后又去投降金朝或刘豫,往来窜扰。御史韩璜描述当时的情况说:"自江西至湖南,无问郡县与村落,极目灰烬,所至残破,十室九空。询其所以,皆缘金人未到而溃散之兵先之,金人既去而袭逐之师继至。官兵盗贼,劫掠一同,城市乡村,搜索殆遍。盗贼既退,疮痍未苏,官吏不务安集而更加刻剥,兵将所过纵暴而唯事诛求,嗷嗷之声,比比皆是,民心散叛,不绝如丝。"南宋王朝暴露了投降逃跑的面目,官吏、兵将和盗匪一样地劫掠刻剥。在此情况下,各地农民纷纷举行了武装起义。

高宗小朝廷把起义群众看作是比金朝更危险的敌人。反对秦桧的吕颐浩也主张"先平内寇,然后可以御外侮"。金兵退后,高宗随即把几个领兵的大将张浚、韩世忠、刘光世、张俊以及张俊统率下的岳飞等部,都从前线调离,大力平定"内寇"。几年之内,他们屠杀的农民,竟达几十万人。对待金朝的"外侮"一意屈辱妥协的高宗小朝廷,就这样在农民的血泊中,建立起黑暗统治。

诋毁王安石——北宋末,钦宗即位,就下诏说:"今日政令，唯尊奉上皇诏书，修复祖宗故事。群臣庶士，亦当讲孔孟之正道，察（王）安石旧说之不当者，羽翼朕志，以济中兴。"随即起用程颐最得意的门生、程学的继承人杨时，作右谏议大夫兼侍讲、国子祭酒。杨时立即上书攻击王安石，说"今日之祸，实安石有以启之。安石挟管、商之术，饰六艺以文奸言，变乱祖宗法度"，请钦宗"毁去（王安石）配享（孔庙）之像，使邪说淫词不为学者之惑"。钦宗下诏罢去王安石孔庙配享，改为从祀。当时太学生多崇信王安石的学说，纷纷起来反驳杨时。御史中丞陈过庭等也上疏对杨时进行弹劾。杨时终于在反对声中被罢免。

高宗刚一建立南宋小朝廷，就又起用杨时为工部侍郎兼内殿侍讲。一一三一年八月，秦桧拜相的第二天，追赠程颐直龙图阁。高宗在制书中称赞程颐是"老师大儒"，"自得于正心诚意之妙"，"高明自得之学，可信不疑"，又攻击王安石等变法派是"曲学阿世"；说褒显程颐，是为了表明"上之所与，在此而不在彼"。范宗尹为相，高宗对他说："人欲明道见礼，非学问不可"，"正心诚意，率由于此"。范宗尹说："人主尤以此为先务"。吕颐浩、秦桧作相，高宗又对他们说："人主之德，莫大于仁。"吕、秦说："圣学高明，以诚、仁二者治心，修身、正家、齐天下有余裕矣。"高宗大力提倡"正心诚意"的程学，崇信程学的儒生都得到任用。士大夫想作官得利禄，便"托其说（程学）以自售"。一时程学大兴,成为作官的捷径。

在高宗和范宗尹、秦桧等倡导下,程颐的门徒,展开了对王安石的围攻。宋朝以科举取士,王安石的"三经新义",在太学生和青年文士中有着广泛的影响。钦宗时杨时曾奏请销毁"三经新义",这时又写出《三经义辨》,从学术上向王安石进攻。一一三五年,杨时病死。高宗特诏褒扬《三经义辨》,又赐其家属银二百两、帛二百匹,作为对杨时反王安石的酬赏。攻击王安石的另一个办法,是篡改历史。高宗任命范冲(范祖禹子)重修《神宗实录》,杨时也著《熙宁日录辨》,对王安石变法的历史事实肆意篡改。再一个办法,是对王安石进行人身攻击。代表作就是邵伯温(邵雍子)的《邵氏闻见录》。邵伯温假托苏洵的名义,伪造《辨奸论》,说邵雍听到杜鹃的叫声,就预测到王安石作相"天下将乱"。邵伯温还编造说:王安石平日不梳头,不洗脸,前生是个獾(音欢 huān),儿子王雱死后下了地狱等等。以荒唐的谩骂,对王安石肆意诋毁。

高宗、杨时等加给王安石的最大罪状是:徽宗、蔡京的亡国和宋朝的南逃,都是由熙宁变法造成的。这当然是自欺欺人。明代的陈汝锜曾反驳说:今史牒具在,凡蔡京所逢迎,"蠹国害民非一政,然何者为熙宁之政?"凡蔡京所交结,如童贯、李彦、梁师成、朱勔、王黼、白时中、李邦彦等等,"何者为熙宁之人?"高宗集团把徽宗、蔡京的亡国,归罪于王安石变法,显然是想借以掩盖投降逃跑的罪责,继续苟且偷安。

控制将帅——高宗狼狈逃窜过程中,不得不允许抗金将帅"便宜从事"。将权日重,就又引起高宗的疑忌。一一三〇年五月,崇奉程学的御史中丞赵鼎奏说:"祖宗于兵政最为留意","太祖和赵普讲明利害,著为令典,万世守之不可失。今诸将各总重兵,不隶三衙,则民政已坏"。"是祖宗之法,废于陛下之手"。高宗会意,下诏限制将帅转移财用和任免官员的权力。六月,又以宰相范宗尹兼知枢密院事,废除南逃时设立的御营司。北宋以来,政治和军事分立两府。仁宗以后,宰相不兼枢密。高宗用宰相兼领军事,说是为了"收兵柄,一赏罚,节财用"。中书舍人季陵又上奏说:"张浚在川陕,区处军事,安置从臣。偏于太专"。一一三一年二月,翰林学士汪藻上"驭将三说",大意说:"诸将过失,不可不治";将领只能听命,不应参预谋划,议论政事;"自古以兵权属人久,未有不为患者","不早图之,后悔无及"。他建议"渐销诸将之权",能驭将才能"弭盗""遏敌"。高宗既要依靠诸将镇压人民起义和抗御金兵,又担心将领功高权大威胁他的统治,陷于难以解决的矛盾当中。北宋建国之初,太祖收兵权,意在防止割据,反映了中央集权和地方割据之争。南宋建国之初,主降的文臣力求控制主战的将帅,意在防止将帅专权抗敌,实质上是反映了投降派和抗战派的斗争,和北宋初的收兵权,性质完全不同。高宗对金朝"且守且和”,对将帅且用且疑,处在重重矛盾之中。

（三）钟相、杨太等领导的农民起义

南宋小朝廷自重建以来,面对金兵的南侵,从河南逃到江南,从江南逃入大海,不惜对金朝屈辱妥协,只求苟安江南,压迫人民大众。广大农民陷入金兵掳掠,官军抢夺,官府、地主加紧压榨的重重迫害之中。一一三一年,江西安抚大使朱胜非描述他所看到的情形说:"来自桂岭,陆行一千七百余里至临江军,所见道上居民及近路村落:自入衡州界,有屋无人;入潭州界,有屋无壁;入袁州界,则人屋俱无。"遭受残酷掠夺的广大农民,不断举行起义,以反抗南宋的黑暗统治。

钟相、杨太起义 一一三〇年春,洞庭湖畔的鼎州爆发了钟相领导的声势浩大的农民起义。

鼎州武陵人钟相领导的起义军原来曾是一支人民抗金队伍。一一二七年春,高宗在南京(商丘)号召各地军兵"勤王"。钟相组织义兵三百人,由钟相子钟昂率领,赶到南京,拥戴高宗反抗金兵的南侵。高宗决策南逃,便又下令将各地前来"勤王"的义兵遣散,要他们"归元来去处,各著生业"。钟昂率领的义兵亲眼看到高宗小朝廷妥协求降的面目,归来的途中更看到各地官军、盗军的劫掠情景。钟相并没有按照高宗的意旨解散回乡的队伍,而是继续结集,结寨自保,并设置旗帜器甲，作起义的准备。荆南一带不断遭到官军和盗军的蹂躏。一一三〇年初，金兵攻陷潭州，大事掳掠后，屠城而去。孔彦舟乘机收集溃兵，占据荆南和鼎、澧诸州，并利用钟相在民间的威信，诈称是"钟相民兵"，四处窜扰。在这样的形势下，钟相毅然举起武装起义的旗帜，号召抗拒孔彦舟的盗军。鼎、澧、荆南各地的人民纷纷响应，农民起义的烈火点燃了。

早在起义的二十多年前，钟相就在武陵一带利用宗教作工具，联络组织农民，宣传反抗思想。史书记载，钟相利用的宗教是不同于佛、道的"左道"。很有可能，这就是方腊起义时利用过的摩尼教。方腊起义失败后，摩尼教仍在各地农民群众间秘密流传，成为他们相互联络、准备起义的工具。宋朝统治者不断下令禁止，对"事魔"的农民严厉镇压。起居舍人王居正向高宗报告说："方腊以前，法禁尚宽，而事魔之俗，犹未至于甚炽。方腊之后，法禁愈严，而事魔之俗愈不可胜禁。""自方腊之平，至今十余年间不幸而死者，不知几千万人矣。"宋朝统治者们，在向金兵屈膝求降的同时，不惜大规模地屠杀"事魔"的农民，宋朝杀人越多，反抗的力量越大。自温州、台州、衢州、徽州、严州、信州以至河南的信阳军、河北的沧州、清州，南到两广、福建，到处都有摩尼教的秘密起义组织。钟相发动起义的荆湖一带，早在唐代宗时，荆州就建有大云光明寺，是摩尼教的一个传布中心。

258

钟相、杨太起义地区图

图例：
- 钟相起义的地点
- 响应起义的州县
- 杨太起义军占领地区

峡州　夷陵　长杨　枝江　荆南府江陵　潜江　宜都　松滋　大　北　路　公安　监利　荆　湖　石门　澧州　江　石首　临湘　慈利　澧阳　安乡　华容　岳州　君山　艑山　巴陵　武陵　鼎州　鼎口　洞庭湖　桃源　德山　辰阳　沅江　平江　沅陵　辰州　资　江　青草湖　卢溪　益阳　牌口　湘阴　辰溪　桥口　湘　宁乡　潭州　长沙　叙浦　安化　荆　湖　南　路　江　湘潭　湘乡

　　长期形成的钟相农民军是一支有组织、有训练的队伍。钟相自称"有神灵与天通，能救人疾患"。向农民宣传说："法分贵贱贫富，非善法也。我行法，当等贵贱，均贫富。"早在五代时，南唐诸祐利用"左道"组织农民起义，就曾提出"吾能使富者贫，贫者富"的口号。钟相继承诸祐和王小波的口号，更加明确地提出"等贵贱,均贫富"的平等、平均思想以反抗官僚、地主的封建统治。"入法"(入教)的民众,分财互助,团结一致,又有自己的武装,有效地抵制了官军和盗军的骚扰。洞庭湖周围各县的广大农民,自备干粮,络绎不绝地到武陵投拜"入法",尊称钟相为"老爷"或"天大圣"。一些士大夫也到这里来避乱。

但是,一一三〇年二月钟相发动武装起义后,并没有停留在宗教组织的范围。钟相立即建立国号大楚,钟相称楚王,钟昂为太子,立年号天战(一作"天载"),建置将相官属。起义军宣布宋朝的国法是"邪法"。焚烧官府、寺观、庙宇和"豪右之家",镇压官吏、僧侣、道士、巫医、卜祝以及跟广大农民结有仇隙的地主富豪。夺取官僚地主的财产还给农民,称为"均平"。起义军的行动,受到广大农民的热烈拥护,说这是"天理当然"。

钟相在武陵发动起义后,鼎州武陵、桃源、龙阳、沅江,澧州澧阳、安乡、石门、慈利,荆南枝江、松滋、公安、石首,潭州益阳、宁乡、湘阴、安化,峡州宜都,岳州华容,辰州沅陵,各地农民群众纷起响应。起义的烈火燃遍了十九个县的广大地区。钟相派出一支农民军攻打桃源县城。知县钱景持率领保甲兵丁来镇压起义,农民军杀钱景持,大败宋兵。两日后,钟相军又攻克澧州,杀宋守臣黄琮,胜利进入州城。

来势迅猛的钟相起义,震撼了南宋王朝。孔彦舟叛军勾结鼎州的地主豪绅，占据鼎州。南宋小朝廷便任命孔彦舟为荆湖南北路捉杀使，让他去镇压钟相起义军。南宋驻守鄂州的宣抚司访察使李允文，派遣统领官安和统步兵入益阳，统制官张崇领战舰入洞庭湖，张奇统水军入澧口，分道镇压起义。

孔彦舟看到不能以战取胜，便另生诡计，向起义军散布说："爷（农民军称钟相为"爷"）若休时我也休，依旧乘舟向东流"，假装无意决战。一面又派人到钟相处，请求"入法"，做打入起义军内部的奸细。钟相没有识破诡计，农民军中混入了内奸。一一三〇年三月，孔彦舟军大举进攻，奸细作内应，起义军兵败。钟相、钟昂父子在山谷中被当地一个地主捉住。孔彦舟将钟相父子押送朝廷处死。钟相发动起义仅仅一个多月，便英勇牺牲了。

南宋王朝处死了钟相，却无法扑灭已被钟相点燃的起义烈火。洞庭湖畔各地的起义农民，在青年领袖杨太领导下，展开了更大规模的持久的战斗。

杨太是随钟相"入法"起义的一位青年农民。当地称兄弟中最小者为"幺"，因此又亲切地叫他"杨幺"或"幺郎"。钟相牺牲后，杨太和农民军首领杨广、夏诚等领导一支农民军占据龙阳县继续战斗。农民军沿洞庭湖分立寨栅，组成了八千人的队伍。

一一三〇年六月，宋朝调任知荆南府程昌寓（音宇yǔ）去鼎州，任鼎澧路镇抚使，镇压起义。程昌寓途经龙阳县境，随从官吏和仆从们上岸掠夺民间财物。杨太部下的水寨首领谢保义，立即指挥起义军出击，缴获了他们在各地搜括的金银财帛等赃物，程昌寓只身逃回公安县，改由陆路绕道到鼎州。程昌寓到任后，指挥官军进攻起义军，并对起义军展开诱降活动。起义军的一个首领杨华叛变，到鼎州投降。程昌寓又命杨华派亲信到杨太军中劝诱诸首领降宋。杨太"极口骂杨华不是丈夫汉"，痛加斥责。接着，便率领水军，到鼎州城下向宋军发动进攻。程昌寓龟缩城内，不敢出战。

杨太起义军以洞庭湖为基地，采集木料，打造战船，训练水军，声势大振。绍兴元年（一一三一年）正月，夏诚指挥的起义军大败程昌寓新组成的水军，获得大批战船。此后起义军又打造了多种样式的车船。每船可载兵千人，用人踏车，可进可退，船上设拍竿长十余丈，上置大石，下作辘轳，遇敌军船近，即用拍竿发石击碎。车船的制造，始于唐代李皋。起义农民在都料匠高宣的指导下，以宋军的车船为样式，进一步提高了打造车船的技术。起义军用车船作战，官船不能接近。起义军水寨数十处，车船数十只，布满洞庭湖边，雄壮非常。继承钟相事业的杨太，不再以攻取州县作为作战目标，而是继承并发展了梁山泊农民起义的传统，在洞庭湖建立了起义据点，形成可攻可守的指挥中心。农民军不断发展壮大。

宋王朝看到程昌寓不是农民军的对手，又在一一三二年十一月，起用李纲作湖广宣抚使，来镇压起义。李纲立即派将官招降溃散的官兵，作镇压农民起义军的准备。朝中一些投降派官僚，担心李纲"剿寇"立功，再被重用，于是纷纷上章攻击李纲是"藩镇跋扈之渐，若久任之，将使军民独知有纲，不知有陛下，知有宣抚司，不知有朝廷"。高宗又把李纲撤职，改派龙图阁直学士折彦质为湖南安抚使，督率潭、鼎、荆南兵，镇压起义。

这时，杨太起义军以洞庭湖水寨为据点，已经发展到二十万人。占领的地区北到公安，西到鼎、澧，东到岳阳，南到长沙。洞庭湖沿岸各州县的广大农村几乎都已为起义军所占有。宋官军所盘据的，只是处在农民起义军包围中的几座州县孤城。一一三三年四月，杨太拥立钟相少子钟义作太子，自号大圣天王，下设三衙等机构。起义军占领地区的农民，在杨太领导下努力发展生产，实现了钟相"田蚕兴旺，生理丰富"的理想，境内人民安乐，物产丰盛。起义军春夏耕耘，秋冬战斗，不断袭击宋军。折彦质部难以前进。

一一三三年六月，宋王朝又增派王𤫥（音泄 xiè）为荆南制置使，领兵六万，会同折彦质等镇压杨太起义军。王𤫥水军攻进杨太大寨，却是一座空寨。原来杨太早已转移到鼎口港地泊驻，伏军待战。十月，王𤫥军赶到鼎口，杨太发动车船迎战。农民起义军车船高数丈，用坚木二尺余，削尖两端作投掷武器，与矢石俱发，叫做"木老鸦"。官军大败。王璨本人也被流矢、木老鸦打中,逃回鼎州,留下统制崔增、吴全据守洞庭湖下游。

崔、吴军守下游,企图与上游程昌寓部官军夹击起义军。杨太军得知后,顺江放下三只大船,船上不树旗枪,也不见人,沉寂无声,交横而下。崔、吴军见了,以为起义军为上游官军杀败,流来空船,于是发动全队舟船,乱次争先,纷纷而上,到了水面宽广处,农民军车船突然擂鼓呐喊,踏车回旋,发动猛攻,迅速地把官军大小数百只战船全部击沉。沙滩上的官军步兵也被起义军消灭。一日之间全歼崔、吴军一万人,获得弓矢甲胄不计其数。起义军获得重大胜利。

这时,王璨还在下汜江口营帐,不知道宋水军全军覆没的消息。农民军百余人穿着新衣,打着鼓板,吹着笛子,弄着气球,到宋军大营,用竹竿挑着一卷文书,喊宋军来取。宋军满以为这是"受招安"的文书,打开一看,原来是农民军缴获的宋朝的官告。农民军使者在旁哈哈大笑说:"崔家水军一万来人,前日晚被我们杀了,一个不存。衣甲、枪刀、旗号、钱粮,一齐属我了也!"农民们在欢笑声中吹笛打鼓扬长而去。当晚,起义军又乘车船相继而来,全装铁甲,各执雁翎长刀,光彩射目。向宋军高喊:"崔增、吴全是天下有名水军,一万来人,只消我三支车船,尽底杀了。你们消得甚的杀也!"二更时,起义军的大小车船无数,大举追袭宋军。宋船两边都被打空,满身中箭。宋军士头破额裂,狼狈逃走。王燮带领残兵败回鄂州。农民军再次取得辉煌的胜利。

起义军乘胜前进。一一三四年七月,进攻鼎州社木寨,又大败宋军,继续获胜。

一一三四年二月间,张浚自西北被召入朝时,路过潭州,曾派枢密院计议官去和折彦质共同策划"招安"农民军,遭到杨太拒绝。这时,刘豫的齐国看到农民起义军胜利发展,也想以"联军灭宋,分地而王",招诱农民起义军。齐"太尉"李成差密使来杨太大寨,送来金帛文书,说愿与水寨首领会合,水陆并进,取宋沿江州县,得县的做知县,得州的做知州。起义军严正拒绝,把来人打发回去。一月后,李成又派三十五人来,带着官诰、金束带、锦战袍、羊羓(音巴 bā)等物,劝诱起义军配合金、齐大军灭宋。农民起义军将这三十五人全部处死,投入江中。高宗得知后,下诏向杨太等诱降,说可以给他个知州的官做,也被杨太拒绝。杨太领导的农民起义军,在阶级斗争和民族斗争的复杂环境中,坚持反对宋朝的统治,又坚持抗拒金、齐,始终如一,大义凛然。

和杨太的正义行为相反,一贯对金屈服的南宋,把农民军看做是比金、齐更为危险的敌人。江西一个地主向高宗上书说:"方今之大患有三:曰金虏,曰伪齐,曰杨幺。然金虏伪齐,皆在他境,而杨幺正在腹内,不可不深虑之，若久不平灭，必滋蔓难图。"侍御史张致远也在一一三五年二月上奏说："金朝侵侮，不过是皮肤病，如果善用药石，就很容易去掉。庶民作乱，是心腹蓄毒，若养而不治，实在难好。洞庭被占据这多年，招安之人屡遣，而大半不还，水陆之师每进，而无敢深入"。这时已掌握军政大权的右相张浚也说："杨幺据洞庭湖，实占上流，不先去之，为腹心害，将无以立国。"对待金朝，宋朝官员中存在着抗战派与投降派的对立，但在镇压农民起义时，他们又完全一致起来。高宗派张浚亲临督战，又下令把精锐的岳飞军从淮西的前线调往洞庭湖。一场血腥的镇压开始了。

宋军这次镇压杨太起义军，按照张浚的主意，改变了历来冬季出师的惯例，选在农忙季节进军，想趁起义军忙于生产，发动突然袭击，同时还想以毁坏田亩禾稼为手段来进行威胁。一一三五年五月，张浚、岳飞领兵到达洞庭湖地区，施展所谓"剿抚并行"的策略，大力开展诱降活动，释放俘虏，重用叛徒，分化瓦解农民起义军。起义军中的黄佐、杨钦，先后叛变，投降岳飞军。六月，杨太大寨由于杨钦等叛变而陷于孤立，被岳飞军攻破。杨太拒不降宋，和钟义泅水突围，被宋军俘虏。杨太被押送到岳飞面前，英勇就义。杨太就义前，仍然高呼钟相称号(老爷)，至死不屈，表现了中国农民不甘屈服于黑暗统治的顽强反抗精神。

杨太就义后，夏诚仍然据水寨固守，继续战斗。岳飞军以巨筏塞置港汊中,用腐木烂草填入行船通道,使起义军车船无法行驶。起义军水寨被攻破。夏诚被俘,也壮烈牺牲。

钟相、杨太领导的洞庭湖农民起义,前后持续六年之久,给南宋王朝以沉重打击。农民起义军依据江湖港汊建立据点,春夏耕耘,秋冬作战,为历史上农民战争积累了宝贵经验。

在钟相、杨太起义的同时和起义失败后,江西、湖南、福建等地的农民群众相继举行起义,不断打击着南宋王朝的统治。

信州王宗石(王念经)起义 一一三〇年四月,在钟相发动起义的同时,信州贵溪县农民在王宗石(王念经)领导下,举行起义。王宗石是当地摩尼教的一位首领,长期以来利用摩尼教组织农民,具有广泛的影响。起义发动后,农民军迅速攻下贵溪、弋阳两县。信州和饶州一带的贫苦农民纷纷加入起义队伍,农民军很快发展到几万人。高宗派辛企宗军去镇压。一月之间,农民军连续战败官军,取得胜利。高宗又调派张浚和刘光世部的王德军,对农民军四面围剿。农民军激烈战斗,王宗石等二十六名领袖战败被俘,被押送到越州的高宗小朝廷,英勇就义。起义发动不到两月,即遭到南宋官军的镇压而失败。起义失败后,刘光世部王德残酷屠杀贵溪、弋阳两县的人民近二十万人。

建州农民起义 一一二九年,苗傅、刘正彦发动政变失败，领兵退走建州。宋朝各路官军进入建州追击，沿途向百姓勒索军需，烧杀劫掠，农民群众被迫迁徙流亡。宋兵擒捕刘、苗去后，建州一带出现严重的灾荒。一一三〇年，建州瓯宁县农民在回源峒发动起义，私盐贩范汝为被推为领袖。八月间，范汝为领导起义军攻入建阳县。宋神武副军都统制李捧率官军三千迎击，被起义军击溃，李捧逃走。农民军迅速发展到数万人。

十月间，南宋小朝廷派朝请郎谢向持金字牌到范汝为军中"招安"。十一月，又派神武副军都统制辛企宗率大兵镇压。辛企宗进驻邵武军，距回源峒二百多里。在宋朝的威胁利诱下，范汝为受"招安"，接受宋朝赐给他的从义郎、福建民兵都统领的官职，受辛企宗节制。范汝为以下的一些首领也接受了宋朝的官职。起义军由于首领叛降而被出卖了。

范汝为投降后，农民军仍在建阳城外驻扎、耕田。当地地主也要向农民军交纳租税。一一三一年二月，高宗诏令辛企宗将农民军"放散""归农"。农民军拒不解散。

建阳农民继续展开斗争。农民丁朝佐领导另一支农民军发动起义。范汝为部下、降宋后称保义郎的熊志宁又率领部分农民军离去，与丁朝佐会合。九月间，丁、熊军进到建州浦城、崇安等县。南宋得报，派江东统制官阎皋统领部下全军镇压丁、熊，又派监察御史胡世将到福建"督捕"。十月九日，胡世将奏报说："汝为自就招安,心怀反侧,仍前剿掠"。高宗立即下诏捕杀范汝为。诏书说:"官军杀获范汝为,与补汝为现带官职"。十月十九日,范汝为率领农民军向建州转移,宋建州守臣逃跑。范汝为入据州城。范汝为部下叶谅等向邵武军进攻。

十一月,御史弹劾辛企宗长期不能"放散"农民军,"拥兵逗留",请另遣将。高宗贬辛企宗,降三官。另派韩世忠领兵入福建镇压。绍兴二年(一一三二年)正月,韩世忠军围攻建州,攻城六日,农民军三万余人战死。范汝为逃回回源峒自杀。宋军到邵武军,叶谅败死。熊志宁接受阎皋的"招安",充当宋军的"前军统领"。

建州起义发动以来,起义农民前后有十余万人,声势是浩大的。但由于农民军领导者的动摇投降,终于遭到宋朝的血腥镇压而失败。广大起义农民作出了重大的牺牲。

但是,起义农民仍在继续战斗。农民军千余人在范忠领导下,转向建州松溪县进攻,杀县尉吴某,又进而打到浙东。十一月,范忠军转战龙泉县,进攻处州,震动了宋朝。十二月,高宗命令神武前军左部统领申世景领兵二千镇压,下诏说:"如不即扑灭","并重置典宪"。宋军到处州,不能得逞。高宗又增派精兵二千会合。范忠农民军寡不敌众,遭到镇压牺牲。

范忠领导的农民军,在范汝为死后,转战闽浙,坚持斗争达一年之久,又一次体现了农民群众反对"招安"、坚持斗争的光荣传统,是值得赞颂的。

吉州彭友起义 一一三〇年,吉州一带的农民也在彭友(一称彭大或彭铁大)、李满(号称"李动天"或"李洞天")、王彦和廖八姑三姐妹的领导下举行起义。起义农民推举彭友等十人作领袖,称为"十大王"。起义军攻占江西、湖南八个县城,起义队伍达几万人。起义军在各地区往来活动,声势越来越大。到一一三三年初,广东、江西等路官吏纷纷向宋朝上奏章,要求调派岳飞军前往镇压。四月,宋朝派岳飞军到吉州。这时彭友已率领农民军转移到雩都(雩音于 yú),联合永新县尹花八等两支农民军三千多人,严阵以待。岳飞军赶到雩都,派出两名"辩士"找彭友劝降,彭友义正辞严地说:"吾宁败,不肯降,毋以虚声恐我!"岳飞指挥官军猛攻山寨,起义军战败,彭友被俘。李满等率领农民军退到固石洞拒守。固石洞山高而险,易守难攻,岳飞驻兵山下,再次派说客到山上劝降,企图动摇农民军的斗志。农民军义愤填膺,表示"虽死无憾",坚决斗争到底。岳飞见诱降不成,又调动骑兵,围住固石山,派步兵强行攻山。起义军腹背受敌,经过激烈战斗,主力大部牺牲,终于失败了。

虔州陈颙起义 一一三一年七月,陈颙(音拥 yóng)领导虔州农民几千人起义,攻打雩都、信丰等县。一一三二年四月,起义军进攻循州,克龙川县。十一月,克武平县,又围梅州。绍兴三年(一一三三年)正月,起义军围攻潮州，不能下，撤回江西。虔州各县农民纷纷起来响应，罗闲十、蓝细禾、钟超等"四百余党，自为头首，各成寨栅"，共有十多万人。各支队伍"结为表里"，建立联盟，共同反抗官军，依靠山区的险要形势，建寨五百多座，活动于广东循、梅、潮、惠、英、韶、广、南雄等州，江西虔州、南安军、建昌军，以及福建汀州、邵武军等广大地区。这年四月，岳飞在镇压吉州农民军以后，又进兵虔州。农民军在兴国县，与官军摆开阵势，英勇战斗。但由于各支农民军队伍缺少统一的指挥，最后被岳飞军各个击破。陈颙、罗闲十、蓝细禾等被俘。陈颙等农民领袖同吉州农民领袖彭友、李满等一起，都被岳飞杀害了。

严州农民起义 王宗石等利用摩尼教起义失败后，摩尼教作为农民群众的秘密组织，仍在江、浙一带继续活动。入教的农民，设置兵器，随时准备"群起举事"。衢州开化县是万山环绕、路不通驿的地区，接近徽、严二州，宋朝统治力量较为薄弱。摩尼教领袖余五婆在这里"传习魔法"，组织农民。一一三三年春，官府发现了余五婆的活动，下令捕治禁止。余五婆随即转移到严州遂安县白马源，隐蔽在教徒缪罗家中。同年三月，缪罗的怨家发现余五婆，向保正告密。保正乘机对缪罗进行敲诈勒索。缪罗杀死保正，发动摩尼教农民起义。起义农民多次打败前来镇压的官军，接连击毙凤林巡检章浦、淳安县尉曹作肃等人。五月，知严州颜为带领临时拼凑的弓手、保甲六千多人，宋朝又派神武中军统制杨沂中领兵三千，会同前往镇压。在决定起义成败的关键时刻，缪罗经不起杨沂中的威胁利诱，接受了杨沂中的"招安"。起义农民仍然坚持与官军作战。但由于缪罗等人的叛变，起义军力量削弱，终于被杨沂中镇压下去，起义军骨干王仓等九十多人被捕牺牲。

郴州宜章县农民起义 一一四〇年，湖南郴州宜章县山区农民在骆科、文遂领导下举行武装起义。起义后，骆科率领义军攻打桂阳、郴、道、连、贺等州的县城。宋朝派统制郝政带领官军镇压，骆科中途叛变，投降官军，义军被打散。但不久之后，义军余部又集结在一起，在邓宁、李定等人的领导下，继续战斗。义军的另一部分在欧幼四的领导下，以桂阳监临武峒为据点，发展到几千人，屡次打败官军，攻克了蓝山县。直到一一四一年十月，这几支农民军才被宋军镇压而最后失败。

（四）抗战与投降的斗争

高宗统治集团残酷地镇压了农民起义。但是农民群众此仆彼起的英勇斗争，显示了自己的强大力量。它明确地告诉了人们：如果金兵南侵，南宋小朝廷再要投降逃跑，就难免被人民群众的巨掌所葬埋。

高宗集团一味妥协苟安的政策，并不能阻止金朝的继续南侵。刘豫傀儡政权"大齐"建立后，金朝一面支持刘豫南侵宋朝，一面继续派出金兵南下侵掠。在这样的形势下，南宋王朝是抗战还是投降，仍然是摆在高宗统治集团面前的一个十分尖锐的问题。朝廷中形成以岳飞等为代表的抗战派和以秦桧为代表的投降派，进行了反复的斗争。

在以偏安东南为既定国策的高宗集团统治下，南宋抗战与投降的过程大致是：当着金、齐发动南侵，战争威胁到南宋的统治时，高宗不得不任用抗战派抵抗敌兵；当着抗敌获胜，将领们权势增强，而金朝又采取"以和议佐攻战"来诱降时，高宗就又信用投降派屈膝求和；南宋的屈辱招致金兵的再度南侵，高宗被迫再次起用抗战派将领；抗战派再度抗敌获胜，高宗和投降派就又在胜利形势下，再来求降。自高宗迁都临安以来的约三十年间，伴随着宋、金斗争和南宋王朝内部斗争的发展，南宋王朝大体经历了抗战——投降——再抗战——再投降这样一个历史过程。

一、保卫川陕和收复襄阳的胜利

从一一三三年到一一三六年的三年间，金朝南侵军一面在川陕地区继续向南宋进攻，一面支持刘豫的齐国从中原地区南下，同南宋展开激战。吴玠军打退金军，保卫了川陕。岳飞军战败金、齐，取得了收复襄阳六郡的胜利。

川陕之战——金宗弼军自和尚原之战败退后，金朝又派撒离合屯兵凤翔，与宋吴玠军对峙。绍兴三年（一一三三年）正月，撒离合绕开和尚原，率主力东进，攻下金州，沿汉水西上，进攻兴元，宋王彦军败走。知兴元府刘子羽派统制田晟带兵据守金州石泉县西的饶风关，向吴玠告急。吴玠亲自领兵从凤州河池县启程，日夜行三百里，在金军到达前，赶到饶风关，会合王彦军及抗金义军一万三千人守关。金军没有料到吴玠军来得这样快，赶忙发动猛攻。攻关六昼夜不能下。吴玠部下一个将官叛变，向金军告密，金军从小道绕到饶风关后，两面夹击，宋军只好撤退。饶风关失守。王彦退守达州，吴玠退守仙人关，刘子羽退守潭毒山。金军到川陕界上的金牛镇，不见宋军踪影，怀疑有埋伏，不敢深入，退军兴元，然后又从斜谷撤退。吴玠派兵追袭，金军大败，死亡一千多人，丧失了全部辎重。刘子羽趁势进兵，收复兴元、洋州等地，王彦收复金州等地，全部恢复了战前局面。宋军在川陕保卫战中取得了胜利。

一一三四年二月，宗弼、撒离合又协同齐国的刘夔率十万骑兵从宝鸡入侵仙人关。吴玠军万人在杀金坪抵御。吴璘领兵由七方关急援，转战七昼夜，与吴玠合兵。三月，金兵进攻关隘，身披重铠，用铁钩相连，鱼贯而上。吴璘督军死战，矢下如雨，金兵死尸层层堆积。撒离合改用火攻，又被宋统领姚仲设法扑灭。吴玠派统制杨政、统领田晟率军出击，战场上火炬照亮了群山，战鼓声震动天地。次日夜间，吴玠又派统领王喜、王武率勇敢战士，分紫、白两色旗帜杀入金营，宋军全力奋战，金军不支，连夜撤走，退守凤翔。吴玠、吴璘军奋勇战斗，又一次胜利地保卫了川陕。吴玠升任川陕宣抚副使，又乘胜收复凤、秦、陇诸州。

收复襄阳——中原战场上，宋、齐间不断发生小规模战事。一一三三年二月，襄阳镇抚使李横会合右武大夫牛皋等收复颍昌。刘豫派宋朝叛将李成率二万人迎战，又向金朝求救兵。金宗弼领大军来侵，李横败退，襄阳、颍昌失守。五月，高宗下令沿边诸将不得"侵犯齐界"，派韩肖胄等去金朝求和。十一月，韩肖胄回朝，金使李永寿来宋，要挟宋朝归还齐俘虏和在东南的西北士民，并要求以长江为界，把江北地方全部给刘豫。金使的无理要求，激起宋朝抗战派将士的愤怒。广州一个监管盐税的官员吴绅上书，请高宗亲征，讨伐刘豫。殿中侍御史常同对高宗说："先振国威，则和战常在我。若一意议和，则和战常在彼。""未闻二十万兵而畏人者也"。岳飞建议出兵，收复襄阳六郡，恢复中原。岳飞收复建康后，被任命为通、泰州镇抚使，守卫长江下游。在一一三一年到一一三三年两年多的时间中，岳飞忠实地执行南宋王朝"荡清内寇"的使命，转战湘赣间，讨伐李成等盗军，又残酷地镇压了虔州和吉州等地的农民起义，因而得到高宗的赏识和信任。高宗亲自召见岳飞,特赐"精忠岳飞"的军旗,提升他为镇南军承宣使、江南西路舒蕲州制置使,驻军江州。岳飞连续上疏,建议出兵北上,进取襄樊。岳飞的建议得到宰相朱胜非和参知政事赵鼎的支持。赵鼎荐任岳飞为统帅。牛皋进见高宗,说"刘豫必灭,中原可复",受命率部去江州,归岳飞指挥。

高宗迫于形势,不得不派岳飞出兵抗战,但仍然无意恢复中原。在岳飞出兵前,就先规定了种种限制。南宋朝廷用"三省枢密院同奉圣旨"的名义,向岳飞明确规定:只准"收复襄阳府、唐、邓、随、郢州、信阳军六郡地土","不得辄出上件州军界分"。敌军"若逃遁出界,不须远追";"亦不得张皇事势,夸大过当,或称'提兵北伐',或言'收复汴京'之类,却致引惹"。还规定:事毕,大军复回江上屯驻。

一一三四年五月,岳飞接受了新任命给他的镇南军承宣使、江南西路舒蕲州制置使兼黄复州汉阳军德安府制置使等本兼各职,率领大军,浩浩荡荡地出发了。岳飞命令军士,所过各处,不准残害民众,不准侵犯禾稼。渡江时,他在船上对幕僚们说:"飞不擒贼,不再渡江!"岳飞军旗开得胜,一举攻下郢州,齐守将京超自杀。岳军兵分两路:张宪、徐庆分兵攻随州,岳飞亲率大军直趋襄阳,军声大振。齐将李成出襄阳四十里迎战,岳飞看到李成列阵后,说:"步兵利险阻,骑兵利平旷,李成左列骑兵于江岸,右列步兵于平地,兵虽多至十万，有什么用呢？"举鞭命王贵以长枪步卒攻击李成的骑兵，命牛皋领骑兵攻击李成的步兵。李成军大败，死伤无数，李成夜中逃跑，岳飞顺利收复襄阳。随后又派牛皋增援张宪、徐庆，很快攻克随州，生擒齐将王嵩，俘虏五千人。李成自襄阳败退后，又纠集兵马与金军汇合，在邓州西北列寨三十几所，准备与宋军决战。岳飞把军队分成几支，发动突袭和两面夹击，把李成军再次击溃，一鼓作气连续收复了邓州、唐州和信阳军。这年七月，岳飞便完全按照预定的计划，胜利地收复了襄阳等六郡，屯兵鄂州。

捷报传来，整个临安轰动了。高宗慨叹说："不知他能破敌立功到如此地步！"随即升任岳飞为清远军节度使、湖北路荆襄潭州制置使，统辖襄阳府路。不久又晋封为武昌开国侯。宋朝建国以来，作为最高荣誉官衔的节度使，从来不轻易授人。这时南宋带节度使衔的，也只有刘光世、韩世忠、张俊三个大将。几年前，还是个普通军官(统制)的岳飞，还只三十二岁，便建节封侯，这在宋朝的历史上，是从来没有过的。但是，这时的岳飞却把功名看作尘土，念念不忘的是乘胜收复中原。他在鄂州作《黄鹤楼》词说："何日请缨提劲旅？一鞭直渡清河洛。"直渡黄河，北上抗敌，一直是岳飞的高远理想。但这就和高宗苟安东南的国策处在了相矛盾的境地。岳飞直上青云，功高位显，也开始陷入了高宗统治集团的疑忌之中。

打退金、齐——一一三四年九月，金朝又纠合刘豫，发兵南侵。金兵五万，由宗弼等率领，齐兵由刘豫子刘麟率领。金、齐兵绕开岳飞和吴玠的防区，自泗州和楚州两地渡淮南侵。知楚州樊序弃城逃走，淮东宣抚使韩世忠自承州退守镇江。高宗得报，惊惶失措，又和投降派朝臣议论着逃跑避难。宰相赵鼎（一一三四年任相）和参知政事沈与求等都劝高宗"御驾亲征"。高宗仓促间派刘光世、韩世忠、张俊分别率军赴建康、扬州、当涂防守。

宋军将士奋勇杀敌。十月，金兵进至扬州大仪镇，韩世忠军迎战。金兵大败，将官挞也被擒。韩军前军统制解元和部将成闵在承州败金兵。韩世忠大军追至淮水，金军溃败而逃。韩军进驻楚州。

十月，金兵主力侵犯淮西。十二月初，宋庐州军败，退守城内。岳飞部受命来援。牛皋、徐庆在庐州城外击败金兵，追袭三十余里，金兵败走。

金、齐兵在淮东、淮西连续被挫败，便在这年年底收兵而去。

金兵退后，一一三五年二月，赵鼎、张浚分任左、右相。高宗命张浚、岳飞领兵镇压了杨太领导的农民起义队伍。事过之后，张浚回朝，又向高宗建议，北伐刘豫，恢复中原。

一一三六年二月，张浚以宰相兼都督诸路军马事的身分，召各路将领到平江府集议北伐。议定由韩世忠军出楚州攻淮阳，刘光世屯合肥，张俊屯盱眙，岳飞驻襄阳，作进取中原的准备。

岳飞军受命，进驻襄阳，八月间出征。前锋军顺利攻占了虢州卢氏县城，又收复了长水县。十一月，岳军王贵、董先、牛皋等部在唐州北大败齐兵，进抵蔡州境内，距离东京不远了。蔡州齐兵防守坚固。岳飞向朝廷请示进止，高宗回答说："兵家不虑胜，惟虑败，万一小跌，不知如何！"下诏要岳飞回师。岳飞奉诏退兵，敌军来追。岳飞又乘势在唐州山林内设下伏兵，出其不意，围歼敌人的追兵，生擒敌兵几千人、战马三千匹，获得大胜利。岳飞和部属们议论着，总有一天要打到金朝的巢穴，"直抵黄龙，与诸君痛饮！"但岳飞军仍不得不奉命退守鄂州。岳飞在鄂州"仰天长啸，壮怀激烈"，吟成一曲传诵的歌词《满江红》。岳飞在词中慨叹"三十功名尘与土，八千里路云和月"，向往着"驾长车，踏破贺兰山缺"，"待从头，收拾旧山河"。岳飞出兵节节获胜，北上抗敌的意志越来越高昂，和高宗苟安东南的国策，矛盾也越来越大了。

刘豫傀儡政权见张浚部署北伐，岳飞出征，便赶忙向金朝求救。这时，金太宗已在一一三五年死去，完颜亶（金熙宗。亶音但 dàn）继位，对刘豫置之不理。刘豫不得不孤注一掷，倾巢而出。一一三六年九月，发大兵出击。兵分三路：中路刘麟一军，经寿春，攻庐州；东路刘猊（音泥 ní）一军，出涡口，攻定远，兵锋直指宣、徽二州；西路宋朝的叛将孔彦舟一军，由光州，攻六安。东路军至淮东，被韩世忠军阻挡，退回顺昌府；西路军攻光州不能下。只有进攻庐州的刘麟中路军渡过淮水到达寿春、濠州之间，刘光世放弃庐州。

张浚部署军事后，请高宗进驻建康。高宗到平江府，开始犹豫踌躇，宰相赵鼎和签书枢密院事折彦质等从而提出"皇帝回銮"的建议。刘光世得到折彦质的支持，自庐州退保当涂。张浚从前线归来，竭力反对，请高宗写御笔军令"有不用命，当依军法从事"，急令刘光世回庐州抗敌。刘光世被迫回军，刘麟的齐军正向庐州杀来。两军相遇。刘光世部将王德、郦琼（郦音丽lì）部在淮河南岸霍丘附近大败齐兵，刘麟败退。张浚派杨沂中部援淮西，在藕塘大败齐刘猊军，齐兵纷纷投降。杨沂中与王德部合兵追击刘麟至南寿春，刘麟大败而逃。围攻光州的孔彦舟听说主力军败，也慌忙撤兵逃走。刘豫齐军的进攻被彻底粉碎了。

战争过后，张浚面见高宗，请求罢免刘光世兵权。赵鼎反对，因而辞相。一一三七年八月，张浚罢免刘光世，命王德统军。郦琼不服，率领淮西兵四万人投降刘豫，朝廷震动。张浚因处置失宜，引咎辞相。高宗再用赵鼎为相，作议和的准备。

二、屈辱的"和议"

刘豫南侵，被宋军打得狼狈逃窜，金朝统治者更加感到刘豫的无用，便在一一三七年十一月明令宣布废掉刘豫的齐国。这时，金朝统治者面临的问题是：继续以会宁府为中心发展它的奴隶制统治，还是直接统治封建制的中原地区。对待这个重大的问题，金朝贵族内部出现了两种不同的主张。金熙宗采纳完颜宗磐、完颜昌的建策，准备把刘豫统治的河南、陕西地区交给宋朝，而要高宗象刘豫那样地向金称臣，贡纳岁币。这实际上是在宋军得胜的形势下，把南宋变成和齐国一样的属邦。金熙宗决策后，便派遣宋朝在金的使臣王伦回朝，向高宗诱降。

绍兴七年（一一三七年）十二月，王伦向高宗奏报了完颜昌的口信："好报江南，自今道途无壅，和议可成。"一意追求妥协苟安的高宗，得报大喜，厚赏王伦。数日前，高宗说："若金人能从朕所求，其余一切非所较也。"这就是说，只要金朝许和，一切条件都可接受。次年三月，任命秦桧作右相，作向金投降的准备。

这时，北宋的亡国之君徽宗，已在金朝死去。王伦回来说，如果议和，金朝允许送还"梓宫"（皇帝棺枢），高宗更加感激，急于求和。抗战派将领正在乘胜备战，指望进兵中原。听说要议和，群情激愤。绍兴八年（一一三八年）正月，赵鼎对高宗说："士大夫多言中原有可复之势，宜便进兵。恐他时不免议论，谓朝廷失此机会，请召诸大将问计。"高宗说："不须恤此！今日梓宫、太后、渊圣皇帝（钦宗）皆未还，不和则无可还之理。"高宗决意求和，对反和的意见一律严厉拒绝。

宋、金使臣往来议和。一一三八年七月间，王伦再次去金朝商议地界。高宗、秦桧主张，只要许和，地界划到哪里都可。王伦请问赵鼎。赵鼎说当依钦宗时的旧约，以黄河旧河（黄河旧道自山东滨县南入海）为界，不能以新河清河为界（黄河改道后，自江苏清河县入淮）。不然，就罢议。秦桧与赵鼎意见不和。枢密副使王庶也一再上书，坚决反对和议。秦桧向高宗说："若陛下决欲讲和，乞陛下英断，独与臣议其事，不许群臣干预，则其事乃可成。"高宗完全同意，说："朕当与卿议。"十月间，赵鼎被罢相，出知绍兴府。秦桧独揽相权，加紧"讲和"的活动。

十月，金朝派萧哲为江南诏谕使来宋，要高宗跪拜授受诏书。金使不称宋国而称江南，不称"通问"而称"诏谕"，明白地把南宋看成齐国一样的属邦。金朝所谓"和议"的实质完全暴露，朝野抗战派官员掀起了反投降的热潮。

抗战派将领张浚连续五次上书，激切反对"和议"。韩世忠奏请拒绝"议和"，立即决战，愿在金兵势最重处抗敌。岳飞奏称"金人不可信，和好不可恃"，直接指责秦桧："相臣谋国不臧，恐贻后世讥。"枢密副使王庶再次上书，说现在群议汹汹，和战是存亡所系。他建议高宗"深戒前辙"，"与中外知兵大臣谋长久保邦至计"。秦桧罢免王庶，出知潭州，改任附和议和的参知政事孙近同知枢密院事。

兵部侍郎张焘和吏部侍郎晏敦复等人联名上奏说："今日屈己之事，陛下以为可，士大夫不以为可，民庶不以为可，军士不以为可，如是而求成，臣等窃惑之。"馆职官员胡珵（音呈 chéng）等人联名上书，揭穿金朝的"和议"是"弛我边备"，"竭我国力"，"解体我将帅"，"懈缓我不共戴天之仇"。礼部侍郎曾开更指出，金朝同意议和，并不是高宗屈己所得而是为军民坚决作战所迫。不当议和，而当增修武备，"发扬征讨之令"，乘机进兵。枢密院编修官胡铨上疏，请斩秦桧、孙近、王伦。疏中说："愿斩三人头，竿之藁街（藁音搞 gǎo），然后羁留敌使，责以无礼，徐兴问罪之师，则三军之士不战而气自倍。不然，臣有赴东海而死，宁能处小朝廷以求活耶？"民间把胡铨奏疏刻板传诵，流布四方。胡铨等人的言论，反映了广大人民群众的呼声和愤怒，因而获得了广泛的支持。高宗、秦桧惊怒交加，说胡铨"狂妄上书，语言凶悖，仍多散副本，意在鼓众劫持朝廷"。胡铨被罢官，送昭州编管。

反和舆论高涨，秦桧无法制止。中书舍人勾龙（姓）如渊（名）向秦桧建议，选择台官（御史台），就可控制言路。秦桧罢免反和的台官张戒、萧振等，用党羽勾龙如渊为御史中丞、施庭臣为侍御史，控制言论。高宗下诏，用"孝""悌"之道来为投降辩解，说："朕以梓宫未还，母后在远，陵寝宫庙，久稽洒扫，兄弟宗族，未得会聚,南北军民十余年间不得休息,欲屈己求和。"原宗正少卿冯檝(音级 jí)随声附和,上疏赞颂和议,是"一举而兼备孝、弟、仁、慈四德"。秦桧立即恢复冯檝宗正少卿原官,叫他与王伦同见金使议事。高宗、秦桧罢斥抗战派,起用投降派,控制反和言论,不惜使用一切手段,一意投降。

绍兴八年十二月,秦桧代表高宗拜受金朝诏书,接受"和议"。金朝把陕西、河南地"赐"给宋朝,宋向金称臣,每年贡银二十五万两、绢二十五万匹。金朝归还徽宗和皇后的棺木。这样,高宗便在抗金得胜的有利形势下,成了金朝的臣属。

高宗、秦桧投降成功,大事庆祝,命百官进呈贺表,加官进爵。抗战将领吴玠等拒不上表。岳飞拒不接受加官,说"今日之事,可忧而不可贺,勿宜论功行赏,取笑敌人"。兵部侍郎张焘六月间去洛阳,回临安后向高宗报告,金朝仍在备战,建议加强边防。高宗,秦桧不理。

三、顺昌和郾城抗金战争的胜利

不出人们的预料,仅仅一年多后,金兵又大举南侵了。

金朝统治集团内的派别斗争,在一一三九年秋季,发展到极为激烈的地步。金熙宗以谋反的罪名,处死了完颜昌等贵族。完颜宗弼、宗干等掌握了大权。宗弼等反对把陕西、河南地交给宋朝,决意发兵夺回,并继续南下侵宋。——四〇年五月，金军以宗弼为统帅，兵分四路南侵。聂儿兵出山东，完颜杲入陕西，李成入西京，宗弼率孔彦舟、郦琼、赵荣兵十余万取汴梁。"和议"以后，高宗群臣根本没有部署边防，中原没有任何备战设施。各地守官仍然是金、齐旧官，金兵打来，纷纷迎降。不到一月，根据和议金"赐"宋的土地，全被金夺去。金兵进而威胁淮南。

面对着宋朝覆灭的危险，高宗又只好下令各军进行抵抗。说："昨者金国许归河南诸路及还梓宫、母、兄。朕念为人子弟当申孝悌之义，为民父母当兴拯救之思，是以不殚（音丹 dān）屈己，连遣信使，奉表称臣，礼意备厚。……不谓设为诡计，方接使人，便复兴兵。……仰诸路大帅各竭忠力，以图国家大计。"抗金令下，宋、金间展开规模空前的激战。

顺昌之战——一一四〇年五月，新任东京副留守刘锜，率王彦旧部八字军（王彦已于一一三九年去世），自水路赴任，至顺昌，闻金军已毁约破东京，进入陈州，决计坚守顺昌，反击金军，赢得了著名的顺昌大捷。

刘锜到达顺昌，听到金军将至，他下令把船只凿沉，决心坚守。八字军士气昂扬，妇女们也磨刀擦枪准备战斗。五月底，金军三万包围顺昌。刘锜令大开城门，金军疑惧，不敢轻进。守军先用强弓劲弩射敌，接着步兵冲击，杀败金兵，金军退兵二十里。夜间，浓云密布，闪电四起，刘锜命勇将阎充率五百壮士袭金营，大胜，金兵又退十五里。次夜，天气依旧，刘锜又命壮士百人直袭金营，金军大乱，终夜自相混战，大败而退。宗弼在开封听到败报，亲率大军十万来援。刘锜只有二万人，能够出击的不过五千。宗弼到达城下，大骂诸将无能，诸将说："今天的南军用兵，不比往昔。"刘锜派人到金营约战，宗弼大怒说："你们这座城，我用靴尖就可踢倒它！"第二天，金军渡河抵城下，宋军以逸待劳，部队轮番休息，与金军相持到中午。金军是昼夜兼程赶来，本已疲敝，加上天气炎热，人马又饥又渴。宋军早已在颍河上流和城外草丛撒下毒药，金人马食用水草后中毒。刘锜趁机发兵出击，直捣宗弼中军，宋军备战，大败金军。次日又值大雨，宗弼不敢再战，下令拔营退兵。刘锜乘胜追击，宗弼只好令其三千牙兵（侍卫亲军）迎战。这是金军的精锐，披重铠甲，戴铁兜，号"铁浮图"（铁塔）。刘锜军先用长枪挑其铁兜，继用大斧砍杀，金军这支精锐部队，被杀得十去七、八。宗弼鞭打了韩常以下将官，狼狈逃回汴京，遗弃器物，堆积如山。顺昌之役，宋军以少胜多，震动了金朝。金朝把燕京珍宝北运，准备逃跑。被拘留在金的宋使洪皓看到这种情况，曾派密使回报宋廷，建议乘胜出兵直追。高宗、秦桧不听，严令刘锜退军。

顺昌大捷的同时，韩世忠派统制官王胜，收复海州。归于张俊部下的王德军，收复了宿州、亳州。

川陕保卫战——宋、金定约后，朝廷令川陕宣抚副使胡世将撤回前线戍兵，关隘撤去守备。一一四〇年三月，张焘受任成都府路安抚使，路上听说金人有败盟的动向，告诉胡世将说："和尚原最为要冲，如和尚原失守，四川就不保了。"胡世将请张焘代奏朝廷：事势危急，应调回戍守陕西的右护军，再屯蜀口。

五月，金人进犯凤翔府的石壁寨。这时，吴玠已死，右护军都统制吴璘派统制官姚仲等拒敌。姚仲亲自督战，金将折合受伤，退屯武功。

六月，吴璘和都统制杨政与金军约定日期会战，完颜杲派三千骑兵直冲宋军，都统制李师颜等以骑兵迎击，金兵退入扶风县城。李师颜等攻下扶风，完颜杲亲自领兵出战，又被姚仲等战败。都统制郭浩派兵收复醴州。

完颜杲与吴璘、杨政夹渭河而阵，吴璘驻兵大虫岭，完颜杲不能取胜，退回凤翔。自凤翔攻打泾州，击败泾原经略使田晟所部宋军，但金军也损失惨重，退守凤翔，不再出战。金兵侵占和尚原进攻四川的计划被挫败了。

郾城之战——战果最为辉煌的，是岳飞统帅的"岳家军"在郾城的大捷。顺昌大捷后，岳飞从驻地德安府，率军出发，大举北伐。高宗、秦桧又想趁机乞和，六月间派司农少卿李若虚到岳飞军中，传送"不得轻动、宜且班师"的命令。李若虚还未到，岳飞大军已经北进。李若虚赶上，见到岳飞军胜利前进，对岳飞说："现在既已发兵，不应仓促班师。朝廷如果追究不肯奉命停师之罪，由我承担。"岳飞得到李若虚的支持，按原计划向北推进，派张宪、王贵、牛皋、徐庆、董先、杨再兴等分路进攻，又命梁兴(原是太行山抗金民兵首领)渡河，集结"忠义巡社"，攻取河东、河北州县。岳飞自率主力，直取中原。

不久，诸路告捷。闰六月，张宪打败韩常军，攻克颍昌府，又与牛皋、徐庆会师，攻克陈州。王贵部将杨成、张应、韩清等收复郑州。七月初，郝晸(音枕 zhěn)等收复西京洛阳，张应、韩清又与河南兵马钤辖李兴会合，收复永安军。在这样强大的攻势下，宗弼被迫率领主力与岳飞亲率的主力军七月八日在郾城决战。金军以"铁浮图"居中，以号称"拐子马"的两翼骑兵居左右，列阵进攻。岳飞指挥儿子岳云等率军应战，令将士手持刀斧，冲入敌阵，上砍敌人，下砍马

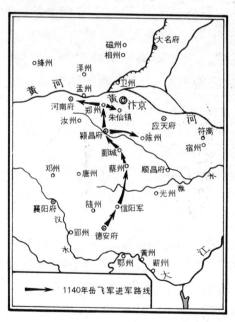

→ 1140年岳飞军进军路线

足。杨再兴单骑闯入敌军，打算活捉宗弼，受伤数十处，杀死敌军数百人，又杀出敌阵。两军鏖战到天色将黑，金军败退。岳飞军取得郾城大捷。

宗弼在郾城败后，又在七月中率兵十二万进逼临颍。岳飞督军迎战。杨再兴率三百骑做前哨，在小商桥与金军大军遭遇，杀敌两千余人，杨再兴英勇牺牲。张宪率大军赶到，连战皆捷，金军夜遁。宗弼重整军马改攻颍昌，岳飞早就料到，已派王贵、岳云率兵防守。王贵、岳云率军与金兵大战，岳云手执一对铁椎，率八百骑，往来冲杀，两翼步兵继进，董先、胡清又从城中发兵增援，金兵再次大败，宗弼逃窜。

岳飞军这次作战，得到太行山和两河义军的有力配合。梁兴约会太行山义士和两河豪杰赵云、李进、董荣、牛显、张峪等，破金人于垣曲、沁水、济源。乔握坚等收复赵州，李宝收复兴仁。梁兴在河北攻取怀、卫二州，大破宗弼军，截断了金军从山东到河北的运输通道。老百姓拉车牵牛运送粮食给义军。岳飞注重联络河朔抗金义兵的工作已有十多年，现在取得显著效果。河北、河东人民广泛发动起来，支持"岳家军"，给金兵以极大威胁。

"撼山易，撼岳家军难!"金军已被"岳家军"打得闻风丧胆了。金将投降或准备投降的很多。自燕京以南，金朝的号令不行。宗弼想签军（征兵）继续抵抗，没有人肯从军。宗弼叹息说："自我起兵北方以来，没有像今日这样挫败过。"他不敢再战，准备从开封北撤。

岳飞立即向高宗报告了宗弼已令其老小渡河的消息，说这是"陛下中兴之机"，"金贼必亡之日"，请求赶快命令各路兵火急并进，发动总攻。岳飞自郾城进军朱仙镇，距东京开封只有四十五里了。岳飞全军将士急切地等待着渡河进军的命令。高宗、秦桧却在胜利面前，再一次停战求和。

高宗、秦桧一面急令张俊、杨沂中等从宿州、亳州和泗州撤军，使岳飞军陷于孤立；一面又以"孤军不可久留"为理由，勒令岳飞退兵。岳飞上书力争，说："金贼锐气沮丧，内外震骇，欲弃其辎重，疾走渡河。况今豪杰向风，士卒用命，天时人事，强弱已见，功及垂成，时不再来，机难轻失。"高宗、秦桧一天之内，连下十二道金牌（朱漆木牌上写金字，有紧急军机，由皇帝直接发出），迫令岳飞退兵。岳飞悲愤交集，慨叹道："十年之功，废于一旦！"只得先扬言要渡河进攻，迷惑金军，然后下令从郾城撤退。当地人民拦住岳飞马，说："我等顶香盆，运粮草，迎接官兵，金人都知道，将军走后，我们还能活吗？"岳飞悲痛流泪，取诏书给他们看，说："我不得擅留！"岳飞下令，留兵五日，保护人民南撤。

七月间，岳飞军退守鄂州，已收复的郑州、颍昌、蔡州、淮宁等大片土地，又被金军夺去。

韩世忠、刘光世、刘锜等军纷纷从前线撤回。刚从临安出发、领兵出泗上的淮北宣抚副使杨沂中，在宿州

290

中金兵埋伏,军溃。

四、高宗、秦桧集团的投降活动

以妥协苟安为国策的宋高宗,在大敌当前,不得不战的形势下,下令抗金,但目的仍在战后求和,并无北上恢复的打算。六月间,顺昌之战时,枢密院颁下檄书,引录高宗的话说:"本欲为民而吊伐,岂忍多杀以示威! 誓与华夷,捐除首恶,期使南北,共享太平。"明白宣布战争只在"生擒兀朮(宗弼)",恢复南北"共享太平"的"和议"。高宗时刻担心战争的胜利发展,影响和议,又时刻担心将帅权大,威胁朝廷。他对张俊说:"你读过郭子仪传么? 子仪总重兵处外,而心尊朝廷,或有诏至,即日就道。"又说:"若恃兵权之重而轻视朝廷,有命不即禀,非特子孙不能享福,自身也要有不测之祸。"岳飞始终反对苟安,坚持抗战,以"直抵黄龙"为目标,越是作战得胜,功高望重,越是触犯高宗的大忌。两种不同观点的对立,日益尖锐,岳飞的"不测之祸"临头了。

一一四一年二月,宗弼统领的金兵从汴京再犯淮北,高宗命诸将合兵淮西,杨沂中与刘锜、王德等部在柘皋镇大败金兵,收复庐州。岳飞奉诏出援,兵行至舒、蕲间,金兵已败退。岳飞还师。四月,秦桧和他的死党参知政事王次翁、给事中范同等计议,以酬赏柘皋之捷为名,把韩世忠、张俊、岳飞召到临安。高宗任张俊、韩世忠为枢密使、岳飞为副，一举收回了三大帅在外的兵权。张俊这时依附秦桧主和。韩、岳成为秦桧的大敌。

宗弼败后，派密使告秦桧说："你朝夕请和，岳飞却正想图河北，必杀岳飞，才可议和。"金军明确提出杀岳飞为议和的条件。高宗、秦桧密谋实现这个条件求和。

七月间，秦桧党羽、右谏议大夫万俟卨（音莫齐谢 mò qí xiè）首先上章弹劾岳飞。罪状一是柘皋之役，迟迟不出兵；一是依据张俊的谣传，说岳飞主张放弃楚州。投降派使用倒打一耙的手段，把不战和弃地的罪名强加给坚持抗战的岳飞，请罢免岳飞的枢密副使。御史台官何铸、罗汝楫等也交章弹劾，请求"速赐处分"。岳飞被罢官出朝。秦桧一伙随后又伙同张俊收买岳飞部将王贵部下的副统制王俊，指使王俊诬告张宪与岳云谋反，把张宪、岳云逮捕下狱。岳飞这时住在庐山，秦桧派杨沂中到庐山把岳飞诱骗到临安，以谋反罪名下狱。岳飞长叹道："我方知已落秦桧奸贼之手，使我为国忠心，一旦都休！"

岳飞被捕入狱。高宗、秦桧加紧向金朝求降。一一四一年十月，高宗派吏部侍郎魏良臣等使金，在宗弼面前"再三叩头，哀求甚切"，宗弼才准议和。韩世忠连续上章反对和议，力陈秦桧误国。韩世忠因此罢枢密使。

十一月，金朝派使臣萧毅到"江南抚谕"，规定宋朝

投降条款：东自淮水中流、西至大散关为界，京西割唐、邓二州，陕西割商、秦二州之半。宋朝仍向金称臣，

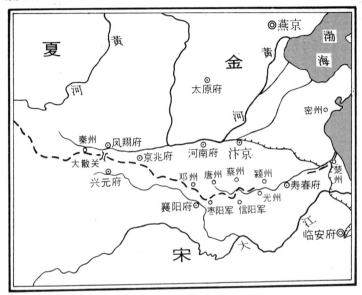

公元1141年宋金分界线

贡纳银绢。

高宗投降成功，向金帝进誓表，写道："臣构言：既蒙恩造，许备藩方，世世子孙，谨守臣节。每年皇帝(金帝)生辰并正旦，遣使称贺不绝。岁贡银、绢各二十五万两、匹。"金朝派使臣册封高宗为宋国皇帝，规定宋国不得随意更换宰相。在宋朝抗金大胜之后，高宗割去更多的土地，继续充当金朝的藩臣。

高宗、秦桧如愿以偿地屈膝投降后，便又按照金朝

293

的意旨,谋杀岳飞。岳飞和子岳云、部将张宪等,在狱中遭受百般毒打逼供。秦桧、万俟卨等始终找不到岳飞谋反的任何证据,但还是要以谋反罪处死。已被罢免枢密使的韩世忠去向秦桧质问,秦桧回答说:"飞子云与张宪书虽不明,其事体莫须有(或许有)。"韩世忠愤慨地说:"'莫须有'三字何以服天下?"绍兴十一年(一一四一年)十二月,高宗、秦桧终于以"莫须有"的罪名,毒杀了岳飞。岳云、张宪被斩首。岳飞军中一些官员被罢免。支持岳飞出兵的李若虚也被送往远州羁管。金军听说岳飞死,摆酒祝贺。

岳飞自二十岁开始从军,到三十九岁被害牺牲,在抗金的战场上,英勇战斗了一生。当着广大汉族人民同金朝女真贵族的矛盾,成为社会阶级斗争中主要矛盾的年代里,岳飞的抗金活动,实质上是体现了人民群众的利益和愿望,为保卫南方人民免于遭受金朝的侵掠,作出了历史的贡献。

岳飞自诩(音许 xǔ)为宋朝的"忠臣",他完全自觉地站到了保卫宋王朝的地主阶级立场上。正由于此,他不惜一再去残酷镇压农民起义。也正由于此,他也不能依靠人民群众把抗金斗争进行到底;而当高宗发出金牌迫令退军时,便不敢"擅留",伏首受害。岳飞的悲剧在于:他既要反对高宗的妥协苟安,坚持抗金,又要效忠于高宗的南宋王朝,陷到了无法解决的矛盾之中,终不免于遭受迫害而失败。

294

河西汤阴岳飞庙

岳飞手迹

岳飞对抗金斗争作出了贡献，并且只是因为抗金获胜而被投降派秦桧谋害的。岳飞被害牺牲，在广大人民当中，引起了深厚的同情和怀念。投降派秦桧则永远遭到人民的唾弃

（五）高宗、秦桧集团的黑暗统治和人民的反抗斗争

高宗投降金朝，秦桧立了"大功"，以左相加封太师、魏国公。张俊追随秦桧，附和投降，独掌枢密院。投降成功，秦桧便又指使御史台弹劾张俊去位。从此，秦桧独揽军政大权。此后十几年间，宋金之间，没有再发生大的战事。高宗、秦桧继续迫害抗战将官，排斥异己，朝政日益腐败。

迫害抗战派——早在岳飞被害前，秦桧的党羽万俟卨就上奏说："诸大将起行伍，知利不知义，畏死不畏法"，应该加以"败亡之诛，不用命之戮，使知所惧"。高宗、秦桧杀岳飞来镇服诸大将。岳飞死后，抗战将领相继受到迫害。

张浚被排挤出朝，见高宗、秦桧降金，上疏说："当今时事，如养大疽头目心腹之间，不决不止"。说他食不下咽，一夕不能安，建议备战。秦桧大怒，指使御史弹劾张浚"居常怨恨，以和议非便，惟欲四方多事，侥幸再进"。张浚被免去节度使职名，迁往连州居住。韩世

忠罢政家居，闭门谢客，绝口不谈国事。在家读佛经，自号清凉居士，借以避祸。十年后病死。一一五四年张俊死时，高宗说"武臣中无如张俊者，比韩世忠相去万万"，就是因为韩世忠始终主战，而张俊接待过金使，附和"和议"，与韩世忠等不同。

岳飞部将牛皋，在抗金战场上屡立战功。秦桧找不到对他治罪的借口，在一次将领集会上，指使他的党羽在食物中秘密放置毒药，牛皋中毒而死。顺昌大捷的将领刘锜被罢去兵权，出知荆南府，后又被罢官。抗金有功将领，都遭到打击。反对过和议的官员，也都被贬黜。

排斥异己——秦桧当权时期，又对以前同他不和的朝臣，大加报复。和秦桧并列过相位的吕颐浩已经死去。秦桧怀恨不已，指使地方官把吕颐浩的儿子吕撝免官，除名编管。赵鼎与秦桧并相，不和，被贬到吉阳，秦桧仍横加迫害。赵鼎对儿子赵汾说："秦桧一定要杀我。我死了，你们可以无事。不然，全家都要被杀掉"。赵鼎被迫绝食自杀。赵鼎信奉程颐，任相时举荐的官员也多是程学的信徒。一一四四年，秦桧又用禁止程学支持王学的办法，对拥赵的官员进行排挤。秦桧尊程而又禁程，显然完全是出于排斥异己。

一一五五年冬，秦桧老病交加，自知活不长久，又下令逮捕赵汾下狱，严刑拷打，逼令他承认和被罢官的张浚、已在海南编管的胡铨，新州安置的胡寅等谋反。

被诬陷的官员达五十三人，凡是反对过秦桧的人几乎全都在内。秦桧阴谋把反对他的官员一网打尽，置于死地。不料他竟死在了前面，阴谋未能得逞。

贪污勒索——秦桧当权，一意图谋私利，无所不为。一一四二年，指令考试官录取他的儿子秦熺作状元，任为礼部侍郎，又升任知枢密院事。一一五四年，又指令考试官考取他的孙子秦埙（音勋 xūn）作状元，任礼部侍郎，妄想一家世代专权。秦桧利用权位，贪污勒索，广置家产。一一四二年刘光世病死，在建康的园第，归秦桧所有。张俊死后，房地产日收二百贯，全部被秦桧夺去。各地官员平时要向秦桧贡献财物，每年秦桧生日，还要送大批礼物祝寿。秦桧一年收入几十万，据说，他的财富比朝廷的左藏库还要多过数倍。秦桧又密令各路州县用各种方式增加民税七八成。《宋史·食货志》记载说，民力因此重困，饿死者极多。

高宗、秦桧集团的腐朽、黑暗统治，不能不激起人民群众的强烈反抗。各地人民陆续举行了各种形式的反抗斗争。

自一一四三年起，福建各地农民在管天下、伍黑龙、满山红几名领袖的领导下，陆续发动起义。起义农民，攻打漳、泉、汀、建四州以及广东梅州、江西虔州的县镇，胜利进军，如入无人之境。一一四五年，宋朝派薛弼为福建安抚使，并命殿前司后军统制张渊协同措置镇压。薛弼先派福建钤辖李贵带兵与管天下作战，被管天下活捉。薛弼决定改变对策，委任大土豪陈敏为汀漳巡检使、周虎臣为本路将官，从陈、周两家的"家丁"中挑选一千人，称之为"奇兵"，日给钱米，命令这些地主武装专门对付起义农民，切断福建农民军和虔、梅等州的联系。起义军经过一年多的苦战，到一一四六年，被薛弼等人镇压而失败。

一一四四年，宣州泾县摩尼教徒在领袖俞一领导下发动起义。高宗、秦桧集团对金朝侵掠者屈膝投降，对人民群众却严密防范，血腥镇压。高宗"圣旨"规定，各路提刑司每月必须奏报有无"魔教"活动。俞一起事后，高宗接到宣州奏报，惊愕说："本朝与大金修好，并没有苛捐杂税，百姓怎么会当'盗贼'？监司（提刑司）每次奏报都说没有事魔的人，今天竟发生这事，可令取问原因！"知宣州秦梓（秦桧弟）受到高宗的责问后，立即派兵，将俞一起义镇压下去。张守在《措置魔贼札子》中说，朝廷对"魔教"法禁极严，"告捕罪赏，委曲详尽，不可复加"。但各地州军始终不能禁绝"魔教"，这是因为田野之间，深山穷谷，吃肉的人少，只吃蔬菜；加上"魔教""诡秘难察"，平时跟一般百姓无所区别，所以一旦起事，连乡接村，动辄千百人参加。

一一四九年春天，建州瓯宁县回源峒杜八子领导农民起义，攻破建阳城，驱逐官吏，杀死地主富豪。这一年的夏季，张大一、李大二再次在回源峒举行起义。福建路帅臣调遣了大批官军，残酷地镇压了这两次起义。

一一四九年五月，《建炎以来系年要录》记载说汀、漳、泉等州有"剧盗"何白旗活动。这是何白旗起义首次见于记载。起义军势力发展很快，曾经到达广东梅、循、潮、惠四州以及江西虔州。一一五〇年七月，起义最后失败，何白旗牺牲，起义领袖黄大老、谢二化等被俘。

一一五〇年初，军校施全在路上劫杀秦桧不成，被捕。秦桧亲自审问，施全说："全国都和金朝是仇敌，惟独你要降金，我就要杀你！"秦桧以残酷的磔（音哲 zhé）刑（割剐）处死了施全，但无法扑灭人民的怒火。此后，秦桧不敢自己出门。外出要列兵五十，执武器保卫。秦桧又命令"察事卒"（特务人员）数百名整天在街市上巡察，听到有人议论秦桧，就逮捕处死。秦桧还唯恐人们引起对岳飞的怀念，采纳一个党羽的建议，把带有岳字的地名全都改掉。如岳州改为纯州，岳阳军改为华容军等等。秦桧的这些措施，不仅表现了他的凶残，而且暴露出他的虚弱和惊慌。

一一五五年十月，秦桧病死，临死前，把他的党羽参知政事董德元、签书枢密院事汤思退叫到床边，各赠黄金千两，嘱托后事，就是嘱托他们继续向金朝投降。又向高宗上遗表说："愿陛下益固邻国之欢盟"，"杜邪党（指抗战派）之窥觎（音余 yú）"。秦桧死，高宗赐谥号"忠献"。秦熺与党羽密谋继任相位。高宗趁机命令秦熺父子退闲。次年，任命秦党万俟卨作相，汤思退知枢密院事。

秦桧一生作恶多端,死后群情激愤,纷纷揭露秦桧罪恶。高宗被迫恢复了一些被秦桧迫害诬陷的官员的名誉,但又担心抗战派否定"和议",引起金朝怀疑。一一五六年三月,高宗采纳万俟卨、汤思退等人的建议,下诏说明,降金是他的主意,不会因秦桧之死而有所改变。诏书说:"朕惟偃兵息民,帝王之盛德,讲信修睦,古今之大利,是以断自朕志,决讲和之策。故相秦桧,但能赞朕而已。岂以其存亡而有渝定议耶?近者无知之辈,遂以为尽出于桧,不知悉由朕衷。""如敢妄议,当置重典!"高宗起用张浚判洪州,张浚以母丧不赴任。五月间,上疏力言国事危急,说:"臣诚恐自此数年之后,民力益竭,财用益乏,士卒益老,人心益离,忠烈之士沦亡殆尽,内忧外患相继而起,陛下将何以为策?"书上,高宗及宰臣不理。十月间,张浚再次上书揭露秦桧,说:"向者讲和之事,陛下以太母为重尔。幸而徽宗梓宫亟还,此和之权也。不幸用事之臣,肆意利欲,乃欲剪除忠良,以听命于敌,而阴蓄其邪心,故身死之日,天下相庆,盖恶之如此。"他建议朝廷备战,以待机会,派使臣去金"与之分别曲直逆顺之理,事必可成"。万俟卨、汤思退等见奏章大怒,说金朝并没有挑衅,指使御史中丞汤鹏举弹劾张浚"闲居日久,以冀复用",应当屏弃到远处,以为臣下不忠之戒。高宗又下诏收回张浚判洪州的任命,依旧永州居住。高宗、汤思退继续排斥抗战派,一意信守降金的"定议"。不知金朝已在整顿军马,又要南侵了。

（六）金完颜亮南侵，高宗退位

当着高宗、秦桧集团实行黑暗统治的年代，金朝正处在从奴隶制向封建制过渡的阶段，统治集团内部进行着激烈的斗争。一一四九年，金平章政事完颜亮（海陵王）杀金熙宗，夺取了政权，继位作皇帝。一一五四年，金朝从上京迁都到燕京，直接统治北方汉人地区。完颜亮在策划着继续南侵，消灭宋朝，直接统治江南。一一六〇年，完颜亮发动女真族和契丹、奚兵二十四万，中原汉人兵十五万（包括渤海），编组二十七军，准备大举南下。一一六一年秋，金兵分四路南侵。一路从海上直取临安；一路从宿、亳，攻淮泗；一路出唐、邓，取荆襄；一路出秦、凤，侵四川。

一一六〇年底，汤思退罢相（万俟卨已死），陈康伯独任右相，一一六一年，起用正在患病的老将刘锜为江淮浙西制置使，领兵抵御。

金军从寿州渡淮，长驱直入。刘锜领兵迎战，命副帅王权先行。王权和妻妾哭泣告别，以犒军为名，将家中金帛装船运走，住在和州不进。刘锜又命令王权进军寿春。王权不得已，进军到庐州，听说金军到来，连夜逃走，宋军不战而溃。刘锜患病已重，只好退兵镇江。高宗闻迅，决计重演故技，再次入海避敌。宰相陈康

302

伯竭力劝阻，高宗暂留临安，观望形势。高宗派知枢密院事叶义问到建康督视江淮军马，中书舍人虞允文参谋军事，准备抗敌。但又暗地命令建造御船，做海上逃难的准备。

一一六一年十月，完颜亮军已抵和州，叶义问在镇江想要逃跑，被部下强留在建康。金军在和州赶造船只，打算渡江攻占采石镇，形势十分严重。这时，虞允文赶到采石，整顿溃军，激励士气，迅速做好迎战的部署。完颜亮派遣五百兵士，驾船入江，亲自在江边用小红旗指挥。虞允文命宋军战舰迎战，当涂县民兵驾海鳅船冲锋，金船被冲分两处。宋军奋勇向前，把金兵大部分杀死在江中。第二天，虞允文命舟师至杨林河口阻击金军，又在上流放火烧毁其余金船，取得大胜利。完颜亮不能过江，只好移军瓜洲。

金军从海上攻临安的一路，由工部尚书苏保衡率领，也在密州胶西县陈家岛被宋李宝军打得大败。李宝，早年在岳飞部下统领义军，屡立战功，这时任浙西路马步军副总管。他自请率领战船一百二十只，弓弩手三千人，航海抗击金水军。途中，李宝援救了被金军围困在海州的魏胜的抗金义兵，并与山东义军取得了联系，然后从海上进军到密州胶西县。他从来降的金军汉人水手那里，得到金军不惯水战、在船中匍匐而睡的底细，及时发动进攻。敌舰逼近后，李宝军突然鼓噪而进，金军惊慌失措。李宝军用火箭射金船油帆，金船

303

大半起火，少数没起火的金船，也被宋军跳上船去以短兵击刺金军，金军中的汉人脱甲而降的达三千余人。苏保衡座船尚未启程，得报战败，急忙逃跑。金军舰队被全部歼灭。

由唐、邓南侵的金军，看到宋军已有防备，所积粮草又被焚烧，改去淮东。宋军与义军联合作战，先后收复邓州、蔡州、陈州、顺昌府等地。

西北方面进犯川陕的金军，受到四川宣抚使吴璘军的痛击，吴璘指挥各路军马收复了秦、洮、陇、商、虢、华、陕七州。

金军后方，抗金义军也纷纷起兵。魏胜攻克海州，使完颜亮南侵军发生后顾之忧。"山东魏胜"的威名，金军闻之丧胆。其他各路义军，也活跃在金军后方，攻打城邑，给金朝统治者以很大的威胁。

在金军南侵失败的形势下，金朝统治集团内又一次发生了政变。金东京留守完颜雍乘完颜亮南下，夺取政权，自立为皇帝（金世宗），宣布废去完颜亮。完颜亮进军到扬州，被部将杀死。金军撤退，宋军收复了两淮地区。

南宋又一次抗金大胜，也又一次面临着抗战还是求和的问题。和以前一样，以高宗为首的投降派，仍然主张乘胜求和。绍兴三十二年（一一六二年）正月，金朝在退兵后遣使来告世宗即位。高宗说："今若拒之，则未测来意，有碍交好。"一些大臣认为："金朝南侵，已弃绝原来的盟约，接待金使，当用平等的敌国礼，不再称臣。高宗指望要回河南的皇室陵寝地，对大臣们说："朕料此事终归于和"，"至如以小事大，朕所不耻"，仍然甘愿作金朝的藩臣，不以为耻。投降派官员附和高宗，说土地是实利，称臣是虚名，主张继续称臣。金使到临安，要求宋朝行臣礼。宰相陈康伯当面批驳，改用敌国礼接待。宋使洪迈去金朝报聘。高宗又亲自写手札给洪迈，说："若彼能以河南见归，必欲居尊如故，朕复屈己，亦何所惜。"洪迈到燕京，金朝叫他行臣礼，洪迈不听，被关锁三日后遣还。高宗在抗金的胜利面前，一再要对金"屈己"称臣，继续投降。

和投降派相反，抗战派的主张是乘胜北上作战，恢复中原。江南东路转运判官李若川、柳大节说：完颜亮被杀，金朝内乱，是不可失之机会。请高宗召集诸大帅共议军事，诸路并进，恢复中原，一举灭金。提举江南东路常平茶盐官洪适（音扩 kuò）建议，密传檄文，号召中原义士，各取州县。等有机会可乘，恢复故地，势如破竹。张浚在一一六一年出判建康府。高宗到建康慰问军兵，张浚出迎，对高宗说，秦桧盛时，不是陛下保全，我早就没命了。高宗卫兵见到张浚，都自动行礼。军民把抗战的希望，寄托于张浚。高宗命杨存中（杨沂中改名）为江淮荆襄路宣抚使，虞允文为副使，不用张浚领兵，朝野大为失望。给事中金安节、起居舍人刘珙（音巩 gǒng）等，请"别择重臣，以付盛举"。高宗大怒，说这是专为张浚说话。刘珙等继续坚持反对，高宗改命虞允文为川陕宣谕使，杨存中只措置两淮。高宗回临安后，有人劝张浚辞官，张浚以为身为旧臣，一时人心以他的去就为安危所系，不敢辞去。张浚判建康府，事无大小，都亲自处理，小心从事。朝野上下热烈拥护张浚，不仅是对他个人的倚重（刘锜已病死），而是集中反映了反降主战的普遍希望。

朝野对抗战派的代表张浚的拥护，同时也正是对投降派的代表高宗、秦桧的抗议。金朝撕毁"和议"大举南侵，宣告了高宗、秦桧投降政策的破产。高宗在抗金胜利后想称臣归地而不得，再次宣告了求和幻想的破灭。在军民一片抗敌声中，高宗的统治难以继续了。高宗与宰相陈康伯等商议后，宣布退位，传位给太子赵眘（音慎 shèn）。高宗称太上皇帝，说他要"以淡泊为心，颐神养志"。高宗统治三十六年，从"且守且和"到一意求降，被迫退位，标志着抗战派对投降派斗争的一个胜利。

第七节　北伐战争和道学统治的确立

一一六一年，金帝完颜亮（海陵王）在军中被杀，金世宗即皇帝位。一一六二年，宋高宗退位，传位给孝宗（赵眘）。从此，宋、金对峙的形势进入了一个新阶段。

金朝统治者着力巩固它的封建制统治，不再发动大规模的南侵战争。南宋王朝面临着两种选择：一是北上抗战收复失地；一是维持现状，在江南苟且偷安。南宋统治集团内由此形成抗战派和妥协派两个派别。孝宗、张浚发动第一次北上伐金的战争，遭到了失败。宁宗、韩侂胄发动了又一次北伐战争，再次遭到失败。以史弥远为代表的投降派控制了南宋王朝。

（一）北伐战争的失败

宋朝自真宗以来，历代皇帝都是太宗的子孙。高宗无子，收养太祖七世孙赵眘做太子。孝宗即位，皇权又转入太祖一系，在当时统治集团中起着一新耳目的作用。孝宗在做太子时，就积极主张抗战。金完颜亮南侵，投降派纷纷要求退守，太子上书反对，请求亲自作前锋抗敌。给太子讲儒学的王府教授史浩，力言太子不能领兵，改请随高宗去建康。孝宗刚一即位，就召见主战的大臣张浚，说："久闻公名，今朝廷所赖惟公。"张浚大力陈说主和议的错误，劝孝宗坚持进取。孝宗任命张浚为江淮东西两路宣抚使，统帅军马，加少傅，封魏国公。七月，孝宗又下诏，追复岳飞和岳云的官爵，依官礼改葬，岳飞的子孙也都特予录用。岳飞父子因抗金得胜而被害，引起人们长久的怀念和 不 平。抗战派官员和太学生多次上书为岳飞讼冤。高宗当然不予理会。孝宗即位,起用张浚,追复岳飞,表明对抗战派的支持。朝野上下,为之一振。

一一六三年初,张浚进为枢密使。史浩为右相,陈康伯为左相。孝宗又起用遭到秦桧诬陷,流落二十年的辛次膺(音鹰 yīng))同知枢密院事。被秦桧以"妄议和好"的罪名贬斥的胡铨,也被召入朝。朝中的秦桧党人都被驱逐。从此,抗战派在朝中占了优势。右相史浩,成为朝中妥协派的代表。

完颜亮南侵时,吴璘自四川出兵,一举收复秦凤、熙河、永兴三路地区。史浩作相,草拟诏书,勒令吴璘撤退。川陕宣谕使虞允文极力反对,当面向孝宗陈说利害。孝宗又后悔说:"史浩误我!"再次下诏要吴璘自己决定进止。但吴璘接到前一个诏书,不敢违抗,已开始被迫撤军。金兵追击,宋兵大溃败。原来已收复的地区,又被金朝夺去。

张浚出帅江淮,作北上抗战、恢复失地的准备。抗战派纷纷建策北伐。史浩又出来反对,主张修筑瓜洲、采石两处的城防,以保长江。这实际上是投降派放弃淮南计划的翻版。张浚认为:这是自动向敌人示弱,筑城防也应在淮河上的泗州。一一六三年四月,孝宗召见张浚,问恢复的计划。张浚请孝宗即日下诏,进驻建康,鼓舞将士北伐。史浩又持异议,说"先为备守,是谓良规。议战议和,在彼不在此"。张浚和史浩在殿上辩论,史浩根本反对恢复中原。张浚单独见孝宗,提出出

308

兵渡江计划,得孝宗准许,不经三省,直接派兵出战。史浩听说出兵,大怒说:"我是宰相,出兵不和我商量,还当什么宰相!"上书攻击张浚、陈康伯,并请求辞相。孝宗罢免史浩相位,支持张浚出兵。抗战派胜利了。

金朝自一一六二年冬即派兵十万屯驻河南,扬言要攻取两淮。张浚大兵屯驻盱眙、泗、濠等州,金兵不敢轻动。一一六三年四月,张浚派濠州李显忠军、泗州邵宏渊军分道出击。

李显忠原名世辅,十七岁在绥德军随父李永奇从军抗金。李永奇一家二百人全被金兵杀害。李显忠招募兵士得万人,投吴玠,转至临安,高宗赐名显忠。绍兴间,李显忠曾和金完颜宗弼军作战,收复灵璧县。因奏呈"恢复策"力主抗战,被秦桧迫害贬官。完颜亮南侵,李显忠又被起用,收复淮西州县。孝宗即位,建策出兵取宿州、濠州,攻占汴京,以通关陕,收复河东。李显忠一贯坚持抗战,斗志是昂扬的。自濠州出兵,五月初即按计划攻下灵璧县。邵宏渊自泗州围攻虹县,不能下。李显忠派灵璧降卒,招降虹县金守将。李、邵合兵,进取宿州。宋兵渡濠登城,在城中奋勇巷战,斩首数千,胜利收复宿州城。捷报传来,孝宗亲自写信给张浚说:"近日边报,中外鼓舞,十年来无此克捷。"南宋投降派长期以来,一意求和,节节败退。宿州的胜利,使朝内外震动了。

孝宗以李显忠为淮南、京东、河北招讨使,邵宏渊为副。邵宏渊攻虹县无功,位在李下,由此与李显忠不和。金兵纥石烈志宁(纥音河 hé)部自睢阳反攻宿州,被李显忠打退。金军继续增兵,李、邵分兵夹攻。邵宏渊竟临阵按兵不动。对人说:"当此盛夏,摇着扇子还不凉快,怎么能在烈日下作战。"军官们见李、邵不和,各自奔逃。金兵攻至宿州城下,李显忠尽力抵御,叹息说:"如果各军合作,自城外掩袭,敌帅可擒。"邵宏渊见金增兵,极力主张撤退。李显忠孤军难敌,夜间自宿州撤出。金兵追至符离,宋兵大溃败。李显忠到盱眙见张浚,张浚上疏请罪。

符离战败.妥协派官员对张浚大举围攻。孝宗写信给张浚说:"今日边事,倚你为重。你不可怕人议论而心怀犹豫。前日举事,是我和你的主张,今日也须和你一起了结。"张浚接书,在海、泗、濠、滁等州部署防务,加强两淮守备。

但是,符离战败,孝宗自己已在犹豫动摇,准备起用秦桧余党汤思退同金朝议和。辛次膺对孝宗说:今日之事,不是汤思退所能办,恐怕要有误国家。又说:臣和思退难以同列。辞官而去。七月,孝宗用汤思退为右相。八月,派卢仲贤到金军议和。金朝扬言要海、泗、唐、邓等州地。孝宗面告卢仲贤不能答应四州。汤思退却在背后告卢,可以许割四州求和。十月,卢仲贤自宿州金军回来,已许割四州。汤思退又派秦桧余党王之望出使金朝割地。抗战派官员纷纷反对。右正言陈良翰说：金国不折一兵而坐收四千里要害之地，决不可许。张浚、虞允文、胡铨等连续上书，反对求和。王之望出使，张浚又上疏说："自秦桧主和，造成前年的大祸。桧的大罪还没有处治，他的党羽又出来作恶。现在内外议论还未定，就派出使臣议和，将来谁还替陛下效力？"张浚随后又亲自到临安见孝宗，大力陈说不可向金朝求和，请孝宗到建康，计划进兵。在抗战派一片反对声中，孝宗又有所悔悟，手诏王之望在边境待命。另派使臣去金军，说四州不可割，一定要四州，就罢和议。孝宗任张浚为右相兼枢密使，汤思退为左相（陈康伯罢左相）。汤思退唯恐和议不成，请孝宗奏禀太上皇（高宗），然后从事。孝宗大怒说：今天已不是秦桧的时候，你的议论比秦桧还不如！汤思退不肯罢休，阴谋陷害张浚。

张浚回到江淮视师，加强战备，招纳来自山东、淮北的抗金义军一万二千人，编入建康、镇江两军，又招收淮南等地壮士万余人组成万弩营，加强泗州守军。要害地点都修筑城堡。江淮增置战舰，准备武器。金朝陈兵淮上，原想对宋朝威胁、讹诈。张浚整军备战，金朝大为惊慌，赶忙撤退。事实说明，金朝这时还无力大举南侵，宋朝完全有力量抗御金朝。

但是，金兵退后，汤思退等却又大肆活动。一一六四年四月，张浚出朝视师。汤思退指使右正言尹穑（音色 sè）攻击张浚拥兵跋扈，浪费国用，不调动泗州守

311

将是抗拒朝廷命令。钱端礼攻击张浚，两淮名为备守，守未必备，名为治兵，兵未必精。一次，孝宗召朝官议事，主和者竟占一半。在妥协派的压力下，孝宗再次动摇屈服，从前线召张浚还朝，罢去相位，出判福州。陈良翰等说："张浚忠勤，众望所归，不应去朝。"陈良翰也因此罢官。孝宗又下令虞允文放弃唐、邓两州。虞允文拒不受命，也被召还。汤思退命令解散万弩营，停修海船，拆除张浚修筑的水陆防御工事，撤退海州、泗州守军，作割地求和的准备。

张浚被排挤出朝，在路上听说朝廷决定议和，继续上书反对，说："尹穑奸邪，必误国事。"有人劝张浚不要再谈时事。张浚反驳说："我久居重任，现在虽然去朝，仍盼望皇帝感悟。见到的事，怎能不说。"途经余干，病死。张浚死后，汤思退派魏杞（音企 qǐ）去金朝议和。兵部侍郎胡铨上书反对，说"肉食鄙夫主张和议，一是胆子小，二是图苟安，三是想升官。"太学正王质也上书给孝宗，说："陛下心志未定，听说金朝力弱，就要北伐。听说自己力量不足，就要盟守。听说金兵要来，又要割地议和。"还说："汤思退不会为陛下作什么好事！"王质因而被罢免。汤思退将反对撤兵割地的抗战派官员二十余人逮捕入狱，又派人去金朝通消息，要敌军出动大兵来威胁议和。

金军得到情报。十月间，再发兵渡淮南侵。宋守军对这个突然袭击，全无戒备。金兵自清河口侵楚州。

知楚州魏胜统帅义军拒敌。水军都统制刘宝说：朝廷正在议和，不准出兵。十一月，金兵越境入侵，魏胜军在淮阴奋勇抗敌。弓矢用尽，倚土丘抗御。魏胜对士兵说："我要死在这里。你们能脱走的，赶快回去报告皇帝。"魏胜战死。金兵攻下楚州，刘宝弃城逃跑。金兵又入侵濠州、滁州。宋都统制王彦逃走。金兵又攻占商州，扬言索要商、秦两州地。金兵再次入侵的消息传到朝廷，群情激愤，纷纷揭露汤思退。孝宗罢免汤思退出朝，去永州居住。太学生张观等七十二人上书，说汤思退、王之望、尹穑奸邪误国，勾结敌人，请把三人斩首。汤思退路过信州，听到消息，心惊胆战，忧吓而死。王之望、尹穑被罢官。

在敌军的威胁下，孝宗继续屈辱求和，派王忭(音变 biàn)到金军，答应割让商、秦两州。十二月，原来停留在镇江的使臣魏杞渡过淮河，到金朝求和。宋朝原许割让四州外，又割去商、秦两州地。交换的条件只是南宋不再向金称臣，改称侄皇帝。原来的"岁贡"改称"岁币"，每年减少十万，仍交银绢各二十万。宿州战后，宋朝在完全有能力继续抗战的情况下，凭空割去大片土地，达成所谓"和议"。

此后的金朝，在各族人民不断反抗中，力图维护它的封建统治。宋、金两朝，约三十年，不再有大的战事。

（二）抗战派的备战活动
和反道学的论争

宋、金休战的三十年间,南宋统治集团中抗战派与妥协派的斗争并没有停止,而是在继续展开。斗争集中表现为战与守的争论,并且深入到思想领域。这时,哲学家朱熹的道学学派逐渐形成。以陈亮为代表的思想家,展开了与道学的论争。

一、抗战派的备战和朱熹道学集团的形成

自一一六五年宋、金"和议"订立以后的十年间,是一个段落。在这个段落里,孝宗起用虞允文,为北上抗战作军事准备。抗战派和妥协派基本上处于相持状态。

抗战派的备战活动 "和议"订立后,孝宗并不甘于就此妥协,继续作收复失地的打算。孝宗独掌用人大权,亲自处理政事,对人说:"我每天都要游行全国一周(指处理各地文卷)。"每天早晨上朝,晚间又召大臣入宫议事。但这时朝廷上多是妥协派崇尚空谈的文臣。抗战将领,日见稀少。一一六七年,吴璘病死。抗金的老臣只还有虞允文一人。孝宗起用虞允文知枢密院事参预军务。一一六九年,又任为宰相。虞允文成为朝中抗战派的主要代表。

宋、金"和议"约定,宋向金称侄皇帝,不再称臣。

但此后宋、金使臣往来受书，仍沿用君臣礼。孝宗很为懊恼。钦宗这时已在金朝死去。虞允文主张派遣使臣去金，以索取徽、钦陵寝地为名，要金朝归还洛阳、巩县地（北宋皇陵所在地），并要求改订受书礼。吏部员外郎张栻（音式 shì）提出反对。吏部尚书陈良祐也说，现在想要的河南地，以前曾归版图，不久还是失掉。主张不如不要。这显然是典型的妥协言论。陈良祐被贬官出朝。

孝宗决定向金朝遣使。虞允文推荐李焘或范成大。李焘胆小怕死，说现在让我去，是丞相杀我了。一一七〇年五月，范成大出使金朝，面见金世宗，拿出改礼索地的文书。金朝不敢杀范，回书拒绝，只说"事当审处"。在此以前，只是金朝索地，宋朝不断割地。范成大使金索地，虽然不可能成功，但显示宋朝敢于提出挑战。政治上的意义，还是积极的。

孝宗在各地修筑城防，作抗战的准备。一一六七年，殿前指挥使王琪到淮水上，视察两淮城壁，修筑扬州城。朝中妥协派官员又纷纷反对，说是怕敌人知道，引起怀疑。孝宗慨叹说："这些儒生的议论，真是不达时务！不足恤！"此后几年间，陆续在庐州、和州、楚州和襄阳府，作防御的准备。虞允文又建策加强民间抗金武装，由官员统领教练，一旦发生战事，就可以分派守关。他估计兴元、洋州等处民间自动结集的抗金武装有七万人，已入兵籍的有两万三千人。金州、房州等地也约有三万人。两处入兵籍的军士共约五万多人，组织抗敌，是强大的力量。

一一七二年，孝宗以虞允文为少保、四川宣抚使，到四川整军备战。计划从四川出兵，与朝廷主力军配合，在河南会师。虞允文去后，孝宗要各州军轮番训练。各州因军官贪污，衣甲兵器都不齐备，能够领兵作战的将军也很缺少。孝宗曾对虞允文说："我近来在桌几上写了一个'将'字，反复考虑，找不到选将的办法。"虞允文到四川一年，选练兵士，增加口粮，添置马匹，很有成效。孝宗多次秘密下诏催促出兵，虞允文回答说："军需还不齐备。"一一七四年二月，虞允文在四川病死。四年之后，孝宗到白石阅兵，见军士都是少壮，叹息说："这都是虞允文的功效啊！"虞允文病死，孝宗自四川出兵的计划又落空了。

朱熹道学集团的形成　朱熹出身在徽州婺源的一个官吏家庭，父亲朱松做过县尉。一一四八年，朱熹十九岁中进士，做过泉州同安主簿。任满后，向程颐的再传弟子李侗(音同 tóng)学习程学。一一六二年六月孝宗初即位，起用张浚作出兵抗金的准备，要朝内外陈述政见。朱熹上书，建策三事，一是熟讲"圣学"即《大学》中的格物致知、正心诚意之学。二是停止议和及遣使索地，应先修内政，数年以后，国富兵强，看力量的强弱，再慢慢计划收复失地。三是朝廷任用贤能，以修政事。次年，宋军战败，汤思退遣王之望出使金朝议和，

316

抗战派群起反对。十一月，朱熹被孝宗召见，面奏三札。第一札说："陛下遇事犹豫不决，就是由于不讲《大学》之道。"他建议孝宗博访真儒，讲明此道，以修身为本。第二札说：国家大计有三，战、守、和。他提出君父之仇，不共戴天。因此反对议和，而主张"合战、守之计以为一"。第三札，引据周宣王"内修政事，外攘夷狄之道"，说是"其本不在乎威强而在乎德业，其备不在乎边境而在乎朝廷，其具不在乎兵食而在乎纪纲"。讲到抗金作战，他说："现在朝内外的议论，都说要整顿边防、充实仓库、训练士卒，臣以为这些都不值得考虑。应该考虑的就是修德业，正朝廷，立纪纲。"他说，这样，就会使金朝害怕，而宋朝的形势也就会自然强起来。

朱熹的三札，反对议和，要为君父报仇，但又反对备战，主张"攘外"必先"安内"，而又先要"修身"。朱熹见孝宗后，给友人写信说，他开始上奏时，孝宗听得很高兴，常向他问话，听到后来，就一言不发。孝宗不满朱熹的言论，要他留在临安国子监，作个武学博士，教学生兵马武艺。朱熹只好辞官不就。

此后的十年间，孝宗、虞允文积极备战。朱熹一意著书讲学，逐步形成了他的道学体系。这个号称集大成的体系，阐发二程"去人欲，存天理"的理论，以《大学》的格物致知、正心诚意为核心，以维护伦常为宗旨，继承、综合周敦颐、邵雍、张载、程颐、程颢等人的学说，又吸收佛教禅宗和道教的理论，使二程洛学带上了更多的哲学色彩①。

在孝宗、虞允文备战的年代，朱熹学派还不能在政治上取得地位。孝宗即位前，曾向史浩等学儒学，但在备战的实践中，越来越感到儒生的空谈无用。孝宗多次对大臣们说："近时儒者多高谈，无实用"，"儒者不肯留意金谷(理财)"，儒生"不达时变"。朱熹得不到孝宗的赏识，不能侪于高官的行列，但在社会上影响渐大，形成道学集团。

二、孝宗理财备战和陈亮等反道学的论争

一一七五年到一一八九年孝宗退位，是第二个段落。在这个段落里，统治阶级内部的状况是：孝宗用王淮理财备战，龚茂良、史浩、周必大等反战主和。朝廷上以宰相王淮为代表，社会上以思想家陈亮为代表，展开了对道学集团的论争。

虞允文死后，孝宗用叶衡为右相，龚茂良参知政事。次年九月，叶衡罢相。此后三年间，龚茂良以参知政事成为实际的宰相。孝宗对龚茂良说："本朝家法，远过汉唐，惟独用兵不及。"意在整军备战。但龚茂良却是朝中妥协派的代表。官员们一谈到边防利害，就要遭他讥笑谩骂。一一七七年六月，孝宗罢龚出朝。龚茂良见要罢相，赶忙上书建策恢复失地。孝宗大怒

---

① 朱熹理学，详见本书第七册。

说："你五年不谈恢复,为什么今天又说这个!"龚茂良罢相后,孝宗起用王淮参知政事。一一八一年又任命为宰相。

王淮在高宗绍兴末年作御史官,曾建策"刑赏、黜陟(官员升降)"的大权应集中归于皇帝。大臣"各以成法来上",如果"依违迁就"以违制论罪。孝宗即位后,王淮先后在福建、两浙作财政和司法官。符离战后,王淮被孝宗召见,建策"择将、备器(武器)、简兵、足食",主张继续备战。龚茂良作相,王淮在枢密院主管军务。孝宗用王淮执政,对他说:"近来士大夫多以谈农事当

孝宗乾道时改定官制表

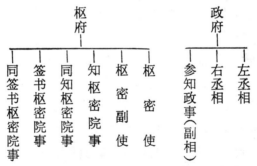

作羞耻。农事是国家的根本。士大夫好作高论而不务实,还说是羞耻。""周公、孔子也未尝不理财。"又说:"士大夫还不愿意谈论恢复失地。家里有田百亩,其中五十亩被人占据,不是就要告状么!对自己家事明白,对国事就怕谈,这算什么!"孝宗制定理财备战的执政

方针，王淮作相一直执行着这个方针。

孝宗模仿北宋初年的办法，把州县的积余钱物集中到朝廷，设置封桩库，逐年储备，作为备战的军需。一一七九年，封桩库只有现钱五百三十贯。到一一八三年增加到三千多万贯，加上地方桩积钱，共达四千七百余万贯。孝宗慨叹说："《周礼》一书，理财居其半。后世儒者尚清谈，以理财为俗务，可谓不知本。"孝宗统治初期，曾经听从过某些对王安石变法的诋毁，这时已完全接受了王安石的论点（"一部《周礼》理财居其半"），再一次批驳了反理财的儒者。一一七六年二月，孝宗检阅两浙、福建的士兵，准备作战时调集。王淮执政，据说"守边统兵之官，各当其才"，"区处军务，率皆合宜"。大抵孝宗、王淮的所谓"理财"，只是把地方的财权更多地集中到朝廷，并没有从制度上作重大改革。所谓备战，也只是对军兵作一些整顿，并没有作北上抗战的打算。但孝宗以抗金备战为国策，却使朝内外抗战派大受鼓舞，纷纷上书，陈述收复失地的建策。抗战派与妥协派又展开了论争。

龚茂良执政时，曾推荐朱熹到朝廷作官，未能实现。一一七八年，史浩一度任右相，又推荐朱熹入朝，因遭反对，改命知南康军。次年，朱熹到任，就在庐山重建白鹿洞书院，作为他传播道学和收集门徒的活动据点。一一八〇年，朱熹上书给孝宗，讲"正心术，立纪纲"，说"必人主之心术公平正大，无偏党反侧之私"，然后纪纲才能得立。又指责朝中官员，说"宰相台省师傅宾友谏诤之臣，皆失其职"，"财又安得而理？军政何自而修？土宇何自而复？"孝宗大怒，要右相赵雄分析批驳。赵雄说：朱熹是个好名的儒生，皇帝越骂他，反而越抬高他。不如让他去作官，看他有什么本领。次年，朱熹在南康军任满，孝宗派朱熹到浙东路管理常平茶盐。

在王淮支持下，朝中官员纷纷上书谴责道学。一一八〇年六月，秘书郎赵彦中上书，指斥洛学"饰怪惊愚。外假诚敬之名，内济虚伪之实。士风日蔽，人才日偷"。请求孝宗下诏，使人明了朝廷的好恶，以变士风。一一八二年，朱熹出官浙东后，吏部尚书郑丙上书，明确提出反对朱熹，说所谓道学者，"欺世盗名，不宜信用"。御史陈贾面奏孝宗："近世士大夫有所谓道学者"，"以正心诚意克己复礼为事"，"假其名以济其伪"。请孝宗"明诏中外，痛革此习"，"考察其人，摈斥勿用"。孝宗采纳陈贾的建策。朱熹由此罢官，继续在社会上讲学。

社会上坚持抗战和反对道学的代表，是思想家陈亮。永康人陈亮，早年读兵书，研究军事。一一六九年，陈亮向孝宗上《中兴五论札子》，分析当时形势，建议朝廷迁都建康，以重兵驻荆襄。一一七八年，又到朝廷上书，说孝宗"隐忍以至于今，又十有七年矣"。指责那些学"孔子之道"的学者阻止抗战，提倡"苟安"。他说："南渡以来都还遵守祖宗旧法，没有多少改革。赵鼎等人不懂变通的道理。秦桧破坏抗战，忍耻事仇，死有余辜。"他再次建议迁都建康，守备荆襄，经过三几年，作战的形势可以建成。最后说，他这些年来"考古今沿革之变，以推极皇帝王霸之道。……始悟今世之儒士，自以为得正心诚意之学者，皆风痹不知痛痒之人也。举一世安于君父之仇而方低头拱手以谈性命（人性、天命），不知何者谓之性命乎？""陛下励志复仇，…今乃驱委庸人，笼络小儒，以迁延大有为之岁月，臣不胜愤悱。"孝宗看了陈亮的奏书，大为震动，要把它张贴在朝堂，激励群臣，并打算破格任用。一些大臣因陈亮直言无讳，纷纷反对。陈亮待命十天，又接连两次上书，说"本朝以儒立国"，"今天下之士，熟烂委靡，诚可厌恶"。陈亮上书后，渡江而回。被揭露的儒生们却在伺机报复。陈亮在家，酒后论国事。一个儒生以"醉中戏为大言"的罪名，向刑部告发陈亮。陈亮遭受严刑毒打，体无完肤。大理寺要按"谋为不轨（造反）"治罪，送孝宗取旨。孝宗说"秀才醉后妄言，何罪之有？"把奏牍撕毁，扔到地上。陈亮被释放回家。

陈亮并没有被压服。此后几年间，陈亮继续在家著书讲学，传播自己的主张，和朱熹派道学论战。朱熹在白鹿洞书院讲学，以董仲舒的"正其谊（义）不谋其利，明其道不计其功"作为书院的条规，把"存天理，灭人欲"的理论应用来反对讲求"功利"、理财备战。陈亮针锋相对地提出"实事实功"的主张，说："但有救时之志，除乱之功，则其所为虽不尽合义理，亦自不妨为一世英雄。"指责道学家"以徐行缓语为用，务为不可穷测"，故作高深，是借以掩盖他们无知和无能。陈亮又指责儒者的所谓"君道"，是"迂腐之论"；宣传"执赏罚以驱天下"的"霸者之术"。陈亮的学说在浙江产生了广泛的影响，进而传播到江西。朱熹对他的门生说："陈同甫（陈亮字）学已行到江西。浙人信向已多，家家谈王霸"，"不说孔孟"，"可畏！可畏！"浙江一带，甚至东莱吕祖谦的学派，也有一些门徒，接受了陈亮的影响。朱熹惊呼："今来伯恭（吕祖谦字）门人，亦有为同甫之说者，二家打成一片"，"全然不是孔孟规模，却做管（仲）商（鞅）见识，令人骇叹！"陈亮和朱熹的论争，被称为"王霸义利之辩"，陈亮之学兴起，抵制着朱熹道学的传播。

一一八四年三月，陈亮又被捕入狱。这一次是诬指他请乡人宴会，胡椒中可能有毒。但在狱两月余，狱吏百端搜寻，找不到丝毫罪状，只好又把他放出。陈亮刚一出狱，朱熹就给他写信，说："老兄平时自处于法度之外，不乐闻儒生礼法之论。这次入狱的原因，我虽然不了解，大概平日所为也得罪了不少人吧！"朱熹接着劝陈亮说："老兄高明刚决，不是不愿意改过的人。以我的想法，还是放弃义利王霸的学说，从事于'惩忿窒欲，迁善改过'，完全以'纯儒之道'来约束自己。"陈亮回信声明说：亮"口说得，手做得，本非闭眉合眼，蒙瞳精神，以自附于道学者也"。又反驳"近世诸儒"所谓"三代以天理行，汉唐以人欲行"的言论，说："诸儒自处者曰义、曰王，汉、唐做得成者曰利、曰霸。一头自如此说，一头自如彼做。说得虽甚好，做得也不恶。"在这封信里，陈亮还明确指责朱熹道学是"原心于秒忽，较礼于分寸，以积累为功，以涵养为正"。又申明陈学是在于"堂堂之阵，正正之旗，风雨云雷交发而并至，龙蛇虎豹变现而出没，推倒一世之智勇，开拓万古之心胸"。朱陈之间，学说根本不同，没有调和的余地。

　　陈亮在艰苦论争的日子里，得到了抗战派将领辛弃疾的支持。辛弃疾一一四〇年出生在金朝统治下的济南。完颜亮南侵时，地主家庭出身的辛弃疾投入耿京领导的农民起义队伍，充当掌书记。耿京派辛弃疾来南宋联络抗金。农民军中的叛徒张安国杀耿京降金。辛弃疾返回后，奋勇擒捕张安国，一一六二年率部渡淮投附南宋。次年，被任命为江阴签判。宋、金宿州之战前后，辛弃疾两次上书，向孝宗、虞允文提出抗金的建策。一一七五年，辛弃疾任江西提刑，镇压赖文政领导的农民起义（见下节），充当了宋王朝的帮凶。但在统治集团内部的激烈斗争中，辛弃疾始终坚持抗战反金，遭到妥协派的打击。一一七八年，辛弃疾入朝任大理寺少卿。此后，历任湖南、江西安抚使，两浙西路提刑，被妥协派官员监察御史王蔺（音吝 lìn）弹劾，一一八二年罢官,退居信州上饶。辛弃疾在临安时,与陈亮相识。陈亮曾说:当今最有名望的人物,文的是朱熹,武的是辛弃疾,但"两人戛戛(音戛 jiá)然若不相入"。孔子的学生樊迟请学稼,孔子骂他是小人。辛弃疾退居上饶,把新建的房舍取名"稼轩",并用来作为自己的别号,以表示对儒学轻耕

蝸角鬪爭左觸右蠻一戰連千里君試思
方寸此心微總虛空并包無際揄此理何
言泰山毫末從來天地一稊米嗟小大相
秋鳩鵬自樂之二蟲又何知記跖行仁義
孔丘非更蹠樂長年老死悲火鼠論寒水
蠻語熟之誰同異噫貴賤隨時連城繞

稼軒長短句卷之一
哨遍
秋水觀

辛弃疾《稼轩长短句》元刊本书影

稼的异议。又作《赋稼轩》词说明此意,自比"小人请学樊须稼",辛辣地讽刺孔丘"去卫灵公,遭桓司马,东西南北之人也。长沮桀溺耦而耕,丘何为是栖栖者。"友人奉和的词也说:"稼轩聊尔名斋,笑学请,樊迟心未开。"淳熙十五年(一一八八年)正月,陈亮到上饶访辛弃疾,留住十日,谈论时事。最后又同游鹅湖(山名。山麓有鹅湖寺),约朱熹在铅山县紫溪相会。朱熹到期不来。陈、辛却谈得极相合。陈亮走后,辛弃疾又作词寄

去,慨叹"剩水残山无态度",把陈亮比作诸葛亮,"看渊明风流酷似,卧龙诸葛",寄予殷切的期望。陈亮得遇知己,也极兴奋,和词对宋、金分裂,无限感慨:"二十五弦多少恨,算世间那有平分月",并说"只使君从来与我,话头多合"。陈亮、辛弃疾都坚持抗战反金,在政治上思想上确是完全一致了。罢官家居的辛弃疾兴奋非常,"夜半狂歌悲风起,听铮铮(音争 zhēng)阵马檐间铁"。他仿佛已经率领兵马,走上战场,杀到塞外,又作壮词一首寄给陈亮:"醉里挑灯看剑,梦回吹角连营。八百里分麾下炙(音蔗 zhè),五十弦翻塞外声。 沙场秋点兵。"陈亮、辛弃疾这样高涨的抗战情绪,并不只是他们两人的,而是反映了进步的社会力量的共同愿望,也是反映了广大群众的强烈要求。

但是,这时朝廷上反战主和的妥协、保守势力,却正在积极活动,向抗战派展开攻击。一一八七年,周必大任右相,留正参知政事。周、留都是朝廷上反战官员的代表。在周必大支持下,左补阙薛叔似等上书攻击王淮。一一八八年五月,王淮被排挤罢相,次年病死。周必大又向孝宗推荐朱熹。这年六月,朱熹到临安入奏。 有人对他说:"你的正心诚意之论,皇帝最讨厌听,不要再讲了。"朱熹说:"我一辈子的学问,就是这四个字。不讲这个怎么行!"孝宗见朱熹,说:"十多年没见你,你也老了。应当给你个清要的官做,不要再去管州县。"孝宗任命朱熹作兵部郎官。几天之后,兵部侍郎林栗出来反对，说："朱熹本无学术，只是偷窃程颐、张载的绪余，谓之道学，私自推尊。带领学生数十人，学作春秋战国时（儒者）的姿态，孔孟到处游荡的风气。现在只听他虚名，就叫他入奏。任命之后，几天不来，是心怀不满。朱熹既被任为兵部郎官，我就可以管他。请将朱熹停罢。"周必大、薛叔似等纷纷上疏说朱熹未到任，是因为这几天有脚病。太常博士叶适上书激烈地攻击林栗，说："考栗劾熹之辞，……无一实者。至于其中'谓之道学'一语，则无实最甚。"又说：往日王淮就是用这个办法"阴废正人"，林栗又袭用郑丙、陈贾之说，"以道学为大罪"，"良善受祸，何所不有！"侍御史胡晋臣也弹劾林栗"喜同恶异"，"无事而指学者为党"。林栗被罢官，出知泉州。朱熹也免官出朝。

这年十一月，孝宗再召朱熹入见。朱熹辞不赴朝，写了长达万余言的奏书，再次申述"正心诚意"之论，说天下之事千变万化，无一不本于"人主之心"。陛下之心不正，所以"所用者皆庸缪检巧之人"。朱熹向孝宗提出六项"急务"。一是"辅翼太子"，设置师傅宾客之官，把"古先圣王正心修身平治天下之要"向太子传告。二是"选任大臣"。他指责孝宗出于私心，不用"刚明公正之人"，朝廷大臣"至庸极陋"。三、四是"振萧纪纲"、"变化风俗"。朱熹提出：十多年来，以此二字（道学）"禁锢天下之贤人君子"，如同北宋时排诋"元祐学术"一样，这岂是"治世之事"！又说：外面传言，以伏节死义之士为无用。纲纪日坏，一旦有事，所用之人就会交臂降叛。五、六两项是"爱养民力"、"修明军政"，指责虞允文为相时取户部羡余作为备战的军费，说这些钱并没有能换来金人的首级，反而使经费更加缺乏。朱熹还说，孝宗任用的宰相都是徇私情，将帅都是走私人的门路，其实是"庸夫走卒"，要靠他们修明军政，岂不误事！

朱熹进而在奏书中说：现在士大夫之论和我不同的，都是似是而非。奋厉有为的人说"祖宗之积愤不可以不摅，中原之故疆不可以不复"，臣以为这都不对。现在区区东南还有不少事可虑，哪里还有什么"恢复"可图？真有志于恢复，不在于"抚剑抵掌"，而在于陛下"正心克己"。朱熹又说：陛下把"儒者之道"斥为"常谈死法"，而采取"管（仲）、商（鞅）功利之说"，希望富国强兵，或有近效。这个学说已经行了几年，近效也并未见到。他最后说：圣贤所传的道理，常谈之中自有妙理，死法之中自有活法。陛下考察四种学说（佛、老、管商、孔孟）的异同而加以辨明，就会了解我所说的都是古先圣贤之说，天经地义自然之理。

朱熹在这个奏书中，已明确提出反对出兵恢复。在他的私下谈话中，说得更加清楚。他说："今朝廷之议，不是战，便是和。""不知古人不战不和之间，也有个且硬相守底道理"，"说恢复底，都是乱说"。又说："端人正士"以复仇为非，和议为是。"乘时喜功名、轻薄巧言之士，则欲复仇"。指责虞允文等"其实无能"，甚至认为"言规恢于绍兴之间者为正，言规恢于乾道以后者为邪"。朱熹这些言论，作为他的奏书的注脚，清楚地说明他一面主张忠君死节，反对投降，一面又主张不战不和，倡言主守，对主战者多加攻讦。

和朱熹相反，陈亮在一一八八年春，亲自到建康，察看地理形势，再次给朝廷上书，提出："江南不必忧，和议不必守，虏人（指金朝）不足畏，书生之论不足凭。"请依孝宗"即位之初志"，"为经理建康之计，以震动天下"，和金朝决绝。朝廷上妥协、保守派官员大加嘲笑，说陈亮"狂怪"，不予理睬。

一一八七年十月，宋高宗当了二十多年太上皇以后病死。孝宗服丧。太子惇参预政事。一一八九年二月，孝宗退位作太上皇，传位给光宗。周必大、留正任左、右丞相，王蔺参知政事。

三、妥协派打击抗战派

光宗赵惇即位时已经四十多岁。即位前，名义上作过临安府尹，实际是长期生长深宫，不达世务。一一八八年参预政务时，他的老师尤袤（音茂 mào）对他说："大权所在，天下所争趋，非常可怕。愿殿下事无大小，都要取上旨而后行，付众议而后定。"光宗即位后，宫内被皇后（李后）所左右，朝政被反战主和的官员所操纵。

光宗即位后不久，御史刘光祖上书，系统地提出了尊奉道学的主张。他从北宋讲起，说"本朝士大夫，学术最为近古"，"不幸而坏于熙（熙宁）丰（元丰）之邪说，疏弃正士（指司马光等），招徕小人（指王安石等）"，"绍圣、元符之际，群凶得志，绝灭纲常"。孝宗朝反道学的论争是"因恶道学，力去朋党，因去朋党，乃罪忠谏。夫以忠谏为罪，其去绍圣几何？"刘光祖从道学立场出发，提出南宋和北宋之间思想论争的联系，他建议消除"道学之议"，"定是非，别邪正"，即坚决地尊奉道学。

　　朱熹在光宗即位的一年，写出了他的《大学》《中庸》章句（注解）。同年，被任命知漳州。朱熹到任后，把古代的丧葬、嫁娶的礼仪，教给当地子弟。又奏请在漳、泉、汀三州"正经界"（核实田亩），画图造帐。但他自己在漳州却无法实行，只好辞官。一一九四年，又知潭州。

　　光宗即位后不久，留正即支持谏官弹劾周必大罢相。次年，留正升任左相，独专相位。留正执政时，孝宗朝一些主战的重要人物，相继受到打击。一一九〇年，陈亮再次被诬陷入狱。御史台的官员指使酷吏严讯，送大理寺治罪。一一九二年得友人援救，才被释放。陈贾在清江作地方官，光宗即位，将入朝奏事。御史林大中劾奏陈贾曾随同王淮制造道学的罪名，"阴谋废弃正人（指朱熹等）"，倘许入奏，必再留朝，"好人"就都要辞去，不利于稳定国家。陈贾因此不能入朝。辛弃疾在一一九二年，曾任福建提刑，到临安见光宗，面奏荆襄上流是东南重地，应加强防御，作抗战的准备。一一九三年，辛弃疾回福建任安抚使、福州知州，在当地设"备安库"，丰年收购粮米，备军队需粮时出售，以为可以"有备无患"，积钱至五十万贯。辛弃疾又严格以法治下，"官吏惴栗"。亲自检覈长溪县狱囚，辨释五十余人，只留十余人。辛弃疾整顿吏治，理财备战，不到一年便遭到朝中谏官费艾等人的攻击，以"残酷贪饕（贪吃。饕音涛 tāo）"的罪名被罢免，回上饶家居。

四川一带，一直由抗战派将领吴玠、吴璘等驻守。吴璘临死时，不谈家事，只留遗嘱，请朝廷不要放弃四川。一一九二年，留正利用宋朝防范大将专权的"祖宗旧法"，说"西边三将，只有吴氏世袭兵权，号为吴家军，不知有朝廷"，派户部侍郎丘崈（同崇）为四川安抚制置使。丘崈到四川后，一再上书攻击利州安抚使吴挺（吴璘子）。次年，吴挺死。丘崈不准挺子吴曦回四川奔丧，命知和州。又规定吴氏后人不得再领兵。抗战派在四川掌握的兵权，也被剥夺了。

光宗、李后与太上皇孝宗之间，日益不和。一一九一年，李后请立嘉王扩为皇太子，孝宗不许。此后，光宗长期不去朝见孝宗问安。朝臣多上书进谏，光宗很是厌听。一一九三年五月，考试进士。一个策问卷说，重要在于施行寿皇（孝宗）的政事机要，而不在于一月四朝。光宗把此卷定为进士第一（状元）。揭卷后，作者原来是陈亮。陈亮及第，被任为建康府判官。在赴任的途中，一天晚上突然死去。陈亮一生力主抗战，在即将可以有为的年月，却消逝了。

一一九四年六月，六十八岁的孝宗病死。孝宗死前，光宗不去探视，死后也不去尸前服丧。孝宗葬礼无法进行，朝中骚动。丞相留正、知枢密院事赵汝愚、参知政事陈骙（音ái）、尚书左选郎官叶适建议立太子。赵汝愚（宗室）和知阁门事韩侂胄（韩琦曾孙，宁宗韩后叔祖。侂音托tuō）请太皇太后（孝宗母）懿旨，光宗退位作太上皇，光宗子赵扩（宁宗）即皇帝位执丧礼。宁宗即位，以赵汝愚和韩侂胄为代表的两派官员，又展开了争论。

（三）宁宗、韩侂胄禁道学和北伐战争

赵汝愚是宋朝的皇族。孝宗朝中状元，曾任太子侍讲，为光宗讲授儒学。后来，出任福建军帅，镇压农民起义。他是朱熹道学的有力支持者。宁宗即位，赵汝愚任枢密使，又任右相，自称要学习司马光。赵汝愚执政的第一件事，就是荐用朱熹做焕章阁待制兼侍讲，为宁宗讲道学。朱熹在潭州得到诏命，当天就启程上路。到临安后，和赵汝愚结纳，协力排挤拥立宁宗的韩侂胄。朱熹多次向赵汝愚献策，对韩侂胄多给些钱"厚赏酬其劳"，而不要让他参预朝政。

韩侂胄任枢密院都承旨,传达诏令,得到宁宗和韩后的信任,又得到朝中抗金主战的官员的支持,其中的有力人物是参知政事京镗(音汤 tāng)。京镗在高宗死时出使金朝,曾叱退金朝全副武装的卫兵,要求金朝撤除音乐(表示哀悼)。孝宗称赞说:"士大夫(指儒生)平时都以节义自许,有能临危不变,象京镗这样的么!"京镗执政,支持韩侂胄,和赵朱集团形成对立。

朱熹初次见宁宗,就进讲正心诚意、人欲天理的道学。任侍讲后,进讲《大学》。旧制:单日早晚进讲,双日休息。朱熹请不分单双日和假日,每天早晚进讲。借着给皇帝讲书的机会,多次进札,对朝廷政务多加论议。朱熹又和吏部侍郎彭龟年弹劾韩侂胄,并在进讲时说宁宗被左右的人(指韩侂胄)窃取权柄。绍熙五年(一一九四年)闰十月,宁宗下诏免去朱熹的侍讲,对人说:"朱熹所言,多不可用!"赵汝愚拜谏,陈傅良、刘光祖、邓驿等纷纷请求留朱熹在朝,都被宁宗拒绝。彭龟年上书攻击韩侂胄,说"陛下近日逐得朱某太暴,所以也要陛下逐去此小人"。彭龟年被贬官出朝。次年二月,右正言李沐上言:赵汝愚"以同姓居相位,将不利于社稷"。赵汝愚罢相出朝,又被劾曾图谋篡权,庆元二年(一一九六年)正月在永州病死。

一一九六年,京镗任右相。韩侂胄加开府仪同三司,权位重于宰相。韩、京等取得政权,演出了禁道学和北上抗金的场面。

禁止道学 韩、京执政，朝中反道学的官员，纷纷指责朱熹道学的虚伪，称道学是伪学。一一九五年，右正言刘德秀上书，说道学是"依正以行邪，假义以干利"，"如饮狂药，如中毒饵"，"口道先王语，而行如市人所不为"。又说："孝宗锐意恢复，首务覈实，凡虚伪之徒言行相违者，未尝不深知其奸。臣愿陛下以孝宗为法，考核真伪，以辨邪正。"请宁宗效法孝宗抗金，识辨道学。次年八月，太常少卿胡纮（音红 hóng）上书，说"比年以来，伪学猖獗，图为不轨，摇动上皇（光宗），诋毁圣德"。大理寺司直邵褒然上言"三十年来，伪学显行。场屋之权，尽归其党"。宁宗下诏："伪学之党，勿除在内差遣"。十二月监察御史沈继祖弹劾朱熹言行不一，说："朱熹引诱两个尼姑做妾，出去做官都要带着。""朱熹在长沙，藏匿朝廷赦书不执行，很多人被判徒刑。知漳州，请行经界，引起骚乱。任浙东提举，向朝廷要大量赈济钱米，都分给门徒而不给百姓。霸占人家的产业盖房子，还把人家治罪。发掘崇安弓手的坟墓来葬自己的母亲。开门授徒，专收富家子弟，多要束修（学费）。加上收受各处的贿赂，一年就得钱好几万。什么廉洁、宽恕、修身、齐家、治民等等，都是朱熹平日讲《中庸》《大学》的话，用来欺骗世人。他说的是那样，行为又是这样，岂不是大奸大憝（音对 duì）！"沈继祖的弹劾已超出道学范围，多有攻讦。宁宗下旨，朱熹落职，朱熹门徒蔡元定送道州编管。

朱熹被迫上表认罪，说是"草茅贱士，章句腐儒，唯知伪学之传，岂适明时之用。"笼统承认"私故人之财"、"纳其尼女"等等，说要"深省昨非，细寻今是"，表示要改过。朱熹门徒，纷纷离去。

这年，叶翥(音助 zhù) 知贡举，和刘德秀等上疏，请将道学家的'语录'之类，全部销毁。叶翥主考进士，凡是考卷讲到程朱义理，一律不取。儒学六经和《论语》、《孟子》、《大学》、《中庸》，都成为"世之大禁"。据说"士之以儒名者，无所容其身"。

一一九七年六月，朝散大夫刘三杰上书说："朱熹专于谋利，借《大学》、《中庸》作文饰，对他下一拜就以为是颜(回)、闵(子骞)；得到他一句话，就以为是孔孟之道。得利越多，越肆无忌惮，但还没有上边有权势的人给他支持。后来周必大作右相，想夺左相王淮的权，引用这帮人说大话，颠倒黑白，排挤走王淮。以后留正来，又借他们的党与做心腹。至于赵汝愚，素怀不轨之心。这帮人知道他的用心，垂涎利禄，甘为鹰犬，妄想得到什么意外的好处。以前的伪学，至此就变成了逆党"。刘三杰最后说："那些习伪太深，附逆顽固者，自知罪不容诛。其他能够革心易虑的人，不必都废斥，可以让他们去伪从正"。十二月，知绵州王沇(音演 yǎn)上书，请置"伪学之籍"。宁宗下诏，订立伪学逆党籍。宰执四人：赵汝愚、留正、王蔺、周必大；待制以上，朱熹、彭龟年、薛叔似等十三人；余官刘光祖、叶适等三十一人；武臣和士人十一人；共五十九人。两年多后，朱熹病死。列入伪学逆党籍的人员，并非都是信奉道学，这就表明：宁宗的禁道学主要还在于反朋党，旨在清除朱熹所依附的赵汝愚一派官员，专任韩侂胄当政。

崇岳贬秦 韩侂胄当政时的一件大事，是崇岳飞、贬秦桧。对待南宋初岳飞、秦桧这两个历史人物的评价，一直是南宋战和两派官员争论的一个方面。封建朝廷加给死者的谥号（谥音视 shì）和封号，是官方所作的评价，有时也是推行哪种政策的一种标志。孝宗初年，追复岳飞原官。一一七九年，加谥号武穆。一二〇四年，宁宗、韩侂胄又追封岳飞为鄂王，给予政治上的极高地位，以支持抗战派将士。秦桧死后，高宗加封他申王，谥忠献。孝宗时，揭露秦桧的奸恶，但还没有改变爵谥。一二〇六年，宁宗、韩侂胄削去秦桧的王爵，并把谥号改为缪丑（荒谬、丑恶。 缪音谬 miù）。贬秦的制词说："一日纵敌，遂贻数世之忧。百年为墟，谁任诸人之责？"一时传诵，大快人心。 韩侂胄对秦桧的贬抑，实际上也是对投降、妥协势力的一个沉重的打击。崇岳贬秦，为北上抗战作了舆论准备。

北伐金朝 韩侂胄执政，光宗朝被排斥的主战官员，再被起用。陈贾任兵部侍郎。吴挺子吴曦回四川，任四川宣抚副使。家居的辛弃疾也又出知绍兴府兼浙东安抚使。在宁宗、韩侂胄决策伐金的过程中，辛弃疾起了重要的作用。

辛弃疾在一一九六年自上饶迁居铅山县。朱熹曾为辛弃疾的斋室写了题词："克己复礼，夙兴夜寐"。朱熹在死前几个月，还又写信给辛弃疾，劝他"克己复礼"。但是，家居的辛弃疾却是胸怀壮志，时刻以北上抗金为念。他同友人慨叹壮志难酬，作《鹧鸪天》词，历述他自壮年渡江以来的抱负："壮岁旌旗拥万夫，锦襜（音搀 chān）突骑渡江初。燕兵夜娖（音促 cù 整饬）银胡䩮（音录 lù 箭室），汉箭朝飞金仆姑。追往事，叹金吾，春风不染白髭须。却将万字平戎策，换得东家种树书。"这时，金朝统治下的北方各族，正在陆续发动战争，在金朝的北边骚扰。各族人民的反金起义，也在各处兴起。金朝统治者日益陷于内外交困的局面之中。困居铅山的辛弃疾，随时在密切注视金国内部的动向。他被宁宗、韩侂胄再度起用后，一二〇四年，到临安面见宁宗，力陈"金国必乱必亡"，请委付元老大臣，"预为应变计"，准备出兵北伐。宋、金边境的汉人这时不断有人"跳河子"，越境投宋，报告金国困于北方战事和人民饥困的情况。驻守安丰军的官员，也奏报淮北流民请求渡过淮河，投附宋朝。开禧元年（一二〇五年）改元，一个进士廷对，也上言"乘机以定中原"。本来准备北伐的宁宗、韩侂胄，得到辛弃疾等人的建言，在朝野抗金声中，决意发兵了。

　　一二〇五年，韩侂胄加封平章军国事，总揽军政大权，下令各军密作行军的准备，出朝廷封桩库金万两作

337

军需。命吴曦练兵西蜀，赵淳、皇甫斌准备出兵取唐、邓。殿前副都指挥使郭倪指挥渡淮。一二〇六年四月，郭倪派武义大夫毕再遇（岳飞部将毕进子）、镇江都统陈孝庆定期进兵，夺取泗州。金兵闭城备战。毕再遇建议提前一日出兵，出其不意，攻其不备。陈孝庆领兵假攻西城。毕再遇自东城杀人，金兵败溃。毕再遇树起大将旗，喊话说："我大宋毕将军也，中原遗民可速降"。城中汉官出降。宋军收复泗州。郭倪来劳军，授毕再遇刺史官。毕再遇说："国家河南八十一州，现在攻下泗州两城就得一刺史，以后还怎么赏官？"辞官不受。陈孝庆继续进兵，攻下虹县。江州统制许进攻下新息县。光州民间武装攻下褒信县。宋军出兵得胜，形势大好。五月间，韩侂胄请宁宗正式下诏，出兵北伐。

伐金诏下，群情振奋，上下沸腾了。辛弃疾作词赞颂韩侂胄："君不见，韩献子，晋将军，赵孤存。千载传忠献（韩琦谥），两定策，纪元勋。孙又子，方谈笑，整乾坤。"号称"小李白"的诗人陆游，曾在四川军中"干办公事"（官名）。孝宗朝被召见，多次上书建策北伐，移都建康。光宗朝，曾作诗慨叹："公卿有党排宗泽，帷幄无人用岳飞"。韩侂胄初执政，在山阴家居的陆游寄予很大期望："吾侪虽益老，忠义传子孙，征辽诏倘下，从我属櫜鞬（音高尖 gāo jiān）。"朝廷果然下诏伐金，诗人大为激动了。八十二岁的陆游作诗言志，表示还要走上战场。"中原蝗旱胡运衰，王师北伐方传诏。一闻战鼓意气生，犹能为国平燕赵。"辛弃疾、陆游的壮丽诗篇，也正是曲折地反映了广大人民群众意气风发，斗志昂扬的振奋情景。

韩侂胄出兵伐金，政治上思想上的准备是充分的，但军事准备却很不足。符离败后，多年没有作战，如象辛弃疾这样坚持抗战的将领，抗金投宋四十三年，也已是六十五岁的高龄。"四十三年，望中犹记，烽火扬州路。""廉颇老矣，尚能饭否？"后来有人评论辛弃疾时慨叹说，孝宗时未能出兵中原，"机会一差，至于开禧，则向之文武名臣欲尽，而公亦老矣！"辛弃疾朝见决策伐金后，到镇江府驻守。韩侂胄推荐他的老师陈自强作相（一二〇〇年京镗死），引用旧日的僚属苏师旦为枢密院都承旨，辅佐指挥军事。决策出兵前，宁宗、韩侂胄解除伪学逆党籍，重新任用一些在籍的官员，争取他们一致对外，但其中的某些人并不真诚合作。韩侂胄拟用广帅薛叔似去前线统帅淮西军兵，薛叔似不赴任。又命知枢密院事许及之守金陵，许及之也不出守。调任光宗时派往四川的丘崈为江淮宣抚使，丘崈辞不受命。将帅乏人，宁宗下诏：朝内外举荐将帅边守。邓友龙曾出使金朝，说金朝内部困弱，主张北伐，用为两淮宣抚使。程松为四川宣抚使，吴曦仍为副使。伐金的主力军分布在江淮、四川两翼。

韩侂胄部署北伐时，宋军中已出了内奸。早在宁宗下诏伐金前一月，吴曦已在四川里通金朝，图谋叛变割据。派遣门客去金军，密约献出关外阶、成、和、凤四州，求金朝封他作蜀王。宋出兵伐金，金朝指令吴曦在金兵临江时，按兵不动，使金军东下，无西顾之忧，密许吴曦作蜀王。韩侂胄日夜盼望四川进兵，多次催促，吴曦

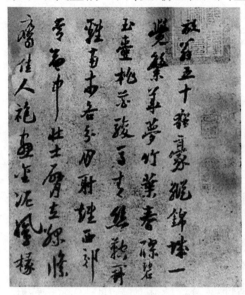

陆游诗翰

不理。金蒲察贞领兵攻破和尚原，守将王喜力战。吴曦下令撤退，宋军败溃。金兵入城。吴曦焚河池，退军青野。兴元都统制毌丘思（毌音贯 guàn）领重兵守关。金兵到关，吴曦下令撤防。毌丘思孤军不敌，金军陷关。一二〇五年底，吴曦秘密接受金朝的诏书、金印，作蜀王，示意程松离去。程松兼程逃出陕西。吴曦叛变，宋军伐金的部署遭到了严重的破坏。

金军有吴曦在四川作内奸，得以集中兵力到东线作战。宋郭倪军驻扬州，派遣郭倬、李汝翼会师攻取宿

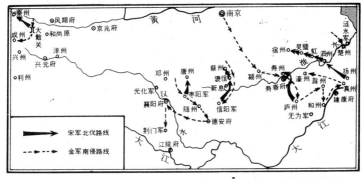

韩侂胄北伐图

州,被金兵打败,退至蕲州。建康都统李爽攻寿州,也战败。皇甫斌又败于唐州。江州都统王大节攻取蔡州,不下。只有毕再遇一军继续获胜。一二○六年六月,韩侂胄因出兵无功,罢免指挥军事的苏师旦和邓友龙,又用丘崈为两淮宣抚使,用叶适知建康府兼沿江制置使。丘崈受命上任,就放弃已占领的泗州,退军盱眙,说是可以保全淮东兵力。宋军退守,金军分九道进兵。战争形势,由宋军北伐变为金军南侵了。十一月,丘崈任签书枢密院事,督视江淮兵马。金完颜纲军陷光化、枣阳、江陵,又攻破信阳、襄阳、随州,进围德安府。仆散揆军偷渡淮水,宋兵大败,金军进围和州。纥石烈子仁攻陷滁州、真州。淮西县镇,都被金军占领。一二○六年底,金军又秘密派人去见丘崈,示意讲和。丘崈密送金使北归。从此,丘崈多次遣使与金军谈和,暂行停战。

西线吴曦叛变，东线丘崈主和，韩侂胄日益陷于孤立了。开禧三年(一二○七年)正月，罢免丘崈，改命张岩督视江淮兵马。韩侂胄自出家财二十万，补助军需。又派遣使臣方信孺到开封同金朝谈判。

这时，四川的形势是：叛徒吴曦在开禧三年正月，公然建行宫，称蜀王，置百官，请金兵进入凤州，献出四郡，并准备削发(改女真辫发)向金称臣。长期以来坚持抗战的四川军民，对吴曦的叛卖，展开了强烈的反抗。吴曦召用大安军杨震仲。杨震仲拒不附逆，服毒药自杀。陈咸剃去头发，拒绝向金朝臣服。史次秦自己弄瞎了眼睛，拒不作官。一些官员也都弃官而去。随军转运使安丙却受伪命，作了吴曦的丞相长史。监兴州合江仓杨巨源和吴曦的部将张林、朱邦宁、义士朱福等相联络，策划讨伐吴曦。杨巨源去找安丙说："先生做逆贼的丞相长史么？"安丙见势不妙，号哭说："我没有兵将，不能奋起。必得有豪杰才能灭掉此贼。"兴州中军正将李好义结合兵士李贵、进士杨君玉、李坤辰、李彪等数十人，也在计划杀吴曦。杨巨源与李好义等商议，杀吴曦后，得有个"威望者镇抚"，准备推安丙出来主事。杨君玉等伪造皇帝诏书，命安丙为招抚使，诛反贼吴曦。李好义等七十多人闯入伪宫，宣读诏书，兵士都散去。李贵当场斩吴曦。吴曦称王四十一天，受到了应得的惩处！

诛灭叛徒，大快人心。军民抗金情绪，极为高涨。

韩侂胄得知吴曦叛变，曾密写帛书给安丙说："如能杀曦报国，以明本心，即当不次推赏。"帛书未到，安丙已奏报吴曦诛灭。韩侂胄即任安丙为四川宣抚副使。吴曦被杀，金朝大为沮丧，又无战备。杨巨源、李好义等请乘势收复四州。李好义出兵，一举收复西和州。张林、李简收复成州。刘昌国收复阶州，张翼收复凤州。孙忠锐收复大散关。李好义进兵至独头岭，会合当地民兵夹攻金军。金军大败。宋兵七日到西和，所向无敌。金将完颜钦逃走。李好义整军入城，军民欢呼。李好义又请乘胜进取秦陇，以牵制侵淮的金军。安丙不许，士气大受挫折。大散关又被金兵夺去。

安丙不许乘胜北伐，却在宋军内部自相残杀。安丙与孙忠锐不和，命杨巨源伏兵杀孙忠锐。吴曦原部将王喜指使党羽刘昌国在酒中放毒药，害死李好义。安丙又诬指杨巨源谋乱，把他下狱害死，假说是自尽，报给朝廷。抗金将士，无不愤慨。由下级军官和民众武装发展起来的大好形势，又被安丙等断送了。

这时的金朝，正如辛弃疾所判断的，处在"必乱必亡"的前夕。只是由于宋朝出了叛徒和内部的不和，部署失宜，才使金兵得以侵入淮南；但金朝实际上已不再有继续作战的能力，只是对宋朝威胁、讹诈。宋使方信孺到金，金朝先把他下狱，虚声恫吓。九月初，方信孺带回完颜宗浩给张岩的复信，说若称臣，以江淮之间取中划界。若称子，以长江为界。斩元谋奸臣（指韩侂胄等），函首以献，增加岁币，出犒师银，方可议和。韩侂胄大怒，决意再度整兵出战。宁宗下诏，招募新兵，起用辛弃疾为枢密院都承旨（代苏师旦）指挥军事。六十八岁的辛弃疾这时得病家居，任命下达后，还没有去就任，就在家中病死。

韩侂胄筹画再战，朝中主降的官员大肆活动。史浩在光宗朝病死，子史弥远这时任礼部侍郎，是朝中投降派的主要代表。一二○○年韩皇后死，一二○二年，宁宗立杨氏为后，韩侂胄曾持异议。杨后对韩侂胄深怀仇怨，在政治上则和兄杨次山一起，主张妥协、投降。史弥远秘密上书，请杀韩侂胄。杨后又叫皇子询（原名曮。曮音眼 yǎn）上书，说韩侂胄再启兵端，于国家不利。宁宗不理。杨后、杨次山和史弥远秘密勾结，阴谋对韩侂胄暗下毒手。他们指使中军统制、权管殿前司公事夏震等，在韩侂胄上朝时，突然袭击，把他截至玉津园夹墙内害死。事后才奏报给宁宗。韩侂胄被暗杀，军政大权全归杨后、史弥远所操纵。随后，又把苏师旦处死。投降派完全遵照金朝的无理要求，把韩侂胄、苏师旦的头割下，派使臣王枏（音南 nán）送到金朝，并且全部接受金朝提出的条件：增岁币为三十万，犒师银（赔款）三百万两。金军自侵占地撤回。南宋又一次屈膝降金，算是完成了"和议"。当时太学生作诗讽刺说："自古和戎有大权，未闻函首可安边。生灵肝脑空涂地，祖父冤仇共戴天。"又说："岁币顿增三百万"，"莫遭当年寇准知"。北宋时,寇准坚持抵御辽朝,长久地受到人们的敬重。史弥远谋杀韩侂胄,屈膝投敌,完全是秦桧一类的投降派!

韩侂胄执政前后十四年,权势显赫,曾与赵汝愚一党相互倾轧,最后适应朝野抗金的要求,发动北伐战争,由于坚持抗敌,遭受投降派的杀害而牺牲。但因韩侂胄反道学,长期遭到程、朱门徒的咒骂。元代修《宋史》,特立《道学传》崇程朱,又依南宋《国史》立《奸臣传》,不列入史弥远,反而将韩侂胄与秦桧并列,辱骂他是"奸恶",完全颠倒了历史的是非。后世史家立论,或沿袭旧说,也不免有失公允。

(四) 抗金斗争和道学统治的确立

一、反投降派的斗争

杨后、史弥远发动政变后,皇子询被立为太子,杨次山加开府仪同三司,史弥远知枢密院事,又进为右丞相。以史弥远为首的投降派一举夺取了全部军政大权。史弥远随即恢复秦桧的王爵和谥号,表明他是秦桧的崇奉者。

史弥远等投降派执政,对韩侂胄北伐时的执政官员和作战将领,不遗余力地加以打击。陈自强罢相,又贬到雷州安置,家产籍没。邓友龙贬南雄州安置。郭倪、张岩等罢官。辛弃疾已经死去几年，仍被加上"迎合开边"的罪名，追削爵秩。

叶适在韩侂胄禁道学时，曾因附合朱熹，被列入伪学逆党籍。一二○二年解除党禁，叶适恢复官职。韩侂胄出兵北伐前，叶适任史部侍郎，向韩侂胄建策宜先防江。一二○六年，叶适出知建康府，又兼江淮制置使，节制江北诸州。金兵来侵，建康震动。叶适派轻兵二百人夜袭金军营寨。道遇金兵，射敌甚众。又派兵劫敌营，俘掳敌兵而回。金军解围，退屯瓜步。叶适乘势派兵分道出击，获胜，金兵自滁州退走。史弥远当政，叶适因而被御史官弹劾为附会韩侂胄用兵，被罢官夺职。叶适早年在朝中政治派别的斗争中，附会过赵汝愚、朱熹一派，但他的哲学思想却与朱熹存在着分歧。叶适被罢官后，家居十余年，综论古今学术与程朱道学立异，在哲学上作出了贡献。①

韩侂胄被害后，主战的官员相继遭到贬谪。只有主和的丘崈升任江淮制置大使，又进为同知枢密院事，未就任，病死。

但是，反投降的社会力量仍在继续战斗。拥护韩侂胄抗战的一个普通军官罗日愿，联络宫内外下级军官、临安府学生以及一些民众，秘密策划杀史弥远。一二○九年五月，史弥远治母丧后回临安。罗日愿等准备在朝官到浙江亭迎接时，藏一千人在船中举火为号，

---

① 叶适的哲学思想，见第七册。

346

三路齐上，杀史弥远和投降派官员，然后拥兵入宫内，奏报宁宗下诏。但当部署确定后，出了叛徒告密。史弥远逮捕罗日愿，以残酷的磔刑把他处死。参与谋划的人员，也都被斩首。罗日愿事败牺牲，但他的行动，反映了进步的社会力量和人民群众反投降的正义要求。

诗人陆游这时创作的诗篇，也反映了这种要求。陆游在路边与老农共谈国事，归来赋诗说："几年羸疾卧家山，牧竖樵夫日往还。至论本求编简上，忠言乃在里闾间：私忧骄房（指金朝）心常折，念报明时涕每潸。寸禄不沾能及此，细听只益厚吾颜。"朝廷上投降派当政，人民群众中谈论的，却是抗敌的"忠言"。"厚吾颜"也正是对史弥远的辛辣嘲讽。嘉定二年（一二〇九年）十二月，八十六岁的陆游病死，临死前还奋笔写下一首传诵的名诗《示儿》：

死去元知万事空，但悲不见九州同；

王师北定中原日，家祭无忘告乃翁。

这首热情洋溢的诗篇，写在陆游死前一刻，写在史弥远残酷打击抗战派的年月，其意义远不只是诗人爱国情感的抒发，而且是反映了抗战派和人民群众"北定中原"的强烈愿望，反映了对史弥远屈膝投降的强烈抗议。

二、抵抗金兵南侵的斗争

在此期间，金朝的景况有了重大的变化。一二〇六年，即韩侂胄发动北伐的--年，成吉思汗在斡难河边（斡音握wò）建立了蒙古族的汗国。一二一一年，成吉思汗自克鲁伦河发兵，南侵金朝。蒙古骑兵越过阴山，攻下乌沙堡，突破了金朝西京路的防线。金西京路留守纥石烈执中（胡沙虎）逃跑。蒙古兵在会河堡全歼金守军。十月间，入居庸关，直达金朝的国都中都城外。金兵死守中都，蒙古军掳掠而回。一二一二年，成吉思汗又进攻金西京（大同）。金兵拒守，不能攻下。一二一三年，蒙古军再次进兵，攻下宣德州、德兴府和涿、易两州。兵分三路，攻掠山东、河北州郡。金中都陷于北、西、南三面围攻之中。八月间，金朝内部发生了政变。败将纥石烈执中杀金帝卫王允济，另立完颜珣（音荀xún）作皇帝（宣宗）。金元帅尤虎高琪杀纥石烈执中。金宣宗向蒙古求降，贡献大批金宝、马匹，并把允济女岐国公主献给成吉思汗。一二一四年三月，成吉思汗统帅的蒙古兵，在各地掳掠后退军。和当年金朝南侵时，宋朝内部的情形相似。这时的金朝统治集团内，也出现了抗战与逃走两种主张，两个派别。金宣宗成为逃走派的头目。五月间，当蒙古军退后，金宣宗率领宗室百官，运载珠玉财宝，逃离中都，迁都到南京（开封）。成吉思汗得知金朝南逃，再次派兵南下。次年，中都和辽东、河北、山东八百六十余城，全被蒙古军攻占。辛弃疾"金国必乱必亡"的估计，完全证实了。

面对着这样的新形势，宋朝统治集团内又展开了抗金兵，还是"守和议"的争论。金朝内部也出现了两种主张。一是联宋抗蒙。一是南侵软弱的宋朝，在南方扩地立国。一二一七年，金宣宗发兵渡淮，分道南侵。乌古论庆寿侵樊城，围枣阳。完颜阿邻入大散关，进攻西和州、阶州、成州。宋宁宗下诏给京湖、江淮、四川等处制置使"便宜行事"。

辛弃疾提拔的将领、京湖制置使兼知襄阳府赵方，早在边地设防戒备。金兵南侵。赵方对儿子赵范、赵葵说："朝廷和战之说未定。我已决策，只有提兵临边，决战报国。"赵方一面向朝廷上疏主战，一面亲到襄阳部署抗敌，派孟宗政、扈再兴领兵增援枣阳，又在光化军、信阳、均州等地加派守兵，相互联络。枣阳守将赵观在城外战败金兵，孟宗政等到来，两方夹攻，金兵败退，枣阳围解。京湖将王辛、刘世兴等部在光山、随州获胜，金兵败走。赵方抗敌得胜，上书朝廷，列举五条理由，反和主战，请宁宗下诏伐金。一二一七年五月，宁宗下诏说："岂不知机会可乘，仇耻未复，念甫申于信誓，实重启于兵端。若能立非常之勋，则亦有不次之赏。"意思是：朝廷守和议，不大举发兵，各地将领可抗敌立功。宁宗命将诏书传布，招谕金朝统治下的官吏军民。史弥远老奸巨猾，不置可否，坐观成败。

抗金诏下，前线将士受到鼓舞。抵抗金兵南侵的斗争展开了。但是，抗战派和妥协派的将官分布各地，或战或走，呈现出复杂的情景。四川、京湖、江淮三路的战况，也各有不同。

金军自枣阳败退后，嘉定十年(一二一七年)十二月，又以万人侵犯四川，破天水军。宋守臣黄炎孙逃跑。金兵攻下白环堡。统制刘雄放弃大散关逃跑。一二一八年二月，金兵焚烧大散关，攻破皂郊堡。三月，宋利州统制王逸率领官军及抗金民兵十万人收复皂郊堡，斩金统军将领完颜赟，进攻秦州。这时，沔阳都统制刘昌祖竟然下令王逸退兵，解散抗金民兵。宋军因而败溃。四月，金兵再攻皂郊堡，进攻西和州。刘昌祖焚城逃跑。西和、成、阶等州守臣也都弃城逃走。金兵入诸州，得粮九万斛，钱数千万，军需无数。又攻大散关，守将王立逃走。兴元都统吴政奋起抗敌，击败金兵。吴政至大散关，斩王立，奏报朝廷。刘昌祖被夺官流放。一二一九年春，金兵再侵西和州，守将赵彦呐歼灭敌军。吴政在黄牛堡与金兵作战中战死。金兵攻破大安军，宋四川制置使董居谊竟然弃职逃走。沔州都统张威起而迎战，在大安军邀击金兵，获得大胜利。金军败退。一二二〇年，宋朝派安丙再任四川宣抚使(一二一四年由四川入朝，同知枢密院事)。安丙写信给西夏，约定联合夹攻金兵。九月，西夏出兵二十万围巩州。安丙命张威、王仕信等分道出兵配合。夏兵攻巩州不下，退军，不再出战。宋军师出无功。安丙罢免张威，斩王仕信。

京湖一路，在京湖制置使赵方等率领下，继续英勇抗敌。一二一八年，金兵再次围攻随州、枣阳。孟宗政、扈再兴合兵抗敌。三个月之间，大小七十余战。孟宗政身先士卒，金兵遇战即败。随州许国援兵至白水，孟宗政出战。两军夹攻，金兵大败。一二一九年，金军完颜讹可部再次大举围攻枣阳。赵方见金兵倾巢而来，派许国、扈再兴领兵三万，分道进攻唐、邓二州，攻打金兵的后路。孟宗政在枣阳用炮攻金兵，一炮可杀金兵数人。金兵选弩子手二千用云梯攻城，不能得逞。又掘地道攻城。孟宗政用毒烟烈火猛熏地道，金兵蒙湿毡防御。金兵猛攻枣阳八十余日，不能下，兵士疲敝。许国、扈再兴还师夹攻，孟宗政领兵出城，内外合势，士气大振。宋军直攻金营，金兵全部崩溃，完颜讹可单骑逃跑。经此一战，金军丧胆，从此不敢再来侵犯枣阳和襄、汉。唐、邓民众数万人来投宋军，孟宗政选择精壮，编为抗金武装，出入唐、邓之间抗敌。赵方见金兵屡败，十月间分派许国、扈再兴、孟宗政领兵六万，分三道出击，进攻唐、邓，不能下。孟宗政又在湖阳县大败金兵。一二二〇年初还军。金兵反攻樊城，被赵方击退。京湖一路，赵方、孟宗政等统领军民，奋勇抗敌。金兵三攻枣阳，不能前进一步。宋军胜利了。

江淮制置使李珏（音决 jué）扼守淮水。一二一九年，金兵南侵安丰军和滁、濠、光三州。李珏派池州都统制武师道等领兵援救。金兵自光州分兵犯黄州，自濠州犯和州石碛，自盱眙犯滁州、扬州。游骑数百到东采石杨林渡，建康震动。抗金民兵分道狙击金兵：陈孝忠出兵滁州，石珪、夏全、时青等去濠州，李全、李福兄弟截击金兵归路。金兵败退，李全军进至涡口杀金将数人，又追击金兵，得胜而回。

一二二一年，金兵再侵光州、黄州。黄州城陷，宋守臣何大节投江殉国。金兵又陷蕲州，知州李诚之全家自杀殉难。扈再兴出兵应援，在金兵退路天长邀击。金兵大败，渡淮北去。李全派兵追击，又败金兵。

自一二一七年以来的六年间，金兵多次分道南侵。由于抗战将士和抗金民兵的坚决抵抗，金军一再遭到失败，不得南下。一二二四年三月，金朝派遣使臣到宋朝"通好"，并在边地揭榜，告示军民不再南侵。金宣宗在江南扩地立国的图谋，被粉碎了。

三、朝廷政变和抗金民兵的被消灭

金兵被挫败后不久，嘉定十七年(一二二四年)闰八月，宁宗病死。史弥远等再一次发动了政变。

参预谋害韩侂胄的太子询，在一二二〇年病死。次年，立宗室子贵和为太子，改名竑(音宏 hóng)。竑好古琴。史弥远献一善弹琴的美女，暗地监视太子，窥探动静。太子竑对史弥远的专权祸国，深为愤恨。平日在桌几上写史弥远罪恶，说史弥远当决配八千里。史弥远得琴女密告，阴谋废太子。派人在绍兴民间找到一个名叫赵与莒(音举 jǔ)的十七岁男子，说是宗室之后，召到临安，改名贵诚，密谋废立。史弥远又召国子学录郑清之为贵诚讲授儒学，密告郑清之说：“将来事成，弥远的位子，就是你的位子。但这话出于我的口，入于你的耳。如果有一语泄露，我和你都要被族诛。”宁宗死，史弥远、郑清之不顾杨后的反对，强行拥立贵诚作皇帝(理宗)，改名昀(音云 yún)。太子竑被废为济王，出居湖州。

史弥远的政变阴谋，朝野共见，激起人们强烈愤慨。湖州人潘壬等与李全联络，约李全克日进兵接应，拥立济王竑，反史弥远。潘壬揭榜史弥远罪恶，拥济王竑到州衙，黄袍加身，但李全兵到期不至。济王竑见事不成，派人到朝廷告变。潘壬改变姓名逃往楚州。史弥远得到湖州消息，非常恐惧，赶忙捕斩潘壬，又秘密派人到湖州逼济王竑自缢，诡称病死。一些朝臣上书说济王冤枉，都被罢官出朝。理宗、史弥远的统治确立了。

金朝山东、河北地陷于蒙古后，中原大批抗金民兵转移到淮东，投附宋朝，在挫败金兵南侵的过程中起了重要的作用。但史弥远等投降派却把民众武装看作危险的敌人，等待机会把他们消灭。金兵退后，制置副使贾涉写信给史弥远说：“以前的祸患，不过是金朝。现在的祸患，又有山东忠义(指抗金民兵)和北边（指蒙古），应该赶快设法消除。”一二二〇年，贾涉假称召抗金民兵领袖季先入朝，在路上杀季先。季先部兵推石珪为领袖反贾涉。贾涉命李全攻石珪,石珪投降蒙古。潘壬事败被杀后,李全也很不安。一二二五年二月,李全命部下刘庆福杀宋楚州知州许国。李全占据青州。次年,蒙古攻青州,李全也投降蒙古。

李全兄李福在楚州,见李全降蒙,不能自立,杀刘庆福降宋,部下杀李福。宋朝又命抗金民兵时青等部攻李全余党。时青派人密告李全。李全请求蒙古统治者派他领兵南下,乘机灭宋。蒙古授命李全专制山东。李全穿着蒙古衣冠,军中并有蒙古官员随行。李全统率的抗金民兵变成了蒙古侵宋的别动队,性质完全不同了。李全南下,竟然首先诱杀时青,兼并了时青的部众。一二三〇年初,李全占据楚州。史弥远这时见李全势大,不断馈送粮饷,说可以"少宽北顾之忧"。宋军兵士说:"朝廷唯恐贼不饱,我曹何力杀贼!"淮东安抚副使兼知扬州赵范、淮东提刑兼知滁州赵葵请讨李全,史弥远不许。十月间,李全突然发兵攻扬州。赵范、赵葵急起兵进驻扬州。李全攻占泰州作据点,全力向扬州进攻。次年正月,赵范、赵葵军获胜,李全败死。宋军乘胜进驻淮安,李全军全部败溃。

宋朝统治集团中,对待民间抗金武装,历来有两种不同的态度,不同的主张。从宗泽、岳飞到虞允文、赵方,主张联合抗金。从秦桧到刘昌祖、贾涉、史弥远,主张乘机消灭。投降派把武装的人民看作比金朝更危险的敌人,不惜使用一切阴谋诡计,或者直接杀害,或者挑动自相残杀，以达到最后消灭的目的。事实再一次说明：即使在民族战争的年代，地主阶级和农民阶级的阶级矛盾，依然是多么尖锐而不可调和。

李全在抗金战争中，抗金附宋，又降蒙侵宋，杀害抗金民兵领袖，逐渐变质为只图扩大个人势力的军阀。李全后期的行动，虽然受到南宋投降派的逼迫和影响，但毕竟是投机叛卖的行径。从李全的行动，人们不难联想到：当年杨太农民军始终坚持内抗南宋外抗金朝，是多么崇高而英勇！

四、道学统治的确立

理宗初即位，朝政听由史弥远把持。一二三三年，史弥远执政二十六年后病死。理宗开始亲政，郑清之作丞相。郑清之原来依附史弥远，任相后，斥逐史弥远党羽，收召一时知名之士，掌握朝政，号称"更化"。这年，蒙古军包围了金朝的都城南京（开封）。金朝的末代皇帝完颜守绪（哀宗）逃往归德，又逃到蔡州。蒙古派使臣来宋，约宋朝出兵来攻，金亡后以河南地归宋。七月，宋京西兵马钤辖孟珙（孟宗政子）部出襄阳，在马蹬山大败金兵。八月，进围蔡州，与蒙古兵会合。端平元年（一二三四年）正月，金哀宗在蔡州自杀。金朝在北方统治一百二十年后宣告灭亡了。

金朝亡后，陈、蔡西北地归蒙古，以南地归宋。两军撤退。赵范、赵葵等请乘胜收复开封、洛阳。蒙古军陷开封后，掳掠而去。金降臣崔立等在城中驻守。六月，宋军全子才部到开封，汴京都尉李伯渊等杀崔立降宋。赵葵率部来开封，派别部入洛阳。洛阳被掳掠后，已是空城。七月间，宋军进驻，无军食可供。蒙古兵至洛阳城下，宋蒙交战，胜负相当。赵葵、全子才因宋军粮饷不继，不得已自汴、洛班师，回朝请罪。赵、全等被降秩贬官。

南宋联蒙灭金时，朝臣中即不断有人以北宋联金灭辽而自取灭亡的历史经验，向理宗提出警告。金朝亡后，蒙古军已经开始进攻四川和襄、樊。南宋亡国之祸，就在眼前。理宗君臣却陶醉于灭金的"胜利"，不再作抗敌自救的部署，反而讲起"正心诚意"的道学来。

史弥远执政，曾加谥朱熹为朱文公。理宗即位前，从郑清之学习程朱道学。即位后，请道学家讲授《尚书》，习读朱熹注释的四书。一二二七年，召见朱熹子朱在，说朱熹的四书注解，"朕读之不释手，恨不与之同时"。下诏特赠朱熹太师，追封信国公，说朱熹"凡六籍悉为之论述，于四书尤致于精详"；又说"朕自亲学问，灼见渊源。常三复于遗编，知有补于治道。"朱熹注解的四书，由于理宗的高度推尊，取得学术上的统治地位，成为儒学的必读课本。

一二三〇年，理宗亲自撰写《道统十三赞》，从伏牺、尧、舜，到周公、孔子、颜回、曾参、子思、孟子，共十三人，说是一脉相承的道统，备加赞颂。一二三七年，又下诏国子监刊印朱熹的《通鉴纲目》。一二四一年，理宗到太学大成殿，听讲《大学篇》，并把《道统十三赞》宣示给国子监的学生。下诏学宫祭祀周敦颐、程颢、程颐、张载、朱熹五人，从祀孔子。诏书又说，朱熹"精思明辨，表里浑融，使《大学》、《论》、《孟》、《中庸》之书，本末洞彻。孔子之道，益以大明于世。"进一步提高四书的地位，确立了朱熹道学的思想统治。

理宗提倡道学，对王安石极力贬斥。宁宗时，有人上书请罢去王安石在孔庙中的祭祀，因枢密院官员的反对，没有实现。理宗在下诏祭祀程朱等的同时，又把王安石的牌位搬出，不再祭祀。说王安石提出"天命不足畏，祖宗不足法，人言不足恤"，是"万世罪人"，"合与削去，于正人心、息邪说，关系不少。"王安石向神宗直接申明"三不足"的论辩，到这时已经一百七十年了。王安石死去也已一百五十多年。理宗下诏指责王安石是"万世罪人"，"三不足"是"邪说"，再一次从反面说明：王安石提出的"三不足"说，具有强大的思想力量和深远的影响。

自从孔子创立儒家学派以来，儒学前后经过了三次较为重大的变化。第一次是在战国时期，第二次是在西汉时期，第三次是在宋朝。在这三个不同的时期里，每当政治经济状况发生变动，为着适应当时的需要，儒家就有它的代表人物出来，变革儒学的形态，以求得儒学的继续发展。第一次的代表人物是孟轲。孔学发展为孟派儒学。第二次的代表人物是董仲舒。孔孟儒学发展为神化了的今文经学。第三次的代表人物就是程颐、朱熹。儒学由此发展为号称继承孔孟道统的道学或理学。从西汉到南宋，孔孟儒学本来还并没有能够全面控制政治、学术。理宗树立起程朱道学的思想统治，从此，便在政治思想领域取得了巩固的统治地位，控制了教育、科举，并且在社会上广泛传播。宋朝以后，孔孟儒学的影响，主要就是程朱理学的影响。

第八节　南宋经济的发展，封建剥削的加强和农民起义

南宋统治确立后，作为社会主要矛盾的地主与农民的阶级矛盾，一直在不断发展。

依据一一五九年（高宗绍兴二十九年）的不完全的统计材料，南宋统治下的人口共有一千六百八十四万。但经过高宗、孝宗两朝，一一九〇年（光宗绍熙元年）、人口的统计数到达两千八百五十万。这个数字已经接近于北宋神宗时全国人口的统计（北宋最高人口纪录是一一一〇年即徽宗大观四年，四千六百七十三万）。由于逃避赋役和其他原因，无论北宋或南宋的人口纪录数字，都大大低于实际的人数，但纪录数字的增减，也显示出一个大概的趋势。南宋统治时期，人口在急速增长。这在很大程度上是由于北方汉人大量南迁的

缘故。北宋时，经济发达的地区都在南方。大批劳动人民的南迁，使南方经济得到进一步的发展，为宋朝在南方立国抗战，提供了物质基础。但另一方面，以赵宋皇室为首的贵族、官僚、地主来到南方，疯狂地掠夺土地，霸占庄田。土地兼并的加剧，成为南宋经济发展中的一个极为突出的严重问题。随之而来的，必然是广大自耕农的破产和广大佃农更加被束缚在地主的土地上，遭受苛刻的压榨。南宋王朝在不断地扩大官田的占有，并且在不断加强赋税、徭役的敲剥。

广大农民和其他被压迫的人民，在反抗金朝南侵的同时，纷纷起来，对南宋地主阶级的压榨，展开不屈不挠的反抗斗争。斗争采取了多种形式，一直发展为武装起义。农民阶级反抗地主阶级的斗争，贯串着南宋统治时期的历史。

（一）经济的发展

一、农　业

北方劳动人民大批南迁，和南方农民一起，进一步开发了江南的农田，交流了耕作经验。某些农作物品种的传播，也有利于农业的发展。

农田的开垦——南宋时圩田更加发达。如江东路官圩有田七十九万多亩。太平州官、私圩合计占全州耕地面积的十分之九。宣州宣城县有官圩十七万亩，私圩五十八万亩，约占全县垦田的一半以上。浙西路围田相望，达一千四百多所。浙东路越州鉴湖和明州广德湖周围上百里都被修造圩田，淀山湖四周被围垦几十万亩。圩田因为土质肥沃，灌溉便利，所以能常年保持丰收，粮食产量很高。

圩田的修筑是广大佃客辛勤劳动的成果。如合肥的三十六处官圩，以二十二庄为单位，"以户颁屋，以丁颁田"，共有佃客六百多户，一千多丁。佃客不断改进圩田的修建技术，使生产得以提高，但在地主苛重的地租剥削之下，"饱腹无粟菽，强扶南亩犁"，过着"无米无柴"、"面有菜色"的痛苦生活。

江东、淮东、两广和长江江面上，都能见到"木架田丘"随水高下浮沉。陆游曾在长江蕲州江面上见到架田，是在木筏(音伐 fá)上铺土作蔬圃。范成大诗说："小舟撑取葑田归"，描写平江府农民种植葑田(即架田)的情景。福建、江西、浙东、四川的农民，开垦山垅为田，层起如阶级，远引溪谷水灌溉，种植水稻等农作物。两浙路农民在沿海涂泛地区，叠土石作堤，以防潮水。涂泥干后，种植作物，当地称为"涂田"。宁宗时，台州宁海县有涂田六百多亩，黄岩县一万一千多亩，临海县二万四千多亩。浙西、淮东、江西新垦的沙田也极多，孝宗时，三路共括到沙田二百八十多万亩。理宗时，建康府五县，共有沙田十六万二千多亩。

南宋的垦田总面积，文献不见记载，但从圩田、葑

360

田、山田、涂田、沙田等的大量开垦，可以看出，当时农田面积在逐步增加。

水利的兴修——宋朝南迁，劳动人民修浚水利更多。《宋史·食货志》说，南方水田之利富于中原，故水利大兴。高宗时，潭州农民修复龟塘，灌溉官私耕田一百万亩。眉州农民修筑通济堰，使蜀州新津和眉州眉山、彭山等县三十四万多亩田得到灌溉，原来的荒野都变为沃壤。抗金将领吴璘率领士兵在兴元府褒城县修筑光道枝渠，把以前的旱田全改成水稻田。几年以后，又修筑兴元府山河堰，溉田二十三万多亩。光宗时，淮东路农民创筑绍熙堰，数百里内田地都得到灌溉之利。泰州的捍海堰，北宋末年，被海水冲决堰堤。孝宗、宁宗朝，两次修筑，规模比前更大。

在农民群众兴修水利的同时，官僚、地主大规模地霸占江湖开垦围田，造成了水害。孝宗说："浙西自有围田，即有水患。"官僚、地主等"豪宗大姓"凭借权势，在蓄水处强筑塍（音呈 chéng）岸，圈占田亩。遇天旱独据上流，使周围的民田无水灌溉。遇水涝只顾泄放，以民田为壑（坑谷。壑音荷 hé）。宋朝虽然不断下令禁止，甚至开掘某几处围田，但总不能阻止豪族地主所造成的这个祸害。

稻、麦的培育——水稻是南宋占第一位的粮食作物，种植更为普遍。经过农民长期的培育，南宋水稻品种繁多，仅两浙路六七个州县，就有籼稻（籼音仙 xiān）、

宋《耕获图》

粳稻（粳音经 jīng）一百四十多种，糯稻五十多种，其中有一些是当时的优良品种。北宋时移植到中国南方的占城稻，南宋时普遍种植，成为早籼稻的主要品种。各地农民根据本地的土壤和气候条件，又从占城稻原种培育出新的良种。占城稻成为广大佃客和下户常年食用的主要粮食。

浙西路平江府适宜栽种粳稻，所产粳米"玉粒香甜，为天下之甲"。浙东、江东的农民还培育出好几种抗涝、耐寒、耐旱的水稻良种。池州的农民还栽种从高丽传来的"黄粒稻"，稻芒长，谷粒饱满，是一种少见的良种。

成书于高宗绍兴年间的陈敷《农书》，总结了两浙路农民的耕作经验。陈敷指出，种植水稻，必须先治好秧田，在秋冬就再三深耕，使经受霜打雪冻，土壤酥碎，明年春季再耕肥。种子必须经过拣选，用鳗鲡（音蛮丽 mán lí）鱼头骨熬汁浸泡。播种前，在秧田撒上石灰，以防除螟虫。陈敷还注意到各地施肥的方法，作了详细的介绍。陈敷驳斥了"田土种三五年，其力已乏"的"地力减退"论，指出，只要用肥料来治理，土壤就更加精熟肥美，地力也保持新壮。婺州、衢州的农民，家家户户收蓄粪土，堆成一座座小山，市井之间，扫拾无遗，所以土膏肥美，稻根耐旱，米粒精壮。苏州的农民用河泥作肥料，毛翊（音许 xǔ）《吴门田家十咏之一》写道："竹罾（音曾 zēng）两两夹河泥，近郭沟渠此最肥，载得满船归插种，胜如贾贩岭南归。"生动地描写了当地农民积肥的情景。

两浙路农民在秋收后耕田，明年二月又耕，称为"耖田"（耖音绍 chào）。由于深耕熟犁，土细如面。大暑时节，决塍放水，让太阳曝晒，使苗根坚固，称为"靠田"（即搁田或烤田）。苗身既固，没有倒伏的危险，再车水入田，叫做"还水"。重行灌水后，遇旱不枯。稻子长高，再耙田几遍，直到收获。

优良品种的培育和耕作技术的讲求，促进了水稻单位面积产量的提高。高宗时，两浙路产量最高。明州亩产谷六七石，是宋朝的最高纪录。其他各路产量都要低些：京西路每亩产谷三石，江东路徽州上田亩产米二石，湖北路上田亩产谷三石，下田二石，湖南路桂阳军亩产一石。

北宋时，南方种稻地区已开始种麦。但直到宋朝南迁以前，长江流域和沿海种麦仍然很少。高宗时，北方人口的大量南迁，江浙、湖湘、闽广诸路出现了"西北流寓之人遍满"的局面。北方人爱吃面食，因而麦价激增，拥有麦子者大获其利，倍于种稻。加上酿酒和军队的马料都需要大量麦子，官府曾三令五申地劝诱民间种麦，官府的屯田、营田也大面积种植。佃客交租只有秋课，种麦的收获全归佃客，更加促进了佃客种麦。到南宋后期，麦子的种植已经相当普遍，除两广以外，两浙、两湖、江东西、福建、四川等路，大多在水稻收割后种上麦子，有的地区还种植春小麦，正月播种，夏季收割。

棉花的种植——北宋时，棉花种植区还局限于气候较热的两广和福建。南宋时，有关植棉的记载逐渐增多。如一一九二年，有的地方官在漳州的《劝农文》中，要求百姓更加多种吉贝（棉花）、麻苎，说"可供备衣著，免被寒冻"。南宋后期，棉花栽培区迅速扩大，越过了南岭山脉和东南丘陵，北向长江和淮河流域推进。

元初王祯《农书》说，南宋后期，棉花"种艺制作之法，骎骎（音亲qīn）北来，江淮、川蜀既获其利"。南方农民初步掌握了一套植棉技术。每年农历二三月开始播下棉籽，棉苗出土后，每月锄草三次。棉有一百二十个棉铃，就算"上品"。棉花的纤维长度一般有一寸左右。成书于一二七三年的《农桑辑要》一书，记述了棉花的栽培法，是南宋后期农民种植棉花的经验总结。

二、手 工 业

宋朝南迁后，手工业生产也伴随着农业继续向前发展。反映着南宋的历史环境和历史条件的特点，手工业各部门的发展，呈现出很不平衡的状态。由于频繁作战的需要，应用火药制造武器，有很大的发展。水上交通和海外贸易的发达，促进了造船业的进步。海外贸易输出大量瓷器，刺激了瓷器产量的增长。纺织业中，由于棉花种植的推广，开始出现了用棉纱织布的棉织业。宋代矿产多分布在北方，南迁后矿产大为减少，矿冶业成为一个不甚发达的部门。

兵器制造——南宋在各地兴办许多作坊，制造兵器。其中发展较快的是火器。建康府都作院，在一二五九年到一二六一年的两年多时间里，就生产火器三万八千多件。江陵府的作院，每年能生产铁火炮一二千只。一次拨交襄、郢等州的火器就以万计。这样高额产量的武器作坊的出现，表明南宋火药的应用和火器的制造已经有了很大的发展。在反抗金军和蒙古的战争中，还使用过新创制的霹雳炮和用竹筒装火药制作的火枪、突火枪。

造船业——北宋末，长江有"万石船"。南宋时，大的海船，可载重几万石，深阔各几十丈，比北宋的船要大好几倍。周去非《岭外代答》说，渡南海航行的海船，舵长数丈，一船载几百人，积一年粮食，还能在船上养猪和酿酒。 这种巨型的海舶在当时世界上是罕见的。远洋海舶行驶在南海到波斯湾的广阔海面。船上继续使用指南针导航。吴自牧《梦粱录》说：海商船舶进入大洋，"风雨晦冥时，惟凭针盘而行，乃火（伙）长掌之，毫厘不敢差误"。

制瓷业——南宋瓷窑增多，各地瓷器产量有不同程度的增长。瓷窑的规模较大，近年发现的许多窑址，堆积面积都很广。如四川广元瓷窑铺窑址，堆积长二百五十米。有的窑址堆积广达二十亩，高到二十米。元蒋祁《陶记》说，景德镇窑"陶工、匣工、土木之有其局，利坯、车坯、釉坯（釉音右 yòu）之有其法，印花、画花、雕花之有其技，秩然规制，各不相紊"。说明南宋后期瓷窑内部已经有一定的分工，烧制瓷器划分了几个不同的工序和工种，这显然是一种进步。

江西的景德镇窑在南宋时有较大的发展。吉州窑和浙江龙泉窑以及广东、福建沿海地区的瓷窑，也都发展迅速，是重要的瓷器产地。

纺织业——纺织业仍然是广泛分布于城乡的重要手工业。南宋统治区只是北宋的半壁江山，但南宋通过各种赋税，每年剥夺到的丝、麻等纺织品的数量，竟然超过了北宋时期的总额，达到一千万匹以上。这种状况，不仅说明南宋赋税的加重，同时也说明，纺织品的产量确有很大增长。浙西、浙东和四川是南宋丝织业的中心，能织造多种精美的高级丝织品。广西和四川是麻织业的中心，出产的麻布，运销各地。

南宋纺织业中一个最重要的发展，是棉织业的出现。南宋以前，纺织的原料主要是丝、麻。所谓布，也是指麻布。南宋时，随着棉花种植的发展，南方劳动人民发明了一套捍、弹、纺、织的棉纺织工具，用棉花纺纱织布。这是我国手工业发展史上的一个重大事件，是

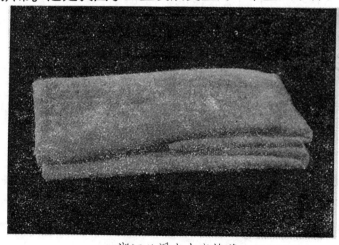

浙江兰溪出土宋棉毯

南宋时期的一个重要成就。

广东雷、化、廉三州棉织业最先发达。当地生产的"吉贝布"(棉布),有幅阔匹长、细密洁白的"慢吉贝"和幅窄质粗的"粗吉贝"等多种。海南岛黎族人民还能用织机生产出彩线交织成花纹的棉布,在广西一带销行。由于棉纺织业刚刚兴起,南宋还没有把棉布列入赋税剥夺的项目。棉纺织在农村的和农业相结合的家庭手工业中得到发展。

印刷和造纸——北宋时发展起来的印刷业,南宋时更加发达。

宋朝用科举选拔文人执政,学校的建立和书籍的印刷流通,都成为应举得官的迫切的需要。印刷业的发达,也为学术的发展提供了物质条件。

南宋的官府、官员和民间书坊都从事雕版印刷,印本书广为流传。临安、福建和四川,是印刷业的中心。临安国子监的印本,号称"监本",印刷技术较高。福建建阳县的麻沙、崇仁两镇印书极多,并销行到海外。现存南宋印本书籍证明,当时的印刷术已发展到较高的水平。

印刷书籍需要大量纸张。印书纸的制造,逐渐在造纸业中占有重要的地位。如四川广都生产楮皮纸和竹纸,专用来印刷图书、簿籍。成都和徽州、池州、平江府等地造纸业的发展,仍然集中表现在讲求纸张的精美,制造多种精致的笺纸,供文人书写。

矿冶——宋神宗、王安石变法时，矿冶业曾发展到高峰。南迁后，淮水和汉水以北地区的大量矿藏，不再为宋所有。开采和冶炼技术虽然又有提高，但产量猛跌。这在孝宗以后，日益明显地表现出来。金银矿，在高宗、孝宗时停废一半以上。铜产量，在宋神宗、王安石变法时曾达到年产一千四百多万斤，超过英宗时一倍。南宋时铜矿减少，主要依靠黄铜（又称鍮石。鍮音偷 tōu）生产。黄铜是铜和锌的合金，北宋禁止民间生产。南宋大量生产黄铜，一一六二年达到五百一十八万多斤，占总产量的四分之三。其余四分之一，是使用胆水浸铜和胆土煎铜法，产胆铜一百八十七万多斤。北宋时大量采炼铅、锡。神宗时，铅年产九百十九万斤，锡二百三十二万斤，是宋朝的最高纪录。孝宗时，铅产量十九万多斤，锡只有二万多斤。铁是制造兵器所必需，但铁矿十分之九都在北方。南宋用提倡民间采炼和改进冶铁技术的方法，尽力增加铁的生产。高宗时，曾达到年产二百十六万多斤，相当神宗时年产量的十分之四。

南宋手工业各部门的成就，是广大手工业工人的劳动成果。和北宋一样，南宋的手工业仍然有官营、私营和家庭手工业等几种封建的经营方式。

兵器制造全由南宋官府严格控制。高宗时，设立御前军器所，由官营的作坊制造兵器，有兵匠二千人、杂役兵五百人，另有征发的民间工匠若干人。孝宗备

宋王居正（传）《纺车图》

战,役使工匠达五千七百多人,又从各州军调拨兵士一千多人。工匠分军匠、民匠两种。民匠是各地按照簿籍轮流差派,每四十天一轮换。由官府发给低微的工值和往来路费。还有很多是远乡农民,"离家失业,不无愁叹"。在军器所受到严重的压迫,出入要被"搜检"。监官们还往往强迫工匠为他们服私役。

官营的矿冶业,仍由朝廷派遣监官管理,差调兵士和招募民间坑户生产,给以工值。如铅山铜矿,坑户采炼铜一斤,给工值二百五十文。坑户因工值过低,往往散走。

和北宋相似,制瓷、造纸和矿冶等部门,都有大量的私营手工业作坊。南宋因矿冶衰落,鼓励民间采炼,因而出现一些新现象。高宗时,曾采用神宗一度实行过的制度,金银矿由民户采炼,官府抽取二成,其余由坑户自己出卖。孝宗时,建宁府松溪县坑户采矿炼银,官府收三成,坑户得七成。福州的铁矿,官府收二成,其余八成也由官府拘买。这显然由于铁是南宋迫切需要的产品。这些私营的矿冶,都由官府派官监督生产。所谓坑户,一类是当地土豪,从官府取得采炼权,奴役工匠劳动,从中剥削取利。另一类是劳动工匠,他们象佃客遭受分成租的剥削一样,遭受着官府的直接剥削。

高宗、孝宗时,福州还有一些铜、铁、铅矿,由所谓"有力之家"的坑户向官府承佃经营,交纳定额的税钱。专门从事冶炼的炉户,也出现定额税制。如福州七十二家炉户,按高炉、平炉、小炉的不同,向官府交纳不同的定额税。

遍布于广大农村的家庭手工业,仍然以纺织为主。生产的纺织品主要用来交纳赋税和偿付地主的高利贷,再有剩余,才能自己支配。北宋时出现的以从事纺织为主的"机户",南宋时有逐步增多的趋势。官府也逐步加强了对他们的压榨和"拘占"。如秀州华亭、嘉兴、海盐等县的机户,常被官府征调去,织造盐袋。成都府的机户,被官府强迫集中到官营的锦院织锦。在南宋官府的种种压榨下,机户不但难以发展,而且难于继续存在。如常州原有很多机户,织"晋陵绢",后来即逐渐消失,晋陵绢也不再生产。

随着南宋对矿冶的提倡,一些矿区附近的农民,也兼营冶炼。如潼川府路的铜山县,有农户二百家,在农闲时,入矿采铜。有些地区的农民,还到较远的矿区去作工。

三、商 业、城 市

南宋在江南建国, 水上交通发达。以临安和建康为枢纽,西向沿长江经鄂州联结四川。南面直通泉州、广州,联结琼州。商业贸易比北宋更加繁盛。

江南与北方早已形成的经济联系,并没有由于宋、金的对立而断绝。宋、金划界后,设立榷场,进行贸易。民间私相交易,即所谓"走私"活动,也始终不断。南方经由海路，与海外各国的贸易，有了新的发展，在南宋商业中占有重要的地位。

城市集镇——南宋的首都临安，原来是吴越钱氏在隋郡城基础上扩建的周围七十里的大城。临安府户籍上的户口，到南宋末年，发展到三十九万户，一百二十四万口（包括府属各县），超过了北宋的东京。临安是南宋的政治中心，也是繁荣的商业城市。

临安居民需用的物品，多从外地运来。每天食用米一万多石，来自苏、湖、常、秀四州和淮南、江西、湖南、两广等地。从严、婺、衢、徽等州运来柴炭、竹木、水果。从明、越、温、台等州运来海鲜、水产。临安需用的菜蔬、布匹、食盐和各种杂货，也都从外地运来。人们形容说："以前没有过的东西，现在都有。"临安城内生产的手工业产品在市上出售，也运销到外地。各地的产品也在临安市上交换转运。浙江两岸船只云集，客贩往来，不绝于道。自临安南抵闽广，北通两淮，西连四川，各地市场加强了联系。

临安城内自大街到坊巷，大小店铺"连门俱是"。同行业的店铺往往聚集在同一街市。大街上买卖昼夜不绝。每天早晨五更，卖早市者开店营业。夕阳西下，夜市又开张。直到三、四更后，店铺、酒楼、歌馆才慢慢静下来。临安外城数十里，也是店铺并列，交易繁盛。

陆游有诗云："皇舆久驻武林宫，汴洛当时未易同。楼台飞舞祥烟外，鼓吹喧呼明月中。"南宋的皇室贵族在临安大事建造富丽堂皇的宫室，日夜酣宴歌舞，醉生梦死。街上的瓦舍勾栏，唱杂剧，演百戏杂技，说书讲史。官员、地主和商人们沉溺在花天酒地的都城，吃喝玩乐。

临安城内外，住着大批"工役之人"。他们分属于各种"作分"。如碾玉作（碾音捻 niǎn）、油作（油漆）、木作、砖瓦作、泥水作、石作、竹作、打纸作等等。街巷还有许多"修旧人"，听候主雇呼唤，如补锅、箍桶、修帽子、修鞋、修磨刀剪、修扇子、磨镜子等。每天街上，有"扫街盘垃圾者"，有"倾脚头"（淘粪）的"出粪人"，他们都是受压榨的劳动阶层。为数众多的小商人，挑着担子沿街叫卖的小贩，遭受官府和富商的敲剥，随时都有失业的危险。酒楼食店里的工役，送菜稍迟，客人不满，就要被店主人赶走。临安街头，经常有大批失业的劳动者，"长幼啼号，口无饮食，身无衣盖"，饿死在路旁。

临安是南宋大城市的一个缩影。建康是长江下游的军事重镇，也是商业城市。居民有二十五万人。四川成都是西南地区的商业发达的大城。

随着水路交通和商业的发达，长江两岸还出现了大批的镇市。临安属县有十五个镇市。建康城外，有十四个镇。鄂州城外鹦鹉洲的南市，是川广荆襄淮浙的贸易中心，各地货物运到这里来销售。江陵府沙市和太平州黄池镇是"客商所聚"的著名镇市。西南的

宋李嵩《货郎图》

泸州各县也有五十多个市。农村的墟市也广泛发达起来。有的墟市逐渐发展成镇市。

商行——南宋的商业组织，仍是按照行业组成商行。随着商业的发达，商行也分得更多更细。

临安市上有四百十四行。如布行、冠子行、销金行、鱼行、蟹行等。行又叫团。如花团、青果团等。各大城市和镇市也有许多行的组织。

和北宋一样，南宋官府也通过商行勒索货物。商户一经列入行籍，官府即按名单科配，强令交纳货物，有时只给一半的价钱，有时分文不给。江东诸州官吏甚至私自设行，强迫商人供应百货，比市价低四、五成。官府利用商行压榨商人，严重束缚着商业的发展。

宋金贸易——宋、金两朝的对立，并没有割断南北间的经济联系。商业交易仍然极其频繁。宋、金战争停止时，双方都在淮河沿岸及西部边地设立贸易的市场，称为"榷场"。在南宋主要是盱眙军榷场，同金朝泗州的榷场隔河相对。南宋商人携带货物到达盱眙后'榷场官吏便按货物价值的多少，区分为"大客"（客商）和"小客"。货物总值一百贯以下者，为小客，规定十人为保，登记姓名，可去泗州与金人贸易。大客一律不准过河，只能留在盱眙场内，等候金朝商人前来交易。交易时，宋、金商人各在一廊，把货物交给南宋的主管官员和牙人，往来议价，彼此不得见面。达成交易后，官府每贯收税五十文（后增为二百文，另收牙钱二十文）。

榷场贸易以外，宋、金民间私相交易的数量极多。高宗绍兴末年，楚州北神镇、信阳军齐冒镇、安丰军花靥镇(靥音业yè)、枣阳等处，都是双方民间贸易的地点。尤其是光州西边的郑庄，每年"走私"卖入金朝的货物有茶几十万斤，牛七八万头以及大量的金银、铜钱。南宋商人还从海上私贩货物到金朝的山东。边境的官员和出使金朝的大臣、军士也利用职权的便利，与金朝商人私相贸易。从金朝南运的货物，有北珠、毛皮、食盐、麦曲、罗、绫、人参等，从南宋北运的物品有粮食、茶叶、布帛、耕牛、书籍、干姜等等。

海外贸易——南宋在东南沿海立国，海外贸易有很大的发展。高宗时，市舶收入达二百万贯，超过北宋最高额的两倍多，在南宋的财政收入中占有重要的地位。据《岭外代答》、《诸蕃志》等书记载，当时和南宋通商的国家有五十多个，南宋商人泛海去贸易的，也有二十多个国家。

来往于南宋沿海的外国商人，乘本国的海船。每年夏至以后，各国海船纷至沓来，云集于南宋的各个贸易港口；十月以后，又陆续启航回国。南宋的大海船，每年十一月至十二月，趁东北风从广州、泉州等地出海，经过南海，越马六甲海峡，航行四十多天，到达苏门答腊西北部的蓝里，在这里贸易并过冬。第二年冬天，再趁东北风开船，横渡印度洋，约一个月到达印度南端的固临；从固临出发，大约再用一个多月的时间，越过

福建南安九日山祈风刻石

阿拉伯海，就到达波斯湾沿岸的阿拉伯各国。从泉州
和广州渡海到达阿拉伯各国，往返一次大约需要两年
的时间。

广州、泉州和明州是南宋的三大贸易港。广州和
泉州还是当时世界上有名的大商港，广州在北宋时已
是外商云集的最大港口，南宋时贸易更盛。据一一四

福建泉州乌墨山墺船坞遗址

〇年的记录，一年收税一百十万贯。泉州在南宋时发展成又一大港。阿拉伯各国商人来宋经商，多侨居在泉州。明州主要是和日本、高丽商人贸易的港口。秀州华亭县青龙镇，南宋时逐渐兴盛，一一三二年，两浙路市舶司曾移到这里。华亭县的上海镇也有对外贸易往来，南宋曾在这里设市舶司。

南宋输出到各国的商品，主要是瓷器和各类丝织品。《诸蕃志》记载，自东南亚至非洲，有十六个国家购买宋朝的瓷器。印本书籍也大量销行到海外。输入品中，来自日本的有沙金、木材、珠子、手工艺品。来自高丽的有人参、药材、扇子、纸笔等。自南亚和阿拉伯各国输入的商品，主要是药材、香料、象牙、珠宝。南宋海外贸易的发展，也加强了各国人民之间的经济文化交流。

货币——南宋矿冶产量骤跌，铸钱量大减。高宗初年，每年只铸八万贯，以后稍增，但常年都在十五万贯左右。在对外贸易中，铜钱也大量外流。纸币日益代替铜钱，成为主要的交换手段。

北宋时，交子只在部分地区行使。南宋的纸币交子和会子在各自规定的区域广泛流通，相互之间又有一定的兑换比例。主要有以下几种：

东南会子：高宗后期，因商业发展的需要，临安富商印造"便钱会子"，在市场上行使。一一六一年南宋照此办法，设"行在会子务"，正式发行会子，分一贯、二贯、三贯三等。按四川交子的办法，通行于东南各路。后增印二百、三百、五百文三种。一一六八年，回收旧会，以三年为一界（期），每界以一千万贯为额，逐界造新换旧。自一一七一年发行第二界会子，到一二四〇年止，共发行十八界。一二四七年，规定十七、十八界会子不再立限，永远行使。

川引：南宋时四川交子通称"川引"，分一贯、五百文两种。一一九一年后，多次规定展界使用，两、三界同时流通。一二一六年，改以十年为一界。到一二四〇年前后为止，共发行九十九界。一二四二年，改印银会。

淮交：孝宗时、印造二百、三百、五百、一贯等四种会子四百万贯，通行于两淮，称为"淮交"。一一九二年，规定淮交每贯值铁钱七百二十文，以三年为界。

湖会：孝宗时，发行"直便会子"七百万贯，在湖北行使，分五百、一贯两种。后通行范围扩大到京西和广南。

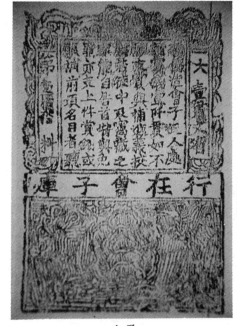

会子

东南会子以铜钱为本位，川引、淮交、湖会等都以铁钱为本位。

官府发行纸币，主要目的在于弥补财政上的亏空，并不完全出于商品经济发展的实际需要，同时也没有具备足够的铜钱和铁钱作为本钱。越往后，官府越是依靠发行纸币来维持财政。理宗时，财用缺乏，府库空竭，设"撩纸局"（撩音聊 liāo），夜以继日地增印纸币。东南会子，一一七四年到一一八九年，发行二千四百万贯。一二〇五年到一二〇七年，增加到一亿四千万贯。一二三二年，达三亿二千九百万贯。一二四六年，竟达六亿五千万贯。

庞大数额的纸币不断投入流通领域。每界会子、交子流通期限不断延长，官府又不备本钱，"子母不足以相权"，就成为不兑现的纸币，造成会价下跌，通货膨胀。一二一〇年，东南会子第十三界每贯尚值铜钱三、四百文，一二四〇年，第十七界会子只值铜钱五十文，第十八界会子值铜钱二百五十文。农民、工匠、小商人的生活受到严重影响。王迈《臞轩集》（臞音渠 qú）说，纸币发行过多，造成数"病"，一是农村憔悴，脂膏枯竭，农民告贷无门；二是关卡苛急，征税不止，大城市商店白天闭门；三是百工技巧，转辗工作，为工值低廉所困，无以为生。滥印滥发纸币，使南宋经济日益陷于崩溃。

（二）土地兼并和封建剥削的加强

农民群众的辛勤劳动，使南宋的经济有了很大的发展。但经济发展的结果，是地主阶级无限止地兼并土地，剥夺农民。南宋王朝也不断增添各种名目的赋税，来榨取农民的膏血。农民阶级和地主阶级的矛盾，越来越尖锐化了。

一、土地兼并的加剧

北宋初年,一般大地主占田几十顷,如果占有田地数百顷,已是少见的现象。仁宗时,官员占田限三十顷,反映出实际状况超过了此数。北宋末年,朱勔每年收租十万石。朱勔死时,抄没全家田产,到达三十万亩。朱勔是有名的广置田产的贪官。收租十万石,在当时是骇人听闻的。

但是,宋朝南迁后,皇帝、贵族、文官、武将、地主、商人掀起了兼并土地的狂潮。大地主收租十万已不再是罕见的现象。溧水县石臼、固城湖中有圩田约十万亩,绵亘八十四里,号永丰圩。起初是官府所有,百姓承佃。后来宋朝把永丰圩赐给蔡京,又赐给韩世忠,以后又给秦桧。他们一次得赐田即多达十万亩,想见占地数量的庞大。秦桧在金陵"田业甚富",见于记载的有永宁庄、荆山庄等等。秦桧的后人,据说"家道""衰落","生产亦薄",但每年还有租米十万石的剥削收入。秦桧一党的武将张俊,喜殖田产,罢将家居后,每年仍收入租米六十万斛。如以一般田租每亩不足一斛计算,即占田六、七十万亩。一一五一年,高宗到张俊家,张俊接驾供宴,进奉上等酒食果子等共几百种。又进献多种宝器,内有金器一千两,珠子六万九千余颗,玛瑙碗二十件,各种精细玉器四十余件,绫罗锦绵等一千匹,另有名贵的古玩书画多种。家居收租的张俊,豪华奢侈，超过了北宋以至唐朝的贵族。秦桧、张俊等官僚，都占有几十万亩良田，他们在政治上主张投降妥协，苟安江南，正是反映了那些兼并了大片土地的大地主们的利益。

宋朝地主阶级兼并成风，在政治上主张革新、主张抗战的官员，也都占有大批田产。王安石晚年在江宁府半山买田。王安石子王雱妇萧氏，捨给半山报宁寺的庄田，即有一千亩。韩侂胄被害后，朝廷没收韩侂胄、陈自强、苏师旦及其他主战官员的田产归官，每年共收租米七十多万斛。南宋抗金将领中，占田最少的是岳飞。岳飞被害后，被没收的家产有田地一千多亩。这和投降派张俊占田六、七十万亩相比，自然是为数甚少。但广大农民，贫无立锥之地，岳飞占有田地千亩，也还是不算小的地主。这里也反映出，南宋官员兼并土地已是多么普遍。

南迁的皇室、贵族、官僚、将领等等所谓"权贵之家"，依仗权势，掠夺田地，是南宋土地兼并中的一个显著特点。南方的地主，也和官府通同作弊，乘战乱中土地簿籍丧失，抢占农民的田地。广大农民在南方新开辟了大量的水利田，绍兴府的鉴湖周围的农民，开辟湖田两千三百多顷，都被"奸民豪族"公然强占。淮南驻防的军士开垦荒地耕作，也往往被将领们占作私人的庄田。权贵之家和大地主们"夺人之田，以为己物"，土地兼并越来越剧烈，到理宗统治时，发展到了高峰。一二三四年(理宗端平元年),刘克庄在奏札中说:"至于吞噬(音是 shì)千家之膏腴,连亘数路之阡陌,岁入号百万斛,则自开辟以来,未之有也"。次年,御史台又指出:"权贵之夺民田,有至数千万亩,或绵亘数百里者"。这些数字,当然都是大略的估计,但的确是宋朝开辟(建国)以来所未有。从宋初,地主占田不过几十顷即几千亩,到理宗时占田百万亩,这两个大略估计的数字,显示出宋朝建国二百五十多年来,特别是南迁后的一百多年来,土地兼并的发展过程,也显示出理宗时豪强掠夺土地到了多么严重的地步。一二四六年,御史谢方叔对理宗说:"豪强兼并之患,至今日而极","弱之肉,强之食,兼并寖盛(寖音近 jìn),民无以遂其生"。谢方叔的话,多少反映了当时的实际情景。地主对农民,弱肉强食,土地兼并的另一面,就是广大农民遭受残酷的剥夺,无法活下去。

北宋朝廷直接控制的官田,只有很少的数量。据一一七四年的纪录,南宋的官田,包括职田、学田、户绝田、荒田等在内,总共有两千万亩。这个数字相当北宋官田的三倍,但在大地主一户可占田百万亩的情况下,官田并没有什么重要意义。一二四八年,理宗命同签书枢密院事史宅之设立田事所,在浙西路括"公田"。州县乡镇设局,检括圩田、湖荡田等作"公田"即官田。括田也涉及到户绝田和废弃寺庙的田产。理宗、史宅之企图用这样的办法来扩大官田,同兼并土地的大地主作竞争。但田事所随即遭到浙西一路地主们的反对，没有多久即行停罢。大地主兼并土地，依然继续。

二、佃客的人身束缚

大地主在兼并大片土地的同时，也必然要加强对广大佃客的控制和剥削。南宋时，佃客遭受的人身束缚在逐渐加强。随着南方经济的发展，农民阶级承受着越来越残酷的剥削和压迫。

宋朝建国前，南方各割据国里，地主和佃客的剥削关系发展程度不同。佃客的人身束缚，即所谓人身依附关系，各个地区也存在着一些形式上的差异。宋朝建国后，这种差异性仍然在不同的地区显现出来。总的来说，在南宋统治时期，随着土地兼并的发展，佃客的人身束缚在不断加深。

仁宗时，颁布"皇祐法"，禁止夔州路施、黔二州的佃客逃移。一一八四年（孝宗淳熙十一年），南宋把"皇祐法"的通行范围扩大到忠、万、归等州，即扩大到整个夔州路，并规定：（一）凡在一一八一年（淳熙八年）以前逃移他乡三年以上者，承认既成事实；以后逃移及逃移不到三年者，包括家属，"一并追归旧主"。此后，严禁逃移。（二）地主不得"强般（搬）佃客"，即不准抢夺佃户。

一二〇五年（宁宗开禧元年），夔州路转运判官范荪说："本路施、黔等州界分荒远，绵亘山谷，地旷人稀，其占田多者须人耕垦"，所以"富豪之家争地客，诱说客户,或带领徒众,举室般徙。"可见地主之间招诱抢夺佃客的现象仍在发展。范荪建议对"皇祐法"再加校定,以缓和地主之间对佃客的争夺。范荪校定后的"新法"是:(一)地主只能役使佃客本人,不得强迫佃客的家属充役;(二)典卖田宅的人,不得向买主租种原有的土地充当客户。买主也不得强迫典卖田宅的人充当雇工或奴仆;(三)借贷钱物,只凭文约交还,债主不得强迫债户为地客;(四)客户身死,妻子愿意改嫁的,"听其自便",客户的女儿也可以"自行聘嫁"。

范荪的"新法",从条文上看,似乎是企图对地主的权力稍加限制,但也从反面说明:当时夔州路的地主,可以强迫役使佃客家属,强迫典卖田地和欠债的人作佃客,以至干预佃客妻女的婚嫁。这种对佃客的人身束缚,当是夔州路普遍存在的现实。

江南、两淮、两浙、福建、广南、荆湖等路,佃客的人身束缚也在逐步强化。

淮南路在南宋初战乱之后,劳动力缺乏,地主们激烈争夺佃客。地主利用"契券",剥夺佃客自由移动的权利。如果佃客随意起移,封建官府认为"无故逃窜",地主依据契券便可以"经所属自陈收捕,所在州县不得容隐"。孝宗时,朱熹还向朝廷建议:凡是外乡迁来的佃客,如果私自搬走回乡,地主可向所属州县诉理,官府追捕,判罪以后,仍发落交还。这样,不仅本乡佃客,连外乡迁来的佃客也不准再迁移了。

荆湖等路，在高宗绍兴年间，地主可以随同土地的买卖而转移让渡佃客。地主在田契上写明佃客的姓名，在买卖土地时，佃客无权退佃，作为买主的地主则可以强迫他们依旧承佃纳租。据《建炎以来系年要录》记载，南宋官府曾采纳庄绰（音超 chāo）的建议，规定：民间典卖田地，不得私自把佃户名姓写在契约上，随契约分付；买主不得强迫原佃户耕佃。如果违反，准许上诉，定罪。这一规定在实行中，遭到荆湖等路地主的普遍反对。据说这使他们之间争夺客户的官司，打了十年还没有解决，永远查不清。

南宋末年，佃客的身分地位越来越低。如湖北峡州的地主，已不再把佃客写在田契上随同土地让渡给买主，而进一步象买卖奴隶那样，将佃客"计其口数立契，或典或卖"。有的地主，变换手法，将荒远的小块土地连同佃客，立两张契约，在公开的假契上说这些佃客是"随庄佃客"，在私下的真契上就直接说是"佃户典卖"。

荆湖北路荆门军等地区还有一种"随主佃客"。即使地主犯罪，田地被官府没收，种田的佃客也还要随地主到别处去。随主佃客是被地主当做财产来看待的。因此，象《宋会要稿·屯田杂录》记载的，有些地主有权把佃客跟土地、耕牛、农具、船屋等生产资料一起当做礼物来送人。这种佃客和农奴差不多了。

南宋时期还出现了比佃客身分更低、遭受压榨更为严重的佃仆。北宋时已开始有佃仆的名称。到南宋时,浙东、浙西、江东、淮西和福建等路,佃仆制度逐渐盛行。

佃仆除向地主交租外,还要负担繁重的劳役。劳役是多种多样的。根据南宋的记录,地主可以在半夜三更呼集佃仆,叫他们扛抬物品;地主外出,指派佃仆随身服侍;地主还可叫佃仆为他们修房盖屋,每天上山砍柴,搬运柴禾,看守坟墓,修治河道,等等。有些地主还强迫佃仆充当抵抗"盗贼"的地主武装,有些地主强使佃仆和仇人械斗,甚至死于非命。农民一旦沦为佃仆,就要子孙世袭,永远不得逃脱。佃仆是佃客中最为低下的阶层。

北宋初,地主打死佃客,还没有特殊的法律规定。到哲宗元祐(一作神宗元丰)时,才明确规定:地主打死佃客,减罪一等,发配到邻州。一一三一年(高宗绍兴元年),南宋官府规定再减罪一等,改为发配本州。这实际上是把佃客的法律地位连续下降了。据《建炎以来系年要录》记载,佃客因此"人命寖轻,富人敢于专杀"。佃客连最起码的生命权利也失去了保障。一一九〇年(光宗绍熙元年),南宋又规定佃客不能控告地主。这就是说,佃客只能听从地主任意宰割奴役,连控诉的权利也没有了。

南宋王朝把地主对佃客的奴役,用法律的形式固定下来。各地官员,在处理有关案件时,利用司法的手段,来保护地主,镇压佃客。朱熹曾主张,凡有狱讼,首先应当"论其尊卑上下长幼亲疏之分",然后再"听其曲直之辞"。如果"以下犯上,以卑陵尊","虽直不佑"。就是说,在下者虽然"理直",也不能保护。如果"理不直",更要加罪。当时一些地方发生了"以妻杀夫","以族子杀族父",以及"以地客杀地主"即佃客的反抗斗争。朱熹认为,这类事情关系到"父子之亲,君臣之义,三纲之重",必须以"经术义理裁之",否则就是"泯灭""天理"。南宋后期的《名公书判清明集》一书,收集了地方官们处理刑狱的很多案例。凡是涉及佃客和地主的案件,无不强调"主佃名分",以"一主一佃,名分晓然"、"主仆之分"等等作为判断是非曲直的依据。例如:南宋末年,官僚吴思敬妻段氏,向官府控告佃客谢五乙兄弟"盗葬"吴家的土地,使吴家的"风水颠末,已经六年"。地方官不问情由,便断定谢五乙兄弟是跟地主争占土地,是不顾"主佃名分","欺其主母孤寡",重惩了谢五乙兄弟。官员们还认为:象这类事情,官府应该出来"主盟",否则,不仅地主段氏"有妨安葬",以后凡地主离田稍远,佃客都可强占,那么朝廷设官置吏又有什么用呢?

三、地租和高利贷剥削

地主把佃客紧紧束缚在土地上,佃客不得迁移,地主更可恣意压榨。地租和额外的剥削,都比北宋时更加残酷。

南宋地租的主要形式，仍旧是分成租和定额租两种。分成租，一般情况是主客对分，地主剥削产品的五成。如果佃客借用地主的耕牛和农具等生产资料，地主还要多剥削几成。江西饶州佃客租用地主的耕牛，要向地主多交一成租，称为"牛米"。荆湖北路佃客自己有牛具种粮，地主剥削产品六成，佃客得四成；如果借用地主的牛具种粮，地主再占一成。在官府的官庄上，第一年的收成，留下来年的种子后，官收四分，客户得六分。第二年以后，官客对分。

定额租制，北宋时还不很流行，所以留下的资料较少。南宋时，有关的记载逐步增多，不过仍局限于两浙路等生产比较发达的地区。其他地区仍主要实行分成租。平江府定额租的数量，按土地的肥瘠而有所不同，一般地说，上等田每亩租米一到二石，中等田每亩七到九斗，下等田每亩三到五斗。以下是一二〇六年(开禧二年)《吴学续置田记二》中片断材料的摘录：

> "元典李校尉七三登仕等田开具下项：
>
> 一,玉字二十六号,田四亩二十三步。租户徐八,上米六硕(同石)。
>
> 一,昆字二十号,田一亩二角四十一步。租户徐八,上米二硕九斗。
>
> 一,芥字二十号,田三亩二十一步半。租户李五八,上米三硕七斗。

一，姜字一号，田一亩十八步。**租户李五八，**
上米一硕五斗。"

一，姜字九号，田一亩一角五十五步。租户李
五八，上米二硕二斗五升。

一，姜字十号，田一亩。租户李五八，上米一
硕五斗。"

同一年《吴学续置田记一》的片断材料：

"租户陆三八名彦，租田十九亩三角四十五
步，上米十一硕三斗五升。

租户戴七二，租田十九亩三角八步，上米十三
硕五斗二升。

租户浦四八，租田四亩二角五十步，上米二硕
二斗三升。"

根据南宋时平江府地区土地的一般产量，这些定额租
的剥削率都达到百分之五十，可见定额租并没有减轻
佃客的负担。地主想方设法把地租固定在一个较高的
水平上，其数量一般不会低于好年景的分成租数额。

正额地租以外，地主对佃客，还有多种名目的剥削
方法。可以说，后来封建社会中额外地租的各种名目，
南宋已经大部分出现了。下面是南宋额外地租的几种
主要名目：

佃客代纳二税——佃客向地主交租外，只向官府
交纳丁税等几项杂税。但是，地主豪强经常拒绝向官
府输纳，或者无限期地拖欠应纳的赋税，官府就将这些

赋税全部均摊到佃客身上，强迫佃客交纳。据《庆元条法事类》，南宋曾明文规定，倘若地主到期违欠赋税，官府可追求佃户补偿。这一法令无异是公开鼓励地主不纳二税。所以，佃客被迫代地主纳税的现象很普遍，而且越来越严重。一二〇三年《南郊赦文》说："佃户租种田亩，而豪宗巨室逋负税赋，不肯以时供输。守令催科，纵容吏胥，追逮耕亩之人，使之代纳，农民重困。"南宋末年，土地日益集中，农村下户纷纷破产，佃客便变成了官府大部分赋税的直接负担者。

耗米——跟官府一样，地主收租也征收耗米。据《吴学粮田籍记二》记载，平江府的学田向佃客收租时，按照惯例每石白米约收耗米一斗，同时还要加收什么"带收钱"、"糜费钱"。

大斗收租——地主任意增大量器，用大斗收租，是对佃客的又一种额外剥削。南宋两浙路地主收租普遍使用加二斗和加三斗。方回《续古今考》记载，斛斗有百合的斗，有加一斗、加二斗、加三加四斗，"民田收租，皆加二三"。洪迈《夷坚志补》记载，湖州"乡俗"，地主收租，使用一百十二合斗，田主取一百十合，干仆取二合。又记载平江府常熟县地主张三八，私制大斗收租。一年夏天，刮起龙卷风，他平日使用的大小不等的私斗十三种，一起被大风吹到门外，真相大白，丑态毕露。有的地区的地主，甚至使用一百五十合至一百九十合的大斗收租。

麦租——随着佃客逐步增加作物品种，提高产量，地主就将这些产品攫为己有。南宋初，官府在南方推广种麦，规定地主不收麦租，佃客种多少得多少，但没有多久，麦租的名目就出现了。理宗时，明州奉化县的"义仓"，征收麦租，又出现了"早租"的名称。

所谓"送礼"——地主逢年过节强迫佃客"送礼"，凡农副产品诸如鸡、鸭、丝、食油、鳖等都成了地主掠夺的对象。毛珝（音许 xǔ）《吴门田家十咏》写道："今年田事谢苍苍，尽有瓶罂（音英 yīng）卒岁藏，只恐主家增斛面，双鸡先把献监庄。"为了使地主少增加斛面（即耗米），佃客不得不送一对鸡给地主的监庄子。这种送礼不是亲友间的往来，而是地主凭借其土地所有权对佃客单方面的勒索。这大约就是宋朝以后"佃鸡"、"佃鸭"等剥削方式的起源。

增租划佃——宋朝出现永佃权的同时，也出现了划佃（划音产 chǎn）的现象。地主为了使地租增加到最高额，就缩短租佃期限，让佃客互相竞佃。李心传《建炎以来朝野杂记》称，高宗时各地荒田很多，地租较轻而收入多，因而"有增租以攘之者，谓之划佃"。宁宗时，佃客租佃土地，地主乘机加租，再赶走旧佃客，把地租抬到最高限度。官户和上户地主承佃官田，更经常进行划佃，彼此争夺得极其激烈。

南宋地主在收租的时间、地点、租米质量等方面也都有苛刻的规定。如平江府地主规定，每年十月开仓收租，佃客必须如期把租米送到地主指定的仓库。毛珝《吴门田家十咏》又说："主家租入有常规，十月开仓不许违。"在租米质量上，不准稍湿，而且规定一定的成色。范成大《秋日田园杂兴》说："租船满载候开仓，粒粒如珠白似霜，不惜两锺输一斛，尚赢糠壳饱儿郎。"佃客必须以两石的白米，才能折交一石上等米的租，自己剩下的只有碾下的糠壳了。

地租以外，南宋地主剥削农民的另一种重要方式是高利贷。《名公书判清明集》记，每当下户自耕农因破产而投靠地主时，地主寻方设法："邀其假立文约领钱，以为羁縻之术"，利用借债来束缚佃客。在地主"倍称之息"的盘剥下，佃客债务丛集。春借秋还，秋借春还，旧欠新债，日积月累，永远没有还清的日子。到时候，地主就强夺佃客的房屋、农具、种子和口粮，甚至强迫佃客的妻女作奴婢。

在地主正额地租和名目繁多的额外地租以及高利贷的敲骨吸髓般的剥削之下，佃客的土地产品大部分被地主所掠夺，佃客终年辛劳，所得无几。"十月以后，场圃一空，小民所有，悉折而归大家。"叶茵《田父吟》诗说："未晓催车水满沟，男儿鬼面妇蓬头，但求一熟偿逋债（逋音 bū），留得糠秕（音西 xī）便不忧。"这就是佃客在一般年景时经济生活的真实写照。为要维持生活，佃客必须全家老小终年投入各项紧张的生产活动，还要依靠副业生产来维持全家最低限度的生活。妇女昼夜纺织，男子去烧炭、制陶、捕鱼、伐薪，儿童为人牧牛，才能勉强糊口。一旦遇到凶年饥岁，无以为生，佃客被迫以农具或副业的生产工具作抵押，向地主借贷口粮，或者卖儿鬻女。最后被逼得逃荒行乞，冻饿而死。

地主的残酷剥削，使佃客无法交清地租。地主们便擅自捆缚佃客督租，严刑拷打，甚至逼迫佃客自杀，有些地主则让官府派人替他逼租。官府代地主催租，这在宋朝以前的历史上是没有过的。北宋时也还少有这样的事例。南宋统治时期，官府为地主督租便开始成为常见的现象。据《建炎以来系年要录》记载，高宗时，"公门赋敛，私开租课"，稍有拖欠，官府就派人抓进监狱，或押在邸店，用长绳捆成一串，狱吏在后面执鞭拷打，路上行人为之落泪。到理宗以后，官府明文规定每年十月初一到明年正月三十日之间，是知县受理地主诉讼，取索佃客欠租的日子。据黄震《黄氏日抄》记载，州县的巡尉司经常直接出面，为地主追租讨债，对佃客百般迫害。平江府吴县的巡尉司，每天都要接到上司送下索取私租的许多"帖牒"，一个帖牒要追索数十家，甚至百五六十家。巡尉司就派出弓兵五七十人一群，拿着刀枪，搜捕欠租的佃客。捕到县里以后，草草审讯，就押到巡尉司，"托名监租"关禁。被捕的佃客往往"只见百人往，不见一人还"。如佃客顾四十等八人，即因欠租被顾姓地主诬为"盗"而监禁在弓兵家里，

"——饥饿垂死"。又如佃客詹百三、凌七五,因长期被禁而饿死。成批无辜的佃客就这样死于非命。得以侥幸生存的佃客,继续在这种残酷的压迫之下,过着暗无天日的奴隶式生活。

四、繁 重 的 赋 税

广大农民群众,不但遭受地主的地租和额外剥削,而且还要负担南宋的繁重的赋税。南宋王朝不断增加赋税的名目,对农民敲骨吸髓地刻剥。

北宋初,朝廷一年收入的赋税钱,是一千六百余万贯。神宗时,达到六千多万贯,是北宋最高的岁入。南宋建国之初,朝廷一年的收入,不满一千万,到了一一五七年(高宗绍兴二十七年),就猛增到六千余万。再过三十年,到一一八七年(孝宗淳熙十四年),又增加到八千万。南宋统治地区不到北宋的三分之二,朝廷的剥削收入,却已超过了北宋。经济发展的地区,赋税的增加还要严重。如两浙路,北宋时岁入钱三百三十余万,其中十分之八是盐茶酒税。但到了南宋孝宗淳熙末年,就激增到一千二百余万,盐、茶等税还不在内。史书记录的这些不完全的数字,足以说明南方经济发展后,南宋王朝展开了多么残酷的赋税掠夺!

南宋农业中的正税,即夏、秋二税,规定的税额并没有多少变动。赋税剥夺的增加,主要是靠新立收税名目和正税外的附加。

经总制钱——一一三五年，总制司使孟庾（音羽yǔ）创立"总制钱"，后来跟北宋末陈遘（同构）所创立的"经制钱"合称为"经总制钱"。"经总制钱"的征收是：凡买卖田宅、酒糟，以及一切民间钱物交易，每千文由官府征收三十文，以后又增加到五十六文。经总制钱下面还有许多繁琐的名目。董煟（音胃wèi）《救荒活命书》记载，经总制钱全国每年定额二千万贯，实际可收到约一千多万贯。在一些地区征收的经总制钱甚至达到了正税数额的三倍。

月桩钱——南宋初，宰相朱胜非为增加军费，命令各地州县按月交纳定额的月桩钱。但地方官府往往只能交到定额的十分之二三，下月期限又到，又要向民间征敛。宁宗时，东南各路岁征三百九十多万贯，特别是江南东西两路，月桩钱的名目众多，有麴引钱、纳醋钱、卖纸钱、户长甲帐钱、折纳牛皮筋角钱、两讼不胜罚钱、既胜喜欢钱等，是农民的严重负担。

版帐钱——南宋初，东南各路借口供应军用，征收一种税钱，称"版帐钱"。两浙路最重，各州每年必须搜刮一二十万贯，才能凑数。这完全是一种"率皆无名，凿空取办"的苛捐杂税。

以上三种新添的赋税，就象一座座大山压在南宋农民的头上。叶适曾说：老百姓中产之家，衣食刚足，过去可以耕织自营的，现今都辗转逃亡，去当"盗贼"（起义）或者受冻挨饿；如果经总制钱还不废除，州县破坏，百姓穷困，就没有了结。叶适的描述，多少反映了新添的杂税给广大人民带来的灾难。

南宋的二税附加也相当繁重。主要有以下一些名目：

耗米——官府在收税时，征收"耗米"，民间交米一石，官府普遍多收加耗四五斗甚至一两石。正耗以外，还有"明会耗"、"州用耗"、"土米耗"等名目。理宗时，一石的秋苗，各路往往加耗到二石一二斗，多的达二石五六斗。实际上是把正税加了一倍多。

大斗收税——在征收粮食时，地方官府还常常使用大斗，每只大斗要比朝廷规定的标准斗（省斗）大二三成到五六成。

折帛钱——高宗初年，因为物价暴涨，官府以"宽优"农村下户为名，让下户在交纳夏税绢帛时按时价交纳现钱，称"折帛钱"。但后来绢价降低，折帛钱数却照旧。民间必须以市价的二到三倍的价格来交纳折帛钱。

和预买——南宋时官府用此名目向民间买绢，实际并不给钱，强迫民间"白纳"。后来索性改为民间光交价钱，不交实物。再后又按田亩均摊，跟夏税一起交纳，变成了一种新的折帛钱。南宋初，浙东一路预买绢就有九十七万多匹，其中越州一州达二十万多匹。理宗时，李鸣复说，和买绢已名存实亡，官府不偿价值，凭空科取，不再有所谓"买"；交纳稍迟，就要鞭打，不再有所谓"和"。

预借——官府经常预借民间各种赋税，实际上是提前征收。预借的项目有二税、免役钱、坊场课利钱和卖田宅契税钱等。高宗时，还只预借明后年的赋税；孝宗时，借到后三四年；理宗时，有的地区借到后六七年。

科配——实际上是一种摊派。官府随时向民间征收钱物，一般按照二税的多寡来征收。据马端临《文献通考》记载，有时秋税米一石，要科配(又称科敷)五六石，夏税钱一贯，要科配七八贯。在正税以外，任意勒索。

和籴——官府按民间的家业钱摊买粮食，摊买时，官府少给或不给价钱，实际跟科配一样。南宋末，和籴成为农民最重的负担。

勒索——在交纳名目繁多的苛捐杂税时，胥吏还要敲诈勒索，从中渔利。如果纳税人给的贿赂太少，即使已经交完了税，他们还说没有交够，使纳税人"枉受刑责"。有些地区还规定，纳税人必须经过揽户包纳赋税，官府才予受理。揽户常与胥吏勾结，百般勒索，使纳税的农民更增加了一层负担。

南宋赋税之重，跟北宋相比，增加了好几倍。高宗时，杨炜揭露说，历代"衰世掊克之法，略以尽行，剥肤摧体，无所不至，膏血无余。"南宋王朝用尽一切办法敲剥农民，百姓的膏血被榨取无余了。

广大农民(下户自耕农和佃客)是官府赋税的直接

400

和间接的承担者。官户、寺院和农村上户虽然拥有大量的土地，但往往依仗权势不交纳赋税，或者用隐蔽田产、诡名析户、降低户等的办法来逃避赋税，所以在南宋出现了比北宋还要多的"无税之田"。一一四二年，高宗派两浙路转运副使李椿年措置"经界"，在各地清丈土地，以达到官府增加赋税收入的目的。李椿年先在平江府设立"经界局"，以乡为单位，丈量土地，划分田亩的等级，然后官户、民户分开造砧基簿（砧音真zhēn），簿后附地形图（即鱼鳞图），官府按此征税。平江府完成"经界"以后，就在各路推广。其中仅两淮、湖北、京西等四路因是地广人稀的边区，没有实行。其他大部分路，到一一四九年，"经界"基本完毕。经界法的实行，使官府掌握的田亩增加很多。罗愿《新安志》记载，江东路徽州，在经界前官府只掌握田产一百五十多万亩，经界后增加到三百多万亩。但这种局面没有能维持多久。到孝宗以后，赋税不均的情况又逐步严重起来。不断有人要求再行"经界"，但由于豪家大户的反对和抵制，无法继续实行。理宗时，赋役不均的现象更加严重。

和北宋一样，南宋的农村上户轮流承担保长、保正和户长等差役，向农民催税。农民弃田逃亡，或有权势的地主拒不交税，地方官府就要保正长等代交。孝宗时，处州松阳县的上户地主，共同买田三千多亩，用剥削收入来应付差役，称"义役法"。此法推广后，有些上户又强使仅有一二亩土地的下户出田或出钱。《文献通考》说，这实际上是"困贫民以资上户"。受害的还是贫苦农民。

大地主逃避赋税，地方官府税额不足，还想方设法来加重对下户自耕农的压榨。富强之家经常与乡里的胥吏表里为奸，"有税未即具上，或不尽具"，甚至一斗也不输纳，官府却将下户"先具催数，或多科尺寸，逼令输纳"。下户因生活所迫而出卖土地时，地主豪强买去土地但不向官府改动税簿，使下户"产去而税存"，继续承担官府苛重的二税。在南宋一百多年的时间里，"有田者未必有税，有税者未必有田"的现象一直在发展。

（三）农民群众的反抗斗争
和武装起义

地主对农民的经济剥削和政治压迫是极为残酷的。广大农民当然不能忍受地主阶级黑暗势力的统治，不断举行多种形式的反抗斗争，直到武装起义。孝宗以后各朝，农民群众反抗地主阶级的斗争，一直连绵不断，并且带有如下的一些新特点：（一）武装起义是农民斗争的最高形式。与此同时，斗争还出现了多种新形式。随着租佃制剥削关系的发展和土地兼并的加剧，农民群众展开了反抗地主收租的斗争。广大佃农的抗租斗争在许多地区兴起，直到发展为武装起义。农民斗争的另一种形式，是所谓"在海啸聚"。在地主阶级残酷压迫下走投无路的农民，聚集到海上，坚持斗争，攻打官僚、地主们的船舶。强迫饥民当兵的制度，使南宋农民和士兵的斗争，仍然紧密联系在一起。和北宋不同的是，士兵往往从军队里逃出，加入农民的反抗队伍。官员们多次指出"'盗贼'啸聚，皆是窜卒"。(二)农民群众，特别是受压迫最深的贫苦佃农，是阶级斗争的主力。农民以外的各阶层被压迫人民，也相当广泛地展开了斗争。海上渔民、茶农、茶贩等举行了武装起义。贩私盐的农户和矿冶的工匠，也是反抗南宋统治的重要力量。一一九六年，一个官员报告朝廷说：现在造反的人越来越多，是因为有两个"巢穴"，一个是贩私盐，一个是坑冶。农民、士兵、渔民、茶农、茶贩、私盐贩、矿工等都参加了起义的行列。起义者范围的广阔，超过了北宋。(三)这一时期的农民起义，没有能够再发展成为如象方腊、钟相、杨太那样巨大的规模，但各地的起义，绵亘不绝。据史书中远不完全的纪录，孝宗以来的九十年间，大小不等的农民起义、抗租斗争等，共有一百余次之多，几乎年年不断。广大农民群众不屈不挠地向地主阶级展开英勇的搏斗，交织成一幅壮丽的画图。

下面，主要是孝宗到理宗统治时期，一些规模较大的斗争。

抗租斗争 南宋建国以来，一些地区的佃农即不断举行抗租斗争。孝宗以后，佃农还经常联合起来，共同对付地主。吕祖谦记述，湖州一带勇敢的农民，常常数十人相联合，共同约定，拒绝向地主交租。耕种官田的佃农也英勇地展开斗争。如江西抚州的官田，租税甚重，佃农倾其所有，还不够交官。佃农们联合起来，春夏耕种收割，秋冬交租时逃走，不再交租。次年春夏，佃农再来结集，官府来问，便团结在一起，坚决抗拒。

地主用大斗收租，加重剥削。佃农针锋相对地进行反抗。理宗时，秀州德清县佃农明确提出，反对大斗收租，要求"降斗"，发展为武装起义。"降斗"的要求，反映了广大佃农的利益。起义发动后，当地农民纷纷前来参加，发展到数万人。宋朝官军残酷地镇压了起义者。几年后，平江府吴县的佃农，痛恨庄干(管庄人)的虐待刻剥，结集起来反抗。绍兴府通判黄震说："顷岁德清县降斗之事，尝烦官兵，今非昔比，尤当预戒"。黄震的话表明，德清县的"降斗"起义，确曾给了地主阶级以沉重的打击，使他们谈虎色变，胆战心惊！

佃客中受压迫最重的佃仆们，也纷纷展开顽强的斗争。孝宗时，婺州富人卢助教，以刻剥佃仆起家，一天到佃仆所居之处，被佃仆父子四人捉住，扔进杵臼(杵音楚 chǔ)内打死。佃仆被捕，后来遇大赦出狱，又到卢家嘲笑说："助教怎么不下庄来收谷?"江东路饶州乐平县地主向生，仗势欺压佃仆，对佃仆所种作物品种，稍不如意，就将庄稼全部破坏掉。等待收割的佃仆愤怒地拿出利斧，要杀死向生。向生狼狈逃走。

佃客的抗租斗争，经常发展为打击土豪劣绅、地主恶霸的武装起义。高宗时，衢州有佃客俞八不堪地主徐三的压榨，集合同保的农民，拿起棍棒当武器，捉住徐三，分了徐三仓库的谷米。随后又擂鼓聚集群众一千多人，前往严州地界杀地主，分财产，多次跟官军作战。俞八等七人被宋军逮捕处斩，英勇牺牲。高宗以后，这种形式的斗争更多。湖州吴兴县"有纠合'凶人'，尽戕主家而火其庐"的佃客起义。南宋末年，江西建昌军因为"富家征取太苛而民不能堪"，理宗时，南丰县"诸佃"在张半天、何白眉带领下，攻打县城，焚毁谭姓大地主的屋舍；度宗时，佃客罗动天、詹花五领导农民夺取地主谌氏的家财，乘势入县举行起义。

南宋官府公然为地主催租讨债，苛虐佃客，因此佃客的斗争锋芒往往直接指向地方官府，形成佃客对官军的战斗。黄震《黄氏日抄》记载说：理宗时，平江府吴县的巡尉司，经常下乡搜捕欠租的佃客。巡尉司弓兵的暴行，激起了吴县佃客的激烈反抗，各村佃客"群起拒捕"。官府追捕越急，佃客抵抗越激烈，不是佃客杀伤官兵，就是官兵杀伤佃客。因此不单是"田主"、"租户""交相敌仇"，而且官府、佃客也"交相敌仇"。平江府是南宋农业最为发达的地区。佃客直接和官兵搏斗，却是各地区普遍存在的现象。

海上斗争 宋朝南迁后，在残酷的经济剥削和政治压迫下，无以为生的沿海农民和渔民，就在海上聚集，攻打官僚、地主和富商的船舶。孝宗的诏书中也不得不承认：所谓"海贼"，都是"诸路州县饥贫小民"，"在海啸聚，只因缺食"。有些逃亡的士兵和沿海地区遭受迫害的"犯罪小民"，也往往投入海上斗争的队伍。一一六三年三月，官员们向朝廷报告说，明州象山、秀州华亭等处，多有"海贼"。建议由当地"土豪大姓"，秘密侦察。各州县往来巡逻，互相追捕。十一月，又有官员报告说，两广和泉州、福州"多有海贼啸聚"。他们和沿岸居民密切联系，上岸后，多在居民家"停藏"。如福州山门、潮州沙尾、惠州濠落（濠音丛 cóng）、广州大溪山、高州、碙洲（碙音冈 gāng）都是"停藏"的地点。官兵还没有到来，村民就事先向他们报告。官员们哀叹："出没不常，无从擒捕。"南宋官兵依靠地主土豪作眼线，海上斗争的队伍却有广大村民作后援，抗击官军。一一八五年，知平江府丘崈对村民横加迫害。居民王豁郎（豁音亚 yà）等二十七家，被指为"停藏海贼"，住房被全部拆毁，妻子家属全被赶出界外，不准在沿海各县居住。王豁郎等被迫起义，遭到镇压。同年，福建路安抚使赵汝愚派兵深入大洋，与海上饥民作战。起义领袖蔡八等四十二人被俘。一一八八年，陈青军等海上斗争队伍在广州沿海往来活动，遭到知广州朱安国官军的镇压。陈青军等十六人被捕。但直到一二〇四年,南宋朝廷还指令官员们"务要'盗贼'息绝,海道肃清",否则"将宪帅统兵官具名弹奏,取旨责罚"。这些残存的文献说明,海上饥民的斗争和陆上的农民起义相配合,始终是威胁着南宋王朝的一支战斗力量。

李金起义 一一六五年春季,湖南路发生严重旱灾,百姓无法生活。郴州宜章县弓手("射士")李金组织群众,发动起义。起义爆发的导火线是官府向当地居民摊派购买官府积存的乳香,限期急速,逼迫交钱,激起了人们的愤怒。李金起义后,遭受地主阶级残酷剥削的广大农民纷纷响应,迅速形成万人的大军。农民军组织部伍,装备武器,一举攻占县城,进而攻下了郴州,又攻破桂阳军。农民军乘胜分兵南下,进入广东路英、韶、连、广等九州之境,所到之处,杀地主、官僚,没收他们的田宅财产。黑暗统治下的农民群众,迎来了自己的节日。同年五月,湘阴县刘花三、李无对领导当地农民起义响应,湖南一路,更加震动。南宋官府赶忙从荆襄前线调兵到湖南,并派鄂州水军统制杨钦率军前往镇压。杨钦是叛变钟相、杨太起义军降宋的叛徒,这时又指挥官军,与起义农民为敌。八月,起义军与杨钦军鏖战于宜章龙冈,受挫,退守莽山,李金因叛徒出卖被俘。杨钦乘机"穷追深入",屠杀起义军的骨干。史称杨钦"复故田宅,盖以千数",又为大批被打倒的地主、官僚重新夺回田宅。

赖文政起义 一一七五年,湖北路茶农、茶贩,在赖文政领导下举行起义。在此以前，江西、湖北、湖南等地的茶贩，经常结成几百人到一千人的队伍，武装起来，贩运茶叶，以抵抗官府对贩茶的垄断。据说，茶贩的队伍常常是一个人担茶叶，两个人保卫，"横刀揭斧，叫呼踊跃"。茶贩在江西、江东、湖南和湖北等路形成了一支独特的武装力量，被宋朝官府诬指为"茶盗"或"茶寇"，不断地和官军作斗争。一一七二到一一七三年，江西路茶军曾多次进攻江州和兴国军。一一七四年，湖北路茶军几千人进入湖南路潭州，遭到官军的镇压。但是，茶贩的反抗斗争，并没有因此而终止。次年四月，在赖文政领导下的茶贩和茶农的起义，终于爆发了。

赖文政领导的茶军自湖北起义，进而转入湖南、江西，多次打败官军。六月间，茶军进入吉州永新县禾山。宋朝派出官兵，又下诏号令地主武装出来镇压，"如能捕杀'贼'首（指茶军首领）之人，每人捕获或杀'贼'首一名，特补进武校尉，二人承信郎，三人承节郎，四人保义郎，五人成忠郎，各添差一次，五人以上取旨优异推恩"。南宋王朝企图用赏官的办法，号召地主镇压起义军。起义军到处打击官军、地主，节节获胜。宋朝又连续调派江州、鄂州的官军，会合赣州、吉州的兵将，聚集各地土军、弓手，共约万人。永新县山中的茶军，据说不过四百人。依靠山险，在丛林中往来作战。庞大的官军始终不能战胜起义军。江南西路兵马副总管贾和仲因此被罢官，除名编管。起义军又自江西进入广东。

起义军出没山谷间，和当地人民有着广泛的联系。周必大向朝廷奏报说：当地居民把官军的动静都告给起义者，"故彼设伏而我不知，我设伏则彼引避"。官吏赵善括也说，百姓与起义军相通，"互相交结"。官军虽然曾经调集重兵进行镇压，但屡战屡败，将尉被杀几十人。官军到处强征粮草，迫使农民搬运，还偷鸡宰狗，甚至在"疑似"之间，残杀百姓，使百姓"惊惶相瞩"。官军对起义军的活动"诡秘莫测"，而官军的动静，起义军"毫发必知"。人民群众积极支持起义者。力量弱小的起义军因而能够战胜貌似强大、失道寡助的官军。

七月间，南宋王朝任用辛弃疾为江西提点刑狱，专力镇压茶贩起义军。赖文政部进入广东后，前锋出战不利，被迫转回江西。辛弃疾残酷地镇压起义者，并采取毒辣的手段，把赖文政引诱到江州后杀害了。一说，被杀者是另一人，赖文政得以逃脱。这个传说，当是反映了人民群众对赖文政的怀念。辛弃疾是力主抗金的诗人和勇士，但他残酷镇压起义，又充当了宋王朝的刽子手。

陈峒起义 淳熙六年(一一七九年)正月，郴州宜章县农民在陈峒领导下发动起义。起义者号召反对官府用"和籴"的名义无偿勒索农民的粮食。起义军攻克道州、桂阳军和连州所属四个县城，有众数千人。袁燮

《冯湛行状》说：陈峒"剽悍善战，颇有策划"，以崇山深谷为根据地，使用偏驾弩、礌石(礌音雷 léi)、手炮和小盾等武器多种。起义军发挥了农民群众的智慧，造出了不少适合于当地作战的武器。起义军所到之处，官军屡战屡败，湖南震动。南宋王朝下令当地土豪镇压起义，捕获起义军首领者受赏，又调发荆鄂重兵会合围剿。五月间，起义军四面被围，陈峒兵败被俘，起义失败。

李接起义 在陈峒起义失败前三四天，容州陆川县又爆发了弓手李接(一作椄)领导的农民起义。李接领导的起义军，在各处张贴榜文，宣布十年不收赋税，并打开官府和地主的仓库赈济贫苦农民，深受群众的拥护。蔡戡《定斋集》说李接"奋臂而起，啸聚数千人"。朱熹《语类》说："从叛者如云"，贫苦农民纷纷参加起义。起义群众尊称李接为"李王"，骂官军是贼。起义军势力发展很快，初战就杀死南宋九州巡检使，随后陆续攻下广西路郁林、化、容、雷、高、贵六州八县，接连击败南宋派来镇压的军队。起义军英勇战斗了约半年之久，遭到官军的镇压。李接在静江府英勇牺牲。

姜大老起义 一一八四年，姜大老领导的起义军在汀州一带起义，遭到福建路安抚提刑司赵汝愚的镇压。赵汝愚因此得到朝廷的奖赏，"特转一官"。姜大老起义，没有留下多少纪录，但直到一一九七年，官员们还向朝廷陈述："向来陈峒、李金、赖文政、姜大老之

410

徒"，"竟成大'盗'，所过残灭"。想见姜大老起义，也和陈峒、李金、赖文政等起义一样，曾经发展成不小的规模，给予南宋王朝以沉重的打击。

张福等起义 一二一九年，军士张福、莫简领导红巾队在利州路兴元府起义。出身于贫苦农民的士兵遭受着官僚和将领们的压榨，粮饷常常被将官克扣，还必须为将官做苦役，士兵"怨怒郁积，无所申诉"，和将帅之间存在着尖锐的矛盾。士兵的斗争层出不穷。一二一九年闰三月，兴元府士兵反抗四川总领财赋官杨九鼎刻剥，在军士张福和莫简的领导下举行起义。参加起义的士兵有几千名，以红巾裹在头上作标志，称"红巾队"。四月，攻入利州路的利州，活捉了杨九鼎。接着，红巾队攻克阆州、果州、遂宁府和普州，先锋军曾到达梓、汉二州，直逼成都，四川震动。官府慌忙调兵遣将进行镇压。六月，官军把红巾队包围在普州茗山，红巾队因水源、粮道断绝，奋战几昼夜，损失严重。七月，红巾队战败，莫简自杀。张福被害。

蒋宗等起义 一二二三年，湖南路武冈军士兵起义。武冈军的士兵平日深受官吏的压迫，挨打受骂，又被克扣军粮，在蒋宗、杨德率领下起来造反。一千多名士兵冲出兵营，夺取富室的财物，杀死保丁，自称"将领"，发出"文引"，还"鸣梆"调集禁军。据真德秀记载，因为蒋宗等人的斗争，官吏稍有收敛，不敢恣意压榨士兵，因而蒋宗等人得到普遍的同情。各营士兵认为自已衣粮得以免除减克,都出自他们的努力。附近各州的士兵也争相仿效,跃跃欲试,其中邵州的形势最为急迫。南宋官府,用高官厚禄收买了士兵中的一些叛徒,指使他们去暗害或绑架蒋宗等首领,同时,又出榜申明,对参加起义的士兵"各与免罪",并照例发给衣粮,用以实行分化。这次起义坚持了几十天后,就遭失败,蒋宗等首领被杀牺牲。

晏梦彪等起义 福建路汀州和江西路赣州,是南宋农民起义发生次数最多的两个地区。汀州长期以来土地问题严重,赋税不均,贫苦农民"产去税存","人被追扰,多致逃亡"。地主恶霸勾结官府,欺压农民,州县监狱之内,"多杀无辜"。官府还用各种名义抑配质量粗恶的食盐,诸如转运司盐、本州盐、通判厅盐、本县盐等,不管农民是否需要,无不高价派售。绍定二年(一二二九年)十二月,汀州晏梦彪领导当地农民揭竿而起。起义军以潭飞磜(音气 qì)为根据地,攻下汀州、邵武军、南剑州所属各县,发展到漳州龙岩、长泰和泉州永春、德化等地。汀州城的士兵也举行起义响应。起义军发展到上万人,声势大震。南宋统治者惊慌失措,以为"闽中危急"。小官僚利登在《梅川行》一诗中,描述晏梦彪起义军的情况说:"初时数百俄数千,受旗翕忽(翕音夕 xī)亘千里,聚落一烬如卷水,……招贤三尺刃如霜,夹以巨盾张朱枪。"自注说:"招贤(寨)人能制刀,'贼'用之,又习张、朱二家枪法。"说明起义军发展迅速，自制武器，练习武艺。宋朝官府从淮西抽调精兵，对起义军长期围攻。一年以后，起义军遭到镇压而失败。

陈三枪等起义 一二二八年，赣州农民在陈三枪和张魔王率领下举行起义。据刘克庄记载，起义军以松梓山为根据地（一说以信丰山为基地），在江西、福建和广东三路边境建寨六十，进行起义活动。起义军所到之处，镇压官吏和地主，并多次杀死宋朝派来诱降的官吏。三路的农民纷纷"截发刺字"，起来响应。江西、广东起义农民都拥护陈三枪作领袖。南宋王朝为了扑灭农民起义的烈火，处分了当地的几名贪官，以欺骗农民，同时从三路调兵，堵截起义军的粮道。一二三四年，官军占领松梓山，张魔王自焚牺牲，陈三枪受伤被俘，在隆兴府英勇就牲。陈三枪起义，坚持七年之久。失败后，起义军另一领袖小张魔王又继续坚持斗争。起义军领导人号称"魔王"，可能也是利用了摩尼教。

以上记述的农民起义，只是见于记载的影响较大的几次，远不是激烈的阶级斗争的全貌。但这些斗争事迹已足以表明，不能忍受黑暗统治的农民大众多么英勇地展开了反复的斗争。在强大的敌人面前，分散各地的起义群众虽然获得了不少振奋人心的胜利，终不免遭到镇压而失败。他们前仆后继，斗争，失败，再斗争，有如大海的怒涛，一浪又一浪地冲击着南宋王朝的黑暗统治。

第九节 宋朝的灭亡

农民群众的英勇起义，不断打击着南宋的黑暗统治。金朝亡后，新建的蒙古汗国（元朝）又在不断南侵。南宋王朝终于在腐朽势力统治下，走向灭亡。

从一二三五年蒙古大举南侵，到一二七六年元兵入临安，宋朝的逐步灭亡经历了四十年的过程。由于人民群众和抗战将士的坚决抵抗，也由于蒙古贵族内部的纷争，垂死的宋王朝得以延续了它的最后岁月。但由于在这些年月里，宋王朝在政治上更加腐朽，经济上日益崩溃，终不免于被元朝所消灭。

宋朝灭亡以前和以后，各地人民群众和抗战将士不屈不挠，英勇斗争，为宋代的历史写下了可歌可泣的最后一页。

（一）蒙古南侵和四川的备战

一二三五年初，蒙古窝阔台汗结集蒙古军、亡金的汉军和各族军队，大举南侵宋朝。蒙古大军一路由窝阔台次子阔端等率领入侵四川；另一路由窝阔台第三子阔出等率领，入侵襄汉。

侵入四川的阔端军，到达巩昌。原守城金将汪世

414

显投降。阔端命汪世显部随蒙古军侵宋。蒙古军一举攻下沔州，继而进围青野原。宋利州守将曹友闻出兵往援，败蒙古兵。汪世显军至大安，曹友闻又领兵迎战。宋军再次获胜。一二三六年，蒙古大军数万又侵扰大安军，曹友闻在阳平关迎战，败死。宋军覆没。蒙古军长驱入蜀。成都、利州、潼川三路的二十余州都被蒙古军攻下。阔端掳掠后，返回陕西。宋军在一二三八年，收复成都。

进攻襄阳的阔出军，一二三五年入侵郢州，掳去人民和牛马数万后退走。宗王口温不花与察罕等攻下枣阳和光化军。次年，阔出又攻江陵，死于军中。金降将张柔领兵继续南侵，攻下郢州。蒙古军进而占领襄阳，获得大量粮食军需。襄阳自岳飞收复以来一百多年的积蓄，被劫掠而去，宋朝损失惨重。一二三七年，口温不花和察罕军攻下光州和蕲州、随州，又进攻黄州，被孟珙军击退。一二三八年，宋朝任命孟珙为荆湖制置使，收复荆襄。孟珙出兵，和蒙古军作战，连续三次得胜，相继收复了信阳、樊城、光化和襄阳。孟珙认为："襄樊为朝廷根本，应加经理。"他招纳降人，扩编军队，派兵分驻在樊城、新野、唐、邓之间。荆襄形势又得以扭转。

察罕军一二三八年攻下寿州和泗州等地，在真州被宋军击退。不久，又围攻庐州，想在巢湖造船，进攻江南。宋安抚使兼知庐州杜杲派舟师及精锐部队扼守淮水要害。六合人赵时暆（音梗 gěng）率领淮东西民兵也参加了保卫庐州的战斗。蒙古兵无法进犯，改攻滁州。出身于赵葵部下的知招信军余玠亲提精兵 救 滁。蒙古军又转攻招信，被余玠回军打败，死伤无数。知镇江府吴潜也组织民兵，夜渡长江，攻劫蒙军营寨，捉到投拜人（汉奸），并夺得许多马匹。侵掠江淮的蒙古军不断遭受官军和民兵的攻击，只好北还。

这时，蒙古对南宋发动的侵掠战争，主要还是以掳掠奴隶、财物为目标，还没有全部消灭南宋的计划。蒙古兵退，派遣使臣来宋，诱说南宋投降。理宗又想以对金议和的办法对蒙求和。淮西制置使史嵩之（史弥远侄）附和议和。右司谏曹豳（音宾 bīn）指责史嵩之"以和误国"。理宗派遣"蒙古通好使"，去蒙军谈和。一二四一年，蒙古又遣使来宋。这年，蒙古太宗窝阔台病死，蒙古对宋的和议停顿，战争也暂时告一段落。

蒙古军退后，宋朝开始在四川部署防御。四川在战略上处于重要地位。经过蒙古军侵掠的地区，多已残破。一二四〇年，京湖安抚制置使孟珙受命经营四川，兼知夔州。孟珙设置屯田，择险立寨。四川制置副使彭大雅修筑重庆城，部将甘阁在合州选择钓鱼山立寨。一二四二年，余玠受命为四川安抚制置使，兼知重庆府。余玠到四川，设立招贤馆，广泛征求防守四川的建策。下令说："集众思，广忠益，诸葛孔明所以用蜀也。……豪杰之士，趋期立事，今其时矣！"播州人冉

416

琎、冉璞兄弟建议,在重庆北钓鱼山等处修筑山城,积粮设防。余玠采纳此议,命冉氏兄弟到合州修筑钓鱼山城。又在嘉陵江、沱江、渠江沿岸山险修建山城十余处,把各州治所移入山城,因山筑垒,屯兵聚粮。余玠绘成"经理西蜀图",送给理宗,说是十年之内"当手携西蜀之地(指蒙古军侵占诸州),以还朝廷"。

余玠在四川,开屯田以备军粮,整顿财赋,申明赏罚。修筑山城和抗蒙有功将士,都得到奖掖。违法的将官,受到惩处。利州都统制王夔凶残跋扈,号称"王夜叉",不听余玠调度,到处劫掠。余玠依军法斩王夔。经过余玠的整顿,四川驻军声势大振。蒙古军多次自西蜀来侵扰,都被宋军打退。

余玠守蜀有功,一二四八年被任为兵部尚书,仍驻四川。抗战将领赵葵,一二四七年任枢密使,一二四九年又任右丞相兼枢密使。抗战派执掌军政权,垂死的南宋王朝,一时又有振作的气象。

但是,朝廷上主和反战的官员,仍然拥有强大的力量。他们攻击赵葵不是科举出身,以所谓"宰相须用读书人"为理由,排斥赵葵任相。一二五〇年,赵葵右相兼枢密使的官职,全被罢免。次年,谢方叔任左相兼枢密使。进士出身的谢方叔,是主和反战的一个代表人物。一二五二年,蒙古汪德臣(汪世显子。汪世显已死)部侵掠成都,围攻嘉定。余玠率部将力战,再次打退蒙古军。余玠抗战获胜,谢方叔却设法迫害余玠。

谢方叔和参知政事徐清叟等向理宗攻击余玠掌握大权,"不知事君之礼"。一二五三年,余玠在四川被迫服毒自杀。次年,余玠部下王惟忠,也被诬告潜通蒙古,处死。

理宗、谢方叔任命知鄂州余晦去四川驻守。蒙古兵来侵扰,余晦接连战败。四川形势危急。参知政事董槐上疏说:"蜀事孔棘,已犯临战易将之戒,此臣子见危致命之日也。"他请求出师四川,理宗不准。赵葵罢相后,居长沙,任潭州通判,见四川危急,也上疏请求效力。理宗只准他备咨访。四川又处在了蒙古军的严重威胁之下。

南宋大敌当前,理宗、谢方叔集团却沉溺在声色享乐之中,大造寺观园林。理宗在西湖边积庆山,新建寺院,派遣吏卒到各州县搜集木材,前后三年建成,靡费无数,赐给理宗的阎妃作功德院。权左司郎中高斯得请求立罢新寺土木。谢方叔将高斯得罢职。一二五五年,理宗又命亲信宦官董宋臣修筑佑圣观,兴建梅堂、芙蓉阁、香兰亭,强占民田,招权纳贿,人们称他作"董阎罗"。监察御史洪天锡上奏说:"天下之患有三:曰宦者,曰外戚,曰小人。"又说:"现在上下穷苦,远近怨疾,惟独贵戚和大宦官享富贵。举天下穷且怨,陛下能和这数十人共天下么!"洪天锡弹劾董宋臣,不成,被免去监察御史。有人说洪天锡上奏原是谢方叔支持,现又被谢方叔排挤而去。董宋臣指使人上书,请杀谢方叔、洪天锡。谢方叔因而罢相。董宋臣在阎妃支持下，权势日盛。

一二五五年，参知政事董槐任右丞相兼枢密使。董槐在年轻时，曾学习孙武、曹操的兵书，任相后对理宗说：首先应当勉励诸将，加强边防；建策提拔人才，不拘守升迁的旧法。又说："有害政者三，一是宗室亲戚不奉法；二是执法大吏久于其官，擅作威福；三是皇城司不管理士卒，士卒骄横。"董槐还强调指出："亲戚不奉法故法令轻，法令轻故朝廷卑"，请求除去三害。阎妃、董宋臣一党对董槐大为怨恨，专意搜罗董槐的短处。一二五六年，侍御史丁大全弹劾董槐，不等朝廷罢相令下，便带领兵士劫持董槐出朝。董槐罢相后，丁大全任签书枢密院事，丁大全的党羽马天骥同签书枢密院事，操纵军权。一二五八年，丁大全又在阎妃、董宋臣等支持下，任右相兼枢密使。有人在朝门上题字："阎马丁当，国势将亡。"南宋王朝更加腐朽，灭亡的日子也更加临近了。

（二）蒙哥入侵四川和合州的抗战

一二五一年，蒙古蒙哥汗（宪宗）即位。一二五八年初，蒙哥又发动三路大军侵宋。蒙哥亲自率领主力军入侵四川，皇弟忽必烈率军攻打鄂州，又命侵入云南的兀良哈台军北上攻潭州，企图在鄂州与忽必烈会师。

蒙哥准备侵入四川后,东向与诸路军会师,围攻南宋首都临安。这实际上已是一个全面灭宋的进兵计划。

蒙哥一路的先锋军,由纽璘等率领向成都进兵。在遂宁大败宋刘整军,继而又进驻灵泉山和云顶山。四川制置使蒲择之领兵救成都,被蒙古军打败,成都降蒙。彭州、汉州、怀安、绵州等地宋兵相继投降。

蒙哥亲自领兵四万,号称十万,一二五八年四月间,分道向四川入侵,先后攻占利州、苦竹隘、大获山、运山、青居山、大良平等地。纽璘自成都攻占叙州,蒙哥出兵,不到一年之间,长驱而下,宋军节节败降。四川日益危急。

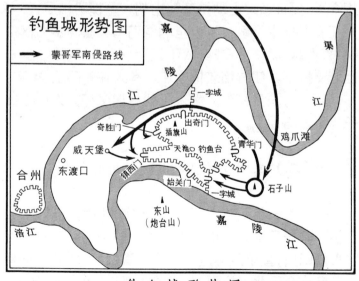

钓鱼城形势图

一二五八年底，蒙哥军沿嘉陵江进攻重庆，到合州。知合州王坚，原来是孟珙的部将，一二五二年，曾出兵打败蒙古军，收复兴元，一二五四年，又打退蒙古军对合州的侵扰。王坚在合州，调集属县十七万人，增筑钓鱼城，设防坚守。秦、巩、利、阆等州陷于蒙古后，各地人民陆续来这里集结，钓鱼城成为十数万人聚居的重镇。开庆元年(一·二五九年)正月，蒙哥派降人晋国宝到钓鱼城劝降。王坚把晋国宝押到阅武场（练兵场），斩首示众，军声大振。

蒙哥率领蒙古大军向钓鱼城进攻。蒙宋两军展开激烈的攻守战。蒙哥军在二、三月间连续攻打钓鱼城周围的各城堡，都被宋军打退。四月间，蒙军一度攻打外城，王坚率领宋军抗御，又在夜间派出兵士袭击蒙古军营。进入夏季后，蜀地炎热，疾病流行。蒙古军困在城下数月，士气消沉，无法前进。

成都陷后，南宋王朝将蒲择之调离重庆，另派吕文德为四川制置副使，领兵入援合州。六月间，吕文德和部将向士璧等率领水军乘顺风攻下涪州浮桥，经过激战，到达重庆。吕文德率战舰沿嘉陵江北上，进援合州，中途被蒙古军史天泽（金降将）部截击，败退。

合州援兵不到，蒙古又派汪德臣用云梯攻钓鱼城，汪德臣在城下喊话，劝王坚出降。王坚部自城中发炮石猛击。值天大雨，云梯折断，汪德臣负重伤而死。王坚率部出城追击。七月，蒙哥亲率大军到城下进攻。王坚军发炮石，猛烈反击。蒙古军败退，蒙哥也在作战中负伤，回营后死在军中。蒙哥军围钓鱼城五个月不能攻下，蒙哥汗战死，大军只好撤退。

钓鱼城军民胜利击退蒙古军的侵袭，蒙哥汗败死，形势发生了急速的变化。

忽必烈一路在向鄂州进军。宗王末哥自合州派人告以蒙哥的死讯，请忽必烈北返。忽必烈说，我奉命而来，岂可无功而回。九月间，忽必烈围攻鄂州，企图在鄂州获胜后，再北上夺取汗位。蒙古南侵时，丁大全隐匿军情不报，十月间，被弹劾罢相。理宗用吴潜为左相兼枢密使，贾似道（贾涉子，贾妃弟）为右相兼枢密使，命贾似道出兵汉阳，以声援鄂州。鄂州围急。董宋臣请理宗迁都明州逃跑。军器大监何子举等向左相吴潜建言反对迁都，吴潜调集诸路兵援鄂抗蒙。十二月，贾似道私自遣使到蒙古军营求和。这时，蒙古诸宗王在漠北策划拥立阿里不哥。忽必烈得讯，急速撤兵，允许贾似道的请求：以长江为界，宋每年奉献蒙古银二十万两、绢二十万匹。

蒙古兀良哈台军进到潭州。宋将向士璧力守潭州，击退蒙古军。兀良哈台撤军北上，与忽必烈会合。

合州抗蒙的胜利，扭转了整个局势。垂死的南宋王朝又得以度过了危机。

（三）统治集团的衰朽

蒙古军退，贾似道不顾忽必烈主动撤兵的事实，谎报他抗蒙得胜，上表说：“诸路大捷，鄂围始解，江汉肃清。宗社危而复安，实万世无疆之休。”理宗认为贾似道立了大功，特下诏褒扬，说贾似道“隐然珍敌（珍音䄄tian），奋不顾身，吾民赖之而更生，王室有同于再造”，加封少师、卫国公。贾似道由此进一步掌握了大权。

贾似道随即排挤左相吴潜，吴潜被弹劾罢相。宦官董宋臣已在吴潜作相时被斥出朝。支持董宋臣的阎妃，也于一二六〇年七月病死。贾似道进而清除朝中董、丁一党，全部把持了政权。从此，贾似道在理宗、度宗两朝独专朝政十五年。南宋在贾似道等统治下，继续腐败，直到灭亡。

排斥异己——贾似道隐瞒求和真相，骗取权位，对抗蒙有功的将士，陆续给予打击。保卫钓鱼城奋勇抗战的王坚，在蒙古军退后被调入朝，任侍卫步军司都指挥使，被免去了四川的兵权。贾似道又把王坚调出，知和州，实际置之闲地。不久之后，王坚抑郁而死。曹世雄截断涪州浮桥，阻击敌军，功居第一，贾似道忌其功，将曹世雄贬窜杀死。贾似道又实行所谓“打算法”，凡在抗战中支取官物作军需者，一律治罪。抗蒙立功的向士璧、印应飞，因此遭弹劾罢官，被逼死，家属又被拘偿付军需。赵葵知潭州，也被弹劾曾在正月十五日支官钱张灯设宴，罢官征偿。贾似道控制御史台，凡是同贾似道不和的官员都被御史以各种罪名弹劾免官。

腐败的统治——理宗贾似道当政时期，朝内外官僚机构空前庞大腐败，甚至远远超过了北宋仁宗时的状况。一二五六年，御史朱熠（音易 yì）就指出"境土蹙而赋敛日繁，官吏增而调度日广。"他揭露说："真宗、仁宗时，以三百二十余郡的财赋供给一万多官吏的俸禄。今天是以一百余郡的力量来养活两万四千多冗官。"贾似道当权误国，大批阿谀求利的官员，称颂他是周公再世。

一二五六年考试进士，江西庐陵人文天祥考中状元。文天祥在考卷中，深刻揭露了士大夫教育子弟追求功名利禄的状况。他说："现在士大夫之家教育子弟，从小时候教授字句，就选择一些不违背时尚不得罪官长们的文章读。年长以后，专门练字作文，靠这个来应乡试，考科举，去猎取高官厚禄。父兄所教，师友所讲，都只是个利字。能够不这样的，几乎没有几个人。"士大夫骗取名利，也教育子弟们唯利是图。宋代以科举取士命官，朝廷上下，都被唯利是图的官僚们把持了。

买公田——对蒙作战，进一步暴露了和加深了南宋财政上的危机。

四川地区是仅次于东南的重要经济基地。南宋的

424

财政税收和军粮供应，都有三分之一左右来自四川。四川大部地区沦陷后，不能再向朝廷提供军粮。南宋统治下的东川地带，还要靠京湖一带供给驻军的粮米。东南地区随着土地兼并的急剧发展，大片田地集中到大官员将领手中，他们凭借权势，逃避赋税。朝廷粮饷不足，便以"和籴"为名，向地主富户摊派征购，所谓"国用边饷，皆仰和籴"。朝廷财政亏缺，又依靠增发纸币来作为"和籴"的支付手段。结果是：纸币滥发，物价上涨，军粮不足，南宋王朝陷入重重危机之中。

贾似道当权时，所谓"国计困于造楮（纸币），富民困于和籴"，已成为极其严重的问题。一二六三年，知临安府刘良贵、浙西转运使吴势卿等建议实行买公田。贾似道采纳此议，命御史台官上疏说："三边屯列，非食不饱，诸路和籴，非楮不行。""为今日计，欲便国便民，而办军食、重楮价者，莫若行祖宗限田之制。"办法是按官品规定占田限额。两浙、江东西等地官户超过限数的田地，从中抽出三分之一，由官府买回，作为公田出租。如买田得一千万亩，每年可收六、七百万石租米作军粮。据说行买田法，"可免和籴，可以饷军，可以住造（停造）楮币，可平物价，可安富室，一事行而五利兴。"理宗下诏买公田，设置官田所，由刘良贵提领，先在浙西路实行。地价按租米折算。租米一石，给价二百贯。占田在二百亩以下者免买。此法实行到一二六四年，南宋共买公田约一千万亩，收租米六百多万石，在临安咸淳仓储存。

买公田使南宋王朝按计划掠夺到一批租米，但租种田地的农民却由此遭受到残酷的压榨。官府买公田后，在各乡设立"官庄"，仍由当地的地主充当庄官，向农民收租。规定每收租米一石，明减二斗，不许再额外多收。但事实上地主从中舞弊，敲剥农民。买公田时，往往以租米六七斗虚报一石，官府据以规定重额的官租，强迫农民交纳。农民直接遭受着南宋王朝的残酷剥削，阶级矛盾更加尖锐化了。

买公田时，有权势的大地主可以拒不"投买"（申请卖田），地方官府要完成买田的额数，便强迫二百亩以下、"百亩之家"的小地主卖田。买田价格，也减少到租米一石给十八界会子四十贯。或者只给一些度牒、官诰折价。如将仕郎诰折一千贯纸币，承信郎折一万五千贯。官妇的封诰，安人诰折四千贯，孺人诰折二千贯等等。地主的田地被官府夺去，换来一些虚衔的官诰。《宋史·贾似道传》说：公田法行，"浙中大扰"，"破家失业者甚众"。南宋王朝同地主争夺田地的矛盾，也激化了。

发"关子"——南宋王朝，长期以来依靠大量印发纸币来挽救它的财政困难。理宗统治时期，纸币的滥发，已到了极为严重的地步。高斯得的奏疏说："国家版图一天天缩小，财力白耗，用度不足，近年尤其严重。每年收入一亿二千多万贯，支出二亿五千多万贯，管财政的大臣,只知增发楮币。"他慨叹说:这是饮鸩以止渴。

南宋孝宗时,发行纸币"会子",每界只有二千万贯,印发极为慎重。宁宗时对金作战,用纸币筹军费,十一、十二、十三界同时流通,发行到一亿四千万贯。但到了一二三二年(理宗绍定五年)增加到三亿二千九百万贯,一二四六年,又猛增到六亿五千万贯,共发行了十八界。一二六三年,贾似道当权时,甚至每天增印十五万贯。纸币的印造并没有因为买公田而停止,反而日益扩大。

一二六四年,理宗病死。贾似道拥立太子赵禥(音齐 qí)作皇帝(度宗)。在这期间,贾似道又下令印发新的纸币,称为金银关子,在全国发行。原来发行的第十七界会子废止不用。第十八界会子,以三比一折换新的关子。

发行纸币原来有铜钱作储备。但"会子日增,现钱日削"。铜钱散在民间,不愿换用纸币。对外贸易中,也不断有大量的铜钱外流。东南沿海地区各路,原有十多万贯现钱的,只存一二万贯。袁甫在《论会子札子》中说:"旧会散在民间有五十千万(五亿贯),朝廷的现钱不过二百万贯。如果以现钱一贯按时价(一比五)折纳旧会,也不过一千万贯,还不到五十分之一。"纸币大量印发,没有现钱作储备,币值越来越低,物价越来越涨,实际上是朝廷凭空剥夺去人民的大批财富。

会子不断增发,物价不断上涨。一二四○年,发行

427

第十八界会子，第十七界以五折一，物价随即猛增。浙东中等年成，而米价增长十倍。临安附近，一斗米价十贯(北宋初，粮价每石六七百文)。一度任相的杜范说："物价腾踊，以前也曾有过。但升米一贯，还有增无已，日用所需，十倍于前，是前此所未有。"杜范所说的这种情形，在南康军、池阳、太平、建康等地，都大致相同。米一斛，价廉者六七十贯，高者到百多贯。结果是"流离殍死(殍音漂 piǎo)，气象萧然"。淳祐年间(一二四一——一二五二年)，临安附近地区"殍馑相望，中外凛凛"。关子发行后，"物价益踊，楮益贱"。如桑价由三百变成三千文，增长十倍。高斯得作诗描述说："自从为关以为暴，物价何止相倍蓰(音喜 xǐ)。人生衣食为大命，今已剿绝无余遗。真珠作襦(音如 yú)锦作裤，白玉为饭金为糜。苍天苍天此何人，遘(音够 gòu)此大疾谁能医!"纸币大量发行，物价浮动，市井萧条，也使城市工商业遭到破坏。南宋王朝日益走上了经济崩溃的道路，无法医治了。

楮轻物贵，也直接威胁到军队士兵的生活。守边兵士，由县官支给需用，每月都有定数。改行关子以后，第十八界会子二百还不够买一双草鞋，却要供战士一天的生活需用。方回描述说："军中数口之家，天冷没有被褥和炭火，每天吃不上饭。空着肚子，穿着破衣服，非常可怜。"他还慨叹说："饥寒窘用，难责死斗。"蒙古大军压境，南宋的士兵困苦到如此，难以死战了。南宋的处境，正如袁甫所指出的："楮币蚀其心腹，大敌剥其四肢。危亡之祸，近在旦夕。"

统治集团的腐朽——南宋大敌当前，兵虚财溃，皇室、贵族、官僚集团却还在侈靡挥霍，纵情声色，一天天烂下去。

理宗信用宦官，统治集团日益腐朽。度宗更加荒淫昏庸，在作太子时就以好女色出名。作皇帝后，整天沉溺于酒色。称贾似道为"师相"，加号平章军国重事，由宰相替他掌印。贾似道完全把持了朝政。

物价高涨，民不聊生。皇室、贵族却囤积大批粮食财物，恣意挥霍。一二六二年，临安城中缺粮，饥荒严重。知临安府马光祖请见荣王与芮（度宗生父，理宗弟。芮音锐 ruì），连去三次，说现在人民都要饿死，请荣王拿出一些粮食"以收人心"。荣王拒绝，撒谎说他仓库空虚。马光祖当面拿出证据，说某仓还有几十万石。荣王无话可对，勉强答应拿出三十万石。荣王是皇室贵族的一个代表。在"民饥欲死"的年代，皇室贵族正是这样不顾人民死活，囤积居奇。

贾似道独揽朝政，聚集了许多善长骈俪文的士人，歌功颂德，粉饰升平，对财政困难和边防危机，都不准奏报。高斯得上奏章说：浙西大水灾，死者数百千万。"连年旱暵（音旱 hàn），田野萧条。物价翔踊，民命如线。"贾似道不准上奏。临安米贵，刘应龙作《劝粜歌》，因而被贬官去朝。度宗从某宫女处听说边事紧急，贾似道把宫女处死。南宋王朝"危亡之祸，近在旦夕"，贾似道却在西湖边的葛岭，依湖山之胜，建造他的豪华堂室，题作"半闲堂"，又造花圃称"养乐圃"。高宗在西湖享乐的集芳园，也归贾似道作家庙和别墅。贾似道又建多宝阁，强迫官属贡献各种奇器珍宝，每天去观赏。听说余玠死时，棺木中有玉带，下令掘开坟墓取走。又著《蟋蟀经》，描述他养蟋蟀、斗蟋蟀的经验。贾似道强取宫女叶氏作妾，又养妓女数十人，在半闲堂和湖上游戏取乐，置朝政于不顾。人们说："朝中无宰相，湖上有平章。"有人题诗说："山上楼台湖上船，平章醉后懒朝天。羽书莫报樊城急，新得蛾眉正少年。"太学生上书指责贾似道，"踏青泛绿，不思闾巷之萧条；醉酿饱鲜，遏恤物价之腾踊。"贾似道是腐朽的官僚集团的头目和代表。充斥各级军政机构的官员士大夫们，不谈理财备战，不顾国家存亡、民间疾苦，而只是苟且偷安，坐享富贵。文天祥中状元时的考官王应麟曾指出，南宋的大病有三：一是民穷，二是兵弱，三是财匮，归根是士大夫无耻。理宗、度宗和贾似道集团为宋朝的灭亡准备了社会经济条件，也准备了精神条件。宋朝的覆灭，不可免了。

（四）宋朝的灭亡和人民抗元斗争

蒙古蒙哥汗死后，忽必烈自鄂州返回开平。一二六〇年三月,召开宗王大会,继承汗位,成为蒙古的大汗。忽必烈得到投降蒙古的汉人地主的支持,定都燕京,建立起新的封建王朝,一二七一年建号元朝。

在忽必烈(元世祖)建立封建统治的同时,漠北蒙古贵族中的保守势力,另行拥立宗王阿里不哥作蒙古的大汗。忽必烈经过连年激战,打败了阿里不哥派的抵抗后,才又把兵锋转向了宋朝。

新建的强大的元朝再次出兵,目标已是最后消灭宋朝的统治。南侵的元军也以降附的金、宋汉军作主力,而不只是不习水战的蒙古骑兵。在贾似道当权的年代,南宋的潼川安抚使刘整在一二六一年以泸州等十五州三十万户叛变降蒙。一二六七年,刘整向忽必烈建策,进攻南宋,必须先取襄阳,由汉水渡长江,宋朝可灭。次年,忽必烈以刘整为都元帅,随同征南都元帅阿术(兀良哈台子)进侵襄阳。刘整与阿术计议,造战舰五千艘,练水兵七万,作渡江灭宋的准备。

元军要取汉水南岸的襄阳,必先破北岸的 樊 城。一二六九年春,元军围攻樊城。京湖都统张世杰领兵拒战,失败。七月,沿江制置副使夏贵领舟师至新郢,又被阿术战败。贾似道派爱将、吕文德婿范文虎部来援,又败。范文虎乘轻舟逃跑。一二七〇年,原孟珙部将李庭芝出任京湖制置大使(吕文德已病死),领兵出援襄、樊。范文虎又给贾似道写信说:"我领兵数万人襄阳,一战可平。但愿勿使听命于京帅(指李庭芝),事成之后,功劳全属恩相(贾似道)"。贾似道接信,命范文虎从中牵制李庭芝,借故停兵不进。范文虎在郢上买歌童舞女,日夜寻欢作乐。

元兵围攻襄、樊不下。忽必烈又派史天泽到前线部署。史天泽采张弘范(张柔子)议,命张弘范军驻鹿门,断绝襄、樊粮道。一二七一年,派东路元军围襄阳。陕西、四川各地元兵出动,牵制宋军。六月,范文虎率领士兵和两淮舟师十万到鹿门,阿术夹江为阵,宋军大败。范文虎夜间逃遁。战船甲仗都被元军夺去。

襄阳由吕文焕(吕文德弟)驻守,被围五年,城中粮绝。一二七二年,李庭芝屯郢州,得知襄阳西北有清泥河,发源于均、房,造轻舟百艘,召募民兵三千人,乘船去襄阳。民兵领袖张顺、张贵乘船领先,船上装备火枪、火炮、巨斧、劲弩,顺流而下。元舟军封锁江口,无隙可入,张顺等斩断元军设下的铁链、木筏,转战一百二十里,黎明到达襄阳城下。城中宋军踊跃过望,勇气百倍。一时不见张顺。数日后有尸体浮起,身中四枪六箭,仍手执弓矢。张顺已在作战中牺牲。张贵入城后,又派能潜水战士二人,泅水去范文虎处投书,约定自郢州发兵夹击。吕文焕、张贵等到期举炮发舟出战。郢兵不来。张贵误认元兵为郢兵,仓促接战,身被数十创,战败被俘。阿术见张贵劝降,张贵坚持不屈,被害牺牲。

一二七三年初,张弘范又向阿术建策,截江而出,

432

断绝襄阳和樊城间的联络，水陆夹攻樊城。樊城孤绝无援，被元军攻破。守将范天顺力战不屈。城破，自缢而死。守将牛富率百余人巷战，杀死元兵甚多，最后身被重伤，投火自尽。樊城破后，驻守襄阳的吕文焕竟在二月间叛变降元。

襄、樊相继失陷，南宋朝中震动了。给事中陈宜中上书，说襄、樊之失，都是由于范文虎怯懦逃跑，请把他斩首。贾似道不许，只降一官，知安庆府。监察御史陈文龙说：文虎失襄阳，还让他知安庆府，是当罚而赏。贾似道将陈文龙贬官。太府寺丞陈仲微上书说："失襄之罪，君相当分受其责。误国者回护耻败的局势而不敢议，当国者昧于安危之机而不后悔。只有君相幡然（幡音帆 fān）改悟，天下事还可为。"贾似道大怒，将陈仲微贬斥出朝，任江东提点刑狱。京湖制置使汪立信写信给贾似道说："今天下之势，十去八九，而乃酣歌深宫，啸傲湖山，玩忽岁月，缓急倒施。为今之计，只有二策：将内郡的兵调出充实江上，可有兵七十余万人。沿江百里设屯，平时往来守御，有事东西并起，战守并用，互相应援，这是上策。和敌人讲和以缓兵，二三年后边防稍固，可战可守，这是中策。二策如果不能行，就只有等待亡国。"贾似道看后，把信扔到地上，大骂说："瞎贼（汪立信病一目）怎敢这么胡说！"随即将汪立信罢免。襄、樊失陷后，贾似道拒绝一切救亡的建策，一意孤行，坐待灭亡。

一二七四年七月，度宗病死。谢太后（理宗后）召大臣商议立帝。贾似道反对立杨妃所生的长子赵㬎（音是 shì），拥立全后的四岁幼子赵㬎做皇帝。贾似道依然专朝政。赵㬎封为吉王，弟昺封信王。

元军攻下襄、樊后，忽必烈召阿术等还朝。阿术说：在作战中看到宋兵虚弱，不如以前，现在不灭宋，时不再来。忽必烈下诏，水陆并进，大举灭宋。元兵二十万，由左丞相伯颜统领，分两道进军。伯颜、阿术一路，由襄阳入汉水过长江，以降将吕文焕为先锋。另一路由左丞相合答等率领，自东道取扬州，以降将刘整为先锋。咸淳十年（一二七四年）十二月，阿术军自汉水渡江，淮西制置大使夏贵领战船三百艘逃跑。鄂州都统程鹏飞投降。伯颜以四万兵守鄂州，自领大军东下，直指临安。一路之上，黄州、蕲州、江州、德安、六安等地宋守将望风而降，范文虎也在安庆降元。

鄂州失守，群臣纷纷上疏，要贾似道亲自出兵抗元，贾似道被迫出兵。一二七五年二月初到芜湖，与夏贵部会合。贾似道出兵不战，就先派使臣到元军议和，请许宋朝称臣纳币。伯颜不许。贾似道命孙虎臣统领步兵七万人驻守池州的丁家洲，夏贵领战船二千五百艘横列江上，贾似道自领后军屯鲁港。伯颜的大军夹岸而来，用大炮猛击。孙虎臣军大败，逃到鲁港。夏贵临阵，不战而逃，阿术部乘胜追击，宋水军溃败。贾似道自鲁港乘小船逃到扬州。经此一战，宋水陆军主力全部瓦解了。

贾似道出兵时，汪立信受命为江淮招讨使，去建康府募兵，援助江上各郡。汪立信在芜湖见贾似道。贾似道说："端明，端明(汪立信授端明殿学士)，不用公言，以至于此。"汪立信说："平章，平章，瞎贼今日更说一句不得。"还说："今江南无寸土干净，我去寻一片赵家土地上死，但要死得分明。"汪立信到建康，见守兵已溃，率数千人到高邮。鲁港兵败，汪立信见宋朝将亡，自杀殉国。

贾似道败逃后，上书谢后(太皇太后)请朝廷迁都逃跑。谢后不准。陈宜中任相，上书请斩贾似道。谢后罢贾似道官，贬到循州安置。在路上被押解人员杀死。

元兵乘胜南侵，宋沿江制置大使、建康守臣赵溍(音晋 jìn)逃跑，建康降元。镇江、宁国、隆兴、江阴等地宋守臣弃城逃跑。太平、和州、无为的守臣相继投降。伯颜率大军逼近临安。临安守卫空虚。谢后下诏，要各地起兵"勤王"。

勤王诏下，各地大批官员都在准备投降元朝，不予响应。立即起兵勤王的是张世杰和文天祥。张世杰原是金将张柔的部下，张柔降元后，张世杰率部投宋，这时驻守郢州，领兵入卫临安，途中收复了饶州。右相陈宜中因他来自元军后方，不加信用，调换了他原来统率的军马。状元出身的文天祥这时任赣州知州，接到诏书后，立即在当地募集兵士两万人，入卫临安。友人劝他说："现在元兵三道而进，你以乌合之众万人去迎敌，无异于驱群羊去斗猛虎。"文天祥说："我也知道如此。但国家一旦有急，征天下兵，竟无一人一骑前往，我深以为恨。所以不自量力，以身赴难，或许天下忠臣义士闻风而起，社稷还可保全。"文天祥的妹夫彭震龙、门客刘洙等，也都随从起兵。四月间，文天祥领兵到吉州。陈宜中和朝中投降派官员竟说文天祥"猖狂"，"儿戏无益"，要他留屯隆兴府，不准来临安。

元兵继续进军。一二七五年三月间，临安危急。主管军事的枢密院官员和御史官都相继逃跑，朝中一片萧条。谢后急切下诏说："我朝三百余年，待士大夫以礼。现在我和新皇帝遭难，你们大官小官都不曾说一句救国的话。朝中的官员离职逃走，外边的守臣丢印弃城。御史官不能给我纠弹，二三宰相也不能 统 率。正在里外合谋，陆续在半夜逃跑。你们平日读圣贤书，自许如何，乃在这时作这种事。活着有什么 面 目 见人，死后如何见先帝？"宋朝亡国在即，谢后的恼怒焦急，并不能阻止士大夫的逃跑。"读圣贤书"的士大夫们，只求降元作官，并不顾什么面目。谢太后徒唤奈何了。

张世杰受命总都督府各军。四月，湖北制置副使高达以江陵降元。元朝任高达参知政事。元兵东下，所过之处，宋守臣相继迎降。元兵到扬州。镇守扬州的李庭芝、姜才拒降坚守。阿术、张弘范军来战，姜才

436

肩中流矢，拔矢挥刀而前，元军稍退。姜才入城死守。五月，张世杰部刘师勇收复被元军占领的常州。浙东一些已经降元的州城，又与张世杰军会合，兵势稍振。七月间，张世杰与刘师勇、孙虎臣等结集战船万余艘，驻于焦山，与元军对战。张世杰命令以十船为一方，非有号令，不得发碇（起锚）。阿术、张弘范以大船发动火攻。宋军死战，不能前进，多投江而死，舟师大溃。张世杰奔崇山（嵩音船 chuán），刘师勇回常州，孙虎臣去真州。

文天祥继续请求入卫，得朝廷允准。八月间到达临安，被派到平江作知府。元兵分三路大举进攻。一路沿江入海，取嘉兴府的华亭，一路取常州，一路从建康攻打余杭县西北独松岭上的独松关。陈宜中以为独松关是临安的门户，又调文天祥领兵去援助。十一月，伯颜率领的元兵攻下常州，知州姚訔（音银 yín）、都统王安节（王坚子）战死。刘师勇以八骑突围走平江。元兵随后又攻下了独松关，守将张濡（音如 rú）逃跑。文天祥援兵未到，独松关已经失守。平江也被元兵攻破。文天祥只好返回临安。

南宋王朝这时由状元出身的留梦炎任左相，陈宜中任右相兼枢密使。文天祥到临安，与张世杰商议，勤王兵马尚有数万，决一死战，万一得胜，淮东出兵截杀元兵后路，国事或许还有转机。文、张联合提出这项建议，陈宜中等一意求降，不予采纳。元兵破独松后，临安危在旦夕。十一月底，左相留梦炎弃官逃跑。十二月初，右相陈宜中得谢后允准，派柳岳到元军求降。伯颜不准。

一二七六年初，元兵阿里海牙部围攻潭州三个月后，潭州城破。知州李芾（音贵 fèi）坚持拒战到最后。元兵入城，李芾对部下沈忠说："我一家人不能受作俘虏的侮辱，请你把我全家杀死，再杀我。"沈忠哭泣允许，杀李芾全家后，也把自己一家杀死，最后自刎殉国。潭州破后，袁、连、衡、永、郴、全、道、桂阳、武冈等州军相继降元。宋朝更加危急。

留梦炎逃跑后，谢后命吴坚为左丞相，在朝堂宣布。来上朝的文官，只有六人。谢后又命宗正少卿陆秀夫等去元军求降，请称侄或侄孙。伯颜仍不许。再派监察御史刘岊（音节 jié）到元军，请奉表称臣。伯颜许在长安镇议降。文天祥、张世杰请三宫（太皇太后、太后、皇帝）入海，由他们领兵背城一战。陈宜中不许，随即向元军送上传国玺和帝㬎的降表投降。伯颜要陈宜中出议投降事。陈宜中在夜间逃往温州。张世杰见临安无望，领兵南下，准备继续抗元。

南宋王室决意投降，右相逃跑。谢后加给文天祥右丞相兼枢密使的称号，要文天祥与吴坚等去元军议降。文天祥与伯颜争辩不屈，又怒斥南宋降将。伯颜放吴坚等回临安，将文天祥扣留在军营，随后又押解北去。三月，伯颜入临安，荣王与芮投降。伯颜将全后

（度宗后）和帝㬎等俘虏北去。谢后因病暂留临安，随后也被押解到燕京（元大都）。统治达三百年之久的赵宋王朝宣告灭亡了。

元军入临安，南宋灭亡。各地军民仍然继续坚持抗元战斗，在宋代的历史上，写下了最后的篇章。

淮东地区的斗争——南宋亡后，夏贵以淮西全境降元，淮东扬州、真州等地拒不奉诏，坚持据守。

李庭芝、姜才守扬州。元军派李虎到扬州劝降。李庭芝将李虎杀死。元军又派使者以谢后手诏招降。李庭芝在城上对使者说："奉诏守城，没有听说以诏谕降。"帝㬎等南宋皇室被元军俘虏北上，途经瓜洲。姜才领兵数千人出战，企图中途截夺皇室，被元兵击退。元阿术军派兵扼守高邮，断扬州粮道。扬州城中粮绝，兵士以牛皮、麹蘖（音聂niè）作食物，仍然拒战不屈。元军再度招降，又被李庭芝拒绝。一二七六年七月，李庭芝、姜才领兵去泰州，准备南下抗战，命朱焕守扬州。朱焕降元。阿术军进围泰州。李庭芝、姜才战败被俘，遇害。元军攻真州，守将苗再成英勇战死。

闽、广和江西的斗争——一二七六年初，临安危急时，秀王赵与择护从九岁的益王（原封吉王）赵昰和六岁的广王（原封信王）赵昺出海，二月到温州。礼部侍郎陆秀夫和将官苏刘义等到温州，往见陈宜中，商议起兵。张世杰也从定海到来。三月，陆秀夫、陈宜中、张世杰等拥赵昰、赵昺到福州。五月间,拥立益王昰作小皇帝,改元景炎树起宋朝的旗帜,图谋恢复,继续抗元。陈宜中任左相兼枢密使,李庭芝任右相,张世杰任枢密副使,陆秀夫签书枢密院事,苏刘义为殿前指挥使。宋兵仍有十七万人。

文天祥被押解途中,经过镇江,乘元兵不备,在夜间逃出,走到真州。坚守扬州的李庭芝以为文天祥投降后又来劝降,令真州守将苗再成拒绝。文天祥去扬州不成,改道经高邮、通州从海上逃到温州。福州新建的小朝廷派人来温州召文天祥。五月间,文天祥到福州,建议从海道恢复两浙,陈宜中不许。七月间,文天祥在南剑州建立都督府,号召各地起兵,夺回江西。原随从文天祥起兵的江西兵士,被元朝遣散。刘洙召集一部分旧部来到福建。福建当地人士也参加了文天祥的队伍。十一月,文天祥移兵到汀州。

这时,元兵自浙江南下,进入福建。知南剑州王积翁逃跑,南剑州失守。陆秀夫、张世杰护卫帝昰逃上海船。元兵攻占福州,进至福安县,秀王赵与择战死。十二月,帝昰等的海船停泊在广东惠州附近,在水上流亡。

景炎二年(一二七七年)正月,文天祥率部移驻漳州龙岩。三月,又移到南岭下的梅州。五月,越过南岭进入江西。江西各地纷纷起而响应。彭震龙在永新起兵,收复县城。文天祥的另一妹夫吉州龙泉人孙栗也在本乡起兵。吉州人民一直在自发地起来抗元。泰和

440

县针工刘士昭曾经联络当地人民，企图夺取县城，被元兵捕获。刘士昭血书"生为宋民，死为宋鬼，赤心报国，一死而已。"自杀殉国。南安军巡检(低级军官)李梓发起兵守城，元兵万余人猛攻不下，到文天祥进兵时，仍然在坚持据守。江西各地人民顽强不屈，坚持战斗，为文天祥进兵准备了条件。文天祥依靠人民群众的支持，进入会昌，在雩都大败元军，进而攻下兴国，收复赣州和吉州的属县。文天祥驻兴国指挥军事，分派赵时赏、邹洬(音冯 féng)领兵攻打赣州和吉州的州城。一时之间，颇有复兴的气势。

元朝随即派出骑兵，由江西宣慰使李恒(西夏人)率领，发动反攻。围攻赣州的文天祥部被元兵打败。元兵乘胜进攻兴国大营。文天祥北上，企图与吉州邹洬部会合。行至中途，邹洬部也被元兵击溃。八月间，文天祥走到庐陵，遭到元兵追击。文天祥部下的老将巩信率领兵士数十人守住方石岭的山口，掩护文天祥撤退。巩信身中数箭，仍坐在大石上巍然不动。兵士中箭负伤，也依然倚岩石挺立。巩信等全部牺牲后，元兵从山下望去，以为仍有兵士把守，不敢轻进。文天祥得以率部撤走。次日，文天祥部又被元兵追及。赵时赏自称是文天祥，被元兵捉去，被害牺牲。文天祥躲过追兵，退到汀州，整顿残部，又转到循州，屯兵南岭山中。文天祥这次进兵江西，依靠人民群众的支持，迅速取得胜利，又以寡不敌众，迅速遭到失败。文天祥部与帝

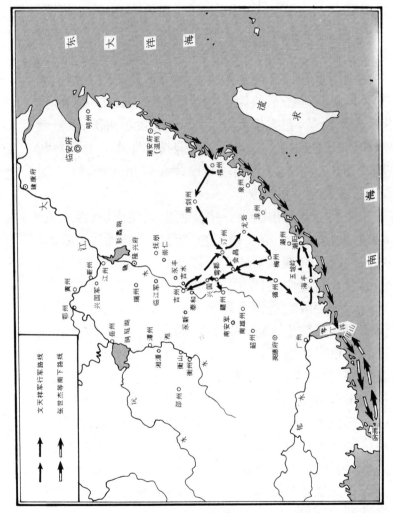

文 天 祥 抗 元 路 线 图

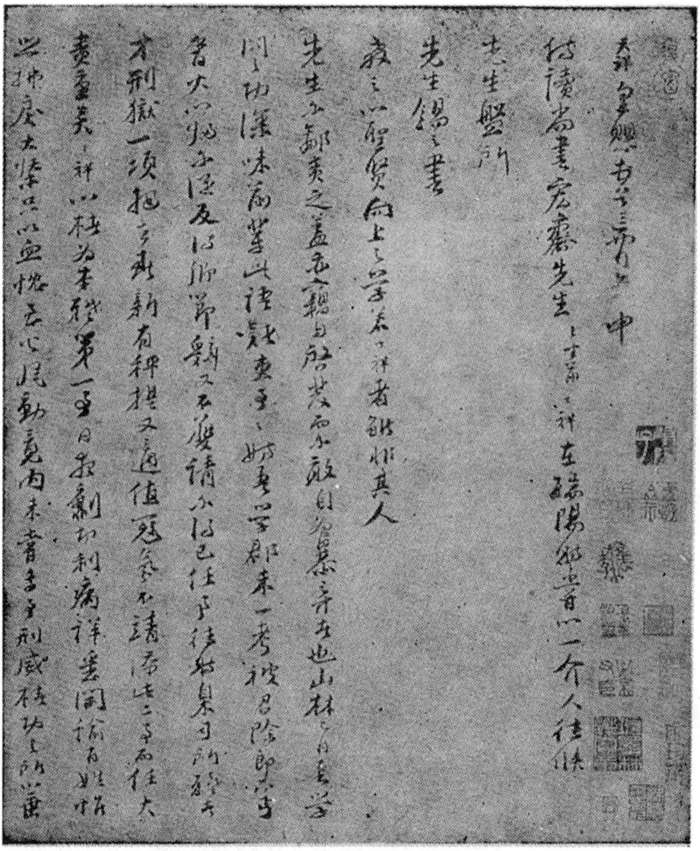

文天祥书翰

昰的小朝廷失掉了联系。这年冬天，即在南岭山中度过。一二七八年二月，才又进兵海丰，向潮州移动。

这年三月，帝昰在广州湾的碙洲(碙音冈 gāng)病死。陆秀夫、张世杰又拥立八岁的卫王赵昺作皇帝，改元祥兴，继续打着宋朝的旗帜。陈宜中见恢复无望，又乘机溜走，逃往占城。六月间，帝昺的小朝廷迁到大海中的厓山，作为最后的据点。

元朝以张弘范为都元帅，李恒为副，率领水军和骑兵，海陆并下，进攻闽、广，企图最后消灭宋军的残余。邹㵧在吉州败后，仍率领余部在江西战斗，这时也到潮阳来会师。元兵大举南下，文天祥在十二月退出潮阳，转到海丰北的五坡岭，准备进山固守，不幸被元兵追上。邹㵧自杀殉国，文天祥被俘。

祥兴二年(一二七九年)正月，元朝的水军大举进攻厓山。张弘范把文天祥也押到船上。元军的舰队经过珠江口外的零丁洋。作了元朝俘虏的文天祥，想到当年在赣州起兵时赣水的皇恐滩，面对零丁洋，抱定至死不屈的决心，作诗说："辛苦遭逢起一经，干戈寥落四周星(四年)。山河破碎风抛絮，身世飘摇雨打萍。皇恐滩头说皇恐，零丁洋里叹零丁。人生自古谁无死，留取丹心照汗青(史册)。"元军舰队到了厓山，张弘范要文天祥写信给张世杰劝降。文天祥写出他的过零丁洋诗，作为回答。

张弘范统领的元朝水军，共有战船五百艘，这时只到达三百艘。张世杰有战船一千艘，兵民二十余万。两军在海上对阵。张世杰把宋水军结成一字阵，用绳索将船只联结设防。帝昺、杨后和小朝廷的官员全部上船死守。元兵用火攻，被宋军击退。张世杰统领的宋军，这时在兵力上还处于优势，但只作防守的准备，无意出击。正月底，元朝战船陆续到达。李恒也从广州领兵赶到。二月初六日晨，元朝的水军发起猛攻。元军用炮石、火箭作掩护，突破宋水军阵角，跳上宋船，短兵接战。宋军大败。陆秀夫见无可挽回，抱帝昺投海死。宋官兵或战死或投海殉难。战斗到黄昏结束。几天后，海上陆续漂起的尸体有几万具。张世杰拥杨后乘小船突围而出，退到螺岛，招集残部，图谋再举。四天后遇大风，海船覆没，张世杰等都死在海里。宋朝这支残存的抵抗力量，也完全覆没了。

张弘范得胜而回，把文天祥押解到元大都，关在狱中。元朝统治者用尽一切办法，劝诱文天祥降元，都被拒绝。宋朝的状元宰相留梦炎，逃跑后投降元朝作官，奉命到狱中劝降，被文天祥骂走。元朝又派俘掳来的亡国皇帝赵㬎去劝降。文天祥只是连声说："圣驾请回"。文天祥决心宁死不降，在狱中作《正气歌》说："是气所旁薄，凛烈万古存。当其贯日月，生死安足论！"文天祥被关押三年余，在拒绝了忽必烈的亲自劝降后，被元朝杀害，英勇就义。

崖山败后，曾经上书指责贾似道而遭到贬斥的陈仲微,流落到安南,仍然企望以"回天力量"反元复宋。四年后,病死在安南。临终作诗说:"死为异国他乡鬼,生是江南直谏臣。"安南国王作诗哭悼说:"痛哭江南老巨卿,春风揾(音问 wèn)泪为伤情。""回天力量随流水,流水滩头共不平。"表达了对陈仲微抗元斗争的同情和支持。

四川地区的斗争——自宋朝南迁以来,四川军民一直坚持反抗民族压迫和侵掠,具有光荣的战斗传统。南宋亡后,在闽、广地区坚持最后斗争的同时,四川人民也还在坚持战斗。

坚决抗元的王坚被调离后,部将张珏(音觉 jué)奉命守合州。四川地区一直在和元军反复展开激战。一二七五年,元军大举向四川进攻,叙州、泸州(江安州)等地的守臣相继投降。张珏拒绝了元军的两次招降,坚持据守。一二七六年,南宋朝廷在临安投降时,张珏在积极备战,计划收复失地。元军围重庆,张珏派遣张万率领水军到重庆,协助守城、出击元军。六月间,收复泸州,大败元军,解除了重庆之围。十二月,重庆守臣迎张珏入重庆,任四川制置使。

帝显降元,诏谕各地投降。张珏拒不奉诏。得知赵㬎、赵昺进入广东后,派兵士探访下落,并在钓鱼城营建宫殿,准备迎赵㬎来四川,重建宋朝。一二七七年六月,元军大举进攻,占领涪州、万州。十一月,泸州被元军攻破,守臣王世昌自杀。元军集中兵力包围了重

446

庆。

　　元军派泸州降将向张珏写信劝降，张珏拒绝。一二七八年初，元军猛攻重庆。张珏出城激战。元将汪良臣(汪德臣弟)被射中四箭。张珏终因寡不敌众，退守孤城。张珏部将赵安开城门降元。元军入城，张珏仍率部巷战。败退后乘船东下，被元军追到。张珏被俘后，仍然拒不投降，一二八〇年被元朝杀害牺牲。

　　元朝灭亡了赵宋，但人民群众的反抗斗争并没有由此而终止。在元朝统治下，各族人民继续不屈不挠地展开了反抗阶级压迫和民族压迫的搏斗。

宋代农民起义年表

九六五年（宋太祖乾德三年）

三月，绵州士兵起义，推全师雄为领袖。邛、蜀等十六州响应。

四月，遂州牙校王可僚结集州民起义。

九六六年（乾德四年）

阆州农民起义，围攻州城。

渝州农民以杜承褒为领袖，发动起义，攻占州城。

九七三年（开宝六年）

渠州农民万人在李仙领导下起义，攻入蓬州。

九八一年（太宗太平兴国六年）

绵州王禧等十人组织农民起义。

九九三年（淳化四年）

二月，永康军青城县农民约一百人在王小波领导下起义，提出"均贫富"的主张。起义军攻下青城，进而打到彭山，发展到万余人。

十二月，起义军在江原与宋军激战，获胜。王小波负伤牺牲。李顺领导起义农民，胜利攻下蜀州、邛州，调发大地主的财产粮食，分给当地贫民，起义军发展到数万人。

九九四年（淳化五年）

正月，李顺起义军攻占成都，建国号大蜀，立年号应运。

农民军转战南北,发展到数十万人。

农民军攻剑州和梓州,不下。

五月,宋军入成都。李顺在作战中牺牲。农民军三万人战死。

农民军在张余、吴蕴等领导下继续战斗。攻下嘉州,向东川进军。

十一月,吴蕴在眉州战死。

九九五年(至道元年)

二月,张余在嘉州被捕牺牲。起义失败。

九九六年(至道二年)

五月,王鸬鹚领导起义军攻打邛、蜀二州,失败。

一〇〇〇年(真宗咸平三年)

正月,益州(成都)士兵在赵延顺等领导下起义,攻占州城。起义军推王均为领袖,建立大蜀国,建年号化顺。彭州等地农民起义响应。起义军发展到数万人。

九月,成都失守。十月,王均率领起义军据守富顺。起义军战败,王均自杀牺牲。

一〇〇五年(景德二年)

逃亡兵士王长寿等百余人起义,攻打陈留,发展到五千余人。起义军在胙城遭到宋军镇压。

一〇〇七年(景德四年)

六月,宜州士兵在陈进领导下起义。起义军攻占柳州,在象州武仙县战败。陈进等起义领袖六十余人被捕牺牲。

一〇四三年(仁宗庆历三年)

五月,沂州士兵百余人在王伦领导下发动起义,占据沂州城。起义军不断胜利发展,渡过淮水,攻占楚、真、扬、泰、滁等州,直抵和州。

七月,王伦在和州战败,被杀牺牲。

八月,陕西商州农民千余人在张海、郭邈山、党君子、范三、李宗等领导下起义。京西路各地农民响应。起义军自陕南经豫西,直抵襄、邓、均、郢等州。光化军士兵以邵兴为首,起义响应。九月,金州农民起义,攻入州城,夺取府库兵仗,分散钱帛给贫民。

十一月,邵兴在淯水战败被杀。

十二月,张海等战败牺牲。

一〇四四年(庆历四年)

八月,保州士兵起义,遭到镇压。

一〇四七年(庆历七年)

十一月,王则领导贝州士兵和农民起义,占领贝州,建国号安阳。

一〇四八年(庆历八年)

正月,宋军攻入贝州。王则、张峦、卜吉等英勇牺牲。

一〇八四年(神宗元丰七年)

河北保甲起义。

澶州、魏州保甲与农民联合,发动起义。

澶州、滑州一带,以单安、王乞驴、张谢留等为首的保丁起义,进入卫州。

一一一九年(徽宗宣和元年)

山东郓州农民起义,以宋江为领袖。

一一二〇年(宣和二年)

十月,睦州青溪农民在方腊领导下,在帮源峒发动起义。十一月,方腊自号圣公建国,立年号永乐。攻下青溪

450

县。十二月，攻下睦州、歙州，胜利进军，进驻杭州城。起义农民对地主阶级的政权、族权、夫权、神权和孔孟儒学，发起猛烈冲击。

婺州兰溪县朱言、吴邦，永康县陈十四，湖州归安县陆行儿，处州缙云县霍成富、陈箍桶，苏州石生，越州剡县裘日新，台州仙居县吕师囊等领导的农民起义军以及常州、明州、秀州、温州等地农民纷起响应方腊。农民军攻下杭州后，发展到百万人。

山东起义农民自郓州向濮、单、齐、青等州进军。

一一二一年（宣和三年）

正月，方腊率领农民军主力攻占婺州和衢州。农民军别部由方七佛率领，攻打秀州，不胜，退守杭州。

二月，宋军反攻杭州。起义军退出杭州。睦州被围。裘日新农民军攻下剡县、新昌、上虞。

山东起义农民进入淮南，至海州。宋江向宋知州张叔夜投降。起义被叛卖而失败。三月，吕师囊农民军攻下仙居、天台、黄岩。

四月，方腊农民军占领的歙州、衢州、婺州、睦州相继失守。宋军攻陷青溪县。方腊率农民军二十万退守帮源峒。农民军战败。方腊及妻邵氏、子方亳、起义领袖方肥等三十余人被俘；八月，英勇就义。

五月，义乌、兰溪、剡县等地农民军与宋军激战，失败。起义领袖裘日新等牺牲。

六月，吕师囊部在黄岩奋战，起义领袖三十人牺牲。

七月，仙居起义农民在俞道安率领下进攻温州，不下，转至处州。

十月,起义军在永康被围。俞道安牺牲。

一一二二年(宣和四年)

山东郓州梁山泊农民继续起义反抗。

相州农民军在贾进等领导下起义。

一一二三年(宣和五年)

河北、京东等路农民起义。

洺州农民数十万,以张迪为领袖,发动起义,攻打濬州。张迪战败牺牲。

太行山农民,以高托天为首起义。转战青、徐、密、沂等州。

一一二五年(宣和七年)

高托天投降宋朝,起义被叛卖。

京东路起义农民十万人以张仙为领袖,在垒鼓山与宋军激战。张仙受"招安"降宋。

济南府农民十万人,由孙列率领,占领铧子山,遭到镇压。

东京起义军十万,由贾进等率领进入海州。贾进受"招安"降宋。

临沂武胡、郓州李太、沂州徐进等分别率领当地农民起义。

一一三〇年(高宗建炎四年)

二月,鼎州武陵钟相领导当地农民军起义,建号大楚,钟相称楚王,立年号天战(一作"天载")。起义军提出"等贵贱,均贫富"口号,严厉镇压宣扬孔孟之道的儒生以及僧徒、道士。起义发动后,鼎州、澧州、荆南、潭州、峡州、岳州、辰州等地十九县农民纷起响应。农民军攻下桃源,进驻澧州。三月,钟相兵败被俘,英勇牺牲。农民军在杨太领导下继续战斗。

四月,信州贵溪县农民在王宗石领导下起义,攻下贵溪、弋阳二县。农民军利用摩尼教相联络,发展到十几万人。六月,起义军战败。王宗石等二十六名领袖被俘牺牲。

建州瓯宁县农民起义,以范汝为为领袖。八月,农民军攻下建阳县,发展到几万人。十一月,范汝为受"招安",接受宋朝"福建民兵都统领"的官号。吉州农民在彭友、李满、王彦和廖八姑三姐妹领导下起义,攻占江西、湖南八个县城,起义队伍扩大到几万人。

一一三一年(绍兴元年)

七月,虔州陈颙领导农民几千人起义,攻打雩都、信丰等县。

宋朝命令受"招安"的范汝为军解散归农。建阳农民丁朝佐起义反抗。

一一三二年(绍兴二年)

正月,宋军围攻建州,范汝为自杀。农民军万余人战死。

四月,陈颙起义军进攻循州,攻克龙川县。十一月,攻下武平县,进围梅州。

一一三三年(绍兴三年)

正月,陈颙起义军回江西。起义军发展到十多万人,活动于广东循、梅、潮、惠、英、韶、广、南雄等州,江西虔州、南安军、建昌军,福建汀州、邵武军等广大地区。

三月,衢州开化县农民起义,以摩尼教徒缪罗为领袖。五月,缪罗等人叛变投降。起义军王仓等九十多人被捕牺牲。

四月,陈颙等农民领袖在兴国战败,被俘牺牲。

彭友农民军到雩都。彭友等战败被俘。

杨太农民军以洞庭湖为据点,建立水寨,农民军发展到二十万人。占领的地区,北到公安,西到鼎、澧,东到岳阳,南到长沙。十月,杨太军在洞庭湖下游大败宋军。

一一三四年(绍兴四年)

二月,杨太拒绝宋朝的"招安"。五月,齐刘豫遣使到农民军联络,杨太斩来使,严正拒绝。

七月,杨太农民军进攻鼎州社木寨,大败宋军。

一一三五年(绍兴五年)

六月,杨太农民军在洞庭湖战败。黄佐、杨钦等叛变降宋。杨太坚持不屈,英勇牺牲。

一一四〇年(绍兴十年)

湖南郴州宜章县农民在骆科、文遂领导下起义,攻下桂阳、郴、道、连、贺等州。骆科中途叛变降宋。农民军在邓宁、李定等领导下,继续战斗。欧幼四率领别部攻下蓝山县。

一一四一年(绍兴十一年)

十月,宜章县农民起义失败。

一一四三年(绍兴十三年)

福建各地农民在管天下、伍黑龙、满山红等农民领袖的领导下,发动起义,攻打漳、泉、汀、建四州及广东梅州、江西虔州的县镇。

一一四四年(绍兴十四年)

宜州泾县农民在摩尼教徒俞一领导下发动起义。

一一四六年(绍兴十六年)

管天下等起义军遭到宋军镇压,失败。

一一四九年(绍兴十九年)

春,建州瓯宁县回源峒杜八子领导农民起义,攻破建阳城。夏季,张大一、李大二等在回源峒领导农民起义。

福建汀、漳、泉等州何白旗起义,进至广东梅、循、潮、惠四州以及江西虔州。

一一五〇年(绍兴二十年)

七月,何白旗起义失败,起义领袖黄大老、谢二化等被俘。

一一六三年(孝宗隆兴元年)

明州象山、秀州华亭等处农民在海上起义。

一一六五年(乾道元年)

郴州宜章县弓手李金组织农民群众,发动起义,迅速形成万人大军,攻占县城后,又攻下郴州、桂阳军。农民军进入广东路英、韶、连、广等九个州府。杀地主、官僚,没收他们的田宅财产。

五月,湘阴县刘花三、李无对领导农民起义,响应李金起义军。

八月,李金战败被俘。

一一七五年(淳熙二年)

湖北路茶农、茶贩在赖文政领导下举行起义。起义军自湖北转入湖南。六月,起义军进入吉州永新县禾山。七月,起义军在江西战败,赖文政牺牲。

一一七九年(淳熙六年)

正月,郴州宜章县农民在陈峒领导下起义,攻下道州、桂阳军和连州所属四县,有众数千人。五月,陈峒兵败被俘,起义失败。

广西路李接(一作李楫)领导农民起义,宣布十年不收赋税,打开官府和地主仓库赈济贫苦农民。起义群众称李接为李王。农民军陆续攻下广西路郁林、化、容、雷、高、贵六州八县,半年后失败。

一一八四年(淳熙十一年)

姜大老领导农民军在汀州一带起义。

一一八五年(淳熙十二年)

平江府玉翳郎等起义,海上饥民蔡八等起义。宋军深入大洋镇压,起义领袖蔡八等四十二人被俘。

一一八八年(淳熙十五年)

陈青军等海上饥民起义,在广州沿海活动。陈青军等十六人被捕。

一二一九年(宁宗嘉定十二年)

闰三月,军士张福、莫简领导红巾队在利州路兴元府起义,参加的士兵有几千人。四月,起义军攻入利州、阆州、果州、遂宁府和普州,先锋曾到达梓、汉二州,直逼成都,四川震动。七月,红巾队战败,莫简自杀,张福被害。

一二二三年(嘉定十六年)

武冈军士兵在蒋宗、杨德率领下起义,几十天后失败,蒋宗等首领被杀。

一二二八年(理宗绍定元年)

赣州农民在陈三枪和张魔王率领下举行起义,以松梓山为根据地,在江西、福建和广东三路边境建寨六十,进行起义活动。三路农民纷纷起来响应。

一二二九年(绍定二年)

十二月,汀州晏梦彪领导当地农民起义,起义军以潭飞磜为根据地,攻下汀州、邵武军、南剑州所属各县,发展到漳州龙岩、长泰和泉州永春、德化等地。汀州城士兵起义响应。起义军发展到上万人。一年以后，起义军遭到镇压而失败。

一二三四年(端平元年)

赣州农民军在松梓山战败,张魔王自杀牺牲,陈三枪受伤被俘,在隆兴府英勇就义。

宋 代 纪 年 表

公元纪年	干支纪年	宋 朝 纪 年
九六〇	庚申	太祖建隆元年
九六三	癸亥	乾德元年
九六八	戊辰	开宝元年
九七六	丙子	太宗太平兴国元年
九八四	甲申	雍熙元年
九八八	戊子	端拱元年
九九〇	庚寅	淳化元年
九九五	乙未	至道元年
九九八	戊戌	真宗咸平元年
一〇〇四	甲辰	景德元年
一〇〇八	戊申	大中祥符元年
一〇一七	丁巳	天禧元年
一〇二二	壬戌	乾兴元年
一〇二三	癸亥	仁宗天圣元年
一〇三二	壬申	明道元年
一〇三四	甲戌	景祐元年
一〇三八	戊寅	宝元元年

公元纪年	干支纪年	宋 朝 纪 年
一〇四〇	庚辰	康定元年
一〇四一	辛巳	庆历元年
一〇四九	己丑	皇祐元年
一〇五四	甲午	至和元年
一〇五六	丙申	嘉祐元年
一〇六四	甲辰	英宗治平元年
一〇六八	戊申	神宗熙宁元年
一〇七八	戊午	元丰元年
一〇八六	丙寅	哲宗元祐元年
一〇九四	甲戌	绍圣元年
一〇九八	戊寅	元符元年
一一〇一	辛巳	徽宗建中靖国元年
一一〇二	壬午	崇宁元年
一一〇七	丁亥	大观元年
一一一一	辛卯	政和元年
一一一八	戊戌	重和元年
一一一九	己亥	宣和元年
一一二六	丙午	钦宗靖康元年
一一二七	丁未	高宗建炎元年
一一三一	辛亥	绍兴元年
一一六三	癸未	孝宗隆兴元年
一一六五	乙酉	乾道元年

公元纪年	干支纪年	宋 朝 纪 年
一一七四	甲午	淳熙元年
一一九〇	庚戌	光宗绍熙元年
一一九五	乙卯	宁宗庆元元年
一二〇一	辛酉	嘉泰元年
一二〇五	乙丑	开禧元年
一二〇八	戊辰	嘉定元年
一二二五	乙酉	理宗宝庆元年
一二二八	戊子	绍定元年
一二三四	甲午	端平元年
一二三七	丁酉	嘉熙元年
一二四一	辛丑	淳祐元年
一二五三	癸丑	宝祐元年
一二五九	己未	开庆元年
一二六〇	庚申	景定元年
一二六五	乙丑	度宗咸淳元年
一二七五	乙亥	帝显德祐元年
一二七六	丙子	帝昰景炎元年
一二七八	戊寅	帝昺祥兴元年
一二七九	己卯	宋亡

宋代行政区划表

　　本表以《宋史·地理志》为据,并依《太平寰宇记》《元丰九域志》作了一些校补。路的建置是依据神宗元丰时设置的二十三路,加上徽宗崇宁时重设的京畿路,共二十四路。路置和区划的变迁,没有列入。

路		府、　州、　军、　监
京畿路	府	开封(东京)
京东西路	府	应天(南京)、袭庆(兖州)、兴仁(曹州)、东平(郓州)
	州	徐、济、单、濮、拱
	军	广济
京东东路	府	济南(齐州)
	州	青、密、沂、登、莱、淄、潍
	军	淮阳
河北东路	府	大名(北京)、开德(澶州)、河间(瀛州)
	州	沧、冀、博、棣、莫、雄、霸、德、滨、恩(贝州)、清(乾宁军)

路	府、　州、　军、　监	
河北西路	军	德清、保顺、永静、信安、保定
	府	真定(镇州)、中山(定州)、信德(邢州)、庆源(赵州)
	州	相、澶、怀、卫、洺、深、磁、祁、保
	军	天威、北平、安肃(静戎军)、永宁(宁边军)、广信(威虏军)、顺安
京西北路	府	河南(西京)、颍昌(许州)、淮宁(陈州)、顺昌(颍州)
	州	郑、滑、孟、蔡、汝
	军	信阳
河东路	府	太原(并州)、隆德(潞州)、平阳(晋州)
	州	绛、泽、代、忻、汾、辽、宪、岚、石、隰、慈、麟、府、丰
	军	庆祚、威胜、平定、岢岚、宁化、火山、保德、晋宁
永兴军路	府	京兆(雍州)、河中(蒲州)、延安(延州)、庆阳(庆州)
	州	解、陕、商、同、醴、华、耀、邠、坊、银、环、鄜、宁、虢、丹
	军	清平、保安、绥德、庆成、定边
秦凤路	府	凤翔
	州	秦、陇、成、凤、阶、渭、泾、原、会、西安、熙(武胜军)、河、巩(通远军)、岷(西和)、兰、洮、廓、乐、西宁

路		府、　州、　军、　监
	军	德顺、镇戎、怀德、震武、积石
两浙路	府	临安(杭州)、绍兴(越州)、平江(苏州)、镇江(润州)、庆元(明州)、瑞安(温州)、建德(睦州、严州)嘉兴(秀州)
	州	湖、婺、常、台、处、衢
	军	江阴
淮南东路	州	扬、亳、宿、楚、海、泰、泗、滁、真、通、安东(涟水军)
	军	高邮、招信、淮安、清河
淮南西路	府	寿春(寿州)、安庆(舒州)
	州	庐、蕲、和、濠、光、黄
	军	六安、无为、怀远、安丰、镇巢
福建路	府	建宁(建州)
	州	福、泉、南剑、漳、汀
	军	邵武、兴化
江南东路	府	江宁(昇州，又名建康府)、宁国(宣州)
	州	徽(歙州)、池、饶、信、太平
	军	南康、广德

路		府、 州、 军、 监
江南西路	府	隆兴(洪州)
	州	江、赣(虔州)、吉、袁、抚、瑞(筠州)
	军	兴国、南安、临江、建昌
荆湖北路	府	江陵(荆州,又名荆南府)、德安(安州)、常德(鼎州,又名朗州)
	州	鄂、复、澧、峡、岳、归、辰、沅、靖
	军	荆门、汉阳、寿昌
荆湖南路	府	宝庆(邵州)
	州	潭、衡、道、永、郴、全
	军	茶陵、桂阳(桂阳监)、武冈
广南东路	府	肇庆(端州)、英德(英州)、德庆(康州)
	州	广、韶、循、潮、连、梅、南雄、贺、封、新、南恩、惠
广南西路	府	静江(桂州)、庆远(宜州)
	州	容、邕、融、象、昭、梧、藤、龚、浔、柳、贵、宾、横、化、高、雷、钦、白、郁林、廉、琼
	军	南宁、万安、吉阳
京西南路	府	襄阳(襄州)
	州	邓、随、金、房、均、郢、唐

路		府、　州、　军、　监
	军	光化
利州路	府	兴元、隆庆（剑州）
	州	利、洋、阆、巴、文、沔（兴州）、蓬、政
	军	大安、天水
夔州路	府	绍庆（黔州）、咸淳（忠州）、重庆（渝州，又名恭州）
	州	夔、施、万、开、达、涪、思、播、珍
	军	云安、梁山、南平
	监	大宁
梓州路	府	潼川（梓州）、遂宁（遂州）、顺庆（果州）
	州	资、普、昌、叙（戎州）、泸（江安州）、合、荣、渠
	军	怀安、宁西（广安军）、长宁（淯井监）
	监	富顺
成都府路	府	成都（益州）、崇庆（蜀州）、嘉定（嘉州）
	州	眉、彭、绵、汉、邛、简、黎、雅、茂、威
	军	永康、石泉
	监	仙井（陵州）

宋代地名表

本表只限于见于本书宋代两章的地名。个别见于这两章的辽、夏、金、元地名，也附带收入，在括号内注明。古地名按笔画顺序排列。今地名是表示宋代州、县治所所在地和一些山河城镇的大致方位，只供查阅参考。

二 画

七方关　甘肃徽县、陕西略阳之间

三 画

三　泉　陕西宁强
三川寨　宁夏固原西北
三界镇　浙江嵊县北
下沚江口　湖南洞庭湖滨，汉寿、沅江间，沚一作芷
土门路　陕西绥德西北
大都(元)　北京市
大梁　河南开封市
大仪镇　江苏扬州市西北
大虫岭　陕西宝鸡东北
大名府　河北大名
大安军　陕西宁强大安镇
大良平　四川广安境

大获山　四川苍溪东南大获山
大散关　陕西宝鸡西南
大溪山　广东珠江口大濠岛，又名大屿岛
万　州　四川万县市
弋　阳　江西弋阳
上　闸　河南邓县南
上　饶　江西上饶市
上　虞　浙江上虞
上元县　江苏南京市境
上海镇　上海市
上京会宁府(金)　黑龙江阿城南
山　门　福建福州市境
山　阴　浙江绍兴
小商桥　河南临颍南
千　乘　山东广饶
广　州　广东广州市
广　都　四川双流东南
广安军　四川广安北

广德湖　浙江宁波市西
义　合　陕西吴堡西北
卫　州　河南汲县
卫　南　河南滑县东
马蹬山　湖北枣阳西北马蹬山
飞狐关(辽)　河北涞源北

四　画

韦　城　河南滑县东南
云州(辽西京)　山西大同市
云中府　山西大同市
云安军　四川云阳
云顶山　四川金堂境云顶山
无为军　安徽无为
天水军　甘肃天水西南
天长军　安徽天长
天仙洞　浙江义乌境
天台山　浙江天台北
天雄军　河北大名
太平州　安徽当涂
太平郡　安徽当涂
太平监　甘肃清水西
太行山　山西高原与河北平原间
　　　　太行山
太原府　山西太原市
五台山　山西代县北五台山
五马山　河北赞皇境五马山
五坡岭　广东海丰北
开平(元)　内蒙多伦
开　州　四川开县
开　德　河南濮阳
开化县　浙江开化

开封府　河南开封市
双　流　四川双流
历　阳　安徽和县
瓦桥关　河北雄县旧南关
中都(金)　北京市
中山府　河北定县
中京大定府(金)　辽宁宁城西
贝　州　河北清河境
长　平　山西高平西北
长　安　陕西西安市
长　沙　湖南长沙市
长　治　山西长治市
长　泰　福建长泰
长水县　河南洛宁西
长安镇　浙江海宁西
长溪县　福建霞浦南
公　安　湖北公安
凤　州　陕西凤县东北
凤　林　浙江遂安东南
凤凰山　杭州市境
凤翔府　陕西凤翔
化　州　广东化州县
丰　州　陕西府谷北
分　水　浙江桐庐北分水江
升仙桥　四川成都市北
乌沙堡(金)　河北张北西北
方石岭　江西吉安南
六　合　江苏六合
六　安　安徽六安
六盘山　宁夏固原西南六盘山
文　州　甘肃文县
邓　州　河南邓县

巴　州	四川巴中	代　州	山西代县

五　画

仙人关	陕西略阳北，甘肃徽县境
玉　田	河北玉田	仪　州	甘肃华亭
正平县	山西新绛西南	台　州	浙江临海
古兰州	甘肃兰州市旧皋兰	白　水	湖北枣阳境白水
平　陆	山西平陆	白　石	浙江杭州市境
平　桥	浙江宁波市境	白马岭	山西盂县东北
平江府	江苏苏州市	白环堡	陕西陇县西南
平海军	福建泉州市	白豹城	甘肃庆阳西北
甘　州	甘肃张掖	仙居县	浙江仙居
东　京	河南开封市	处　州	浙江丽水西
东平府	山东东平	禾　山	江西永新西北
邛　州	四川邛崃	瓜　洲	江苏扬州市南
石　门	湖南石门	瓜步口	江苏六合东南
石　州	山西离石	汀　州	福建长汀
石　首	湖北石首	汉　州	四川广汉
石壁寨	陕西宝鸡东北	汉　源	四川剑阁东
龙　门	河南洛阳市南龙门	汉阳军	湖北汉阳境
龙　冈	湖南宜章境	宁　乡	湖南宁乡
龙　阳	湖南汉寿	宁　州	甘肃宁县
龙　岩	福建龙岩	宁　国	安徽宁国
龙　泉	浙江龙泉	宁海县	浙江宁海
龙川县	广东龙川	兰　州	甘肃兰州市旧皋兰
龙落川	宁夏隆德境，好水川附近，龙一作笼	兰溪县	浙江兰溪
		半　山	南京市中山门内
卢　氏	河南卢氏	永　州	湖南零陵
北　京	河北大名	永　昌	甘肃永昌
北神镇	江苏淮安北	永　春	福建永春
归　安	浙江吴兴	永　新	江西永新
归　州	湖北秭归	永乐城	陕西米脂西北
归　德	河南商丘市	永安军	河南巩县南

永兴军　陕西西安市
永济河　河北省境卫河
永济县　山西永济
永康军　四川灌县
永康县　浙江永康

六　画

邢　州　河北邢台
巩　州　甘肃陇西
巩　县　河南巩县
巩　昌　甘肃陇西
巩昌府　甘肃陇西
老　溪　四川阆中西
老鹳河　南京市黄天荡南
西　京　河南洛阳市
西京(金)　山西大同市
西和州　甘肃西和西
西凉府　甘肃武威
西城县　陕西安康西北
西津口　四川奉节境
吉　州　江西吉安
吉　阳　广东厓县境
成　州　甘肃成县
成都府　四川成都市
成德军　河北正定
戎　州　四川宜宾
达　州　四川达县
夹山(金)　内蒙萨拉齐西北
扬　州　江苏扬州市
回源峒　福建建瓯境
同　安　福建同安
曲阜县　山东曲阜

当　涂　安徽当涂
光　山　河南光山
光　化　湖北光化北
光　州　河南潢川
光化军　湖北光化境
朱仙镇　河南开封市西南
延　州　陕西延安市
延安府　陕西延安市
华　山　陕西境华山
华　州　陕西华县
华　亭　上海市松江
华　容　湖南华容
华容军　湖南岳阳
伊　川　河南伊川
会　昌　江西会昌
会　稽　浙江绍兴
会河堡(金)　河北怀安境，会一
　　　　作浍
合　江　四川合江
合　州　四川合川
合　肥　安徽合肥市
杀金坪　陕西略阳北，仙人关东
　　　　北
邠　州　陕西彬县
齐　州　山东济南市
齐冒镇　河南信阳市境
庆　州　甘肃庆阳
庆　源　河北赵县
安　乡　湖南安乡
安　化　湖南安化
安　州　湖北安陆
安　邑　山西运城安邑镇

469

安丰军　安徽寿县西南
安庆府　安徽安庆市
安国镇　河北安国
江　州　江西九江市
江　原　四川崇庆东南
江宁府　江苏南京市
江安州　四川泸州市
江阴军　江苏江阴
江陵府　湖北江陵
汤　阴　河南汤阴
汝　州　河南临汝
汜　水　河南汜水镇
汜　县　河南汜水镇
池　州　安徽贵池
池　阳　安徽贵池
并　州　山西太原市
并州永利监　太原市南
许　州　河南许昌
祁　州　河北安国
兴　州　陕西略阳
兴州(夏)　宁夏银川市
兴　国　江西兴国
兴元府　陕西汉中市
兴仁府　山东曹县西北
兴国军　湖北阳新
米　脂　陕西米脂
阳平关　陕西宁强西北
阶　州　甘肃武都东
导　江　四川灌县东
好水川　宁夏隆德东

470

七　画

辰　阳　湖南汉寿
辰　州　湖南沅陵
运　山　四川营山
寿　州　安徽寿县
寿　阳　山西寿阳
寿　昌　浙江建德南
寿　春　安徽寿县
寿　张　山东东平西南
芜　湖　安徽芜湖
花靨镇　安徽寿县西北
芦　沟　北京市桑干河
苏　州　江苏苏州市
巫　峡　四川巫山巫峡
克鲁伦河　蒙古及黑龙江境克鲁
　　　　　伦河
坊　州　陕西黄陵
赤　山　湖南沅江东北洞庭湖滨
均　州　湖北均县西北
严　州　浙江建德梅城镇
连　州　广东连县
杨林渡　安徽和县东
杨林河口　安徽和县东
李练铺　广西武宣境
扶　风　陕西扶风
抚　州　江西抚州市
吴　兴　浙江吴兴
吴　县　江苏苏州市
吴　堡　陕西吴堡北
岐　州　陕西凤翔南
岐沟关　河北涿县西南

岚　州	山西岚县北	怀　安	四川金堂境
岑水场	广东韶关市西	怀远军	安徽安远
秀　州	浙江嘉兴市	忻　州	山西忻县
利　州	四川广元	社木寨	湖南常德市东
利国监	江苏铜山东北	灵　丘	山西灵丘
邵　州	湖南邵阳	灵　州	宁夏灵武西南
邵武军	福建邵武	灵山洞	浙江兰溪境
皂郊堡	甘肃天水市西南	灵泉山	四川遂宁境
余　干	江西余干	灵璧县	安徽灵璧
余　杭	浙江临安东旧余杭	张家堡	宁夏隆德境
沅　江	湖南沅江	陈　州	河南淮阳
沅　陵	湖南沅陵	陈　留	河南开封市境
沔　州	陕西略阳	陈桥驿	河南开封市北陈桥镇
沙　市	湖北沙市境	陈家岛	山东青岛附近
沙　尾	广东潮州市境	陈家谷口	山西朔县南
沙门岛	山东蓬莱西北海中	陇　州	陕西陇县
沉远泺(泊)	河北保定北	鸡距泉	河北保定市附近
沂　州	山东临沂	纯　州	湖南岳阳
汾　水	山西境汾河		
汾　阴	山西万荣西北		
汾　州	山西汾阳		**八　画**
沧　州	河北沧县		
汴　河	河南境汴河故道	青　州	山东益都
汴梁(东京)	河南开封市	青　城	四川灌县南
沁　水	山西沁水	青野原	甘肃徽县南
庐　山	江西境庐山	青　溪	浙江淳安境
庐　州	安徽合肥市	青龙镇	上海市青浦县北
庐　陵	江西吉安	青居山	四川南充县南
良　乡	北京市房山县良乡	青强店	四川剑门关南
应州(辽)	山西应县	武　昌	湖北鄂城
宋　州	河南商丘市南	武　陵	湖南常德市
怀　州	河南沁阳	武冈军	湖南武冈
		武平县	福建武平
		武仙县	广西武宣东

471

武安军	湖南长沙市
武林山	浙江杭州市境
厓 山	广东新会厓门附近
枝 江	湖北枝江
杭 州	浙江杭州市
板桥镇	山东胶县境
松阳县	浙江遂昌东南
松梓山	江西赣州市境
松滋县	湖北松滋
松溪县	福建松政
枣 阳	湖北枣阳
招信军	江苏盱眙县北
拒马河	河北涞水、易县境拒马河
奉化县	浙江奉化
英 州	广东英德
苦竹隘	四川剑阁西北小剑山
郁 林	广西玉林
罗 川	四川广元东北
果 州	四川南充市北
昌 州	四川大足
昌明州	四川雅安
易 州	河北易县
明 州	浙江宁波市
忠 州	四川忠县
忠武军	河南许昌市
盱眙军	江苏盱眙
固 安	河北固安
固石洞	江西雩都东北
岷 州	甘肃岷县
采石镇	安徽当涂西北
和 州	安徽和县

和尚原	陕西宝鸡西南
绍 兴	浙江绍兴
绍兴府	浙江绍兴
绍熙堰	自扬州北至淮水，南至于江，筑堰约六七百里
岳 州	湖南岳阳
岳 阳	湖南岳阳
岳阳军	湖南岳阳
禹 州	河南禹县
金 州	陕西安康
金 陵	江苏南京市
金 堂	四川金堂东南
金明县	陕西安塞县北
金明寨	陕西安塞县北
钓鱼山，钓鱼城	四川合川东，三面临江
房 州	湖北房县
终南山	陕西西安市南终南山
定 州	河北定县
定 远	安徽定远
定 海	浙江镇海
定川寨	宁夏固原西北
定难军	陕西横山县西北
宕 州	甘肃宕昌
宜 州	广西宜山
宜 兴	江苏宜兴
宜 都	湖北宜都
宜 章	湖南宜章
府 州	陕西府谷
京 兆	陕西西安市
河 内	河南沁阳
河 池	甘肃徽县

河　阳	河南孟县	南京（辽）	北京市	
河　州	甘肃临夏西南	南　恩	广东阳江	
河　间	河北河间	南　岭	广东与江西、湖南交界	
河中府	山西永济西		处大庾等五岭的统称	
河南府	河南洛阳市	南安县	福建南安	
沭　阳	江苏沭阳	南安军	江西大庾	
泾　州	甘肃泾川北	南寿春	安徽寿县	
泾　县	安徽泾县	南剑州	福建南平	
泽　州	山西晋城	南康军	江西星子	
泗　州	江苏盱眙东北	南雄州	广东南雄	
泸　州	四川泸州市	瓯宁县	福建建瓯	
沱　江	四川境沱江	赵　州	河北赵县	
泥沽海口	河北塘沽南	阳　曲	山西阳曲	
单　州	山东单县	茶陵军	湖南茶陵	
郑　州	河南郑州市	荣　州	四川荣县	
郓　州	山东东平	茗　山	四川安岳西	
学射山	四川成都市附近	荆　山	湖北境荆山	
居庸关	北京市昌平县居庸关	荆　州	湖北江陵	
建宁府	福建建瓯	荆门军	湖北当阳	
建宁军	福建建瓯	荆南府	湖北江陵	
建　业	江苏南京市	柘皋镇	安徽巢湖东北	
建　安	福建建瓯	相　州	河南安阳市	
建　州	福建建瓯	柳　州	广西柳州市	
建阳城	福建建阳	研口寨	四川剑阁北	
建昌军	江西南城	硇　州	广东雷州湾硇州岛	
建康府	江苏南京市	咸　阳	陕西咸阳	
孟　州	河南孟县	峡　州	湖北宜昌市境	
陕　州	河南陕县	临　川	江西临川	

九　画

		临　安	浙江杭州市	
春　州	广东阳春	临　清	山东临清	
南　京	河南商丘市南	临　海	浙江临海	
		临　颍	河南临颍	

473

临 淮	江苏盱眙		眉 州	四川眉山
临 淄	山东淄博市东临淄		贺 州	广西贺县
临江军	江西清江		贺兰山(夏)	宁夏银川市西贺兰山
临武峒	湖南桂阳境			
郢 州	湖北钟祥		绛 州	山西新绛
昭 州	广西平乐		绛 县	山西绛县
昭义军	山西长治		宣 州	安徽宣城
幽州(辽南京)	北京市		宣城县	安徽宣城
虹 县	安徽泗县		宣德州(金)	河北张家口市宣化县
贵 州	广西贵县			
贵 溪	江西贵溪		洋 州	陕西洋县
重 庆	四川重庆市		洺 州	河北永年东旧永年
钦 州	广西钦州		洛 阳	河南洛阳市
信 丰	江西信丰		洮 州	甘肃临潭
信 州	江西上饶西北		济 州	山东巨野
信丰山	江西赣州市境		济 南	山东济南市
信阳军	河南信阳市		济 源	河南济源
顺 昌	安徽阜阳		洪 州	江西南昌市
保 州	河北保定市		洞庭湖	湖南境洞庭湖
保安军	陕西志丹		兖 州	山东兖州北
泉 州	福建泉州市		宥 州	陕西靖边境
剑 门	四川剑阁北		施 州	湖北恩施
剑 关	四川剑阁东北		度灵塘	广东海南岛海口市境
剑 州	四川剑阁			
剑浦县	福建南平		**十 画**	
独头岭	甘肃西和东南			
独松岭	浙江安吉东南		原 州	宁夏固原
昨 城	河南延津		夏 州	陕西横山西
朐 山	江苏连云港市境		夏 县	山西夏县
饶 州	江西波阳		泰 山	山东境泰山
饶风关	陕西石泉西		泰 州	江苏泰州市
眉 山	四川眉山		泰 和	江西泰和
			秦 州	甘肃天水市

秦　岭	陕西境秦岭	
晋　州	山西临汾	
晋　城	山西晋城	
袁　州	江西宜春	
桂　州	广西桂林市	
桂　岭	广西贺县东北桂岭	
桂阳军(监)	湖南桂阳	
郴　州	湖南郴县	
桐　庐	浙江桐庐	
桃　源	湖南桃源	
真　州	江苏仪征	
真　定	河北正定	
莫　州	河北任丘	
莱　州	山东掖县	
莱芜监	山东莱芜东南	
获　鹿	河北获鹿	
虔　州	江西赣州	
峨眉山	四川境峨眉山	
钜　野	山东巨野	
胶　西	山东胶县	
钱塘县	浙江杭州市西	
铅山县	江西铅山	
徐　州	江苏徐州市	
徐　河	河北易县境，流入白洋淀	
叙　州	四川宜宾市	
邕　州	广西南宁市	
绥德军	陕西绥德	
狼山寨	河北易县西南	
息　坑	浙江淳安东	
资　州	四川资中	
浦　城	福建浦城	

润　州	江苏镇江市	
海　州	江苏连云港市	
海盐县	浙江海盐	
朗　州	湖南常德市	
容　州	广西容县	
亳　州	安徽亳县	
高　平	山西高平	
高　州	广东茂名东北	
高　邮	江苏高邮	
高阳关	河北高阳东	
唐　州	河南唐河县	
唐　河	河北境唐河	
阆　州	四川阆中	
益　阳	湖南益阳市	
益　州	四川成都市	
益　光	四川昭化	
朔　州	山西朔县	
剡　县	浙江嵊县西	
剡　溪	浙江曹娥江上游	
陵　州	四川仁寿	
通　州	江苏南通市	

十 一 画

郾　城	河南郾城	
黄　池	安徽当涂东南	
黄　州	湖北黄冈	
黄天荡	南京市东北	
黄岩县	浙江黄岩	
黄牛堡	陕西凤县东北	
黄龙府(金)	吉林农安	
黄嵬山	山西原平旧崞县西南	
萧　县	安徽萧县	

475

萧　山	浙江萧山		涿州(辽)	河北涿县
琉璃堡	陕西神木东北		渑池县	河南渑池
雩　都	江西于都		涡　口	安徽怀远东北涡水入淮
梅　州	广东梅县			水处
曹　州	山东菏泽南		淮　宁	河南淮阳
梓　州	四川三台		淮阳军	江苏邳县西旧县
常　州	江苏常州市		淮　安	江苏淮阴境
常熟县	江苏常熟		淳　安	浙江淳安
鄂　州	湖北武昌市		涪　州	四川涪陵
崇　安	福建崇安		凉　州	甘肃武威
崇仁镇	福建建阳境		密　州	山东诸城
铜山县	四川中江南		淀山湖	江苏苏州市东南
符　离	安徽宿县北		深　州	河北深县西南
银　州	陕西横山境		梁　山	四川梁平
斜　谷	陕西眉县西南		梁　山	陕西南郑东南
馆陶县	河北馆陶		梁山泊	山东东平西南
郫　县	四川郫县		淄　州	山东淄博市南
麻沙镇	福建建阳西		宿　州	安徽宿县
鹿　门	湖北襄樊市东南		隆　州	山西祁县北
商　於	陕西商县西		隆兴府	江西南昌市
商　山	陕西商县东南商山		隆德府	山西长治
商　县	陕西商县		随　州	湖北随县
商　州	陕西商县		绵　州	四川绵阳
清　江	湖北恩施		巢　湖	安徽境巢湖
清　州	河北青县			
清河口	江苏清江市西南		**十 二 画**	
清河县	江苏淮阴东		惠　州	广东惠州市
清远军	宁夏灵武东南		棣　州	山东惠民
清源军	福建泉州市		越　州	浙江绍兴
清泥河	湖北襄阳西北，东流入		彭　山	四川彭山
	汉水		彭　州	四川彭县
涿　水	河北涿县西		彭原店	甘肃庆阳西南

476

雁门关	山西代县西北	
雅　州	四川雅安	
琼　州	海南岛海口市	
雄　州	广东南雄	
雄　州	河北雄县	
葭　芦	陕西佳县	
葭　萌	四川昭化南	
紫　溪	江西铅山南紫溪	
圌　山	江苏镇江市东北	
颍　州	安徽阜阳	
颍　河	河南、安徽境颍河	
颍昌府	河南许昌市东	
鹅湖山	江西铅山东北	
循　州	广东龙川	
焦　山	江苏镇江市附近	
皖　口	安徽安庆市西	
舒　州	安徽安庆市	
锁　江	四川奉节白帝城附近	
象　山	浙江象山	
象　州	广西象州	
鲁　山	河南鲁山	
鲁　港	安徽芜湖南	
湖　阳	河南唐河南湖阳镇	
湖　州	浙江吴兴	
湘　阴	湖南湘阴	
湘潭县	湖南湘潭	
渠　州	四川渠县	
渠　江	四川境渠江	
温　州	浙江温州市	
温　江	四川温江	
渭　河	流经甘肃、陕西，注入黄河	

渭　州	甘肃平凉	
滁　州	安徽滁县	
湟　州	青海乐都	
滑　州	河南滑县东旧县	
湑　水	源出陕西佛坪	
混同江（金）	松花江及同江以东黑龙江	
渝　州	四川重庆市	
遂　州	四川遂宁	
遂　安	浙江淳安西	
遂　城	河北徐水西	
遂宁府	四川遂宁	
道　州	湖南道县	
富　平	陕西富平	
普　州	四川安岳	
婺　州	浙江金华	
登　州	山东蓬莱	

十 三 画

雷　州	广东海康	
蓝山县	湖南蓝山	
蓬　州	四川仪陇东南	
楚　州	江苏淮安	
榆　次	山西榆次	
鉴　湖	浙江绍兴南	
睦　州	浙江建德梅城镇	
睢　阳	河南商丘市南	
鼎　州	湖南常德市	
鼎　口	鼎江在汉寿入沅江处	
蜀　州	四川崇庆	
解　州	山西运城解州镇	
解　池	山西运城东	

简　州	四川简阳	静戎军	河北徐水
新乐县	河北新乐南旧县	静安镇	江苏南京市西北
新　州	广东新兴	静江府	广西桂林市
新　息	河南息县	蔡　州	河南汝南
新城(辽)	河北新城境	蔡　河	河南上蔡东南，连接颍
新　城	浙江富阳西		河及惠民河
新　郢	湖北锺祥西南	蔚州(辽)	河北蔚县
新　昌	浙江新昌	斡难河(元)	蒙古境鄂嫩河
新　繁	四川新都西北新繁镇	磁　州	河北磁县
新　河	河北深县境	衡　州	湖南衡阳市
新　津	四川新津	滹沱河	河北境滹沱河
雍　州	陕西西安市	漳　州	福建漳州市
鄜　州	陕西富县	潍　州	山东潍坊市
廉　州	广西合浦	韶　州	广东韶关市
慈　利	湖南慈利		
慈　州	山西吉县		
福　昌	河南伊阳西		

十 四 画

嘉　山	河北定县西
嘉　川	四川广元东
嘉　州	四川乐山
嘉兴县	浙江嘉兴
嘉兴府	浙江嘉兴
嘉　定	四川乐山
嘉陵江	陕西、甘肃、四川境嘉陵江
鄞　县	浙江鄞县

十 五 画

蕲　州	湖北蕲春南
樊　城	湖北襄樊市
播　州	贵州遵义市
熙　州	甘肃临洮
黎　州	四川汉源
德　化	福建德化
德　州	山东陵县
德　清	浙江德清
德清军	河南清丰
德兴府(金)	河北涿鹿
德安府	湖北安陆
虢　州	河南灵宝东
镇　州	河北正定
镇　江	江苏镇江市
镇戎军	甘肃镇原
镇南军	江西南昌市

福　安	福建福安
福　州	福建福州市
解　县	山西运城西南解州
缙　云	浙江缙云

478

镇洮军	甘肃临洮		隰　州	山西隰县

二十二画

窟 州　青海门源境

二十三画

麟 州　陕西神木东北

二十四画

衢 州　浙江衢县

人　名　索　引

本索引以宋代人名为主，也包括与宋代史事有关的五代及辽、夏、金、元的人名。书中涉及的古代的及宋代以后的人名，没有列入。

486

490

492

499